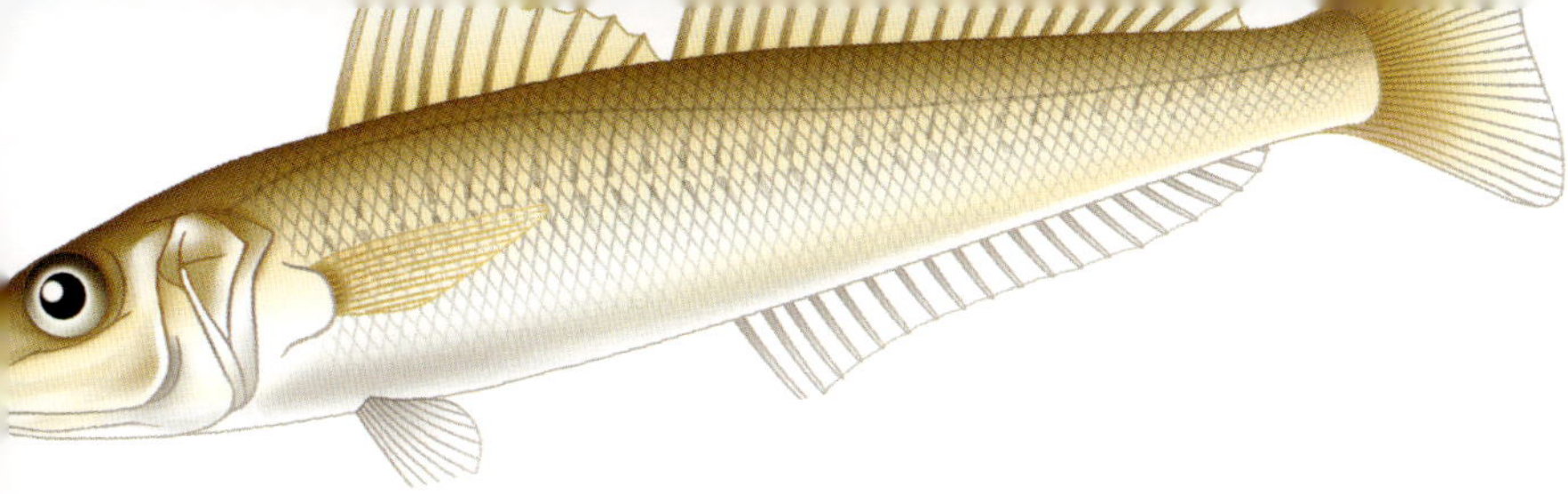

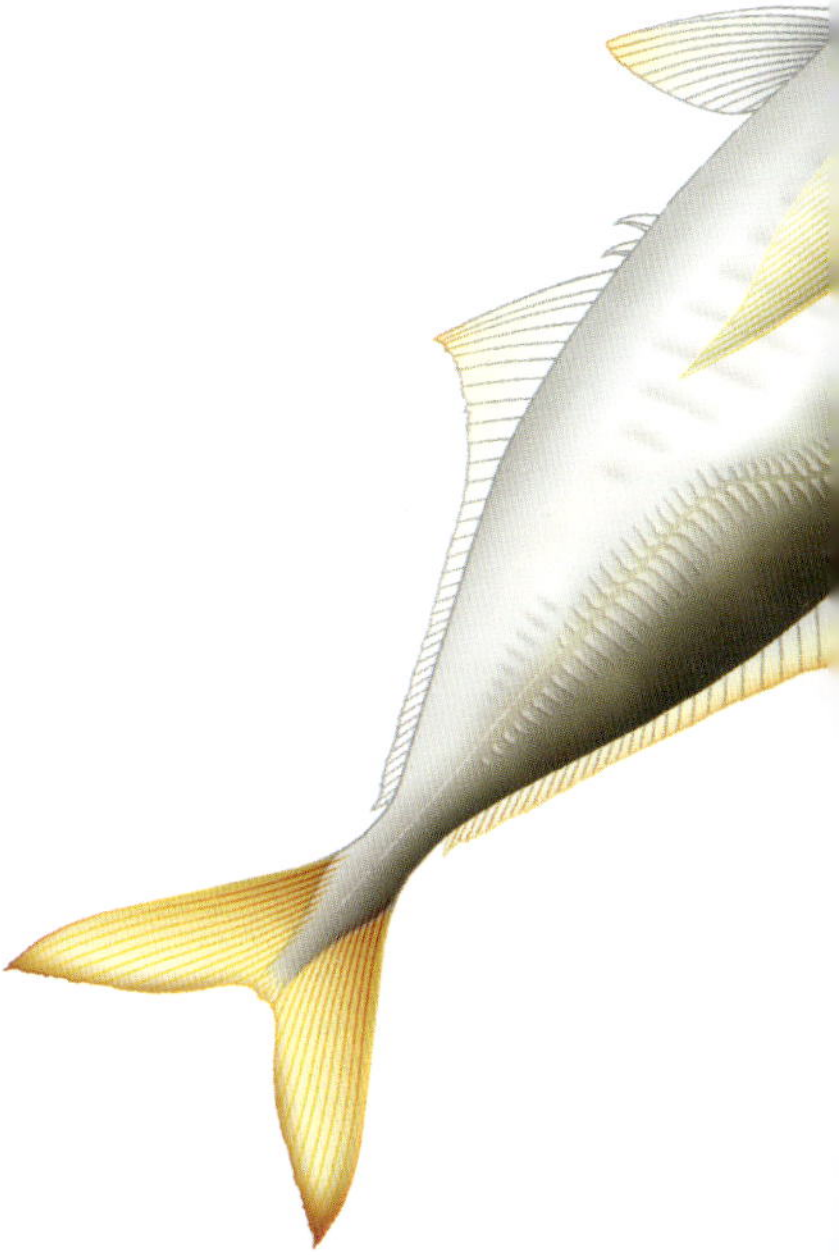

012 OUTDOOR

堤防釣り

釣魚と仕掛けの
すべてがわかる本

CONTENTS

堤防釣り 釣魚と仕掛けのすべてがわかる本

1章 | 定番の10魚種

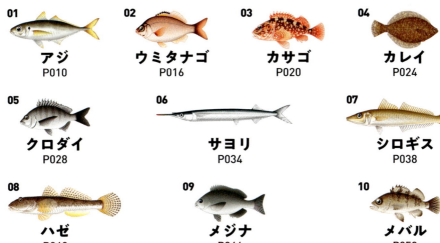

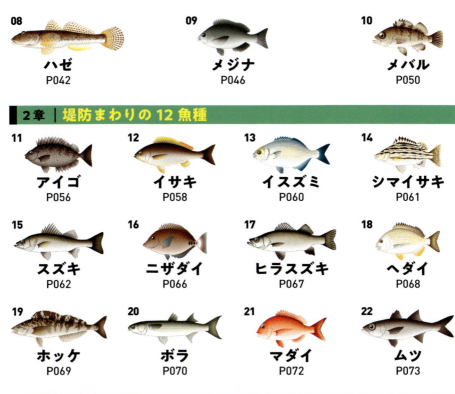

2章 | 堤防まわりの12魚種

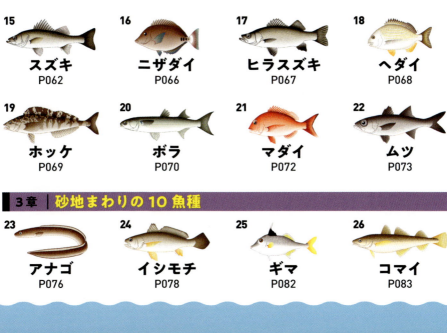

3章 | 砂地まわりの10魚種

4章 | 根まわりの 16 魚種

5章 | 回遊性の 23 魚種

6章 | 軟体・甲殻類の7魚種

釣りの仕掛けを学びながら魚種の特徴や専門知識を身に付ける

堤防釣りを始めようとする人、経験はあるが釣り場で困ることが多い人、釣りの知識はひと通りあるがさらに楽しい釣りを求める人。本書はこれらすべての人が身近に置いておき、また釣行の荷物に入れておくためのガイド本です。本書の特徴を理解したうえで、情報を有効に取り入れてください。

Aji 01
①
釣り時期
3月～6月
9月～11月
12月～2月
7月～8月
ベスト
サブ
②
ウキ
投げ
サビキ
カゴ
ウキフカセ
ルアー
その他
アジ【鯵】
食べておいしく、釣って楽しい大衆魚
初心者でも簡単に扱える仕掛けで釣ろう!
③
DATA[マアジ]
分類 スズキ目、アジ科、マアジ属
分布 北海道南部以南の各地
生態 沿岸～深場に広く生息する回遊魚。産卵期は1～7月。プランクトンや小魚を捕食する。
サイズ 15～40㎝
④
調理法
刺身 焼く 煮る
蒸す 天ぷら フライ・唐揚げ
寿司 汁物・鍋物 干物
010
⑤
体側部のゼイゴ（P195）が発達している。
背ビレとシリビレの後方に分離して並ぶ小離鰭がない。ムロアジ（P157）はある。
胸ビレや体に金色が強いものもいる。
腹部は銀白色で、黄色みがかっているものもある。
⑥
定番はサビキ、ルアーも◎
一年中、朝・昼・夜間に手軽な仕掛けで狙える
全国に生息するアジは、身近な堤防で手軽に釣ることができる。また、「味がいい」ことが名称の由来ともされており、刺身、なめろう、フライ、塩焼き、煮魚など調理法も多彩だ。
体型はやや平たい流線型《りゅうせんけい》で、浅場の岩礁帯《がんしょうたい》に棲《す》む根付き型と外洋を泳ぐ回遊型で体色が異なる。関東地方では、前者は体色が黄色っぽいので「金アジ」とも呼ばれる。根まわりに生息するエビなどを常食しているため食味は極上だ。後者の回遊型は体色が青黒いため「クロアジ」「ノドグロ」などと呼ばれ、体型も全体的にやや細長い。
釣り方は、手軽なサビキ釣りやノベ竿のウキ釣りが初心者にはおすすめ。遠くのポイントを狙えるウキサビキやカゴ釣り、ルアーフィッシングなども状況に応じてトライしてみたい。
アジは群れで回遊しているため、一尾釣れたらすぐに次の仕掛けを投入することが釣果を伸ばすポイント。条件さえよければ入れ食い（P-43）も楽しめる。
⑦
小離鰭｜背ビレやシリビレの後方にある小さなヒレ。

ベース情報

❶魚の釣りやすさや食味などからベストな時期を独自に選定。地域やその年ごとの状況により誤差がある。

❷釣り方のアイコン。本書では37種の釣り方の仕掛けを紹介。黄色いアイコンが該当の釣り方。

❸魚の分類、分布、生態、堤防で釣りやすいサイズを掲載。基本情報を頭に入れておこう。

❹対象魚種の主な調理法を記載。黄色い部分が可能な調理法。鮮度がよいことに限った調理法もある。

❺魚の体の特徴的な部分を紹介。個体や成長過程のほか、メスとオスでの差異もある。

❻魚の体の特徴、生態、釣り方、仕掛け、食味の内容を解説している。黄色のマーカー部分はポイントや注意点。

❼本文や仕掛け解説で出てくる釣りの用語（色の付いた文字）を解説。「仕掛け用語集（P192）」も参考に。

❽仕掛けの難易度。初心者向けは星1つ、中級者向けは星2つ、上級者向けは星3つで表示している。

❾掲載している仕掛けと同じもので釣れる魚。まったく同じ仕掛けだけでなく、アレンジが必要な魚も含まれる。

❿仕掛け図を掲載。掲載したアイテムと似たものでの代用や、状況によってサイズ変更なども考えよう。

⓫仕掛けについて、❻より詳しく解説。❿を見ながら読むと理解しやすい。アレンジ方法も掲載している。

⓬仕掛けに必要なアイテムをクローズアップして紹介。釣具店でアイテムを探す参考にしたい。

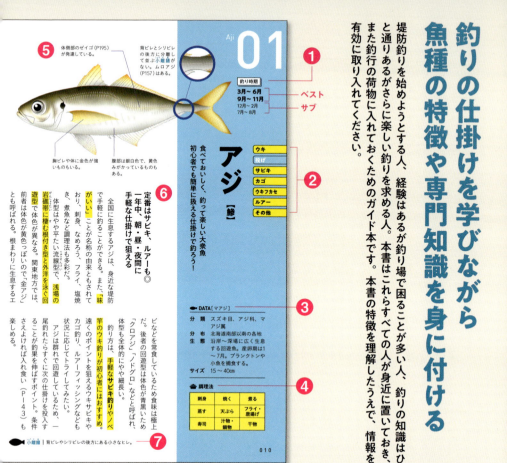

注意

●堤防とその周辺からの釣りに限定した仕掛けを紹介していますが、釣り場によって違いがありますので、本書の情報はあくまでも目安と考えてください。

●魚種の情報は編集部調べによるもので、標準和名ではなく、総称や釣り人での呼称による魚種名で掲載している魚もあります。そのため、標準和名の魚の情報が掲載内容と一致しないことがあるほか、魚の個体差もあります。

●魚種や仕掛けのページに掲載しきれない情報は、リンク先のページを記載しています。

●掲載魚種の中にはヒレなどに毒を持っている魚もいます。毒への対応は各自の責任に基づき行ってください。

●本書では比較的安全な堤防を釣り場としていますが、足場の状況、夜間などの釣り、気候や天候による危険性については、各自の責任で判断し、行動してください。

●本書は 2018 年 8 月現在の情報に基づき編集しています。

8
9
10
11
12

一章 定番の10魚種
サビキ
難易度
主な他の対象魚
イワシ(P126)、サッパ(P138)、サバ(P139)
竿
渓流竿／4.2～5.3m
または、
磯竿／3～5.3m
ミチイト
ナイロン／1.5～2号
コマセカゴ
小型のナイロンカゴが軽量で使いやすい
リール
磯竿を使う場合は、小型のスピニングリールをセットする
サビキ仕掛け
＊市販の仕掛けを利用
幹イト／1.5～2号
ハリス／0.6～1.2号
ハリ／4～7号
＊サビキは、スキン、魚皮など
オモリ
ナス型／3～10号
水深や流れの速さに応じて、重さを使い分ける
アジ釣りの定番中の定番仕掛け
サビキの種類を使い分けよう！
堤防や海釣り公園などで大人気なのが、アジのサビキ釣り。アジの群れさえ回遊してくれば、大人も子どもも大興奮で楽しめる。イラストは、関東エリアで標準的に使われている「上カゴ式」のサビキ仕掛け。関西エリアでは、オモリと一体になったカゴをサビキ仕掛けの一番下にセットする「下カゴ式」も多用されている。
◀次ページに続く
CLOSE UP ITEM
サビキバリ
サビキの種類には魚皮《ぎょひ》(P145)、スキン、フラッシャーなどがある。状況によってアタリサビキが変わるので、使い分けてみよう。
海釣り公園｜安全性や釣りやすさなどを考慮して整えられた、桟橋などを利用した釣り施設のこと。
011

リンク情報

◆仕掛け用語集　P192-197

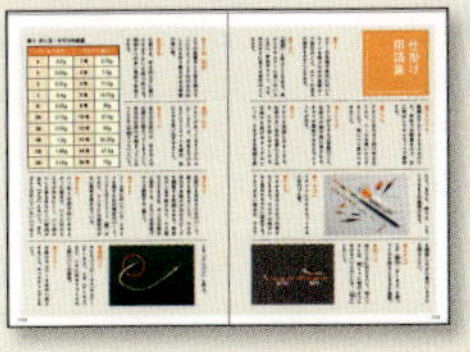

堤防に限らず、釣りの一般的な用語を解説。❼と⓬の情報と合わせて知識を深めよう。また、❼の一部についてはここで詳しく解説している。

◆タックル情報　P176～187

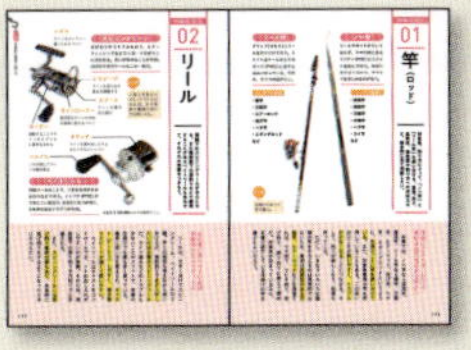

竿、リール、ライン、ウキ、オモリ、ハリ、小物、ルアー、擬餌《ぎじ》バリ、ツール、エサなど、堤防釣りの仕掛けに必要なアイテムを解説。

◆魚種の見極め方　P198-203

本書で取り上げた魚において、釣った際に魚の種類を見極めるために、似た魚と違う部分を取り上げている。

◆結び方解説　P188-191

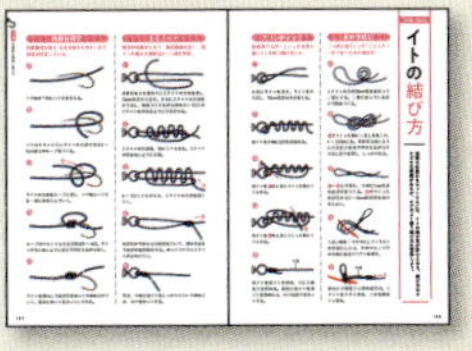

ラインとラインの基本的な結び方７種類をイラストと文章で解説。仕掛けページのイラストに記載している結び方とリンクしている。

河口
淡水と海水が入り交じる汽《き》水域《すいいき》は、小魚やカニ、エビなどエサとなるものが多く、さまざまな魚がやってくる。
メバル
ハゼ
堤防まわり
水の流れが防波堤にぶつかることでエサが溜まりやすくなる。とくに先端部分や角の足元が好ポイントだ。
クロダイ
ウミタナゴ
カサゴ

1章

定番の10魚種

釣って楽しい、食べておいしい、定番の10魚種を紹介する。チョイ投げやサビキ、ルアーなど基本の釣り方がメインになるので初心者にもおすすめ。サイズや数に差は出るが、どの魚種も年中狙える。

対象魚

アジ	ウミタナゴ
カサゴ	カレイ
クロダイ	サヨリ
シロギス	ハゼ
メジナ	メバル

海釣り公園
桟橋型になっている釣り場など、人工的に造られたところも好ポイント。とくに足元の柱付近が狙い目。
消波ブロック帯
障害物を好む魚が潜んでいる。ただし、消波ブロックの上に乗って釣りをするのは危険なので禁止。
港内
岸壁や水の流れ込みのあるところは好ポイント。船の上げ下ろしをするスロープの先端も狙い目になることがある。
アジ
サヨリ
クロダイ
カサゴ
ウミタナゴ
カレイ
シロギス
クロダイ
メジナ
アジ
サヨリ
シロギス
船道
船が安全に航行できるように通り道を深く掘り下げていることがあり、水深が急に変化するところが狙い目。
沖の砂地
沖の砂地には、海底に起伏があるところやカケアガリ（P39）があり、砂地を好む魚が生息している。

Aji **01**

アジ【鯵】

食べておいしく、釣って楽しい大衆魚
初心者でも簡単に扱える仕掛けで釣ろう！

釣り時期

3月～6月
9月～11月
12月～2月
7月～8月

ウキ／投げ／サビキ／カゴ／ウキフカセ／ルアー／その他

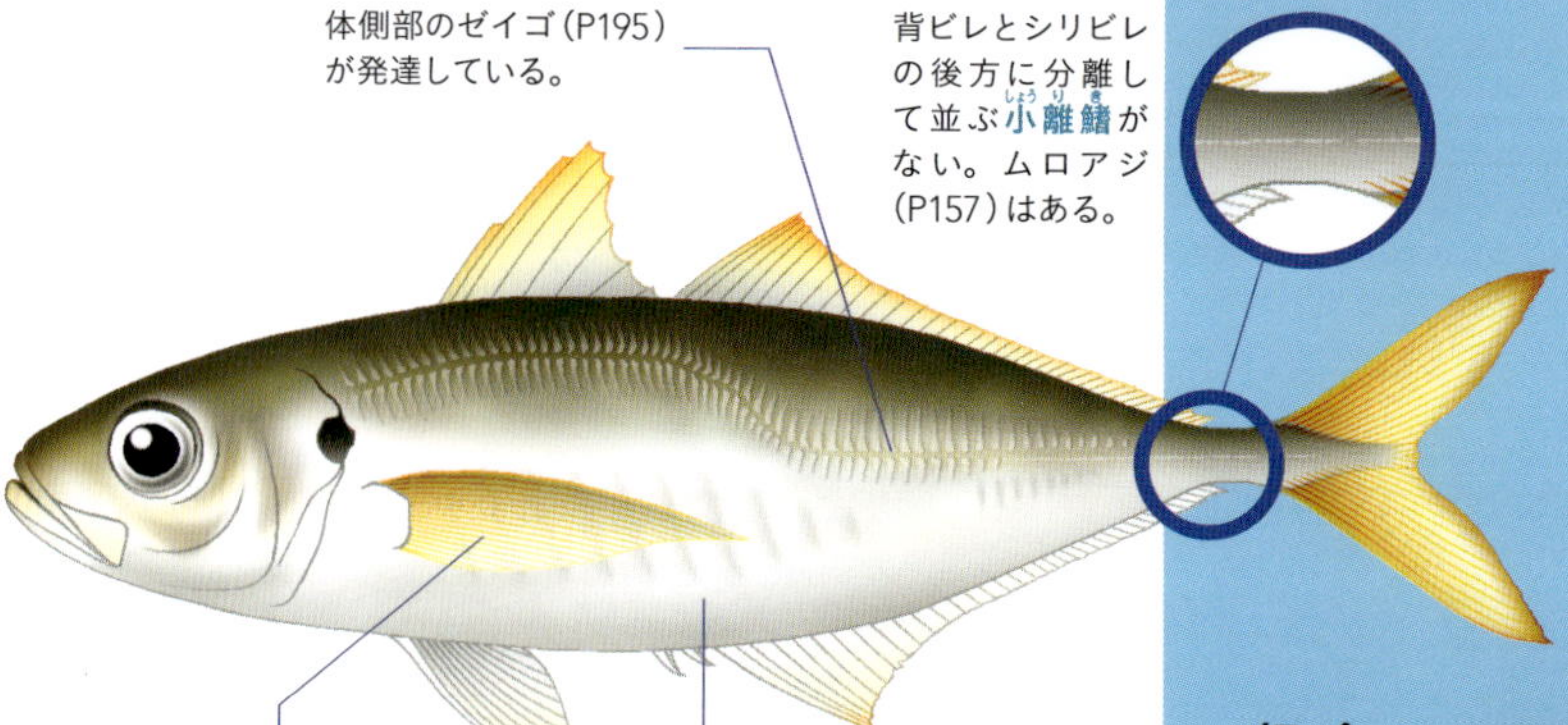

体側部のゼイゴ（P195）が発達している。
背ビレとシリビレの後方に分離して並ぶ小離鰭《しょうりき》がない。ムロアジ（P157）はある。
胸ビレや体に金色が強いものもいる。
腹部は銀白色で、黄色みがかっているものもある。

定番はサビキ、ルアーも◎ 一年中、朝・昼・夜間に手軽な仕掛けで狙える

全国に生息するアジは、身近な堤防で手軽に釣ることができる。また、「味がいい」ことが名称の由来ともされており、刺身、なめろう、フライ、塩焼き、煮魚など調理法も多彩だ。

　体型はやや平たい流線型《りゅうせんけい》で、浅場の岩礁帯《がんしょうたい》に棲《す》む根付き型と外洋を泳ぐ回遊型で体色が異なる。関東地方では、前者は体色が黄色っぽいので「金アジ」とも呼ばれる。根まわりに生息するエビなどを常食しているため食味は極上だ。後者の回遊型は体色が青黒いため「クロアジ」「ノドグロ」などと呼ばれ、体型も全体的にやや細長い。

　釣り方は、手軽な**サビキ釣り**やノベ竿のウキ釣りが初心者にはおすすめ。遠くのポイントを狙えるウキサビキやカゴ釣り、ルアーフィッシングなども状況に応じてトライしてみたい。

　アジは群れで回遊しているため、一尾釣れたらすぐに次の仕掛けを投入することが釣果を伸ばすポイント。条件さえよければ入れ食い（P143）も楽しめる。

DATA［マアジ］

分類	スズキ目、アジ科、マアジ属
分布	北海道南部以南の各地
生態	沿岸～深場に広く生息する回遊魚。産卵期は1～7月。プランクトンや小魚を捕食する。
サイズ	15～40㎝

調理法

刺身	焼く	煮る
蒸す	天ぷら	フライ・唐揚げ
寿司	汁物・鍋物	干物

小離鰭《しょうりき》｜背ビレやシリビレの後方にある小さなヒレ。

サビキ

難易度 ★☆☆

主な他の対象魚

イワシ(P126)、サッパ(P138)、サバ(P139)

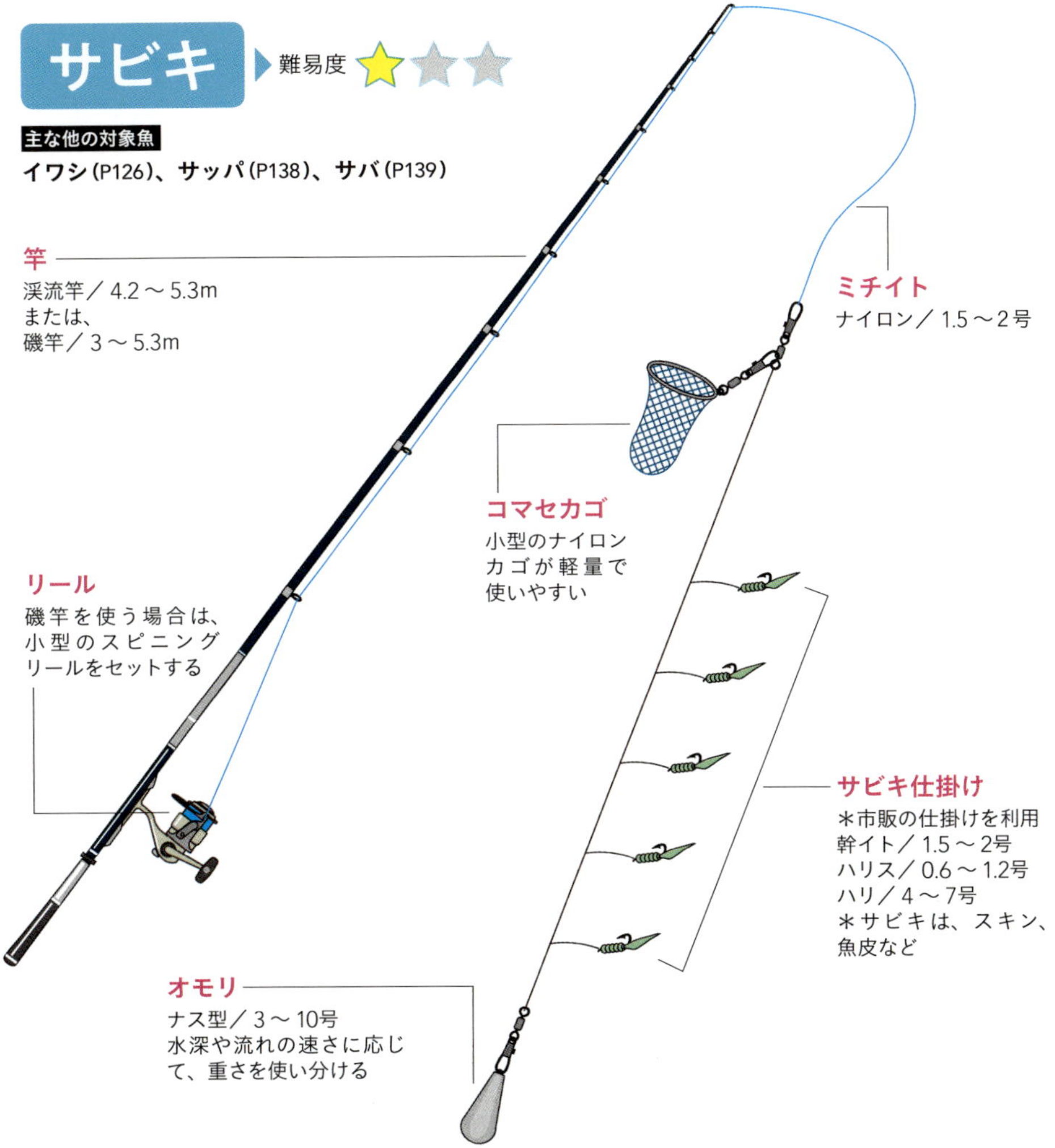
竿
渓流竿／4.2～5.3m
または、
磯竿／3～5.3m
ミチイト
ナイロン／1.5～2号
コマセカゴ
小型のナイロン
カゴが軽量で
使いやすい
リール
磯竿を使う場合は、
小型のスピニング
リールをセットする
サビキ仕掛け
＊市販の仕掛けを利用
幹イト／1.5～2号
ハリス／0.6～1.2号
ハリ／4～7号
＊サビキは、スキン、
魚皮など
オモリ
ナス型／3～10号
水深や流れの速さに応じ
て、重さを使い分ける

アジ釣りの定番中の定番仕掛け サビキの種類を使い分けよう！

堤防や**海釣り公園**などで大人気なのが、アジのサビキ釣り。アジの群れさえ回遊してくれば、大人も子どもも大興奮で楽しめる。イラストは、関東エリアで標準的に使われている「上カゴ式」のサビキ仕掛け。関西エリアでは、オモリと一体になったカゴをサビキ仕掛けの一番下にセットする「下カゴ式」も多用されている。

次ページに続く

CLOSE UP ITEM

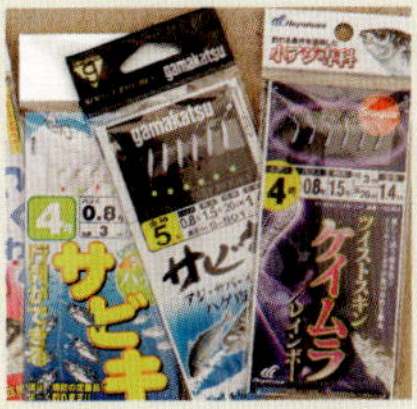

サビキバリ

サビキの種類には魚《ぎょ》皮《ひ》(P145)、スキン、フラッシャーなどがある。状況によってアタリサビキが変わるので、使い分けてみよう。

海釣り公園 | 安全性や釣りやすさなどを考慮して整えられた、桟橋などを利用した釣り施設のこと。

ウキ釣り

難易度 ★★☆

主な他の対象魚

ウミタナゴ（P16）、**メバル**（P50）

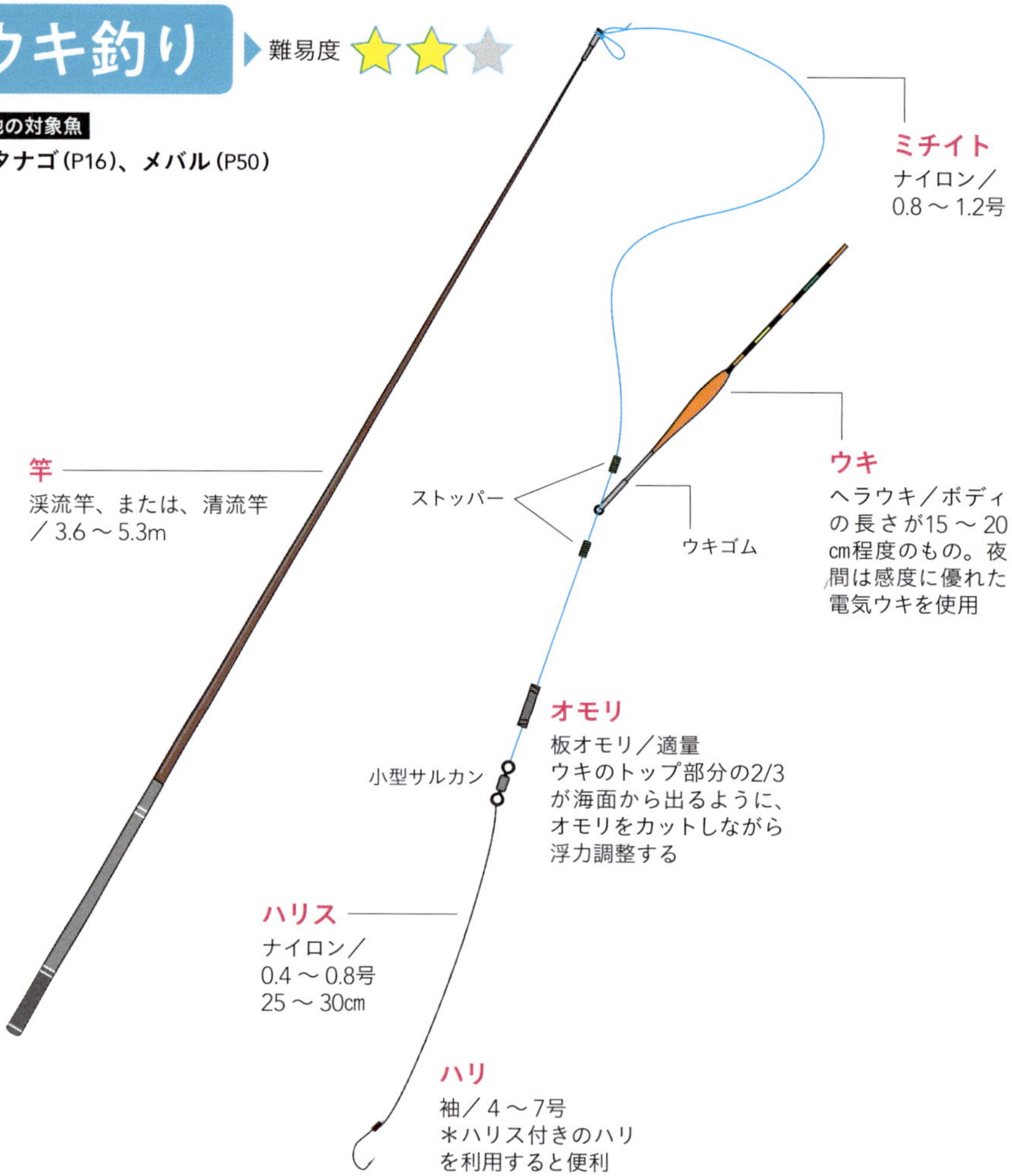

ミチイト
ナイロン／
0.8～1.2号
ウキ
ヘラウキ／ボディの長さが15～20㎝程度のもの。夜間は感度に優れた電気ウキを使用
ストッパー
ウキゴム
竿
渓流竿、または、清流竿／3.6～5.3m
オモリ
板オモリ／適量
ウキのトップ部分の2/3が海面から出るように、オモリをカットしながら浮力調整する
小型サルカン
ハリス
ナイロン／
0.4～0.8号
25～30㎝
ハリ
袖／4～7号
＊ハリス付きのハリを利用すると便利

繊細なヘラウキを使って微妙なアタリをキャッチ！

サビキ仕掛けには見向きもしないアジを釣るには、本物のエサを使うウキ釣りが効果的だ。ウキは感度に優れたヘラウキがおすすめ。付けエサは小粒のオキアミやアミエビなどを装《そう》餌《じ》（P26）する。狙いのタナは底層が基本なので、水深に応じてウキ下を調整してみたい。アミコマセ（アミエビを使用したコマセ）などを効かせながらアジの群れを寄せ、効率よく釣っていこう！

CLOSE UP ITEM

ヘラウキ

細長いボディに目印となるトップが付いた高感度のウキ。本来は淡水のヘラブナ釣り用のものだが、アジ釣りでも大活躍する。

タナ｜狙いの魚が泳いでいる層のこと。アジの場合は、底（海底付近）～中層がタナになることが多い。

ウキフカセ

難易度 ★★☆

主な他の対象魚

クロダイ（P28）、メバル（P50）

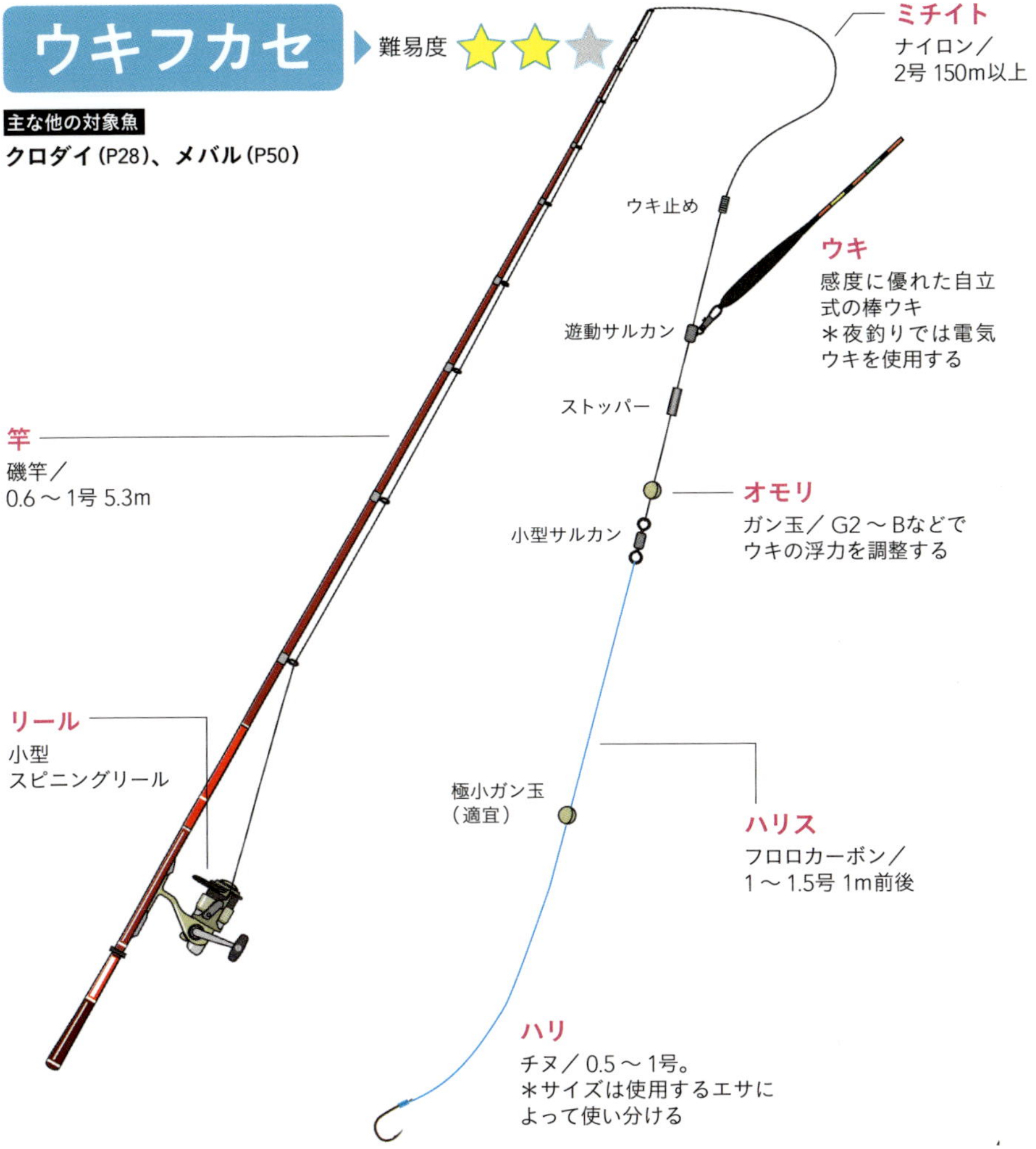
ミチイト
ナイロン／
2号 150m以上
ウキ止め
ウキ
感度に優れた自立
式の棒ウキ
＊夜釣りでは電気
ウキを使用する
遊動サルカン
ストッパー
竿
磯竿／
0.6～1号 5.3m
オモリ
ガン玉／ G2～Bなどで
ウキの浮力を調整する
小型サルカン
リール
小型
スピニングリール
極小ガン玉
（適宜）
ハリス
フロロカーボン／
1～1.5号 1m前後
ハリ
チヌ／ 0.5～1号。
＊サイズは使用するエサに
よって使い分ける

クロダイ仕掛けのアレンジで沖を回遊するアジを狙う

アジの群れが沖を回遊しているときは、クロダイ（P28）などの釣りでも使われるウキフカセ仕掛けを試してみよう。この場合、ウキは感度のいい自立ウキが使いやすい。夜釣りの場合は電気ウキ（P51）を使用する。付けエサはオキアミのほか、ジャリメやアオイソメなども有効。コマセはアジ用のほか、メジナ（グレ）用も活用できる。

◀次ページに続く

CLOSE UP ITEM

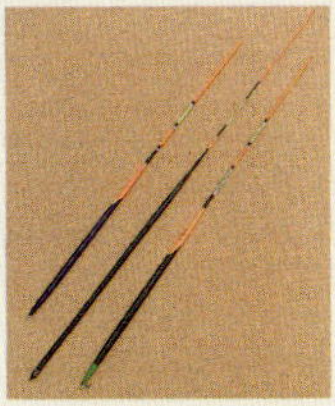

自立ウキ

仕掛けにオモリを付けない状態でも海面に直立して浮くタイプのウキ。クロダイ用のウキの中で小型のものを流用すればよい。

コマセ ｜ 海中に拡散させることで集魚《しゅうぎょ》（P104）効果を発揮するエサの総称。「撒《ま》きエサ」ともいう。

ウキサビキ

難易度 ★☆☆

主な他の対象魚

サバ(P139)、**ソウダガツオ**(P147)、**イナダ**(P156)

ウキ止め
シモリ玉
ウキ
遠投ウキ、
または、発泡ウキ、
ポリカンウキ／
オモリ負荷6号前後
ストッパー
ミチイト
ナイロン／3～4号
または、
PE／1～1.5号
竿
磯竿、または、万能竿／
2～3号
4.5～5.3m
コマセカゴ
小～中型の
プラスチックカゴ
リール
小～中型
スピニングリール
サビキ仕掛け
＊市販の仕掛けを利用
幹イト／2～4号
ハリス／1.2～2号
ハリ／5～7号
＊サビキは、スキン、
魚皮など
オモリ
ナス型／3～5号

サビキ仕掛けにウキをセットして沖の深場ポイントを直撃！

沖の深場を回遊するアジの群れを攻略したいときに活躍するのが、遠投できて集魚《しゅうぎょ》(P104)効果も期待できる「ウキサビキ釣り」だ。サビキ仕掛けにウキがセットされた商品も市販されているので、最初はそれを利用するのもいいだろう。別途、ウキを購入する場合は、オモリとウキの浮力のバランス(**オモリ負荷**)を考慮して選ぶことが大切だ。

CLOSE UP ITEM

遠投ウキ

硬質発泡材などを使ったウキ。重さがあるため遠投しやすい。写真は、より遠投に向いた羽根付きタイプ。

オモリ負荷｜ウキが背負えるオモリの重さ＝ウキの浮力のこと。

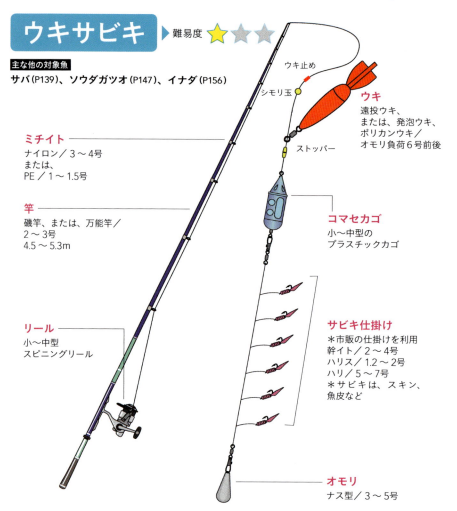

カゴ釣り

難易度 ★★☆

主な他の対象魚

ソウダガツオ（P147）、**イナダ**（P156）

仕掛けとコマセが同調しやすいのがメリット

ウキサビキ仕掛けよりも、コマセ（P13）の煙幕の中に仕掛けを同調（P146）させやすいのが「カゴ釣り仕掛け」の利点。付けエサはオキアミ、コマセはアミエビを使用する。

ルアー

難易度 ★☆☆

主な他の対象魚

メバル（P50）、**ムツ**（P73）

ワームとジグヘッドが吉 アジ専用のルアーもある

仕掛けの基本は、小型のジグヘッド（P183）＋ワーム。ほかに、メタルジグ（P132）やミノー（P65）などアジ釣り専用の小型ルアーも試してみよう！

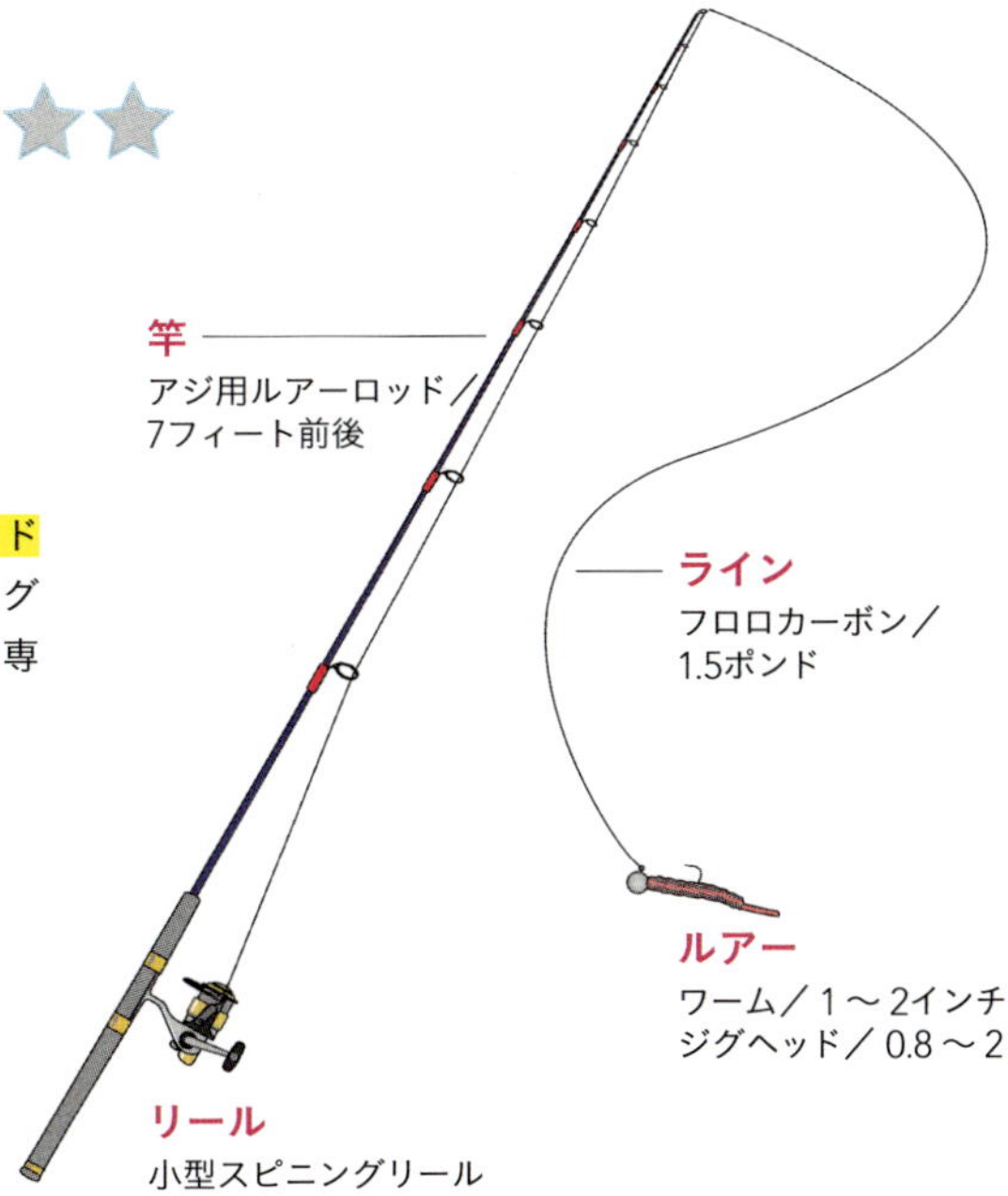

CLOSE UP ITEM

アジ用ルアー

小型ジグヘッドにワームをセットするのが基本だ。

ワーム｜エビや小魚を模した軟質プラスチック製のルアーのこと。ジグヘッド（P183）などと併用する。

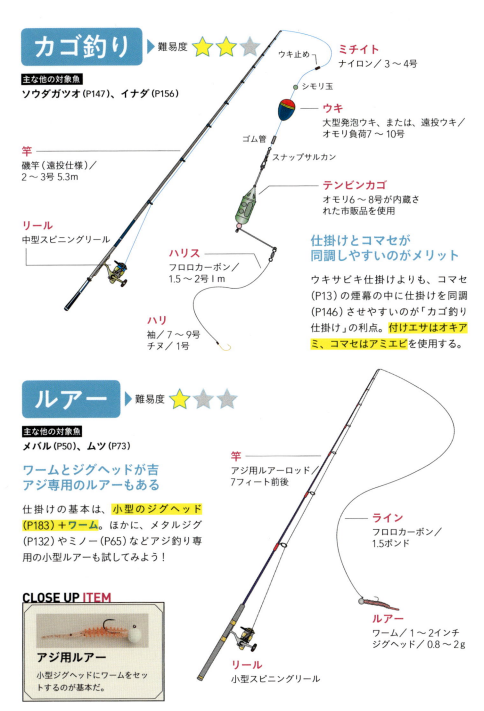

Umitanago 02

釣り時期

12月～5月
6月～11月

ウミタナゴ【海鱮】

堤防で手軽に楽しめる好ターゲット
小気味のいいファイトが魅力的

- ウキ
- 投げ
- サビキ
- カゴ
- ウキフカセ
- ルアー
- その他

DATA

分類　スズキ目、ウミタナゴ科、ウミタナゴ属
分布　北海道南部以南の各地
生態　沿岸の藻場や岩礁帯などに群れで生息し、節足類や小型の甲殻類、アミ類を捕食する。
サイズ　15～30㎝

調理法

刺身	焼く	煮る
蒸す	天ぷら	フライ・唐揚げ
寿司	汁物・鍋物	干物

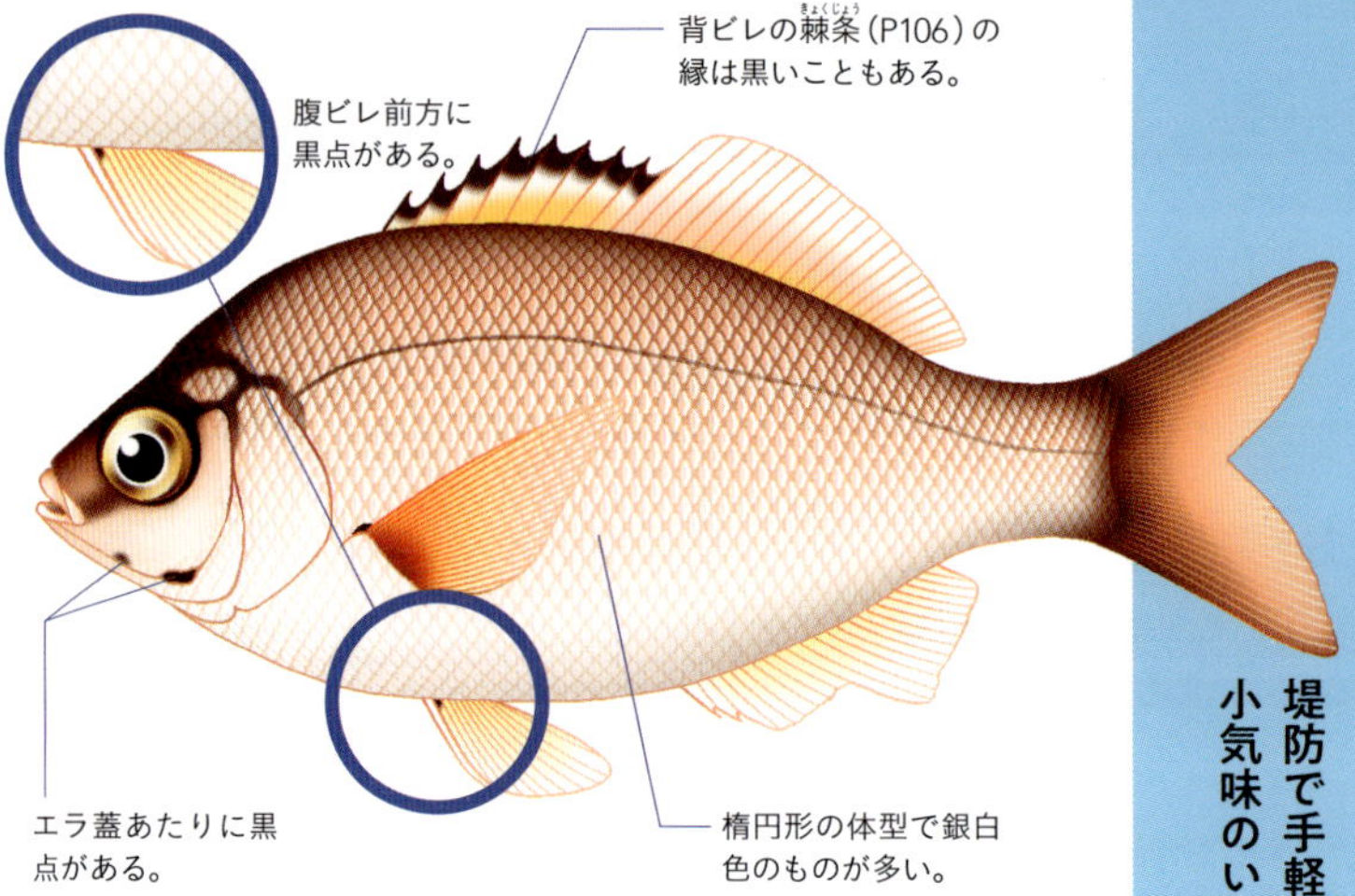

背ビレの棘条《きょくじょう》(P106)の縁は黒いこともある。
腹ビレ前方に黒点がある。
エラ蓋あたりに黒点がある。
楕円形の体型で銀白色のものが多い。

微妙なアタリを明確にキャッチできる仕掛けが釣果に結びつく

冬から春にかけての釣りものが少なくなる季節に、貴重なターゲットとなるのがウミタナゴだ。数種類の亜種がいるが、まとめてウミタナゴと呼ぶことが多い。いずれも、楕円形の体型にややとがった小さな口を持つのが特徴で、淡水のタナゴに似ていることから命名された。

沿岸部の藻場《もば》や岩礁帯《がんしょうたい》などに群れで生息し、小型の甲殻類《こうかくるい》や節足類《せっそくるい》、多毛類《たもうるい》(P76)、プランクトンなどを捕食しながら、最大で30㎝ほどに成長する。

ウミタナゴは誰でも釣りやすい魚だが、ときには微妙なアタリに悩まされることもあるので仕掛けづくりにはひと工夫が必要。とくに**活性《かっせい》(P127)が低いときには高感度の仕掛けを使う**ことで釣果を伸ばせる。釣り方は**玉ウキ(P17)を使ったシンプルなウキ釣りが基本**で、状況に応じた仕掛けのバリエーションがある。

新鮮な大型の個体は刺身でおいしく食べられる。小型のものは、煮付けや唐揚げが美味だ。

藻場《もば》｜海底に海藻が繁茂したエリアでエサが豊富。

ウキ釣り

難易度 ★☆☆

主な他の対象魚

アジ（P10）、メジナ（P46）

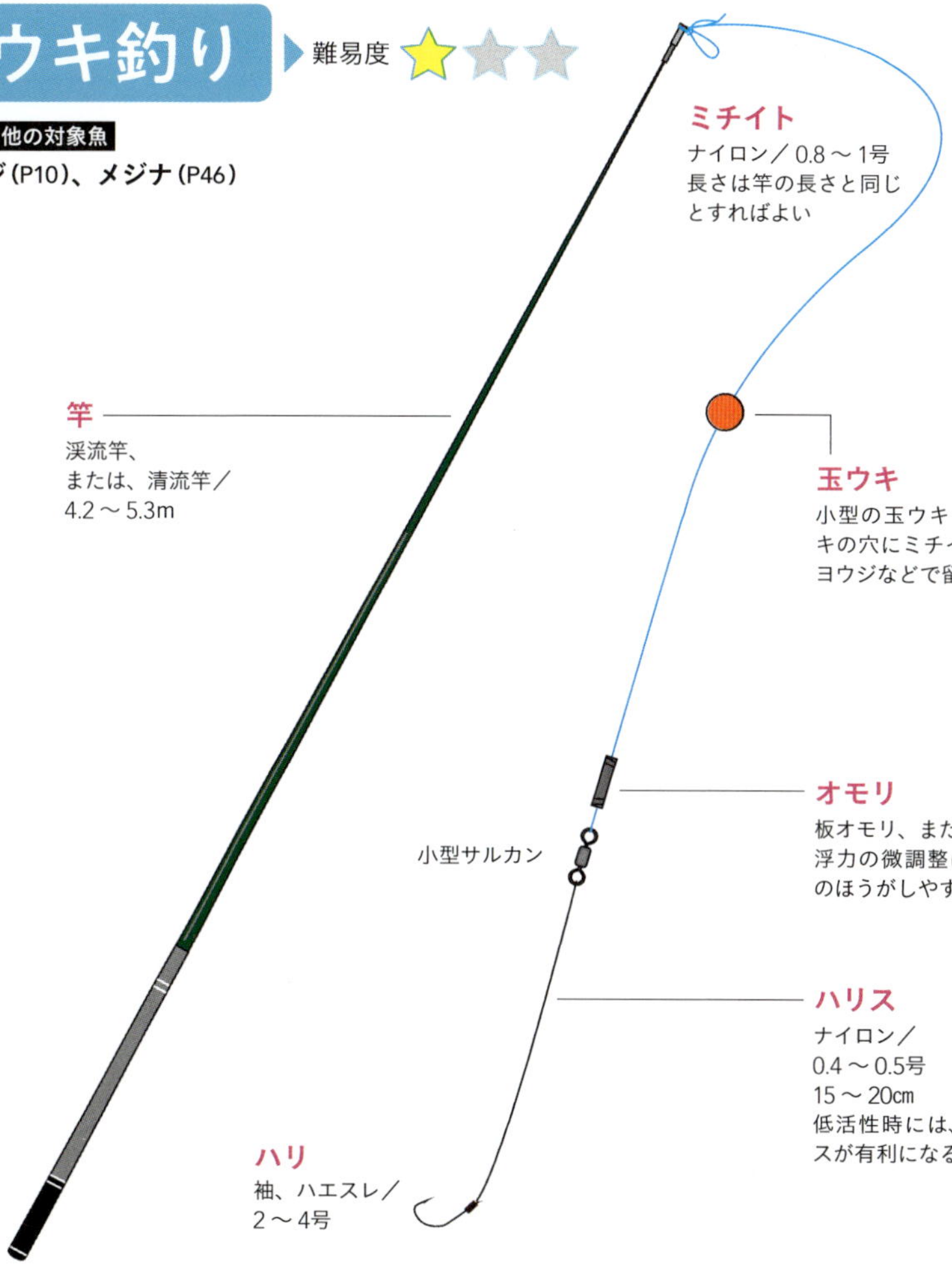
ミチイト
ナイロン／0.8～1号
長さは竿の長さと同じ
とすればよい
竿
渓流竿、
または、清流竿／
4.2～5.3m
玉ウキ
小型の玉ウキを使用。ウ
キの穴にミチイトを通し、
ヨウジなどで留める
オモリ
板オモリ、またはガン玉
浮力の微調整は板オモリ
のほうがしやすい
小型サルカン
ハリス
ナイロン／
0.4～0.5号
15～20㎝
低活性時には、細いハリ
スが有利になる
ハリ
袖、ハエスレ／
2～4号

初心者でも簡単につくれる超シンプルなウキ釣り仕掛け

ウキは直径11～12㎜程度の硬質発泡タイプの玉ウキかトウガラシウキを使用する。カラーは蛍光オレンジやイエローなどが海面で見やすい。また、風のあるときでも仕掛けを振り込みやすいように、比重の高い木製の玉ウキを使っているベテランも少なくない。付けエサはアミエビを使用し、アミコマセを効かせながら釣る。

次ページに続く

CLOSE UP ITEM

玉ウキ

球状のウキで、シンプルなウキ釣りに多用される。ウキの中心にある穴にミチイトを通し、ヨウジなどを差して留める。

トウガラシウキ ｜ トウガラシの形をしたウキ。

シモリウキ

難易度 ★☆☆

主な他の対象魚

アジ（P10）、**サヨリ**（P34）、**メジナ**（P46）

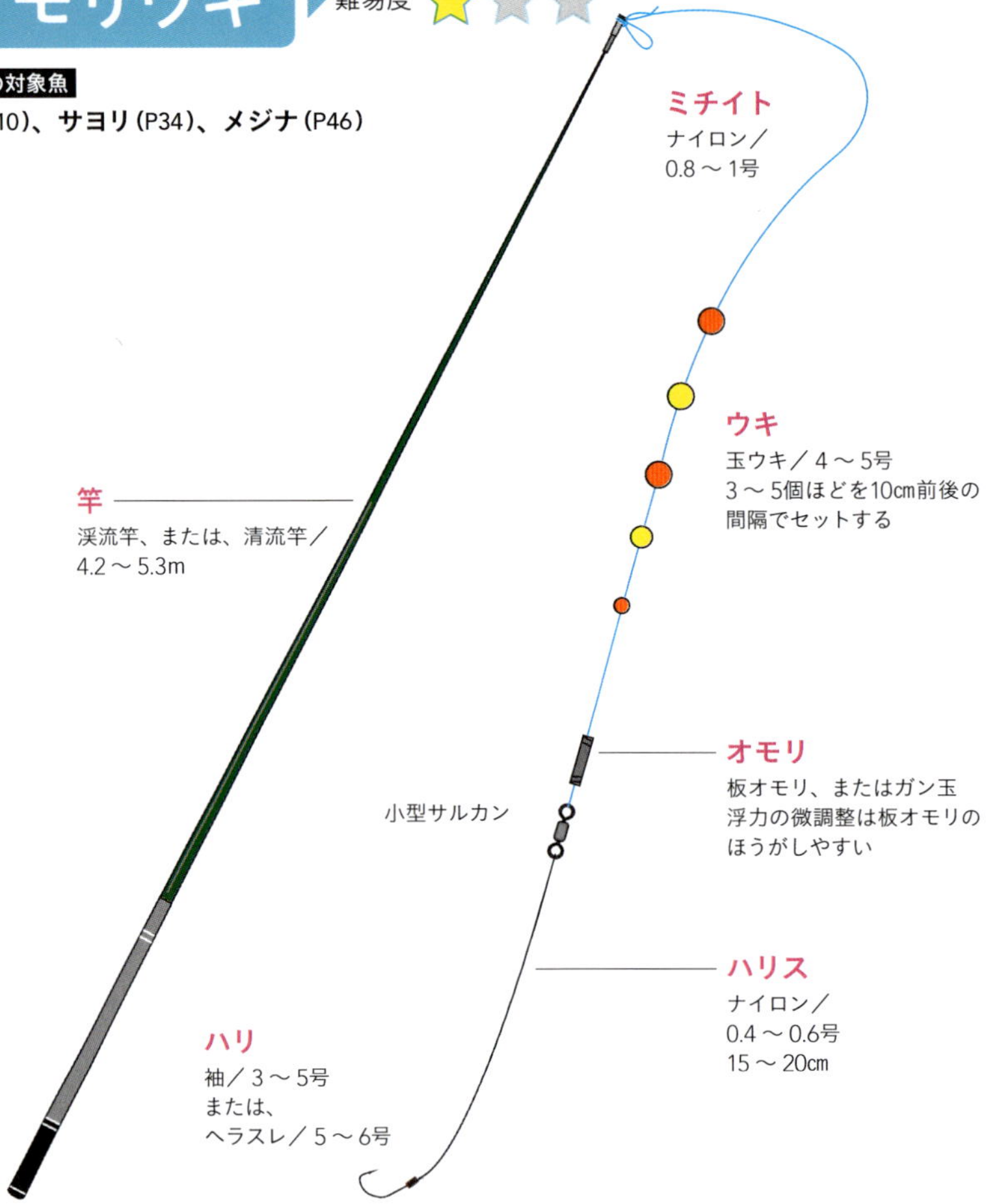

ミチイト
ナイロン／
0.8～1号
ウキ
玉ウキ／4～5号
3～5個ほどを10㎝前後の
間隔でセットする
竿
渓流竿、または、清流竿／
4.2～5.3m
オモリ
板オモリ、またはガン玉
浮力の微調整は板オモリの
ほうがしやすい
小型サルカン
ハリス
ナイロン／
0.4～0.6号
15～20㎝
ハリ
袖／3～5号
または、
ヘラスレ／5～6号

3～5個の玉ウキを使って微妙なアタリをキャッチする

複数個の玉ウキ（P17）を使用する（**シモリ**ウキ）ことで、ひとつひとつのウキの感度を飛躍的に高めたのがこの仕掛け。**ウキの数は3～5個、サイズは直径が10～11㎜程度**。すべて同じ大きさにそろえても、上から下に徐々に小さなウキをセットしてもいい。前者は仕掛けが一定の速度でなじむのに対し、後者では最初は速く沈み徐々にゆっくりなじんでゆく。

CLOSE UP ITEM

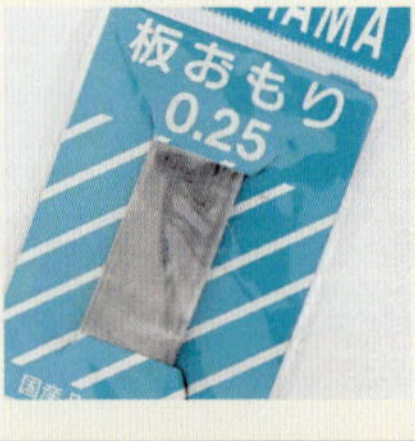

板おもり
0.25

板オモリ

厚さ0.2㎜前後の薄い板状のオモリで、ミチイトに巻き付けて使用する。ウキの浮力調整をしやすいのが特徴。

シモリ｜ウキが水中に沈むこと。シモリウキ仕掛けでは、2～3個のウキが沈むように浮力を調整する。

高感度ウキ

難易度 ★★☆

主な他の対象魚

アジ（P10）、メジナ（P46）

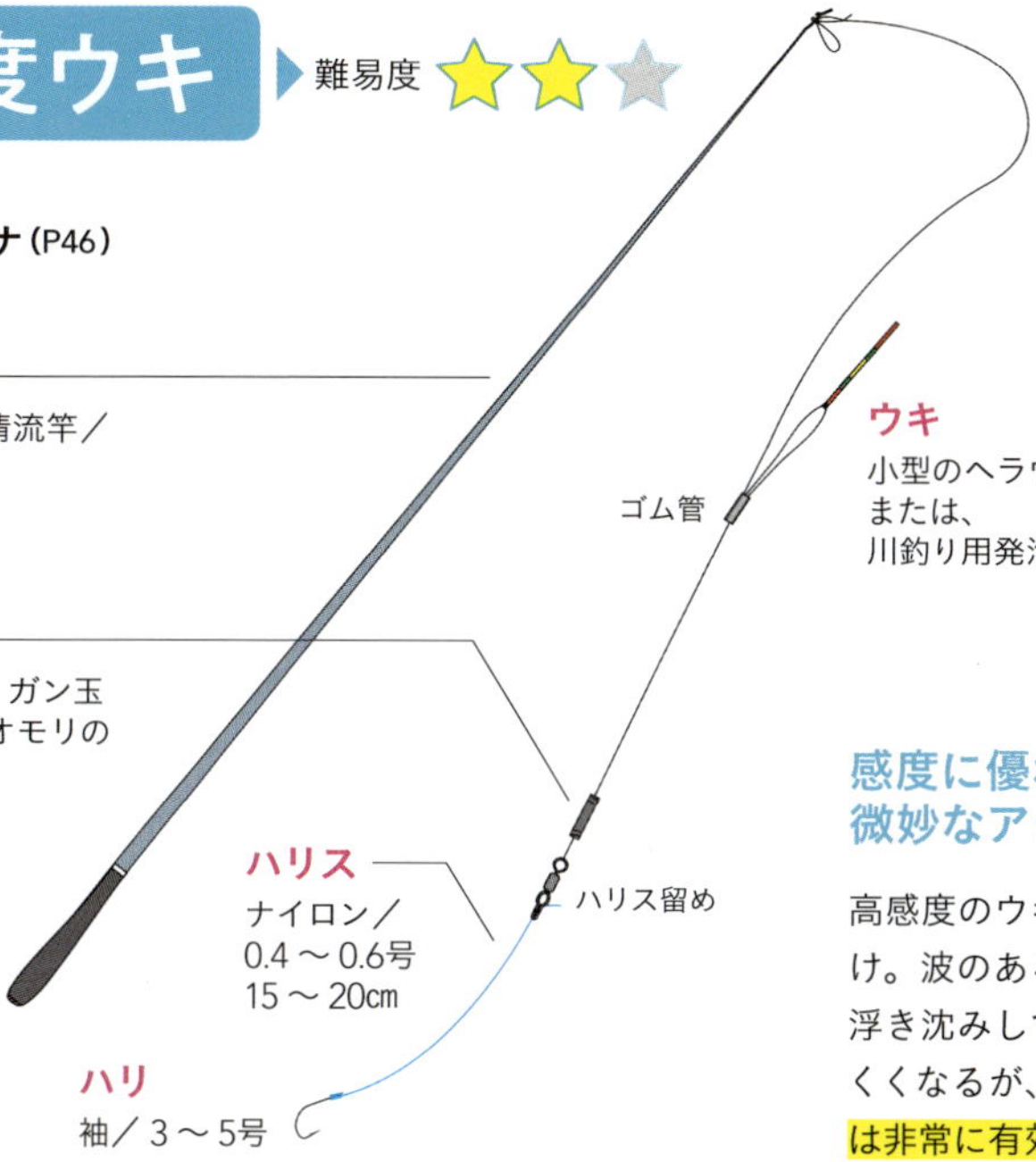
ミチイト
ナイロン／0.8～1号
竿
渓流竿、または、清流竿／4.2～5.3m
ウキ
小型のヘラウキ
または、
川釣り用発泡ウキ
ゴム管
オモリ
板オモリ、または、ガン玉
浮力の微調整は板オモリのほうがしやすい
ハリス
ナイロン／0.4～0.6号
15～20cm
ハリス留め
ハリ
袖／3～5号

感度に優れるウキで微妙なアタリを取る！

高感度のウキを利用した仕掛け。波のあるときにはウキが浮き沈みしてアタリが取りにくくなるが、波が静かなときは非常に有効だ。

ウキフカセ

難易度 ★★☆

主な他の対象魚

アジ（P10）、クロダイ（P28）、メジナ（P46）

クロダイ用の仕掛けを流用してみよう！

深場や遠くのポイントを狙うときは、ミチイトの出し入れが可能なウキフカセ仕掛けが便利。仕掛けの構成はクロダイ（P28）狙いのものと同様だが、ウミタナゴの微妙なアタリをキャッチするために、ウキはできるだけ感度に優れたものを使ってみたい。ハリスも細めが断然有利だ。

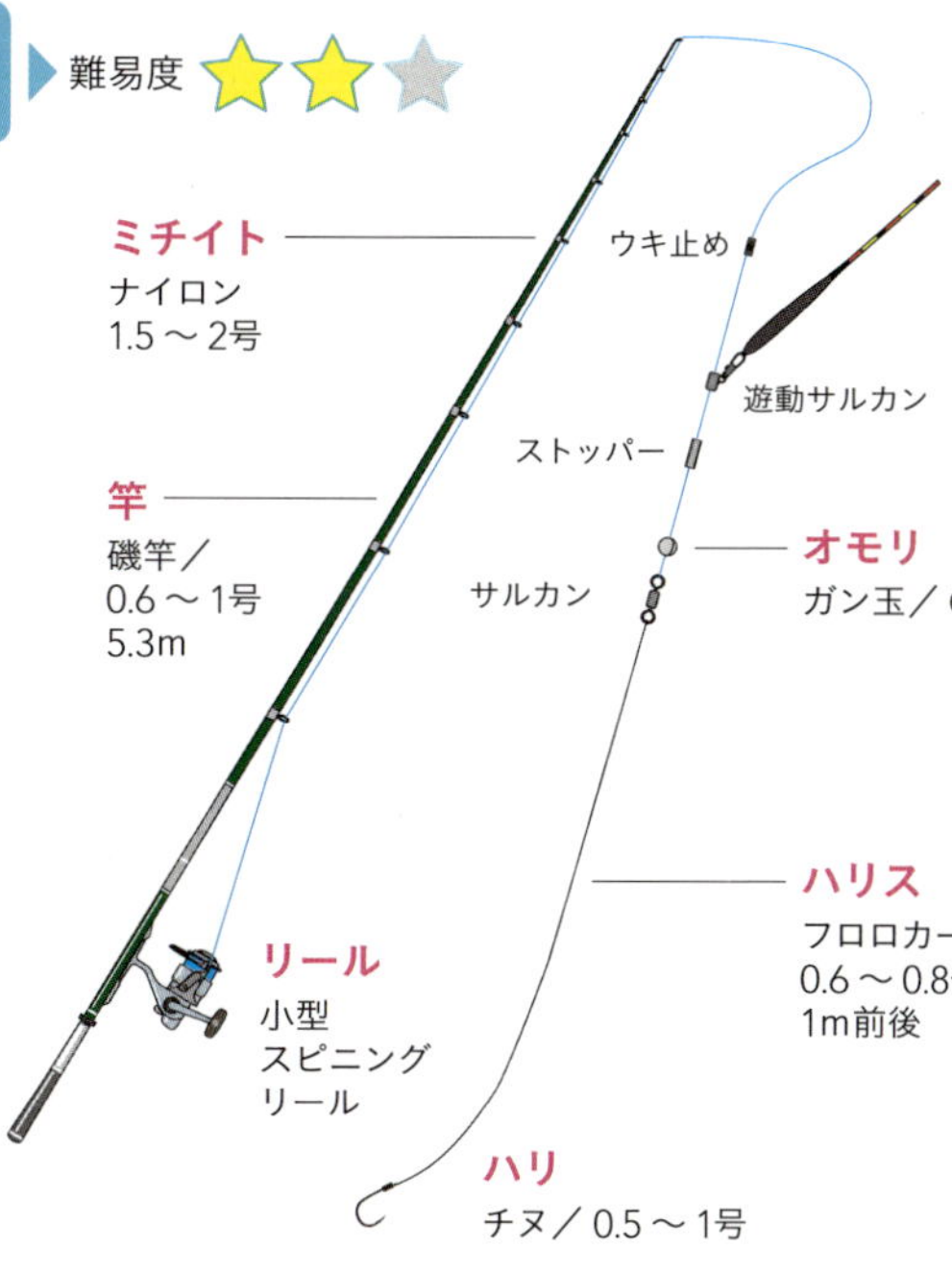
ウキ
自立ウキ
または
円錐ウキ
ミチイト
ナイロン
1.5～2号
ウキ止め
遊動サルカン
ストッパー
竿
磯竿／
0.6～1号
5.3m
オモリ
ガン玉／G2～B
サルカン
ハリス
フロロカーボン／
0.6～0.8号
1m前後
リール
小型
スピニング
リール
ハリ
チヌ／0.5～1号

フカセ ｜ 仕掛けや付けエサが、海中を自然な状態で漂う様子。魚に違和感を与えにくい。

Kasago 03

釣り時期
5月～10月
11月～4月

カサゴ【笠子】

堤防の岩礁帯やブロック帯に潜む根魚
根掛かりしにくい仕掛けで攻略しよう！

ウキ
投げ
サビキ
カゴ
ウキフカセ
ルアー
その他

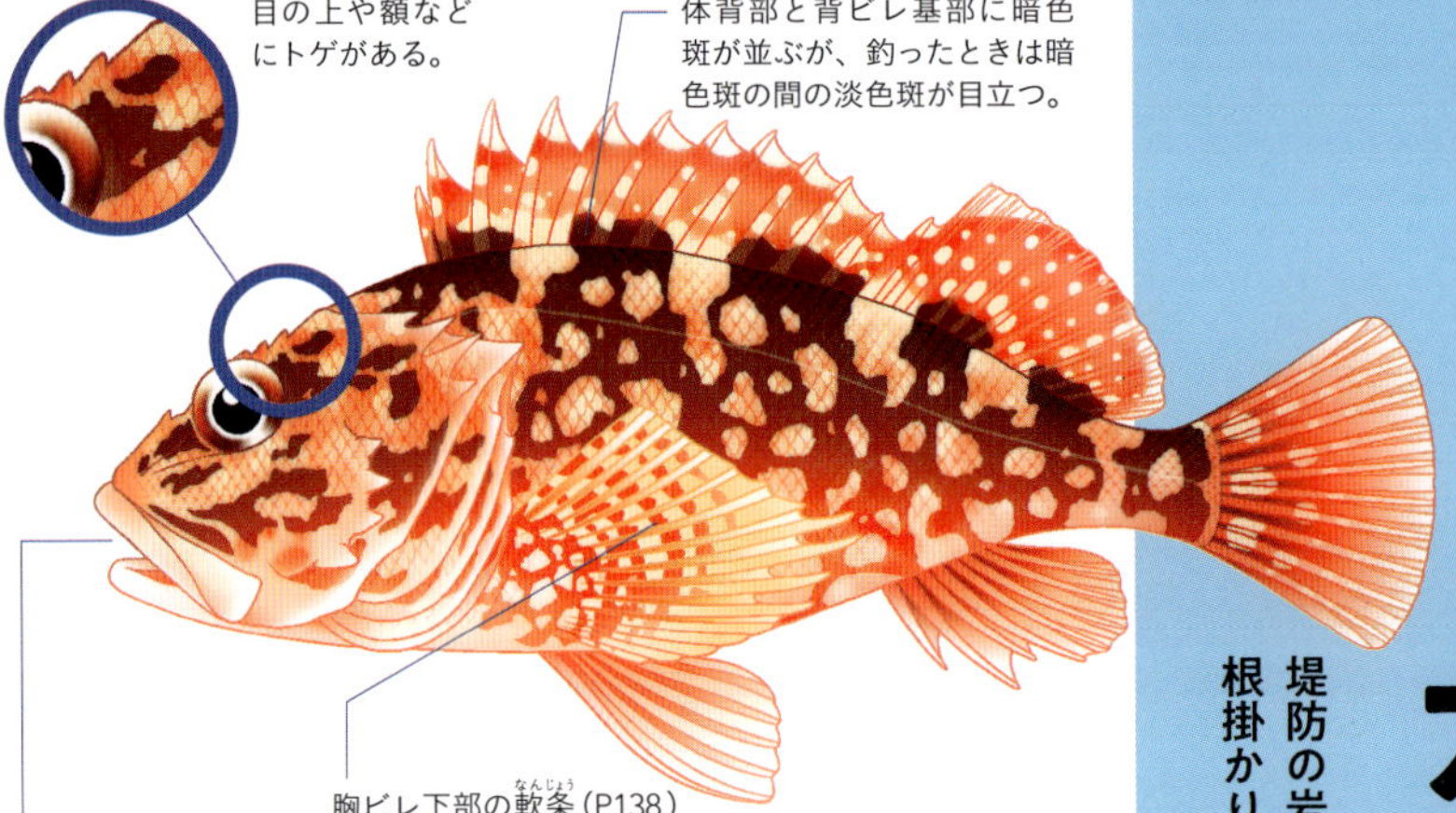

目の上や額などにトゲがある。
体背部と背ビレ基部に暗色斑が並ぶが、釣ったときは暗色斑の間の淡色斑が目立つ。
胸ビレ下部の軟条《なんじょう》（P138）は分厚く発達している。
口が大きい。

ブラクリや穴釣り仕掛けで、カサゴが潜むポイントをダイレクトに探ってみたい

カサゴは全国各地に分布している「根魚《ねざかな》」の代表格。外見的な特徴は、目の前側・上・後ろ、額、頭と頭頂にそれぞれ1対のトゲがあり、背ビレが鋭いこと。毒はないものの、刺されると強く痛むので釣り上げたときは触れないように気をつけよう。

主に沿岸の岩礁帯《がんしょうたい》に棲《す》み、甲殻類《こうかくるい》や小魚のほか、ヒザラガイやフジツボなどを食べながら大きいもので体長30㎝ほどまでに成長する。

釣り方は、堤防周辺の岩礁帯《がんしょうたい》や消波《しょうは》ブロック帯などの入り組んだ地形を攻めるのが基本。したがって、ブラクリ（P21）仕掛けや胴付《どうづ》き（P22）仕掛け、穴釣《あなづ》り仕掛けといった根掛《ねが》かりしにくい仕掛けで狙うのが定番だ。付けエサはイソメ類のほか、サンマやイワシなどの魚の切り身が一般的。ルアーで狙う場合も、根掛《ねが》かり（P27）に強い「テキサスリグ（P96）」などでカサゴが潜むポイントを積極的に攻めよう。

白身の美味な魚で、刺身や唐揚げ、煮物、ムニエルなど調理法が幅広い。

DATA

分類	スズキ目、メバル科、カサゴ属
分布	北海道南部以南の各地
生態	岩礁帯に生息。夜行性が強く、甲殻類や貝類、小魚を捕食。卵胎生の魚で冬に仔魚を産む。
サイズ	15～30㎝

調理法

刺身	焼く	煮る
蒸す	天ぷら	フライ・唐揚げ
寿司	汁物・鍋物	干物

プライヤー｜魚からハリを外したりラインを切ったりするペンチ（P185）。

ブラクリ

難易度 ★☆☆

主な他の対象魚

アイナメ（P96）、**ギンポ**（P112）、
ムラソイ（P122）

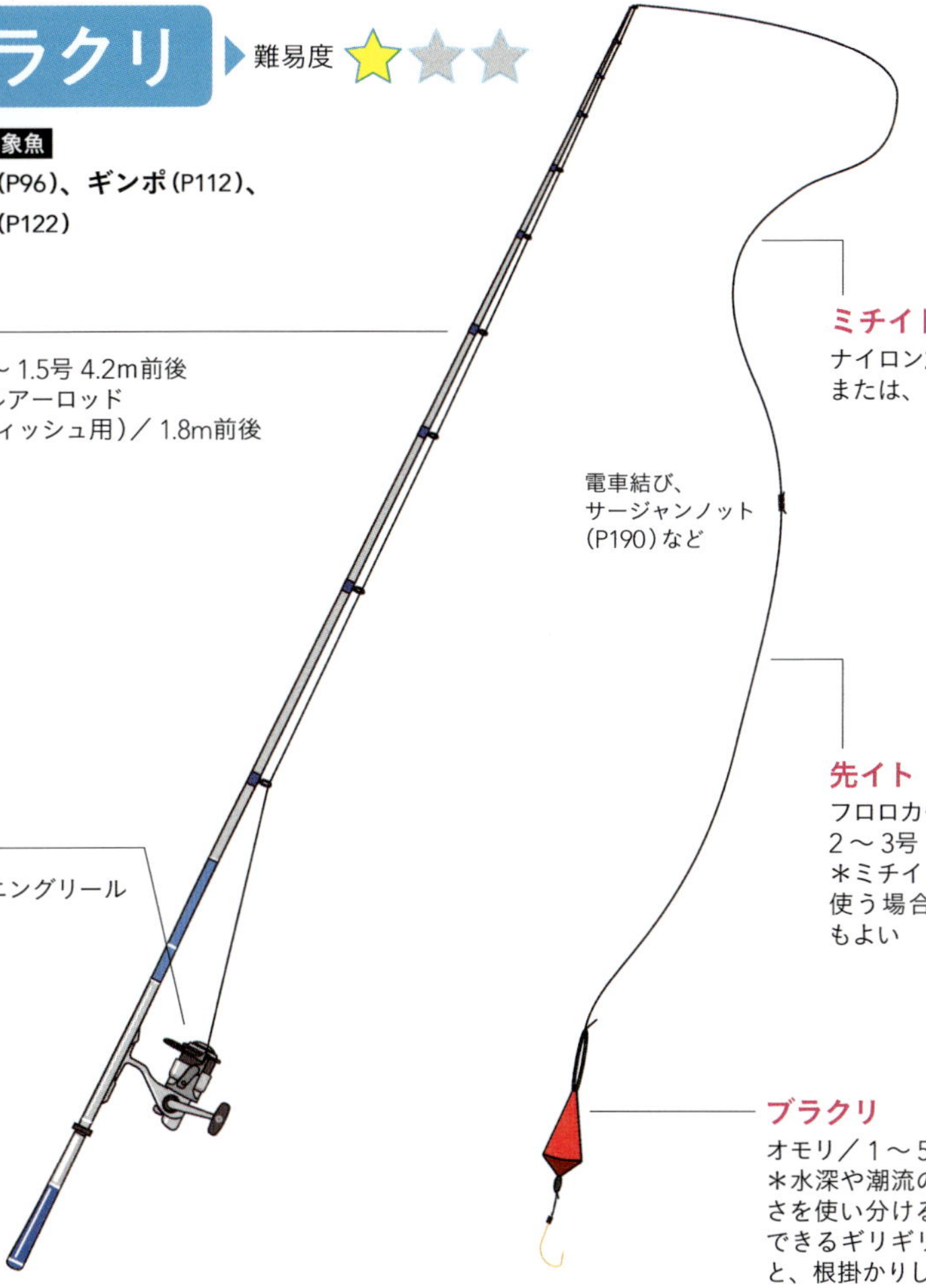
竿
磯竿／1～1.5号 4.2m前後
または、ルアーロッド
（ロックフィッシュ用）／1.8m前後
ミチイト
ナイロン2～3号
または、PE1号
電車結び、
サージャンノット
（P190）など
リール
小型スピニングリール
先イト
フロロカーボン／
2～3号
＊ミチイトにナイロンを
使う場合は、省略して
もよい
ブラクリ
オモリ／1～5号
＊水深や潮流の強弱などで重
さを使い分ける。着底を確認
できるギリギリの重さを使う
と、根掛かりしにくい

根掛かりに強い仕掛けで
カサゴが潜む根を直撃しよう！

岩礁《がんしょう》や消波《しょうは》ブロックの隙間にエサを落とし込んだり、軽く投げて海底を探りながら釣る方法。同様の場所を棲《す》み家とするアイナメ（P96）やムラソイ（P122）、ギンポ（P112）なども同じ仕掛けで釣ることができる。仕掛けは「ブラクリ」と呼ばれるオモリとハリを直結したものを使うと根掛《ねが》かり（P27）率が低下する。エサは、イソメや魚の切り身、オキアミを使用。

次ページに続く

CLOSE UP ITEM

ブラクリ

オモリとハリを短いハリスでジョイントした仕掛け。根掛《ねが》かりしにくいため、岩礁帯《がんしょうたい》などを積極的に攻められるのも魅力。

根魚《ねざかな》｜岩礁帯《がんしょうたい》や海藻帯《かいそうたい》といった「根」に生息する魚の総称。「根掛《ねが》かり（P27）」に注意が必要。

投げ釣り

難易度 ★★☆

主な他の対象魚

アイナメ（P96）、**カワハギ**（P106）、**ハタ**（P116）

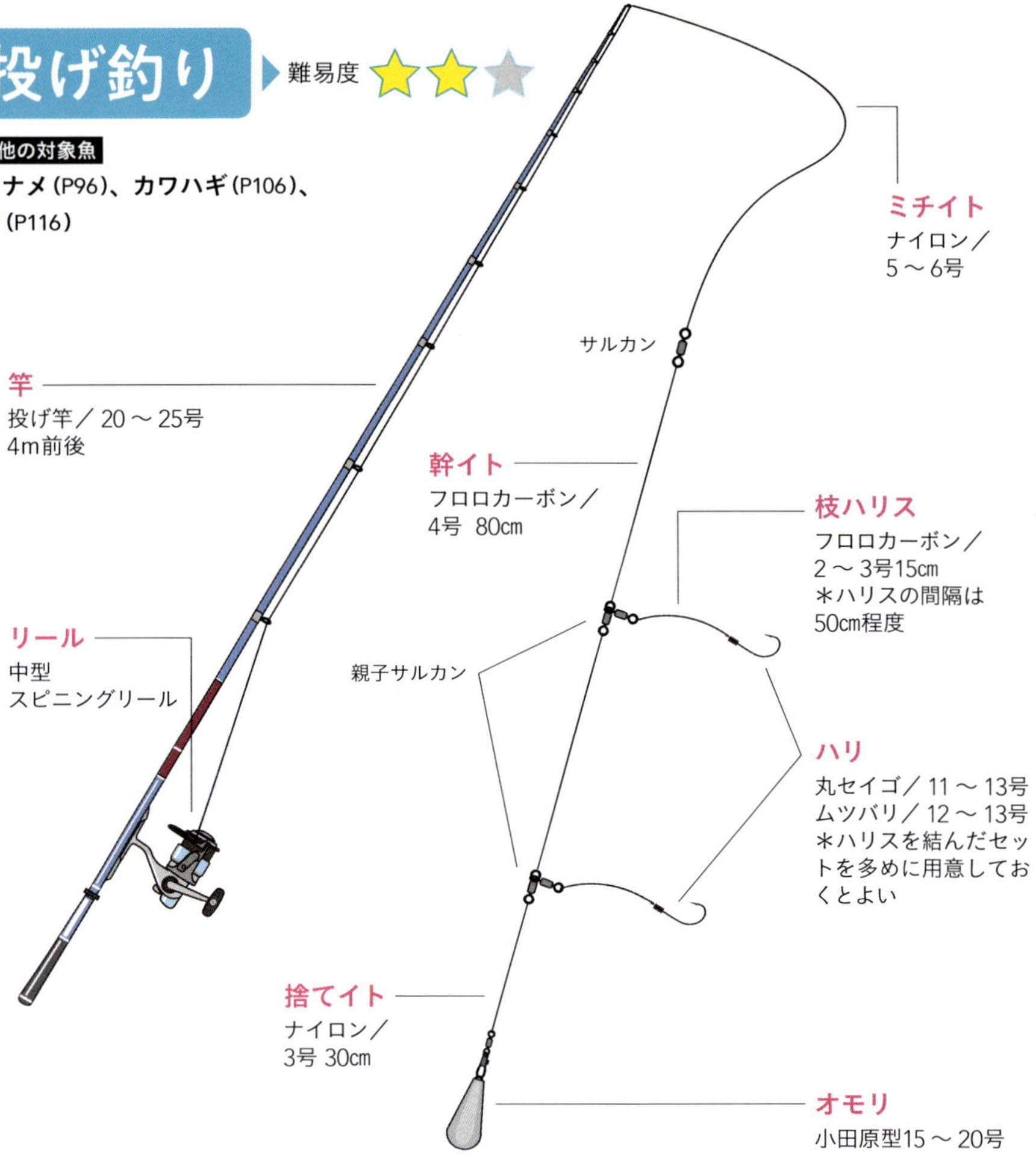

ミチイト
ナイロン／5～6号
サルカン
竿
投げ竿／20～25号
4m前後
幹イト
フロロカーボン／4号 80cm
枝ハリス
フロロカーボン／2～3号15cm
＊ハリスの間隔は50cm程度
リール
中型
スピニングリール
親子サルカン
ハリ
丸セイゴ／11～13号
ムツバリ／12～13号
＊ハリスを結んだセットを多めに用意しておくとよい
捨てイト
ナイロン／3号 30cm
オモリ
小田原型15～20号

シンプルな胴付き仕掛けで岩礁帯を広く探る

岩礁《がんしょう》まわりの堤防で広範囲を狙う場合は、**胴《どう》付《づ》き**仕掛けを使った投げ釣りが一般的。根掛《ねが》かり（P27）対策として、**オモリは幹《みき》イトよりも細めの捨てイトを介して付ける**。ハリは先端が内側にカーブして根掛《ねが》かりしにくいムツバリを使う人もいる。**付けエサはイソメ類のほか、サンマやイカの短冊《たんざく》**（P117）などを使用。ハリやオモリの予備は多めに用意したい。

CLOSE UP ITEM

オモリの種類

オモリの形状にはいろいろな種類があり、仕掛けの構成や状況で使い分ける。左が小田原型、右上はナス型、右下がナツメ型。

胴付《どうづ》き ｜ 幹《みき》イトの途中に枝ハリスを結び、下端にオモリをセットした仕掛けのこと。「胴突き」とも書く。

穴釣り

難易度 ★☆☆

主な他の対象魚

ギンポ(P112)、ドンコ(P115)、ムラソイ(P122)

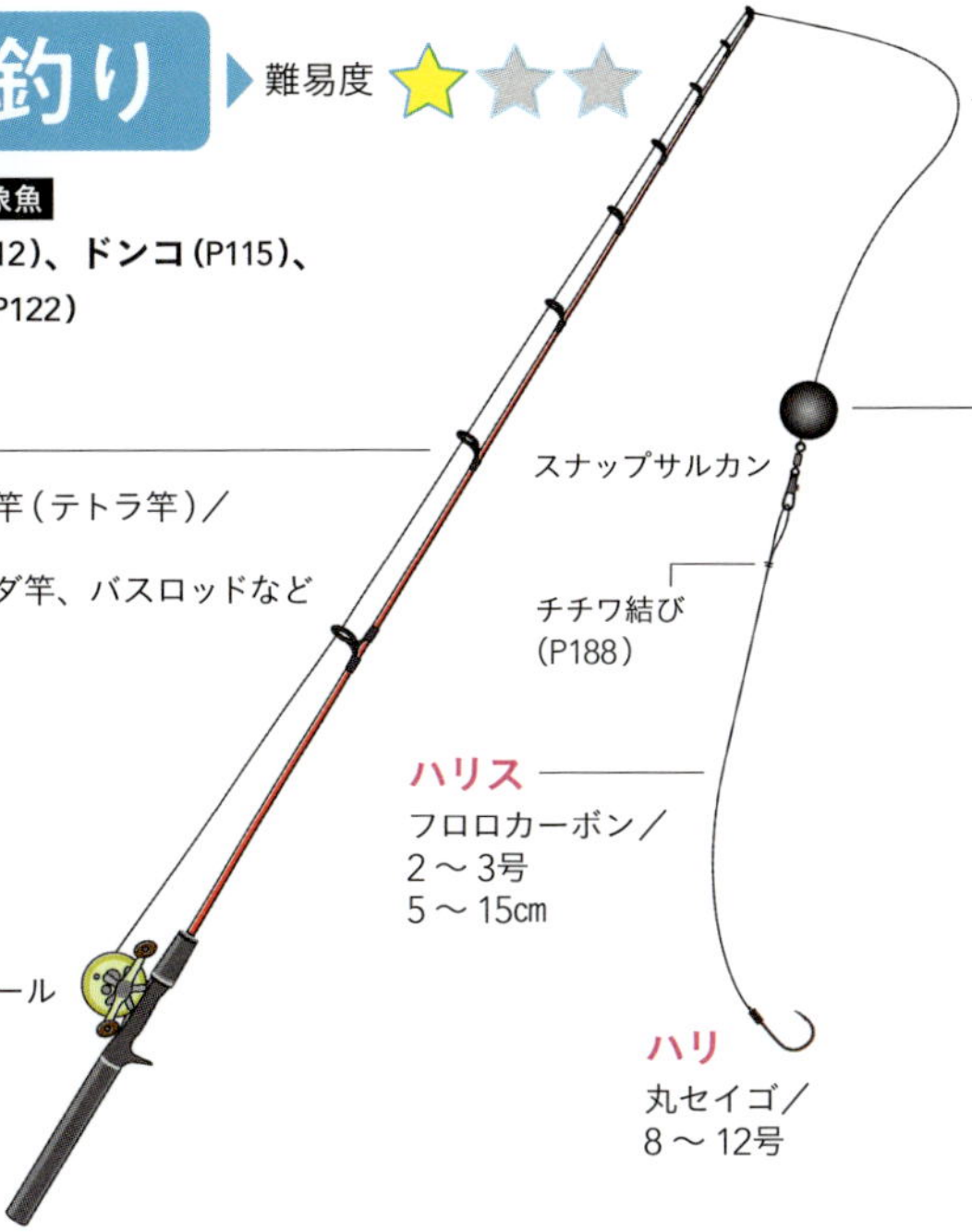
竿
穴釣り専用竿(テトラ竿)／1.5m
またはイカダ竿、バスロッドなど
リール
小型両軸リール
ミチイト
フロロカーボン／3〜5号
オモリ
中通し丸型オモリ／5〜10号
スナップサルカン
チチワ結び
(P188)
ハリス
フロロカーボン／2〜3号
5〜15㎝
ハリ
丸セイゴ／8〜12号

狭いポイントでも果敢に攻められる!

カサゴが好んで潜む消《しょう》波《は》ブロックやゴロタ場《ば》(P123)の穴を直撃するための仕掛け。構成はとてもシンプルで、ハリスは短めだ。**根ズレ対策でハリスやミチイトはフロロカーボンを使用**する。

ルアー

難易度 ★★☆

主な他の対象魚

ハタ(P116)、ムラソイ(P122)

根掛かりを回避できる「テキサスリグ」が◎

ルアーで狙う場合も、根《ね》掛《が》かり(P27)に強い**リグ**を使いたい。具体的には、**中通しオモリをセットした「テキサスリグ(P96)」**がいいだろう。ワーム(P15)は**上下動で魚を誘えるホッグ系と、スイミング(泳ぎ)で使うシャッド系**を用意。小魚などが多い状況では、ミノー(P65)も効果的だ。

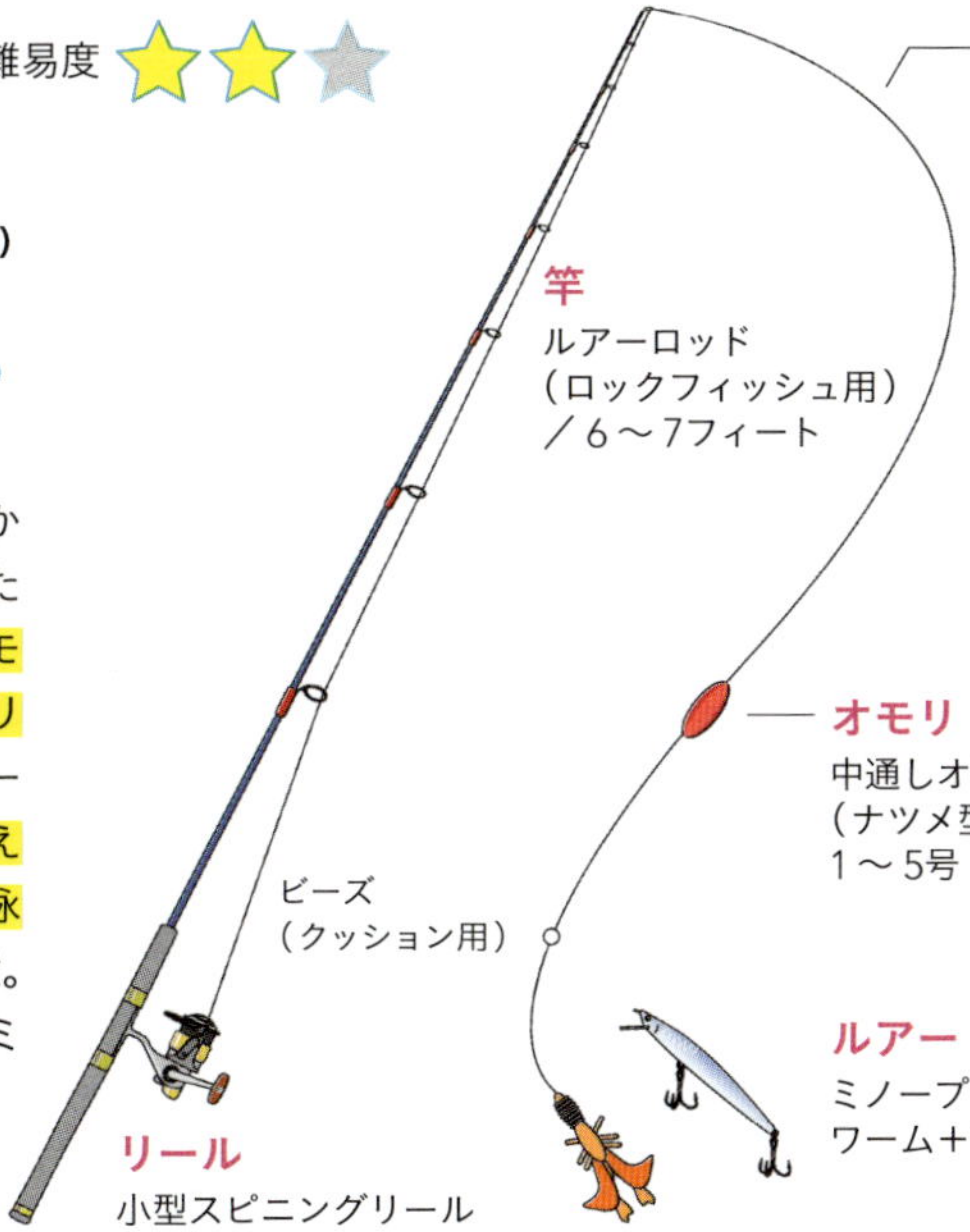
ライン
ナイロンまたは
フロロカーボン
6〜10ポンド
竿
ルアーロッド
(ロックフィッシュ用)
／6〜7フィート
オモリ
中通しオモリ
(ナツメ型、丸型など)／
1〜5号
ビーズ
(クッション用)
ルアー
ミノープラグ
ワーム+ワームフックなど
リール
小型スピニングリール

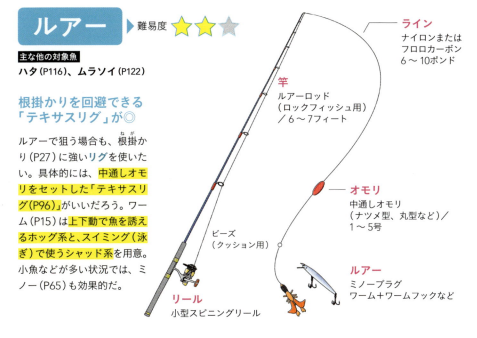

リグ | ルアー用語で、釣りの「仕掛け」のこと。

Karei 04

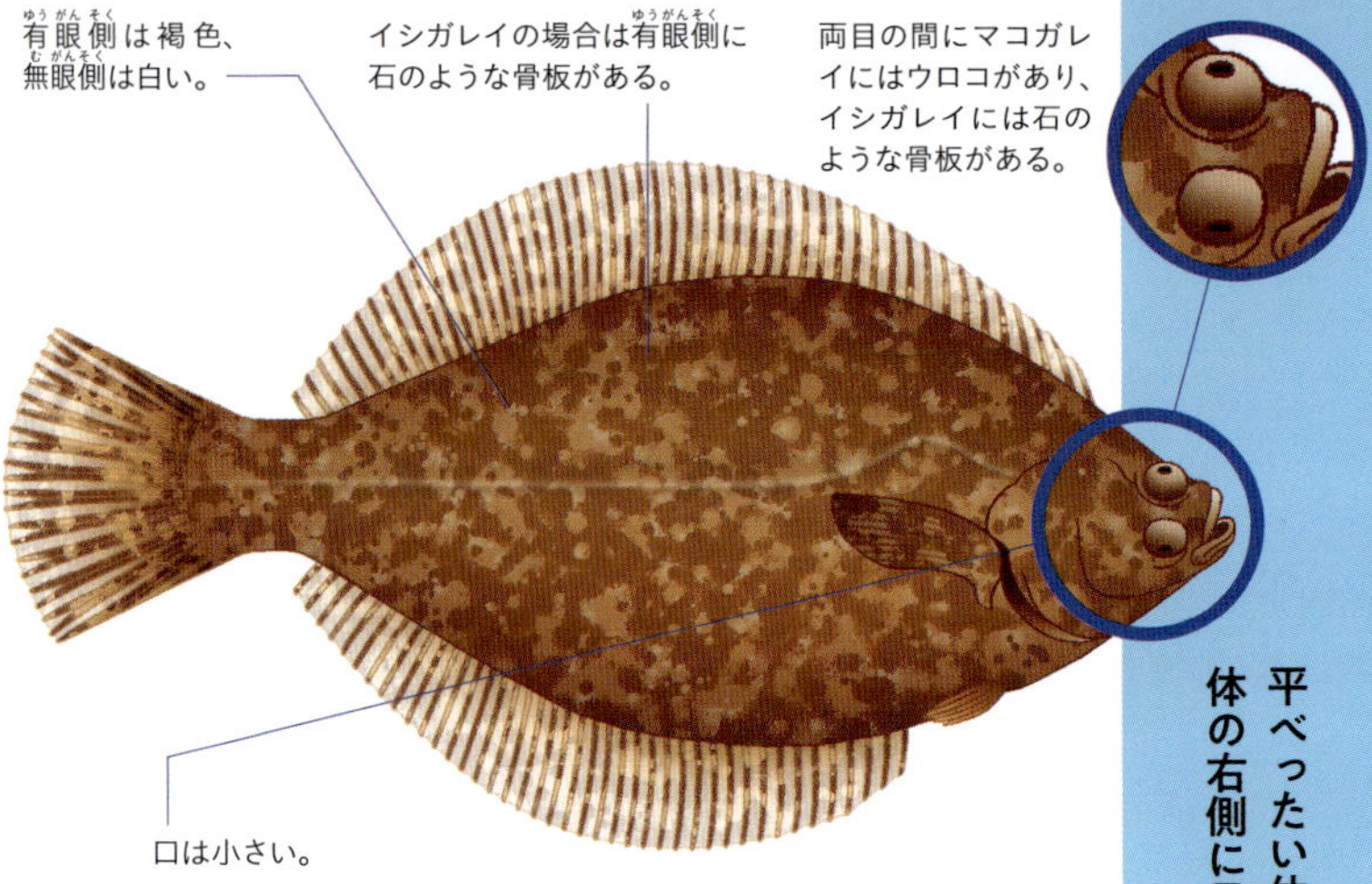

有眼側《ゆうがんそく》は褐色、
無眼側《むがんそく》は白い。
イシガレイの場合は有眼側《ゆうがんそく》に
石のような骨板がある。
両目の間にマコガレイにはウロコがあり、イシガレイには石のような骨板がある。
口は小さい。

釣り時期

12月～3月

4月～11月

- ウキ
- **投げ**
- サビキ
- カゴ
- ウキフカセ
- ルアー
- **その他**

カレイ【鰈】

平べったい体型が特徴的な美味魚
体の右側に目があることで判別できる

海底をダイレクトに狙える投げ釣り仕掛け3種アピール効果が釣果を決める

冬～春、投げ釣りの代表的なターゲットとなるカレイにはいくつかの種類がいて、マコガレイとイシガレイは北海道から九州北部にかけて広く分布する。とくにマコガレイは岸から釣りやすく、食味にも優れている。関東以北ならババガレイ（ナメタガレイ）やヌマガレイなども狙え、釣り方はマコガレイとほぼ同じ考え方でよい。

カレイ狙いでは「投げ釣り」がメインとなり、その仕掛けの仕様は地域や釣り場の状況、釣り人の好みなどによって多岐にわたる。標準的なのは数本のハリを使用した吹き流しタイプの仕掛けで、アピール度を高めるためにハリスに蛍光パイプやビーズなどをあしらうのが特徴だ。ほかに、2本のハリを束ねた「段差《だんさ》バリ仕掛け」、根掛《ねが》かり（P27）に強い胴付《どうづ》き（P22）仕掛けなども多用される。

カレイは高タンパク、低脂肪、ビタミン類やタウリンも豊富で体によい食材。料理法としては煮付けや塩焼き、唐揚げが定番だ。

DATA（マコガレイ）

分類	カレイ目、カレイ科、マガレイ属
分布	北海道南部～九州
生態	主に砂礫底や砂底の海域を好み、多毛類や小型の甲殻類などを捕食する。
サイズ	25 ～ 50㎝

調理法

刺身	焼く	煮る
蒸す	天ぷら	フライ・唐揚げ
寿司	汁物・鍋物	干物

投げ釣り

難易度 ★★☆

主な他の対象魚

アナゴ(P76)、**イシモチ**(P78)、**アイナメ**(P96)

竿
投げ竿／25～30号
4m前後
ミチイト
ナイロン／3号
または
PE／1～2号
リール
投げ釣り専用リール
または、
中型スピニングリール
編み付け電車結び
(P190)
チカライト
市販のテーパータイプ
(12～15m)を使用。
ミチイトの素材や号数
に合わせて選ぶ
ビーズ
サルカン
オモリ
遊動テンビンオモリ／
20～27号
砂ずり
フロロカーボン／
5号30cm
(2本撚り合わせる)
サルカン
幹イト
フロロカーボン／
3～5号 70cm
ハリス(枝ス)
フロロカーボン／
3号10cm
蛍光ビーズ、パイプなどで装飾する
ハリ
丸セイゴ／13～16号
カレイ／12～14号

仕掛けにデコレーションをあしらうのが効果的！

カレイ釣りでの、標準的な投げ釣り仕掛け。カレイは派手なカラーや装飾に興味を示す傾向があるので、ハリスなどに蛍光パイプやビーズをあしらうのが効果的だ。ただし、状況によっては装飾を外したほうが食いがよくなるケースもある。また、仕掛けの連結部分は**砂ずり**で強度を高めている。付けエサはアオイソメやイワイソメ（イワムシ）を使用する。

◀次ページに続く

CLOSE UP ITEM

仕掛けの装飾

写真は釣具店で買えるエッグボールとビーズでの装飾例。100円ショップで売られている化学繊維やビーズ類なども活用できる。

砂ずり｜ラインと金属環の接続部などで、擦れに対して補強する太めのイトのこと。

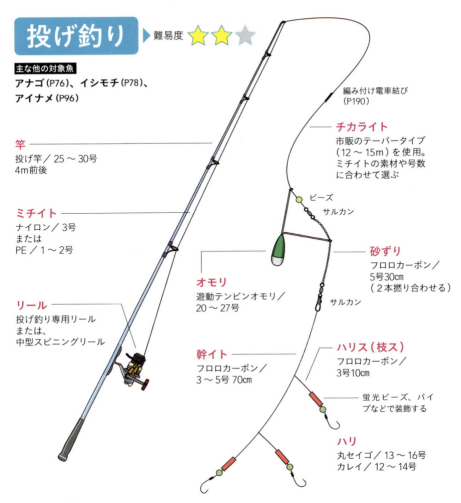

段差バリ

難易度 ★★☆

主な他の対象魚

イシモチ（P78）、アイナメ（P96）

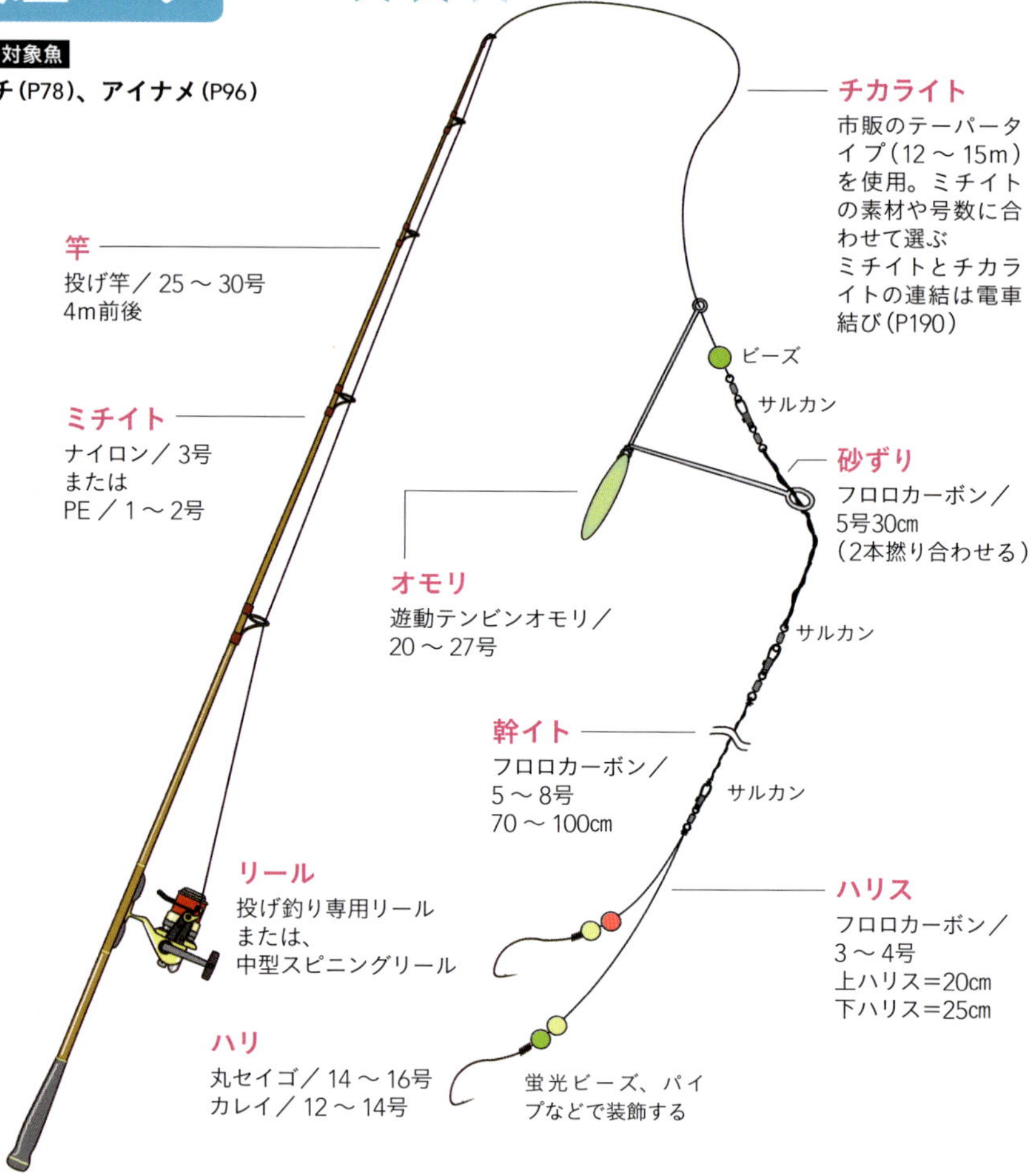
チカライト
市販のテーパータイプ（12～15m）を使用。ミチイトの素材や号数に合わせて選ぶ
ミチイトとチカライトの連結は電車結び（P190）
竿
投げ竿／25～30号
4m前後
ミチイト
ナイロン／3号
または
PE／1～2号
ビーズ
サルカン
砂ずり
フロロカーボン／
5号30cm
（2本撚り合わせる）
オモリ
遊動テンビンオモリ／
20～27号
サルカン
幹イト
フロロカーボン／
5～8号
70～100cm
サルカン
リール
投げ釣り専用リール
または、
中型スピニングリール
ハリス
フロロカーボン／
3～4号
上ハリス＝20cm
下ハリス＝25cm
ハリ
丸セイゴ／14～16号
カレイ／12～14号
蛍光ビーズ、パイプなどで装飾する

一度に多くのエサを付ければアピール度がアップ！

付けエサのボリュームを多くすることで魚に対してよりアピールしやすくなる。そこで考案されたのが、**幹《みき》イトの先端に5cm程度の段《だん》差《さ》で２本のハリスを結んだ段差《だんさ》バリ仕掛け**。それぞれのハリに、アオイソメとイワイソメの両方を**装餌《そうじ》**することも容易だ。また、２本のハリを同時に食わせることでバラシ（掛かった魚に逃げられる）が少なくなる。

CLOSE UP ITEM

イワイソメ

比較的ボリュームのあるイソメで、カレイやマダイ、クロダイ狙いで多用される。地域によっては、マムシとかホンムシとも呼ばれる。

装餌《そうじ》｜エサを付けること。

胴付き仕掛け

難易度 ★★☆

主な他の対象魚

イシモチ(P78)、**アイナメ**(P96)、**ドンコ**(P115)

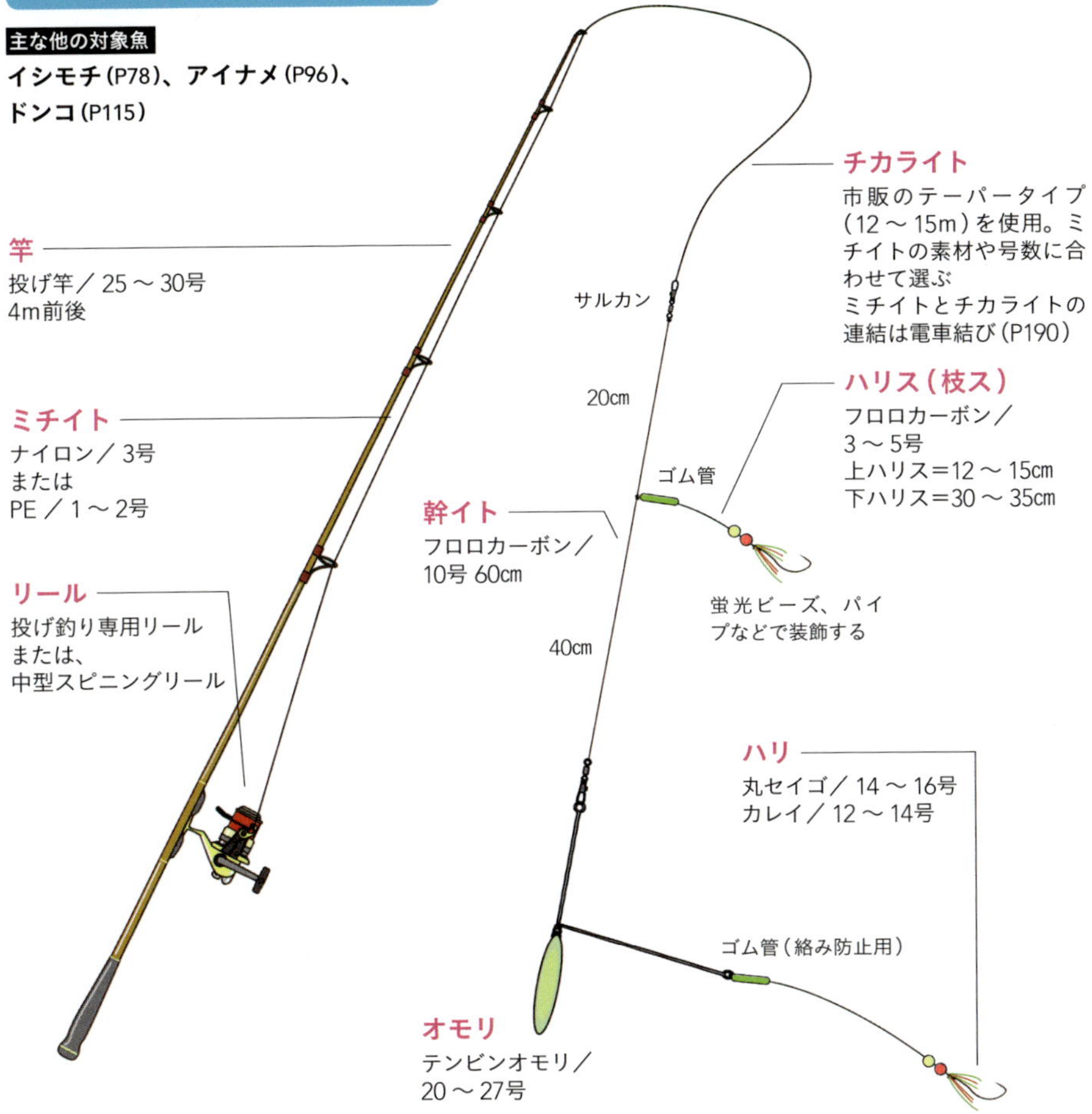
竿
投げ竿／25～30号
4m前後
ミチイト
ナイロン／3号
または
PE／1～2号
リール
投げ釣り専用リール
または、
中型スピニングリール
チカライト
市販のテーパータイプ（12～15m）を使用。ミチイトの素材や号数に合わせて選ぶ
ミチイトとチカライトの連結は電車結び（P190）
サルカン
20cm
ハリス（枝ス）
フロロカーボン／
3～5号
上ハリス＝12～15cm
下ハリス＝30～35cm
ゴム管
幹イト
フロロカーボン／
10号 60cm
蛍光ビーズ、パイプなどで装飾する
40cm
ハリ
丸セイゴ／14～16号
カレイ／12～14号
ゴム管（絡み防止用）
オモリ
テンビンオモリ／
20～27号

根掛かりの多い釣り場で威力を発揮する仕掛け

北海道などでは足場の悪いところからの遠投や、岩礁帯《がんしょうたい》でカレイを狙うことが多いため、全長を短くした胴《どう》付《づ》き(P22)仕掛けを使うのが主流だ。バックスペースの少ない釣り場でも仕掛けを投入しやすく、**根《ね》掛《が》かり**も少なくなるので、ほかの地域でも状況次第で活躍してくれる。枝ハリスの長さなどはいろいろ工夫してみよう。

CLOSE UP ITEM

テンビンオモリ

アーム状の針金がセットされたオモリのこと。仕掛け絡みを防いだり、魚のハリ掛かりを向上させる役割を果たす。

根《ね》掛《が》かり | 海底にある岩や海藻《かいそう》などに、仕掛けが引っ掛かってしまうこと。

Kurodai **05**

釣り時期

3月〜6月
9月〜11月
12月〜2月
7月〜8月

クロダイ【黒鯛】

姿形がよく、引きも強烈な憧れのターゲット 状況に応じて釣り方もいろいろ選べる

- ウキ
- 投げ
- サビキ
- カゴ
- ウキフカセ
- ルアー
- その他

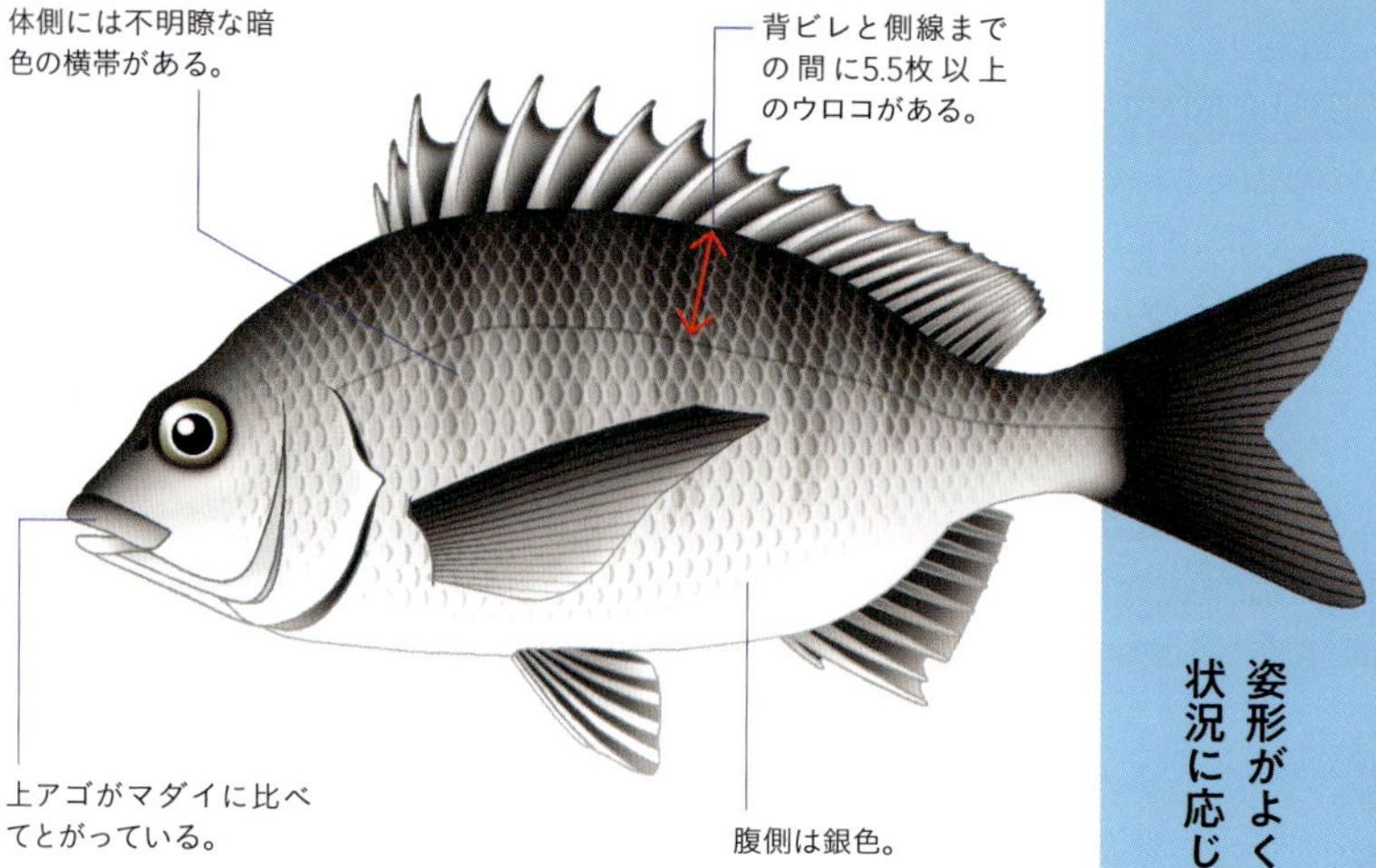

体側には不明瞭な暗色の横帯がある。
背ビレと側線までの間に5.5枚以上のウロコがある。
上アゴがマダイに比べてとがっている。
腹側は銀色。

DATA

分類	スズキ目、タイ科、クロダイ属
分布	北海道南部〜九州
生態	主に水深約50mまでの岩礁帯や砂泥底に生息し、汽水域や河川内にも回遊する。雑食性。
サイズ	20〜50㎝

調理法

刺身	焼く	煮る
蒸す	天ぷら	フライ・唐揚げ
寿司	汁物・鍋物	干物

基本のウキフカセ釣りのほか、ヘチ釣りや投げ釣り、ルアーやフライでも楽しめる

体高のある容姿をしており、海釣りの中でもさまざまな仕掛けで楽しめる魚。多少汚れた水質でも生息できるため、都市近郊で釣れる場所が多いことも魅力だ。

クロダイは比較的**水深の浅いエリアを好み**、エサを追い求めて**汽水域《きすいいき》や河川内まで入り込む**個体も多い。また、悪食としても知られ、エビやカニ、貝類、小魚などを丈夫な歯でかみ砕いて捕食するほか、トウモロコシやスイカなどの植物性のものも釣りエサに使われる。

釣り方は、地方の特異的なスタイルを含めると無数の狙い方がある。それらの中でも、全国的にもっともポピュラーなのが**遊動《ゆうどう》ウキを使ったウキフカセ釣り**。また、シンプルな仕掛けで挑む**カカリ釣りやヘチ釣り**などもおもしろい。なお、クロダイに容姿がそっくりな「キチヌ」という別種も、ほぼ同様の方法で釣ることができる。

クロダイの身は淡泊な白身で、さまざまな料理で食べられる。

遊動《ゆうどう》ウキ｜ウキが固定されてなく、動く仕掛けになっている。

ウキフカセ

難易度 ★★☆

主な他の対象魚

メジナ(P46)、アイゴ(P56)、マダイ(P72)

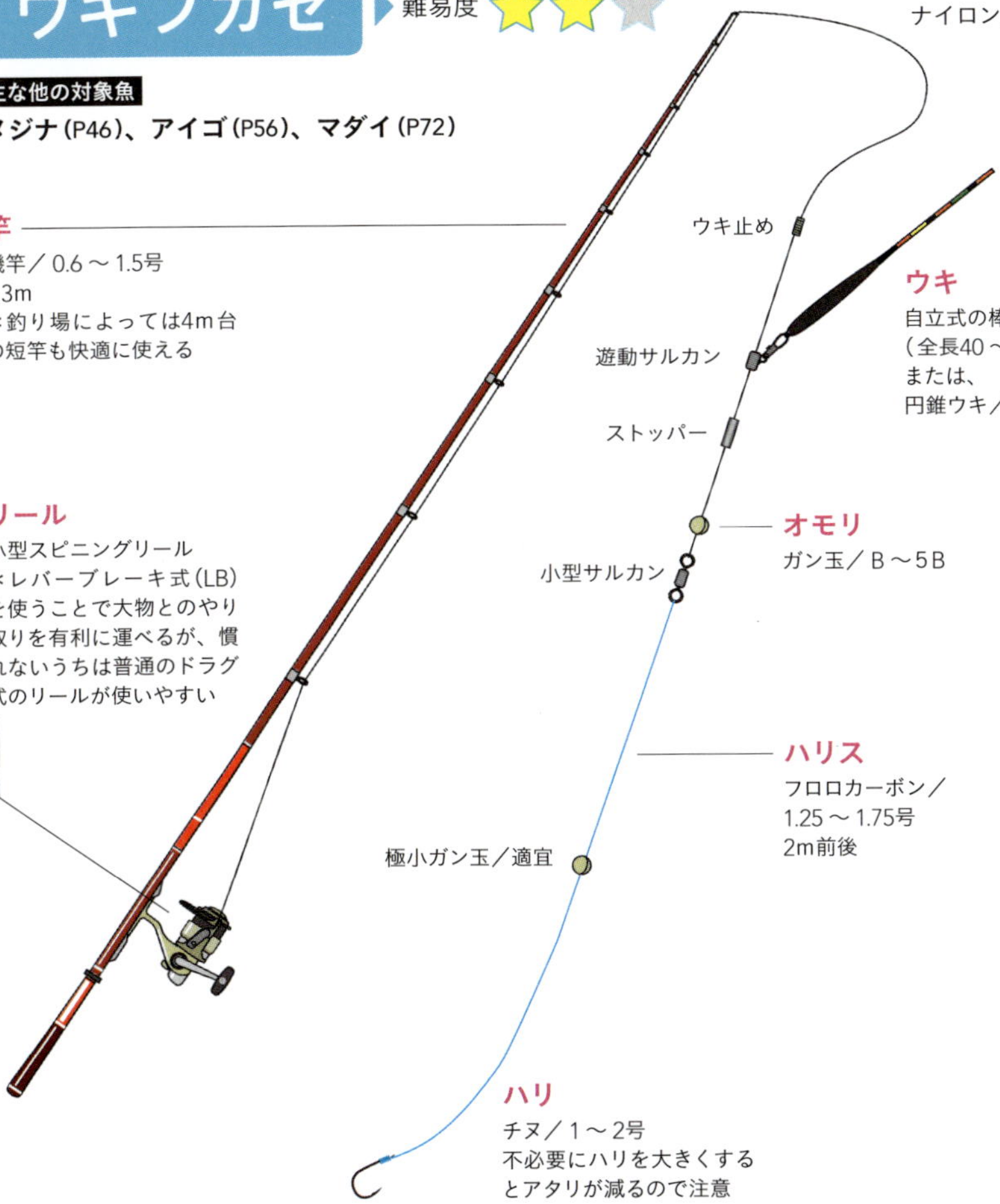
ミチイト
ナイロン／2～2.5号
竿
磯竿／0.6～1.5号
5.3m
＊釣り場によっては4m台の短竿も快適に使える
ウキ止め
ウキ
自立式の棒ウキ
(全長40～60cmが目安)
または、
円錐ウキ／B～1号
遊動サルカン
ストッパー
リール
小型スピニングリール
＊レバーブレーキ式(LB)を使うことで大物とのやり取りを有利に運べるが、慣れないうちは普通のドラグ式のリールが使いやすい
オモリ
ガン玉／B～5B
小型サルカン
ハリス
フロロカーボン／
1.25～1.75号
2m前後
極小ガン玉／適宜
ハリ
チヌ／1～2号
不必要にハリを大きくするとアタリが減るので注意

クロダイ釣りの基本仕掛け ウキの浮力とウキ下の調整が大切

クロダイの一番基本的な釣り方が「ウキフカセ釣り」だ。底ダナ(P12)狙いが基本となるので、釣りを開始するときには**ウキの浮力調整やウキ下の調整をきっちり行うこと**が大切。エサはオキアミが基本で、ほかにイソメ類や練りエサなども使われる。アタリは千差万別なので、ウキに少しでも動きがあれば積極的にアワセを入れていこう。

◀次ページに続く

CLOSE UP ITEM

ミチイト

ミチイト

視認性の高いカラータイプなら、ミチイトの状態や魚が走る方向を確認しやすい。比重(水に沈む度合い)はサスペンド(水中に沈む)タイプが基本。

汽《き》水《すい》域《いき》 | 海水と淡水が混じり合うエリア。比較的エサが豊富で、釣れる魚の種類も多い。

ダンゴ釣り

難易度 ★★☆

主な他の対象魚

メジナ（P46）、ボラ（P70）

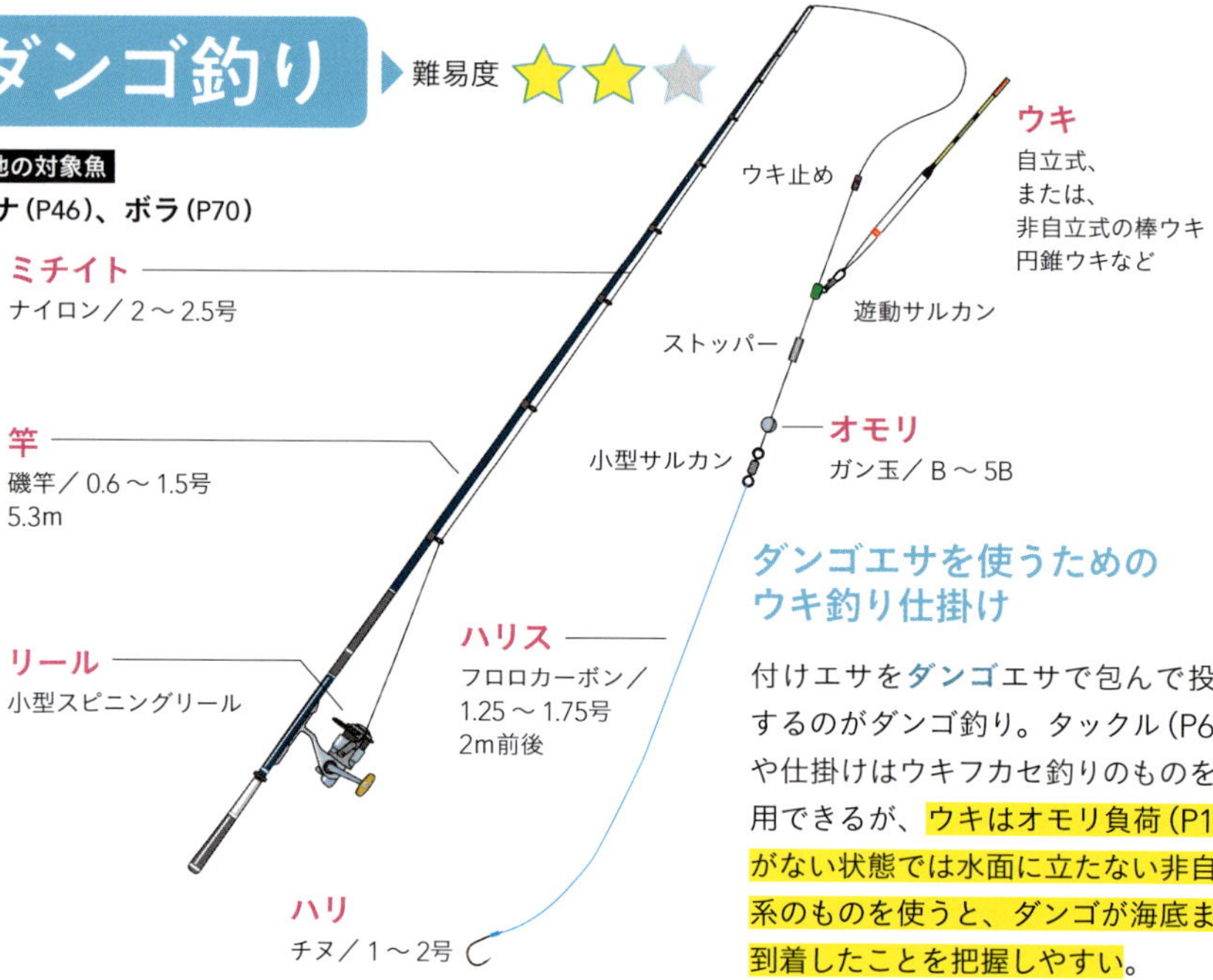

ダンゴエサを使うための ウキ釣り仕掛け

付けエサを**ダンゴ**エサで包んで投入するのがダンゴ釣り。タックル（P65）や仕掛けはウキフカセ釣りのものを流用できるが、ウキはオモリ負荷（P14）がない状態では水面に立たない非自立系のものを使うと、ダンゴが海底まで到着したことを把握しやすい。

フカセ

難易度 ★★☆

主な他の対象魚

イシモチ（P78）

超小型のテンヤバリで 小型のクロダイを狙う

秋～冬、海岸で小型のクロダイを狙う仕掛けで、ハリスの先端に「豆テンヤ」と呼ばれるオモリ付きのハリを結節したシンプルさが特徴だ。付けエサはフクロイソメやモエビなどを使う。

CLOSE UP ITEM

豆テンヤ

着底時にハリ先が上を向くので、根《ね》掛《が》かり（P27）しにくい。

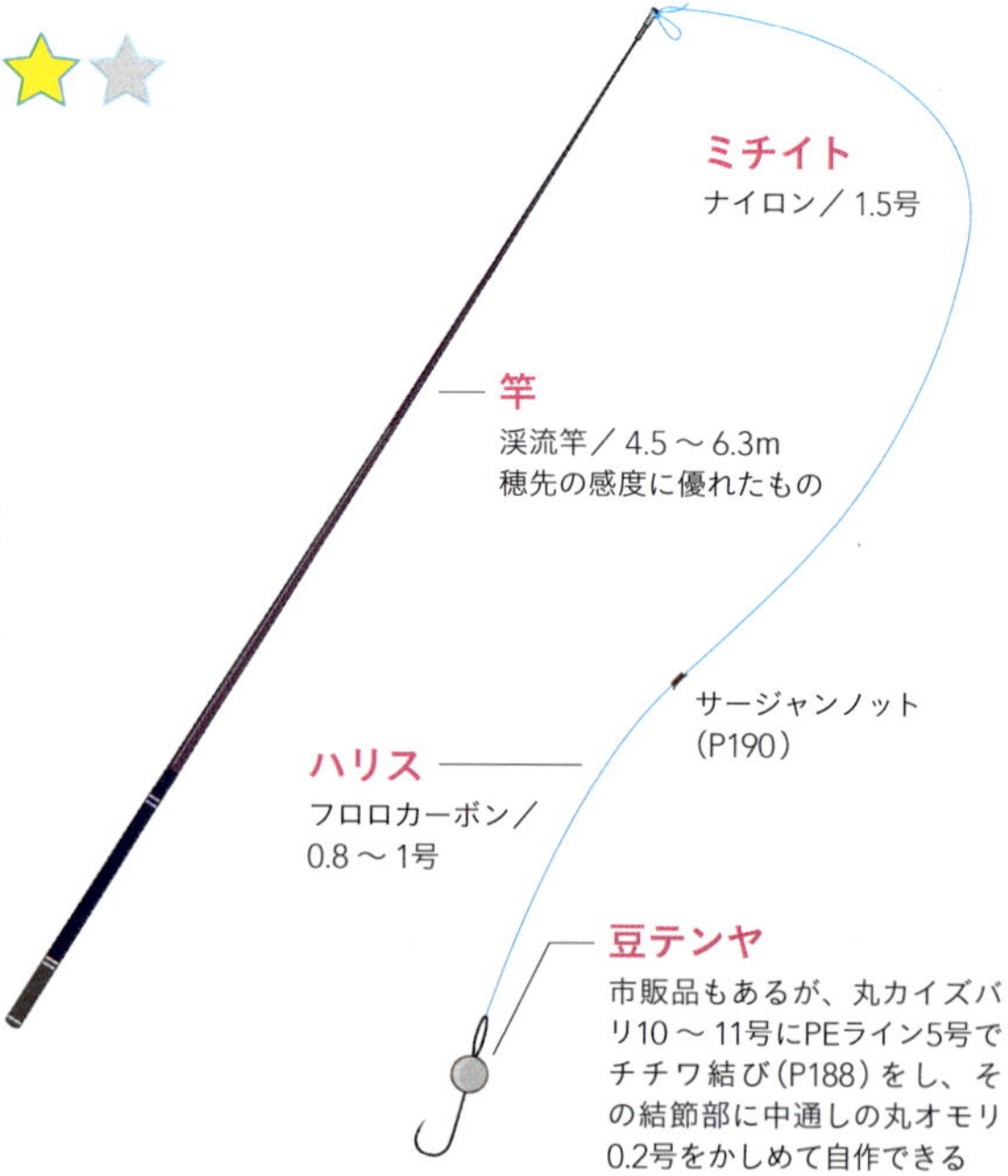

ダンゴ｜配合エサをおにぎりのように手で握った、直径4～5cmのエサ。クロダイやボラ釣りなどで使用する。

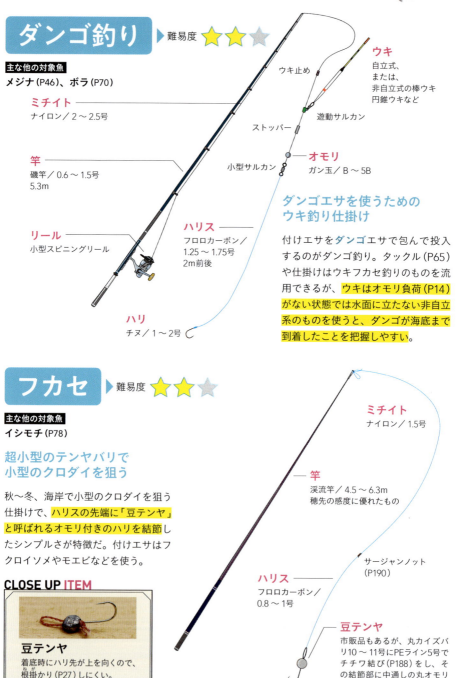

投げ釣り

▶難易度 ★★☆

主な他の対象魚

シロギス（P38）、**マダイ**（P72）

沖合を回遊する大型のクロダイを狙い撃つ！

岸から数十メートルの沖に潜むクロダイを狙うには、投げ釣りが威力を発揮する。仕掛けはシンプルな一本バリが定番だ。エサはイワイソメ、ユムシ、アナジャコなど。

ミチイト
ナイロン／5号
先端にチカライト（5～12号）を電車結び（P190）などで結節
竿
投げ竿／25～30号
4m前後
または、
磯竿／4～5号 5.3m
リール
投げ釣り専用の大型スピニングリール
オモリ
L型テンビンオモリ／25～30号
ハリス
フロロカーボン／5号 1.5m
ハリ
ビッグサーフ、丸セイゴなど／14～18号

カカリ釣り

▶難易度 ★★★

主な他の対象魚

メジナ（P46）、**カワハギ**（P106）、**カンダイ**（P108）

極細の穂先で微妙なアタリを取る！

専用イカダやボートに乗って楽しむのがカカリ釣り。竿は穂先の繊細な専用タイプが使いやすい。エサはオキアミやボケジャコ、イソメ、サナギ、コーン、アケミ貝、練りエサなどを使い分ける。ミチイトとハリスはサージャンノット（P190）で**直結**させる。

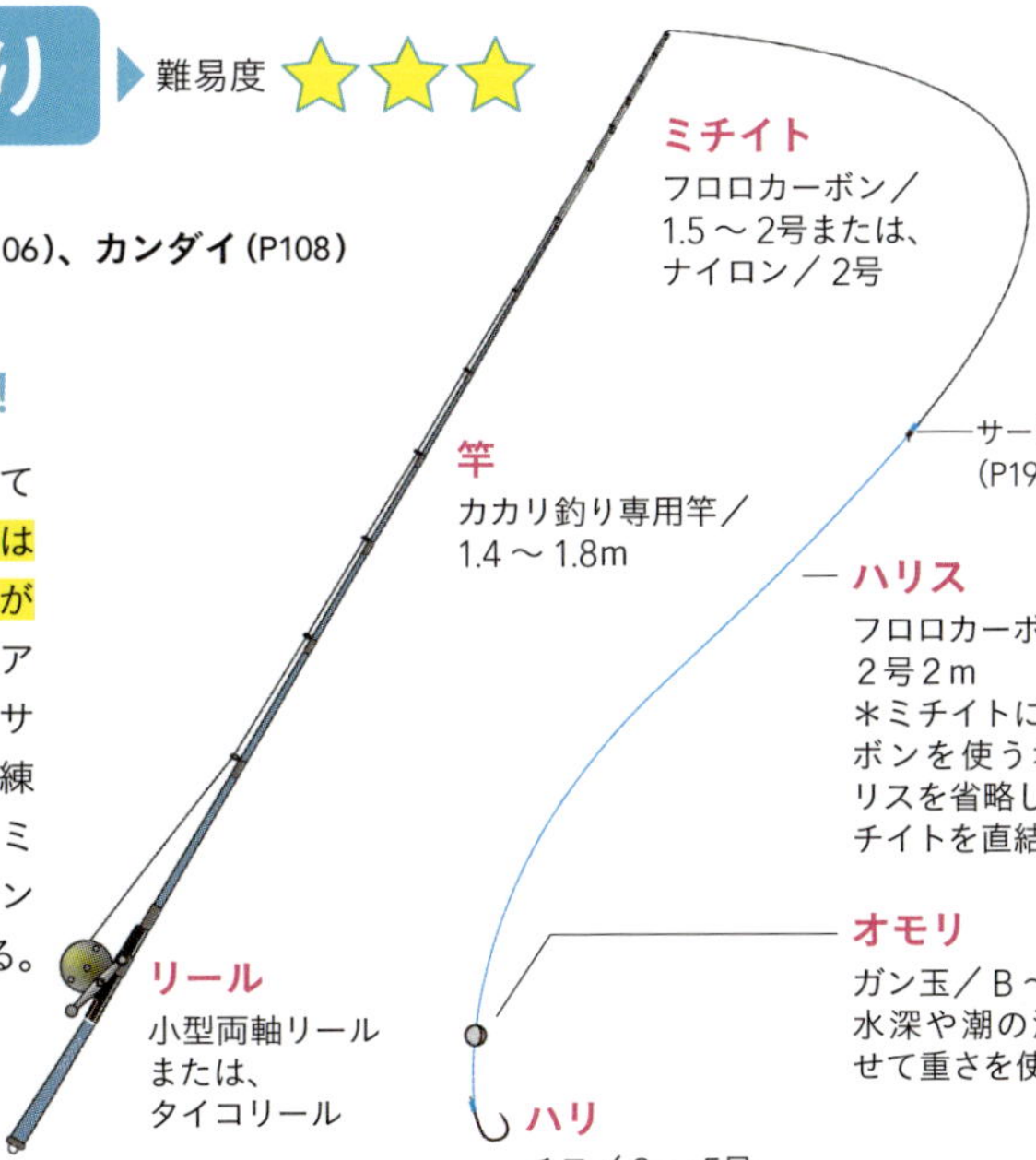
ミチイト
フロロカーボン／1.5～2号または、ナイロン／2号
サージャンノット（P190）
竿
カカリ釣り専用竿／1.4～1.8m
ハリス
フロロカーボン／2号2m
＊ミチイトにフロロカーボンを使う場合は、ハリスを省略してハリにミチイトを直結する
オモリ
ガン玉／B～3B
水深や潮の流れに合わせて重さを使い分ける
リール
小型両軸リール
または、
タイコリール
ハリ
チヌ／3～5号

◀次ページに続く

直結｜ライン同士を金属環を用いずに直接結ぶ、または、ハリスやリーダーを介せずにハリやルアーを結ぶこと。

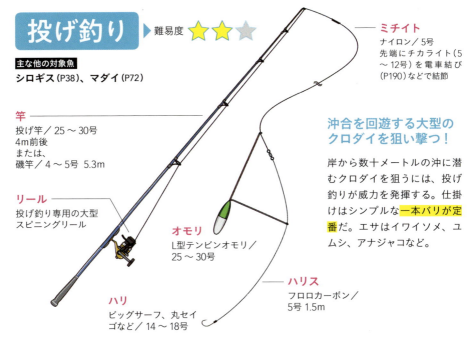

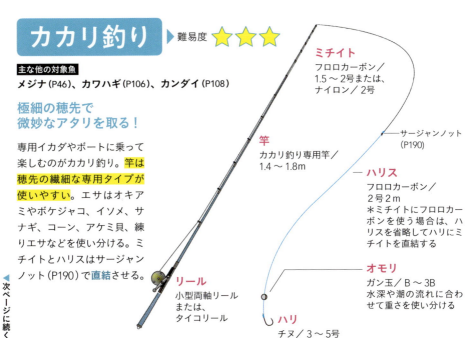

ヘチ釣り

難易度 ★★☆

主な他の対象魚

メバル(P50)、**アイナメ**(P96)

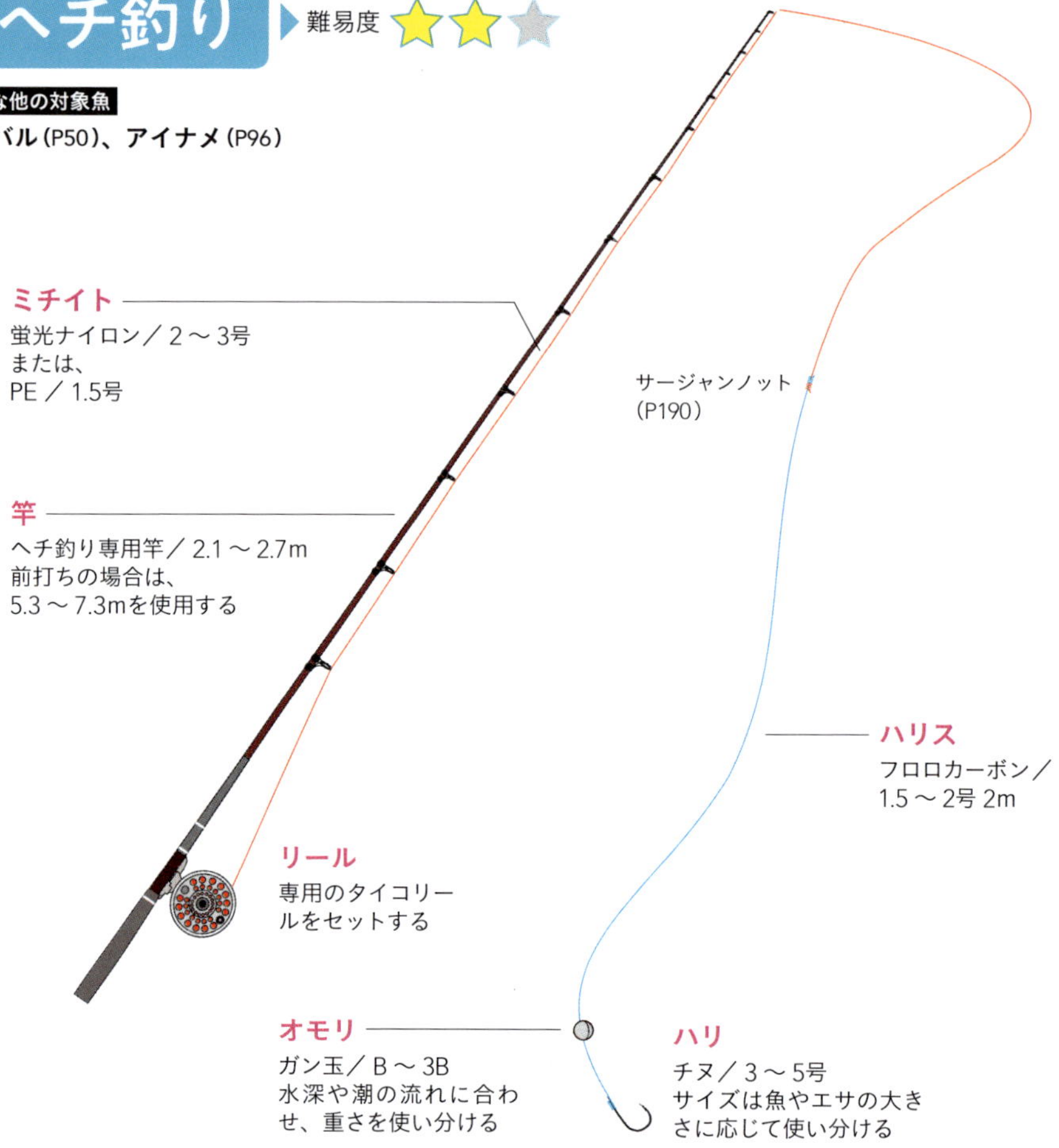
ミチイト
蛍光ナイロン／2～3号
または、
PE／1.5号
竿
ヘチ釣り専用竿／2.1～2.7m
前打ちの場合は、
5.3～7.3mを使用する
サージャンノット
(P190)
ハリス
フロロカーボン／
1.5～2号 2m
リール
専用のタイコリー
ルをセットする
オモリ
ガン玉／B～3B
水深や潮の流れに合わ
せ、重さを使い分ける
ハリ
チヌ／3～5号
サイズは魚やエサの大き
さに応じて使い分ける

シンプルな竿と仕掛けで エサの自然な動きを演出！

水深のある大型港や沖堤防などでは、付けエサを自然な状態で落とし込む釣りも人気。足場の低い堤防が多い関東エリアでは短竿を使った**ヘチ**釣り、逆に足場の高い場所が多い名古屋～関西では「前《まえ》打《う》ち」といった釣り方が行われている。**仕掛けはハリとガン玉だけのシンプルな構成**。エサはイガイやカニ、イソメ、エビなどを使用する。

CLOSE UP ITEM

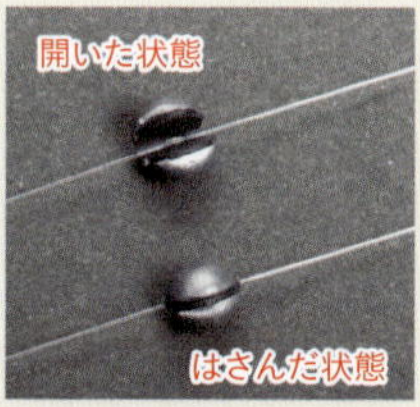
開いた状態
はさんだ状態

ガン玉

球状の小粒オモリのこと。スリットが入っていて、そこにラインをはさんで固定する。サイズは「号」や「B」で表示する。

ヘチ | 堤防のきわのこと。貝やカニ、エビなどのエサ生物が豊富で、魚も多く集まる。

ルアー

難易度 ★★☆

主な他の対象魚

スズキ（P62）

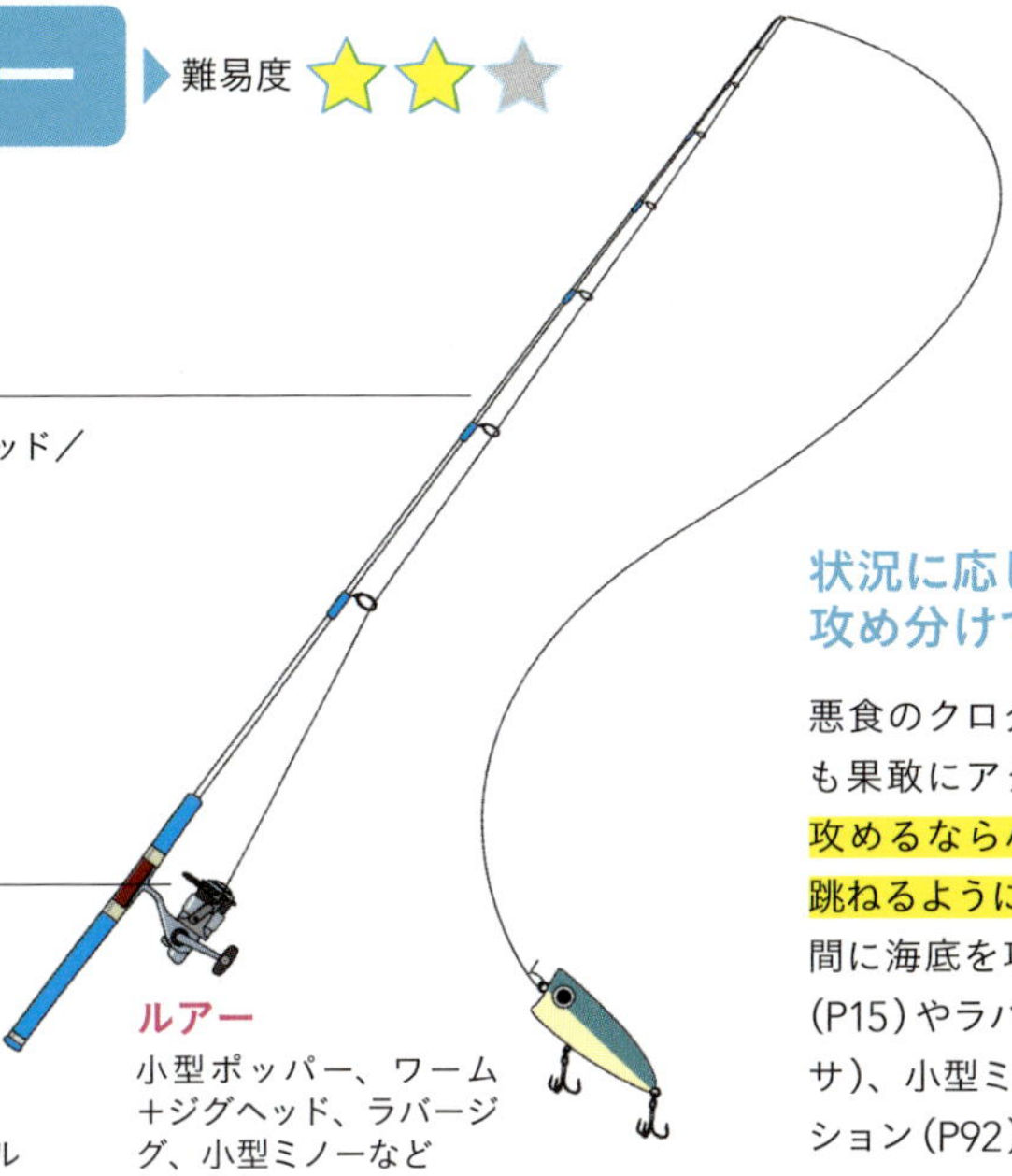

ライン
ナイロン
または、
フロロカーボン／
8～12ポンド

竿
クロダイ専用ロッド／
7～8フィート
または、
バスロッドなど

リール
小～中型
スピニングリール

ルアー
小型ポッパー、ワーム＋ジグヘッド、ラバージグ、小型ミノーなど

状況に応じて水面～海底を攻め分けてみたい

悪食のクロダイは、ルアーに対しても果敢にアタックしてくる。**水面を攻めるなら小型のポッパー（表層を跳ねるように泳ぐタイプ）**を使用。夜間に海底を攻略する場合は、ワーム（P15）やラバージグ（ゴム製の擬餌《ぎじ》エサ）、小型ミノー（P65）やバイブレーション（P92）などを使い分ける。

フライ

難易度 ★★★

主な他の対象魚

スズキ（P62）

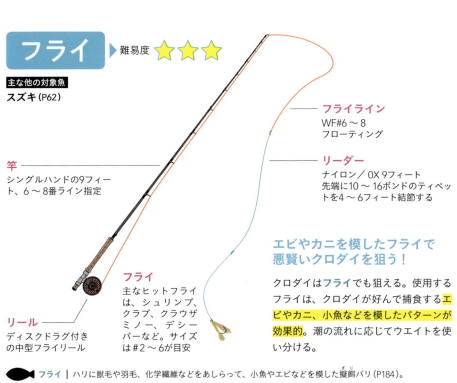

フライライン
WF#6～8
フローティング

リーダー
ナイロン／0X 9フィート
先端に10～16ポンドのティペットを4～6フィート結節する

竿
シングルハンドの9フィート、6～8番ライン指定

リール
ディスクドラグ付きの中型フライリール

フライ
主なヒットフライは、シュリンプ、クラブ、クラウザミノー、デシーバーなど。サイズは#2～6が目安

エビやカニを模したフライで悪賢いクロダイを狙う！

クロダイは**フライ**でも狙える。使用するフライは、クロダイが好んで捕食する**エビやカニ、小魚などを模したパターンが効果的**。潮の流れに応じてウエイトを使い分ける。

フライ｜ハリに獣毛や羽毛、化学繊維などをあしらって、小魚やエビなどを模した擬餌《ぎじ》バリ（P184）。

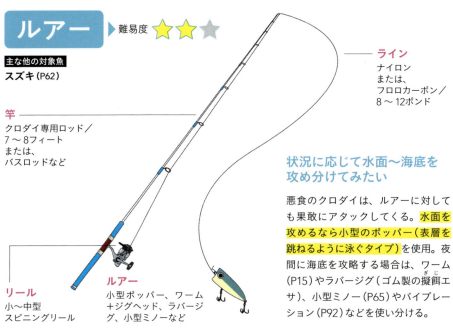

Sayori 06

釣り時期

11月～2月
5月～6月
3月～4月
9月～10月

サヨリ【細魚】

細長い体型と長く突き出した下アゴが特徴的
群れで回遊するため、入れ食いも楽しめる

ウキ
投げ
サビキ
カゴ
ウキフカセ
ルアー
その他

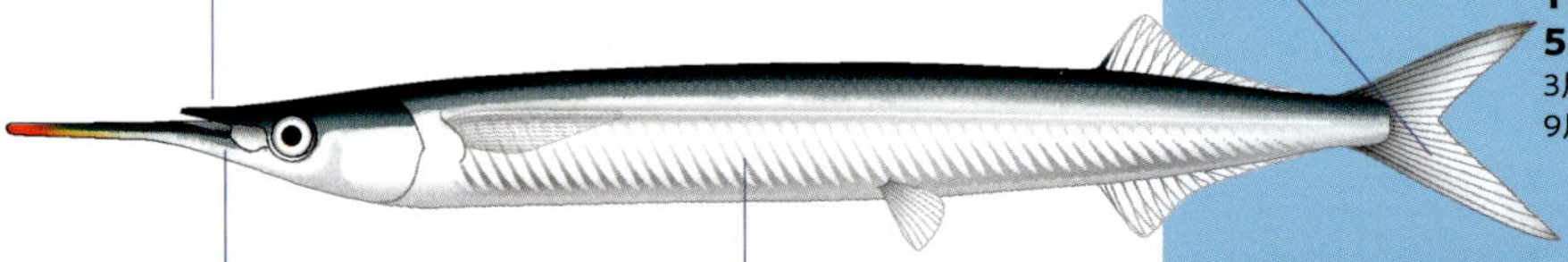

吻《ふん》（P196）背面にウロコがある（※イラストでは見えない）。
尾ビレの下側が大きい。
下アゴは針状に突出しており、先端は赤い。
背中は青緑色で腹側は銀色をしている。

表層付近を効率的に狙える仕掛けをメインに使用ハリスは細いほど有利！

上品な食味のサヨリは、日本各地に生息しており、堤防釣りでもおなじみの魚だ。サンマ（Ｐ１４３）などによく似た細長い体型をしており、下アゴが長く突き出しているのが大きな特徴。下アゴの先端部は朱色をしており、この鮮やかな色がサヨリの鮮度を知るためのバロメーターにもなっている。体長は、最大で40㎝前後。基本的に海面近くを群れで回遊しており、主にプランクトンを捕食している。産卵期は5～6月ごろ。

サヨリは**潮通し**のいいエリアを好むため、堤防の先端部や岸壁のカドなどが狙い目。堤防に隣接する小磯なども好ポイントだ。釣り方は、表層を効率よく狙うために、飛ばしウキ仕掛けやカゴ釣り仕掛けなどが多用されている。また、堤防近くをサヨリが回遊している状況なら、ノベ竿（P52）を使ったウキ釣り仕掛けも使いやすい。

食の旬は、春と秋。透き通るような白身はクセがなく、刺身、天ぷらが非常に美味だ。

DATA

分　類	ダツ目、サヨリ科、サヨリ属
分　布	本州～九州各地
生　態	沿岸の表層を群れで泳ぐ回遊魚。雑食性でプランクトンや浮遊する海藻などを食べる。
サイズ	20～40㎝

調理法

刺身	焼く	煮る
蒸す	天ぷら	フライ・唐揚げ
寿司	汁物・鍋物	干物

飛ばしウキ

▶難易度 ★★☆

主な他の対象魚

アジ（P10）、ウミタナゴ（P16）、メジナ（P46）

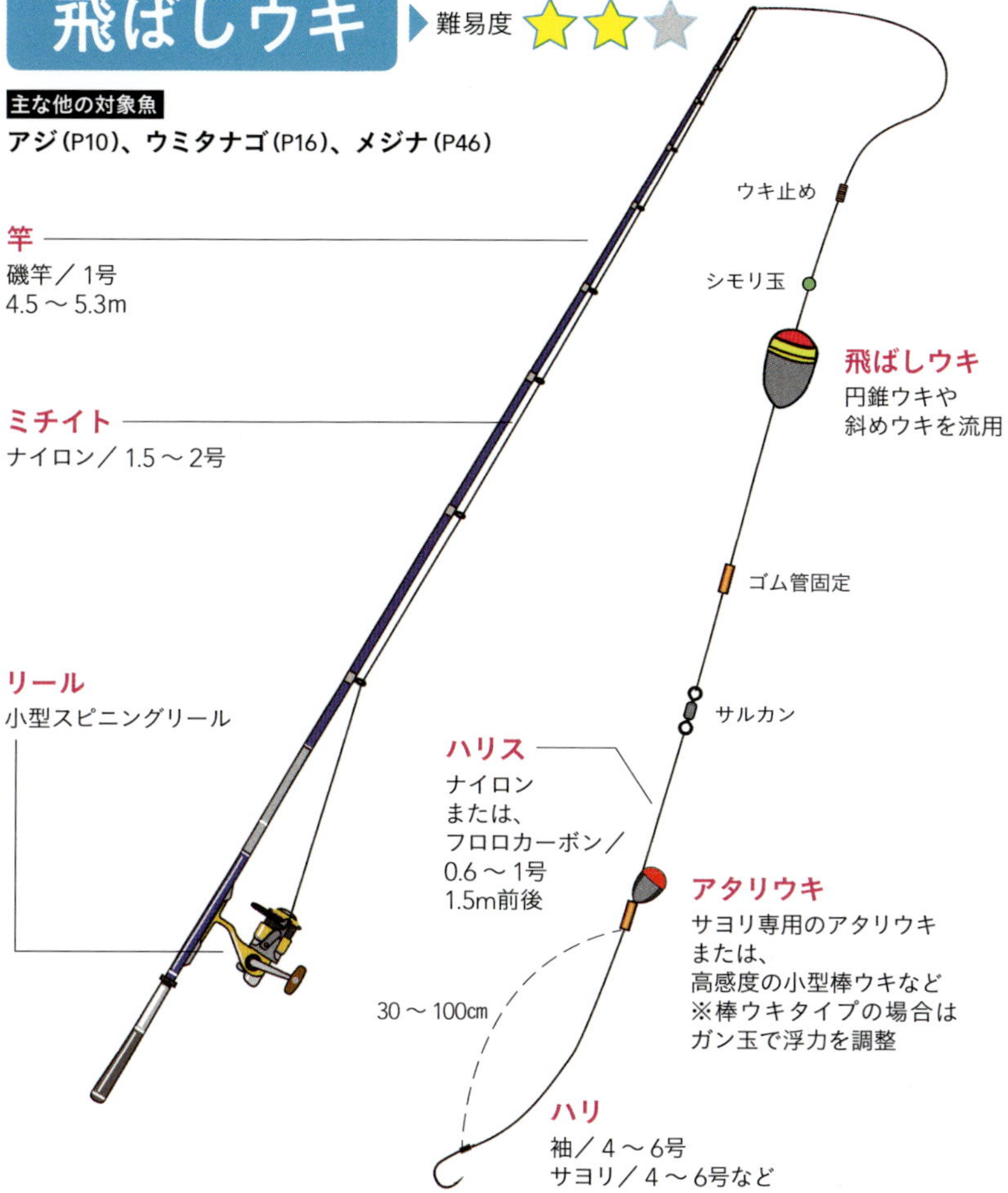
竿
磯竿／1号
4.5〜5.3m
ミチイト
ナイロン／1.5〜2号
リール
小型スピニングリール
ウキ止め
シモリ玉
飛ばしウキ
円錐ウキや
斜めウキを流用
ゴム管固定
サルカン
ハリス
ナイロン
または、
フロロカーボン／
0.6〜1号
1.5m前後
アタリウキ
サヨリ専用のアタリウキ
または、
高感度の小型棒ウキなど
※棒ウキタイプの場合は
ガン玉で浮力を調整
30〜100cm
ハリ
袖／4〜6号
サヨリ／4〜6号など

飛距離と感度を両立させた画期的なサヨリ専用仕掛け

沖目（遠くの場所）を回遊するサヨリを狙うときは、飛ばしウキ仕掛けが便利。飛ばしウキの重さで仕掛けを投入し、**アタリウキでサヨリの繊細なアタリをキャッチする**仕組みだ。基本的に表層を狙うが、サヨリが沈んでいる場合はハリスにガン玉（P32）を装着してアタリダナ（P12）を探る。付けエサは、小粒のオキアミ、アミエビ、ジャリメ、ハンペンなど。

◀次ページに続く

CLOSE UP ITEM

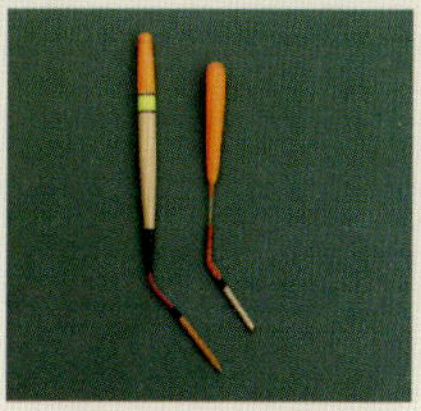

アタリウキ

円錐《えんすい》状や棒状の軽量なウキ。感度に優れているが、単体では遠投しにくいため、飛ばしウキ（遠くへ飛ばす役割のウキ）と併用することが多い。

潮通し｜潮の流れ。潮通しのいいポイントは水中の酸素量が豊富で、エサ生物も多くなる傾向がある。

カゴ釣り

難易度 ★★☆

主な他の対象魚

メジナ（P46）

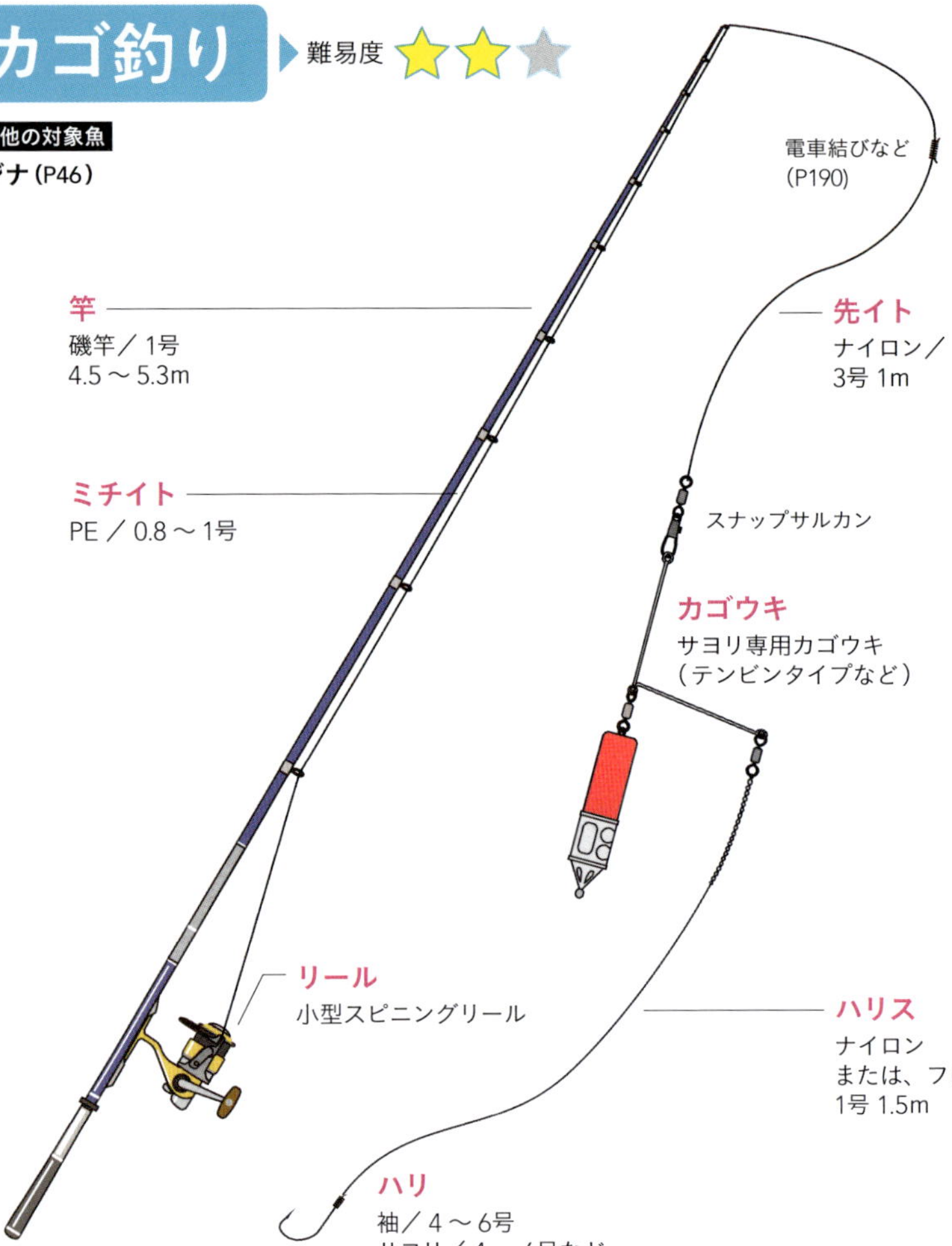
電車結びなど
（P190）
竿
磯竿／1号
4.5～5.3m
先イト
ナイロン／
3号 1m
ミチイト
PE／0.8～1号
スナップサルカン
カゴウキ
サヨリ専用カゴウキ
（テンビンタイプなど）
リール
小型スピニングリール
ハリス
ナイロン
または、フロロカーボン／
1号 1.5m
ハリ
袖／4～6号
サヨリ／4～6号など

動くエサに反応するサヨリをダイレクトに狙う

ウキ代わりの発泡体（ポリエチレン素材などでできた物体）にコマセ（P13）カゴを装着した「カゴウキ」を使う。**テンビン**を装着したサヨリ専用タイプもある。テンビンのアームにハリスをセットすることで遠投時の仕掛け絡みを防ぎ、サヨリが付けエサを食ってきたときのハリ掛かりも向上。仕掛けを投入した後、**少しずつ仕掛けを引きながら誘うのが基本**だ。

CLOSE UP ITEM

羽根

カゴウキ

コマセカゴが一体式になっているウキ。写真は、投入時のウキの姿勢が安定するように羽根を付けたタイプ。

テンビン ｜ 仕掛けの絡みを防ぐための金属性の連結具（P180）。

シモリウキ

難易度 ★☆☆

主な他の対象魚

アジ(P10)、ウミタナゴ(P16)、メジナ(P46)

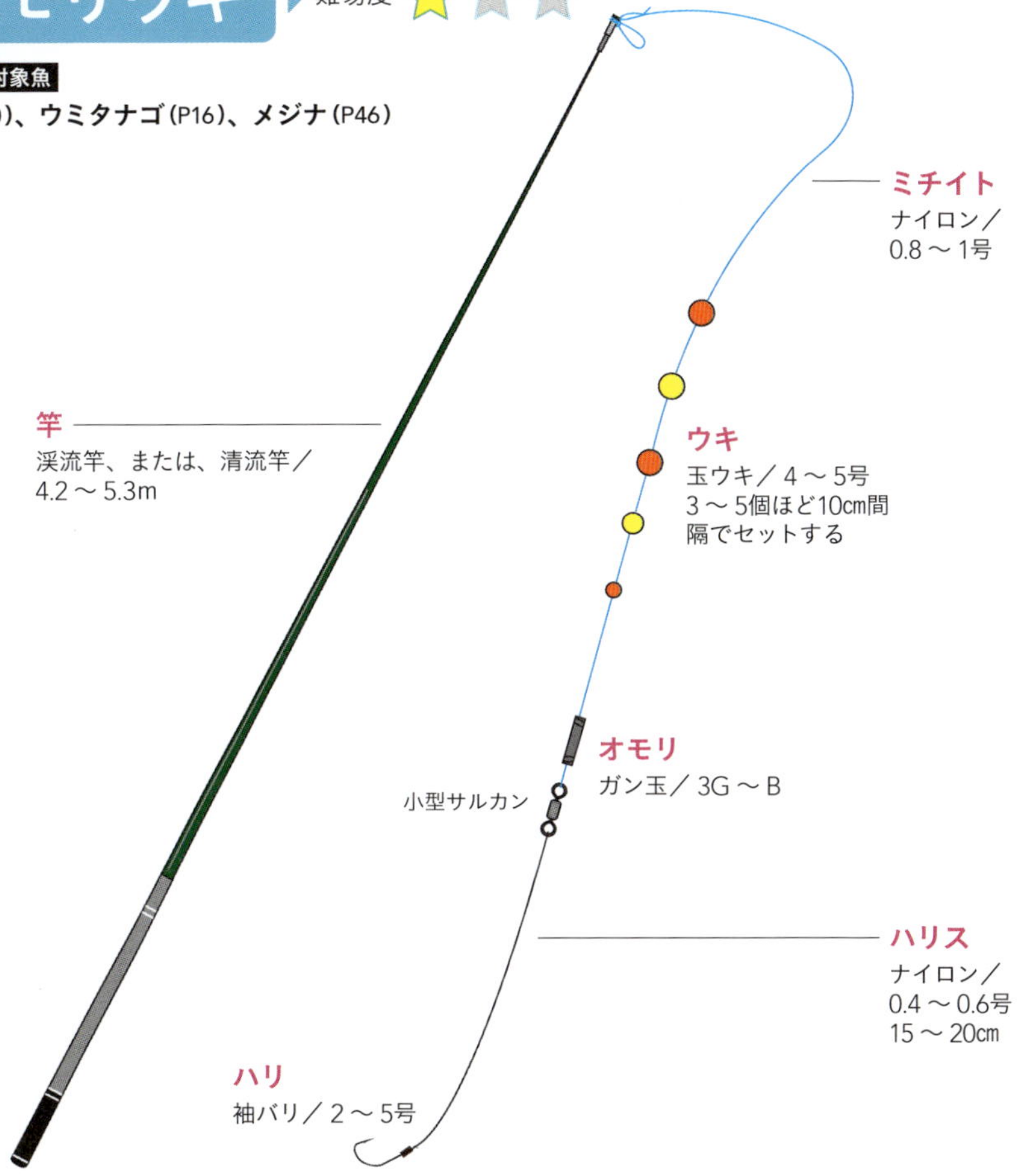
ミチイト
ナイロン／0.8～1号
竿
渓流竿、または、清流竿／4.2～5.3m
ウキ
玉ウキ／4～5号
3～5個ほど10cm間隔でセットする
オモリ
ガン玉／3G～B
小型サルカン
ハリス
ナイロン／0.4～0.6号
15～20cm
ハリ
袖バリ／2～5号

ノベ竿でサヨリを狙うためのシンプルな仕掛け

堤防近くまで回遊してくる小型サヨリを狙うなら、ノベ竿(P52)でのウキ釣りがおもしろい。玉ウキ(P17)を連結したシモリ(P18)ウキ仕掛けが定番だ。冷凍アミエビやイワシミンチを海水で薄めたコマセ(P13)を足元から撒《ま》いて仕掛けを投入する。サヨリは表層を泳ぐので、ウキ下の長さは20～40cmが目安。付けエサはアミエビや**ベニサシ**など。

CLOSE UP ITEM

アミエビ

写真は、付けエサ用のアミエビをハリに装餌《そうじ》(P26)した状態。サヨリのほか、ウミタナゴや小メジナなどのエサとして多用。

ベニサシ | サシ(ハエの幼虫)を食紅で染めたエサ。

Shirogisu **07**

釣り時期

5月～11月
12月～4月

シロギス【白鱚】

シャープな体型とパールに輝く体色が美しい投げ釣りの対象としても格好の魚

- ウキ
- **投げ**
- サビキ
- カゴ
- ウキフカセ
- ルアー
- **その他**

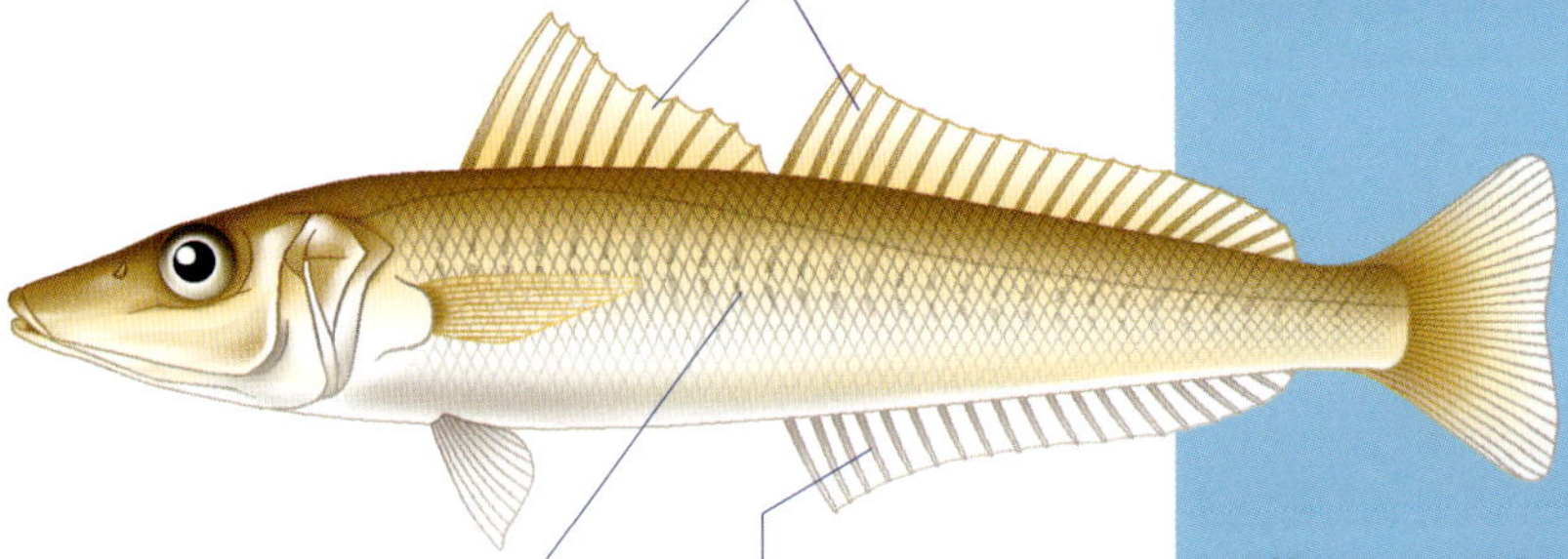

背ビレは2基ある。
淡褐色で青色の縦線が入っていることもある。
シリビレは透明。

チョイ投げから本格派まで投げ釣り仕掛けのバリエーションは豊富！

その細身で可憐な姿からは、想像できないほどの目の覚めるようなアタリとスピード感のある強烈なファイトを楽しめるシロギスは、堤防での投げ釣りにおける定番のターゲットだ。

シロギスは紡錘形《ぼうすいけい》の細長い体型で、体色は淡黄白色。主に砂泥底《さでいぞこ》のカケアガリなどに棲《す》み、イソメ類やエビ類、アミ類などを好んで捕食している。体長は1年で10cm、2年で18cm、3年で21cm程度に、最大30cmくらいまで成長する。大型は頭を持つと尾ビレがヒジに届きそうになることから「ヒジタタキ」と呼ばれ、釣り人の憧れだ。

通年狙える魚だが、冬は深場へ落ちるので、春から秋が狙いやすい。主な釣り方は遠投重視の投げ釣りだが、エリアによっては堤防のすぐ近くまで回遊してくるため、仕掛けを軽く投入するいわゆるチョイ投げ（P61）釣りも初心者におすすめだ。

クセのない白身はおいしく、とくに天ぷら、塩焼き、刺身、フライ、唐揚げ、干物が美味。

DATA

分　類　スズキ目、キス科、キス属
分　布　北海道南部～九州
生　態　沿岸の砂底に生息し、春～夏に内湾に移動する。主に多毛類やアミ類などを捕食する。
サイズ　15～30cm

調理法

刺身	焼く	煮る
蒸す	天ぷら	フライ・唐揚げ
寿司	汁物・鍋物	干物

投げ釣り

難易度 ★★☆

主な他の対象魚

カレイ(P24)、**イシモチ**(P78)

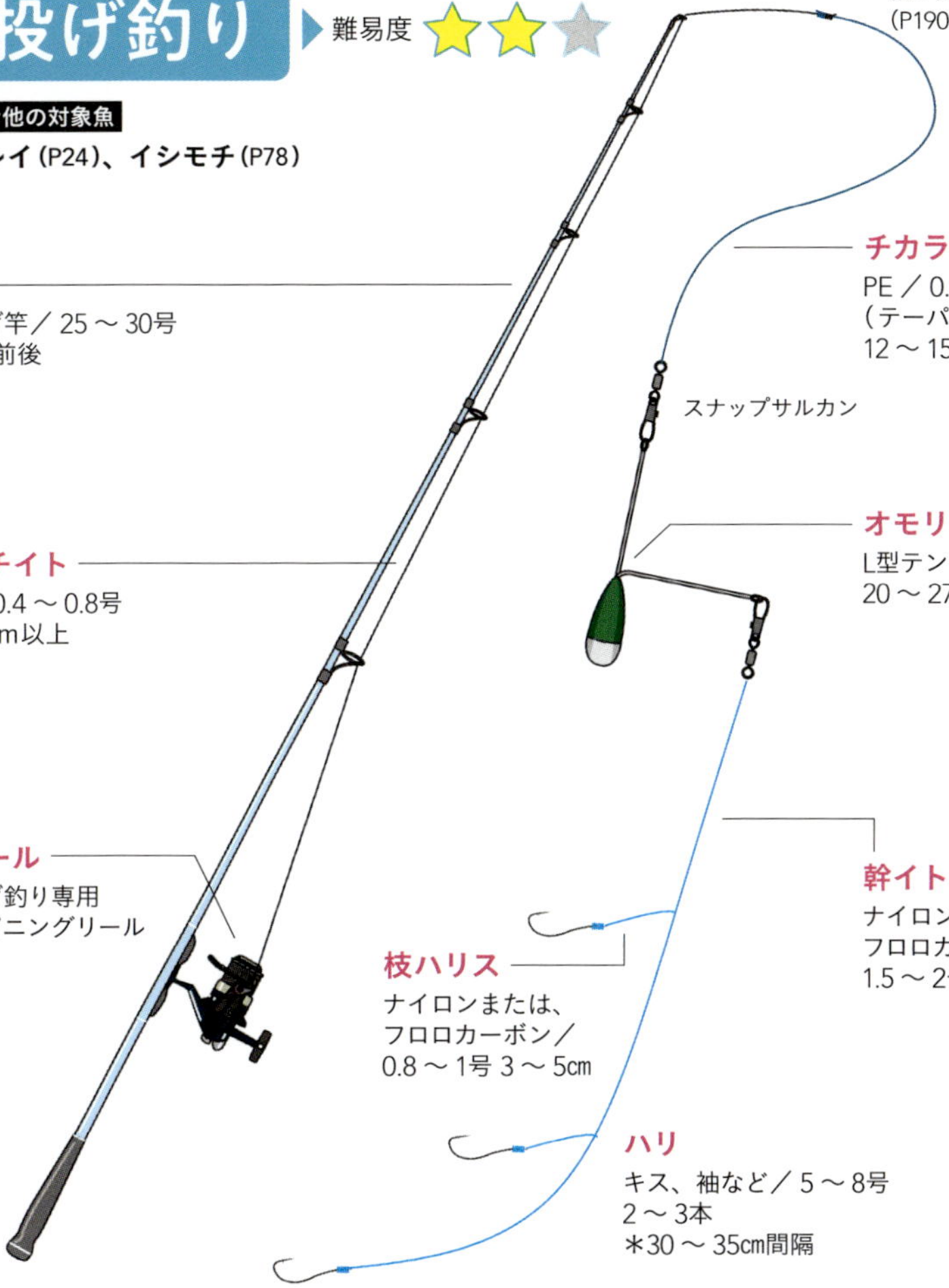
編み付け電車結び
(P190)
竿
投げ竿／25～30号
4m前後
チカライト
PE／0.6～1号 ➡ 6～7号
(テーパータイプ)
12～15m
スナップサルカン
オモリ
L型テンビンオモリ／
20～27号
ミチイト
PE 0.4～0.8号
200m以上
リール
投げ釣り専用
スピニングリール
幹イト
ナイロンまたは、
フロロカーボン／
1.5～2号 1.5m前後
枝ハリス
ナイロンまたは、
フロロカーボン／
0.8～1号 3～5cm
ハリ
キス、袖など／5～8号
2～3本
＊30～35cm間隔

テンビンオモリを使用した投げ釣りのスタンダード仕掛け

堤防の周囲を広範囲で回遊しているシロギスを狙うには、仕掛けを遠投できる投げ釣りが有利だ。イラストは標準的な仕掛けだが、実際にはいろいろなバリエーションがあるので状況に応じて使い分けてみたい。付けエサはジャリメ(イシゴカイ)やアオイソメ(アオゴカイ)など。大物狙いではチロリ(東京スナメ)なども使われる。

◀次ページに続く

CLOSE UP ITEM

パワーアップダイニーマ使用
スーパーキャスト
PEテーパー
ちから糸
1号◀6号 13m X3
¥3600
SUNLINE
MADE IN JAPAN

チカライト

仕掛けの投入時にミチイトが切れるのを防ぐために、先端に結ぶテーパー状のライン。ミチイトと同じ素材を使うのが基本。

多点仕掛け

難易度 ★★☆

主な他の対象魚

イシモチ（P78）

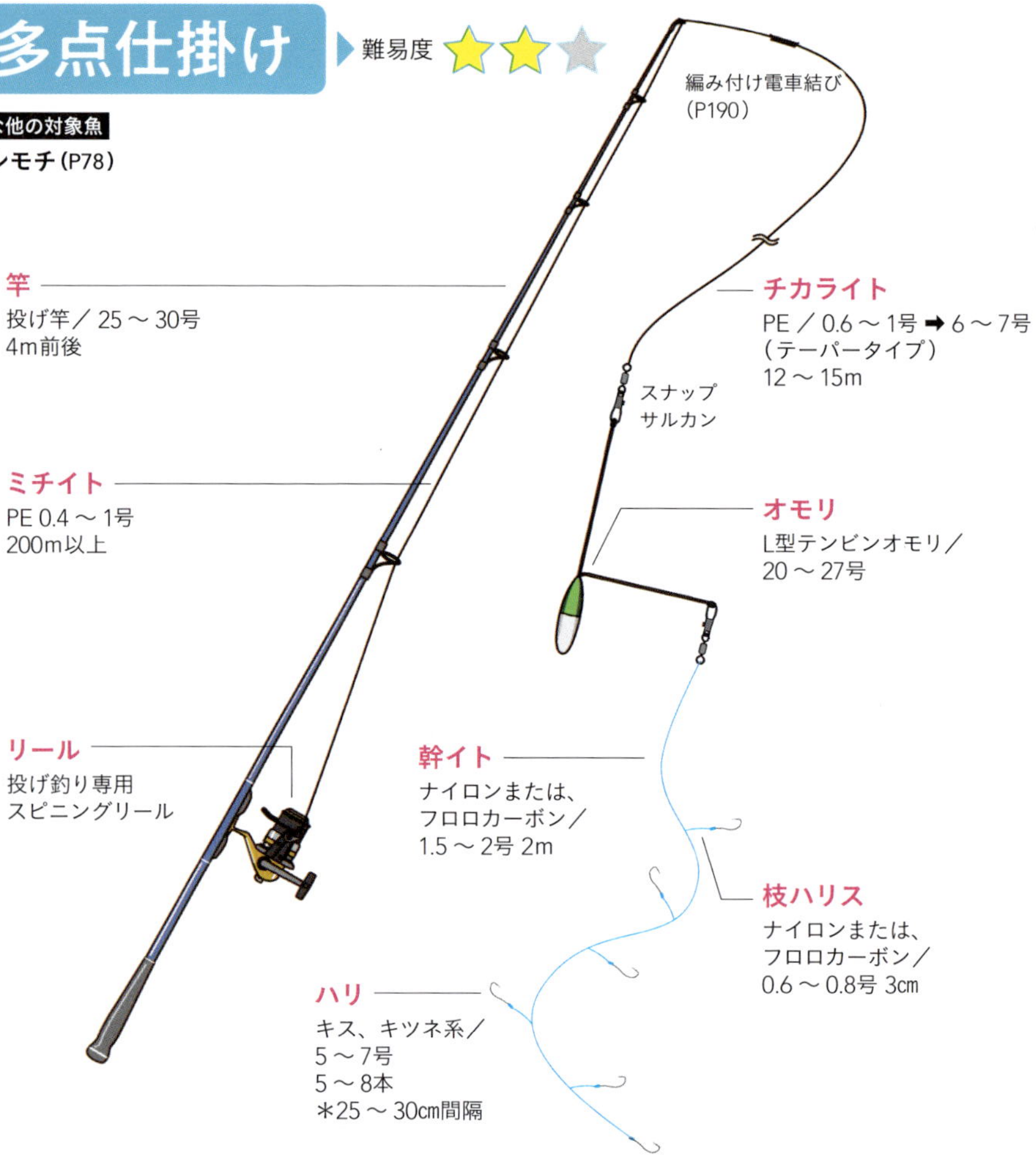
編み付け電車結び
（P190）
竿
投げ竿／25～30号
4m前後
チカライト
PE／0.6～1号 ➡ 6～7号
（テーパータイプ）
12～15m
スナップ
サルカン
ミチイト
PE 0.4～1号
200m以上
オモリ
L型テンビンオモリ／
20～27号
リール
投げ釣り専用
スピニングリール
幹イト
ナイロンまたは、
フロロカーボン／
1.5～2号 2m
枝ハリス
ナイロンまたは、
フロロカーボン／
0.6～0.8号 3cm
ハリ
キス、キツネ系／
5～7号
5～8本
*25～30cm間隔

数釣りを目指すための仕掛け 無限仕掛けを使うのも手

秋の堤防では、小型のシロギス＝ピンギスの数釣りが楽しめる。大きな群れで回遊してくるため、長さ2mほどの幹《みき》イトに5～8本ほどのハリを結んだ多点《たてん》仕掛けを使うと効率よく釣果を伸ばすことができる。これを自作するのが面倒なら、1本の幹《みき》イトに50本ほどの枝ハリスを結んだ市販の「無限仕掛け」を使うとよい。

CLOSE UP ITEM

gamakatsu
A1
ロギスファイン
50本仕掛
極小金ビーズ
連結

無限仕掛け

50本ほどのハリを連ねた仕掛けをスプールに巻いて市販されている。状況に応じて、必要なハリの本数分の長さでカットする。

多点《たてん》｜ハリ数の多い仕掛けの総称。あるいは、ひとつの仕掛けに多数の魚がハリ掛かりすること。

チョイ投げ

難易度 ★☆☆

主な他の対象魚

ハゼ(P42)、イシモチ(P78)

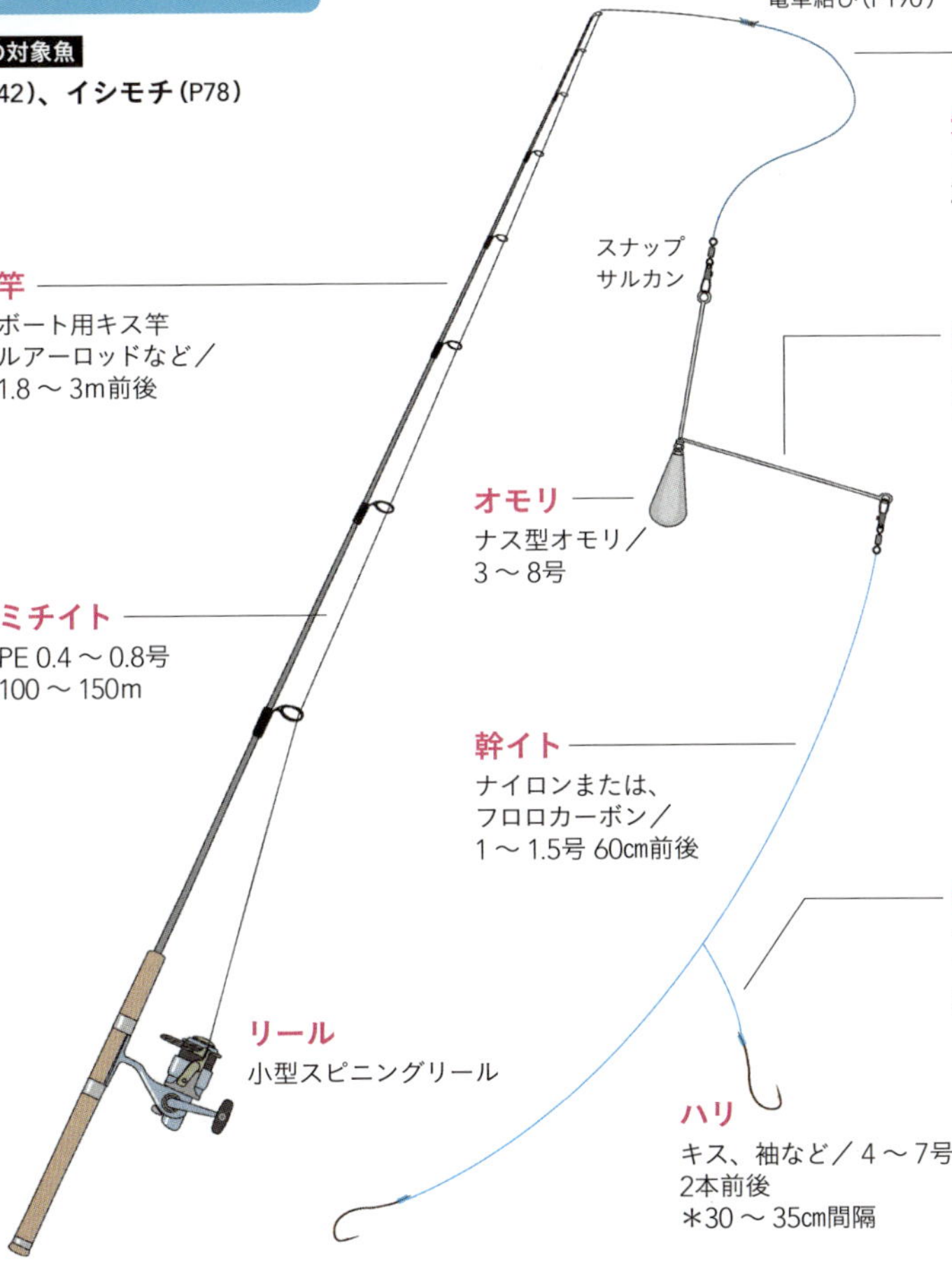
電車結び(P190)
先イト
フロロカーボン／
2～3号 1m
スナップ
サルカン
竿
ボート用キス竿
ルアーロッドなど／
1.8～3m前後
テンビン
小型テンビン／
10cm前後
オモリ
ナス型オモリ／
3～8号
ミチイト
PE 0.4～0.8号
100～150m
幹イト
ナイロンまたは、
フロロカーボン／
1～1.5号 60cm前後
枝ハリス
ナイロンまたは、
フロロカーボン／
0.6～1号 3cm
リール
小型スピニングリール
ハリ
キス、袖など／4～7号
2本前後
＊30～35cm間隔

30m以下の至近距離を手返しよく狙ってみよう！

チョイ投げ(P61)は、仕掛けを10～30mほど軽く投げて探る方法で、手返し(P195)がよい。シロギスが浅場に接岸してくる初夏や秋は、入れ食い(P143)になることも多く、タックル(P65)が軽量なので初心者におすすめ。仕掛けは全長60cm程度の2本バリ仕様が扱いやすい。付けエサはジャリメやアオイソメのほか、**人工エサ**も使われる。

CLOSE UP ITEM

小型テンビン

ボート釣りなどでも使われる小型テンビンは、チョイ投げにも流用できる。腕(アーム)の長さは10cm前後を選ぼう。

人工エサ | 魚が好むエサを原料に、人為的に味や匂いを付けたエサのこと(P186)。

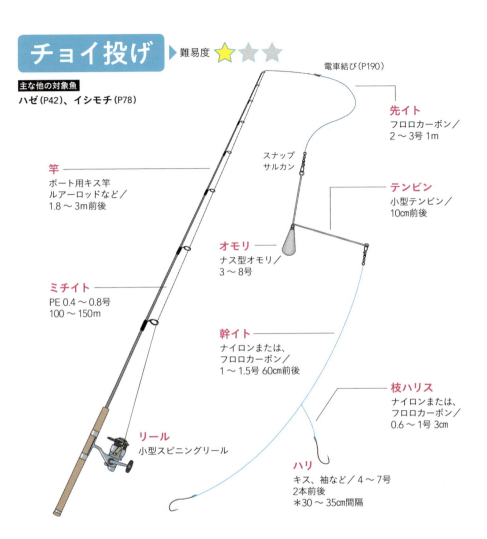

Haze 08

釣り時期

7月〜9月
6月
10月〜12月

ハゼ【鯊】

初心者でも確実に釣れるキュートな魚
天ぷらや唐揚げの食材としても超一級！

ウキ
投げ
サビキ
カゴ
ウキフカセ
ルアー
その他

体側中央に不規則な暗褐色斑が並ぶ。
背ビレには小黒色の斑がある。
尾ビレには矢羽根状の暗色斑がある。
左右の腹ビレがつながって、腹面（※イラストでは見えない）が吸盤状になっている。
腹側はメタリックに輝く銀白色。

釣れるハゼのサイズやフィールドの状況に応じて釣り方を工夫してみよう！

マハゼは、北海道から九州まで生息している堤防釣りでもポピュラーな魚。ずんぐりした円筒形《えんとうけい》の体型で、愛らしい目つきと大きめの口が特徴だ。内湾《ないわん》や汽水域《きすいいき》の砂泥底《さでいぞこ》を好み、多毛《たもう》類《るい》（P76）、甲殻類《こうかくるい》、貝類、小魚に加え、アオノリなどの藻類《そうるい》をエサとする。一年で寿命を全うする年魚《ねんぎょ》で、初夏のころの体長10㎝以下の個体は「デキハゼ」、9月を過ぎて十数㎝に成長した個体を「彼岸《ひがん》ハゼ」、晩秋〜冬の大型のものを「落ちハゼ」「ケタハゼ」と、大きさや時期で呼び名を分けることがある。

初期のデキハゼ釣りは、初心者にも楽しめる手軽さが魅力。ウキ釣りやフカセ釣りでチャレンジしてみたい。彼《ひ》岸《がん》ハゼも同様の釣り方で楽しめるが、徐々に学習してきているので、エサをしっかり装餌《そうじ》（P26）するのがコツだ。秋を過ぎると深場に落ちるので、チョイ投げ（P61）仕掛けで狙ってみよう。

ハゼの白身は淡泊ななかに深い味わいがあり、天ぷら、唐揚げ、甘露煮、大型のものは刺身でも食べられる。

DATA［マハゼ］

分類	スズキ目、ハゼ科、マハゼ属
分布	北海道〜九州各地
生態	内湾の汽水域や河口域の砂泥底に生息。雑食性で、多毛類、甲殻類、藻類などを食べる。
サイズ	10〜25㎝

調理法

刺身	焼く	煮る
蒸す	天ぷら	フライ・唐揚げ
寿司	汁物・鍋物	干物

ウキ釣り

難易度 ★★★

主な他の対象魚

アジ(P10)、ウミタナゴ(P16)、メジナ(P46)

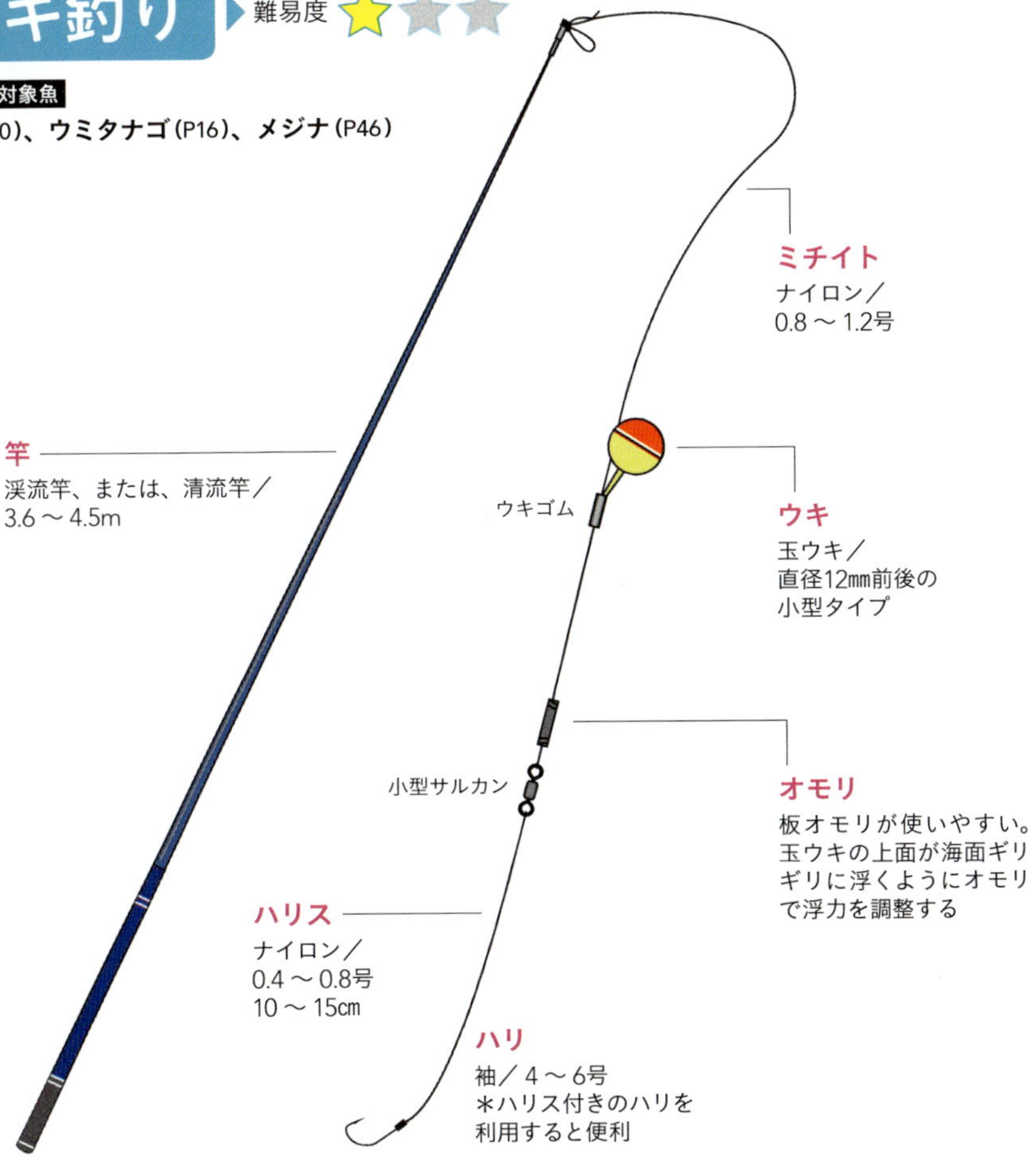
ミチイト
ナイロン／
0.8～1.2号
竿
渓流竿、または、清流竿／
3.6～4.5m
ウキゴム
ウキ
玉ウキ／
直径12㎜前後の
小型タイプ
オモリ
板オモリが使いやすい。
玉ウキの上面が海面ギリ
ギリに浮くようにオモリ
で浮力を調整する
小型サルカン
ハリス
ナイロン／
0.4～0.8号
10～15㎝
ハリ
袖／4～6号
＊ハリス付きのハリを
利用すると便利

初心者でもつくりやすい デキハゼ狙いのウキ釣り仕掛け

シーズン初期のデキハゼを釣るには、**玉ウキ(P17)仕掛けを使うのがお手軽**。ハゼ釣りではつねにエサが底に着いていることが重要なので、ハリスが底を這《は》う程度にウキ下を調節してみたい。**オモリベタ**の状態より少しエサが動くため、それが誘いになる。エサはアオイソメかジャリメの通し刺しで、タラシ(P195)は1㎝程度にする。

◀次ページに続く

CLOSE UP ITEM

金袖
サイズ
5
ハリス
0.8
HHH
45cm付

袖《そで》バリ

ハゼに限らず、あらゆる種類の小物釣りに多用される万能ハリ。ハリスを結んだパッケージ入りのものを使うと手間いらずだ。

オモリベタ | オモリが海底に着底していること。ウキ釣りの場合、ウキの浮力よりオモリが重い状態だ。

ミャク釣り

難易度 ★☆☆

主な他の対象魚

ギンポ（P112）、ゴンズイ（P114）

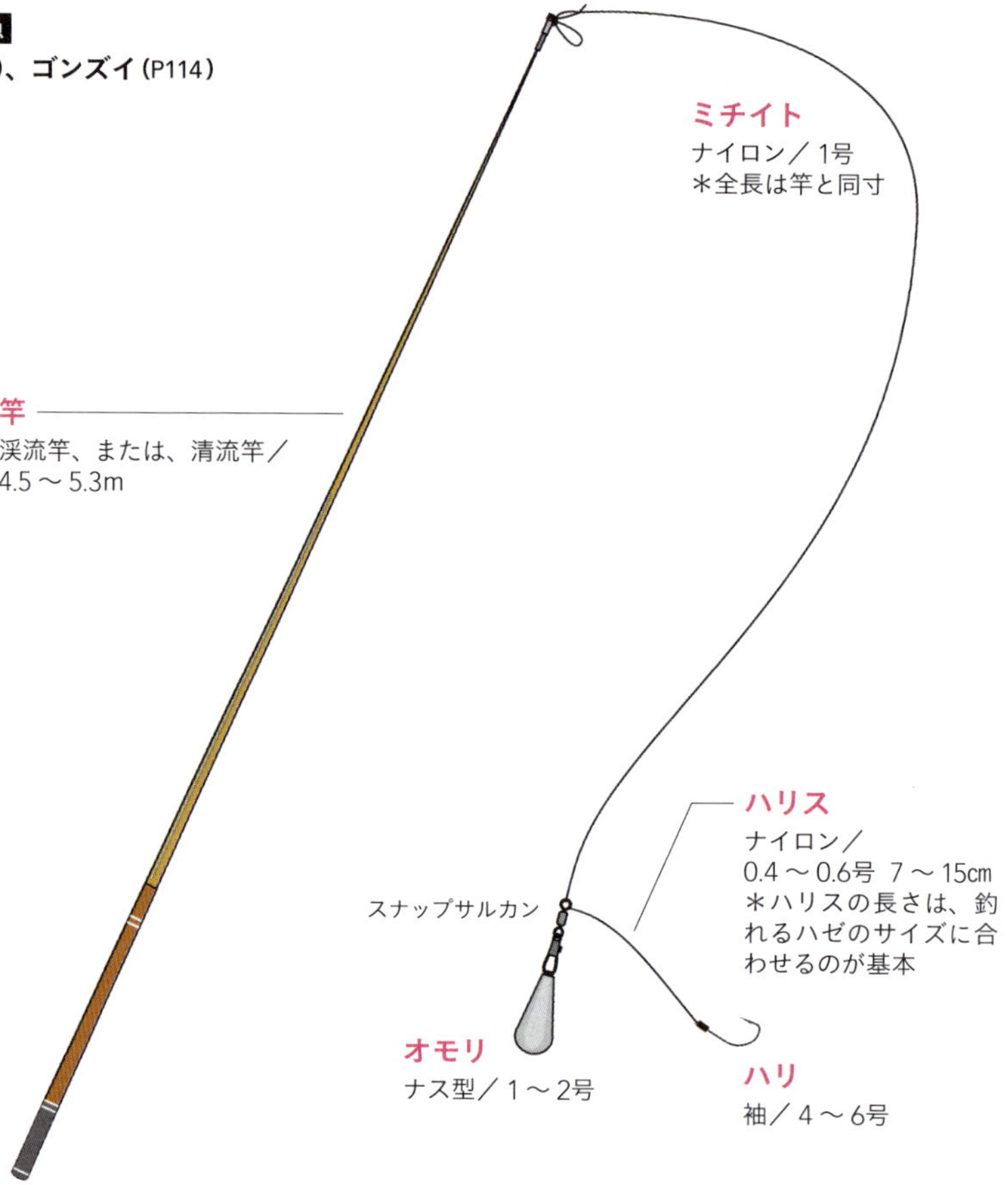
ミチイト
ナイロン／1号
＊全長は竿と同寸
竿
渓流竿、または、清流竿／
4.5～5.3m
ハリス
ナイロン／
0.4～0.6号 7～15㎝
＊ハリスの長さは、釣れるハゼのサイズに合わせるのが基本
スナップサルカン
オモリ
ナス型／1～2号
ハリ
袖／4～6号

ハゼが潜む海底を狙いやすいシンプルな仕掛け

ウキ釣りでは、海底の起伏や潮の満ち引きなどで水深が変わると、いちいちウキ下を調整しなければならない。初心者にはこの点が難しいが、オモリが底にある状態を感じ取りやすいこの仕掛けであれば、誰でも簡単にエサを底につけておくことができる。オモリの重量があるので、足元から深くなっているようなポイントでも有利だ。

CLOSE UP ITEM

スナップサルカン

脱着式のフックが付いた金属環。オモリや仕掛けの交換が簡単にできるので便利。

フカセ釣り

難易度 ★★☆

主な他の対象魚

メバル（P50）

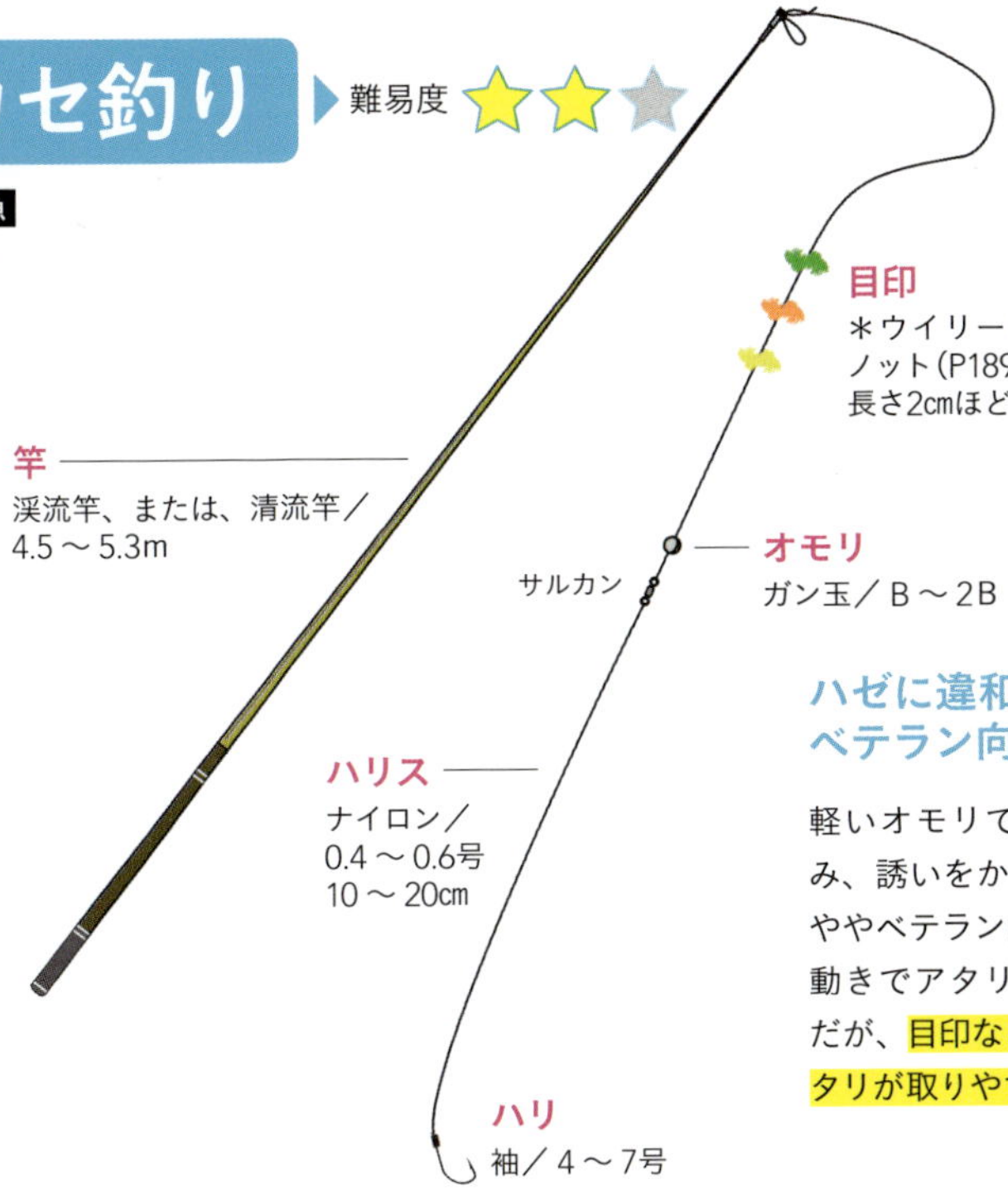
ミチイト
ナイロン／1号
＊全長は竿と同寸
目印
＊ウイリーなどをユニノット（P189）で結んで、長さ2cmほどでカット
竿
渓流竿、または、清流竿／4.5～5.3m
オモリ
ガン玉／B～2B
サルカン
ハリス
ナイロン／0.4～0.6号
10～20cm
ハリ
袖／4～7号

ハゼに違和感を与えないベテラン向きの仕掛け

軽いオモリでゆっくり落とし込み、誘いをかけて釣る仕掛けで、ややベテラン向きだ。ミチイトの動きでアタリを取れればベストだが、目印などを付けることでアタリが取りやすくなる。

チョイ投げ

難易度 ★☆☆

主な他の対象魚

シロギス（P38）、イシモチ（P78）

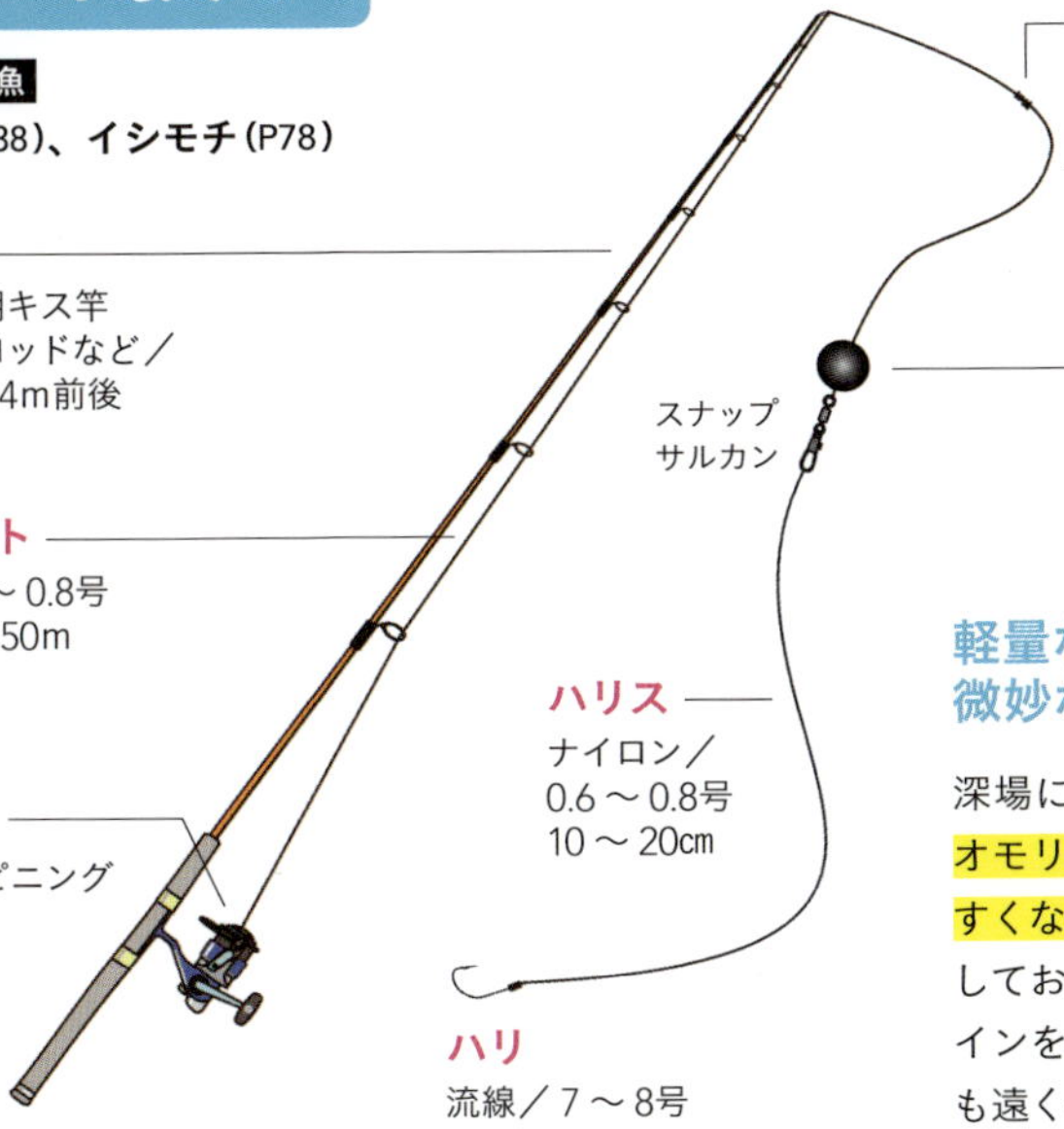
電車結び（P190）など
先イト
ナイロン／2号1m
竿
ボート用キス竿
ルアーロッドなど／1.8～2.4m前後
オモリ
中通しオモリ／1～3号
スナップサルカン
ミチイト
PE 0.4～0.8号
100～150m
ハリス
ナイロン／0.6～0.8号
10～20cm
リール
小型スピニングリール
ハリ
流線／7～8号

軽量なオモリで微妙なアタリをキャッチ！

深場に**落ちた**ハゼを狙う仕掛け。オモリは軽いほうがアタリが出やすくなるので最大でも3号までにしておく。ミチイトに極細のPEラインを使うことで、軽い仕掛けでも遠くへ飛ばすことが可能だ。

落ちる｜水温低下などの要因で魚が深場に移動すること。

Mejina

09

釣り時期

10月〜4月
5月〜9月

メジナ【目仁奈】

ウキ
投げ
サビキ
カゴ
ウキフカセ
ルアー
その他

強靭な尾ビレで竿を曲げるファイター
愛らしいブルーの瞳も魅力的

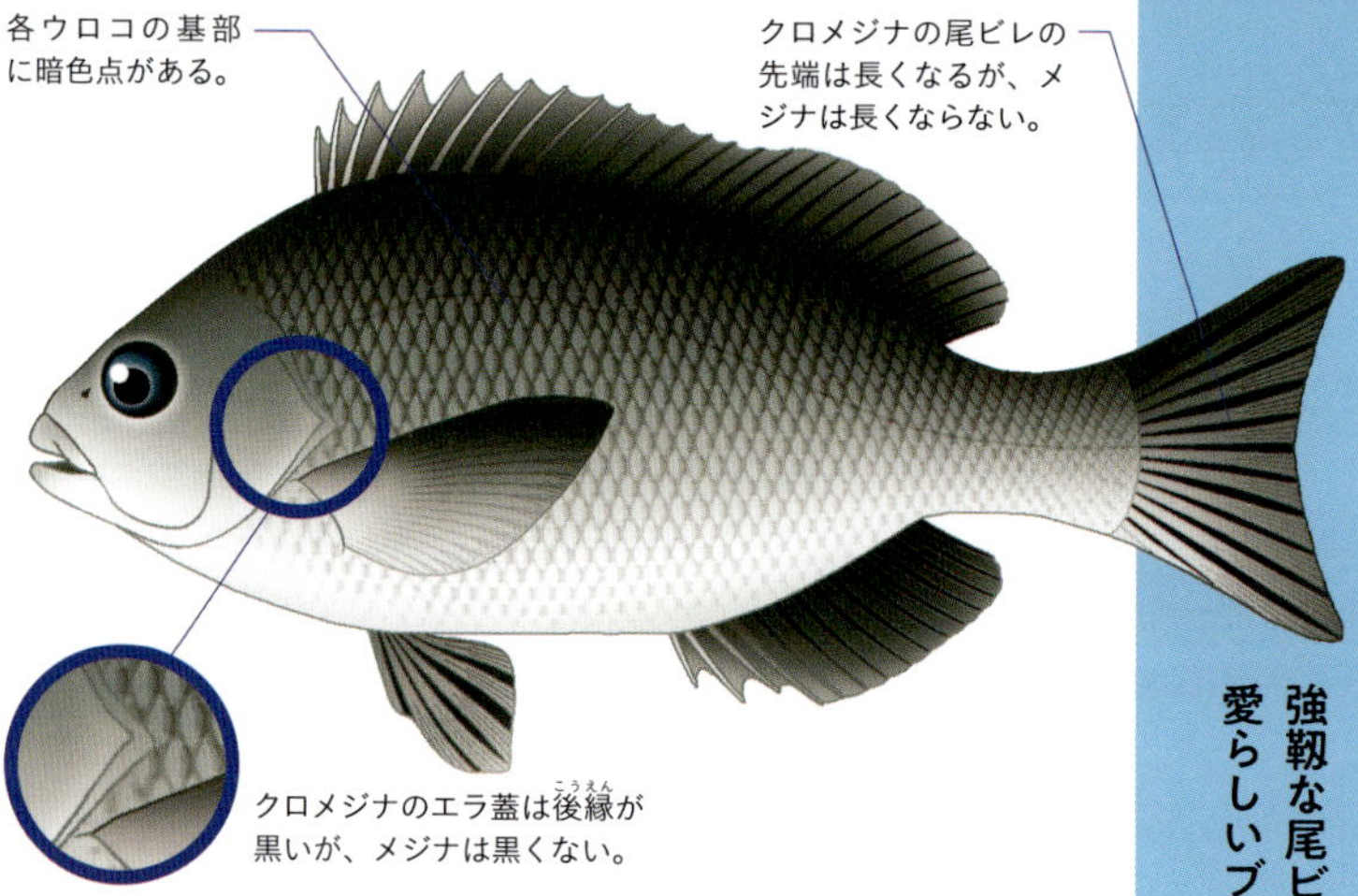

各ウロコの基部に暗色点がある。
クロメジナの尾ビレの先端は長くなるが、メジナは長くならない。
クロメジナのエラ蓋は後縁《こうえん》が黒いが、メジナは黒くない。

まずはウキ釣りから状況に応じてウキフカセの仕掛けを使い分けてみたい

引きが強くて食味もよいメジナは、関西ではグレ、九州ではクロなどと呼ばれる。また、よく似たクロメジナと区別するために、メジナを「クチブト(口太)」、クロメジナを「オナガ(尾長)」と呼ぶ釣り人も多い。

堤防から体長15〜25㎝のメジナを狙うなら、ノベ竿（P52）を使ったシンプルなウキ釣りが初心者にはおすすめ。この仕掛けで、ウミタナゴ（P16）やアジ（P10）なども狙うことができる。

一方、体長30㎝以上の良型メジナを狙う場合は、長めの磯竿を使ったウキフカセ釣りがおもしろい。釣り場の違いや刻々と変化する潮の状況に対応するため、使用する仕掛けにはさまざまなタイプがあるが、円錐《えんすい》ウキ（P48）を単体使用した標準的な仕掛けから慣れていけばよい。付けエサはオキアミが基本で、冬場は岩場に付いた海藻《かいそう》をエサにすることもある。

メジナはほどよく脂の乗った白身がおいしく、刺身や焼き物、揚げ物、煮付けなどで楽しめる。

DATA

分類	スズキ目、メジナ科、メジナ属
分布	北海道南部〜九州
生態	沿岸部の岩礁帯に生息する。節足類やアミ類、多毛類、藻類などを捕食する雑食性。
サイズ	15〜50㎝

調理法

刺身	焼く	煮る
蒸す	天ぷら	フライ・唐揚げ
寿司	汁物・鍋物	干物

ウキ釣り

▶難易度 ★☆☆

主な他の対象魚

アジ（P10）、**ウミタナゴ**（P16）、**メバル**（P50）

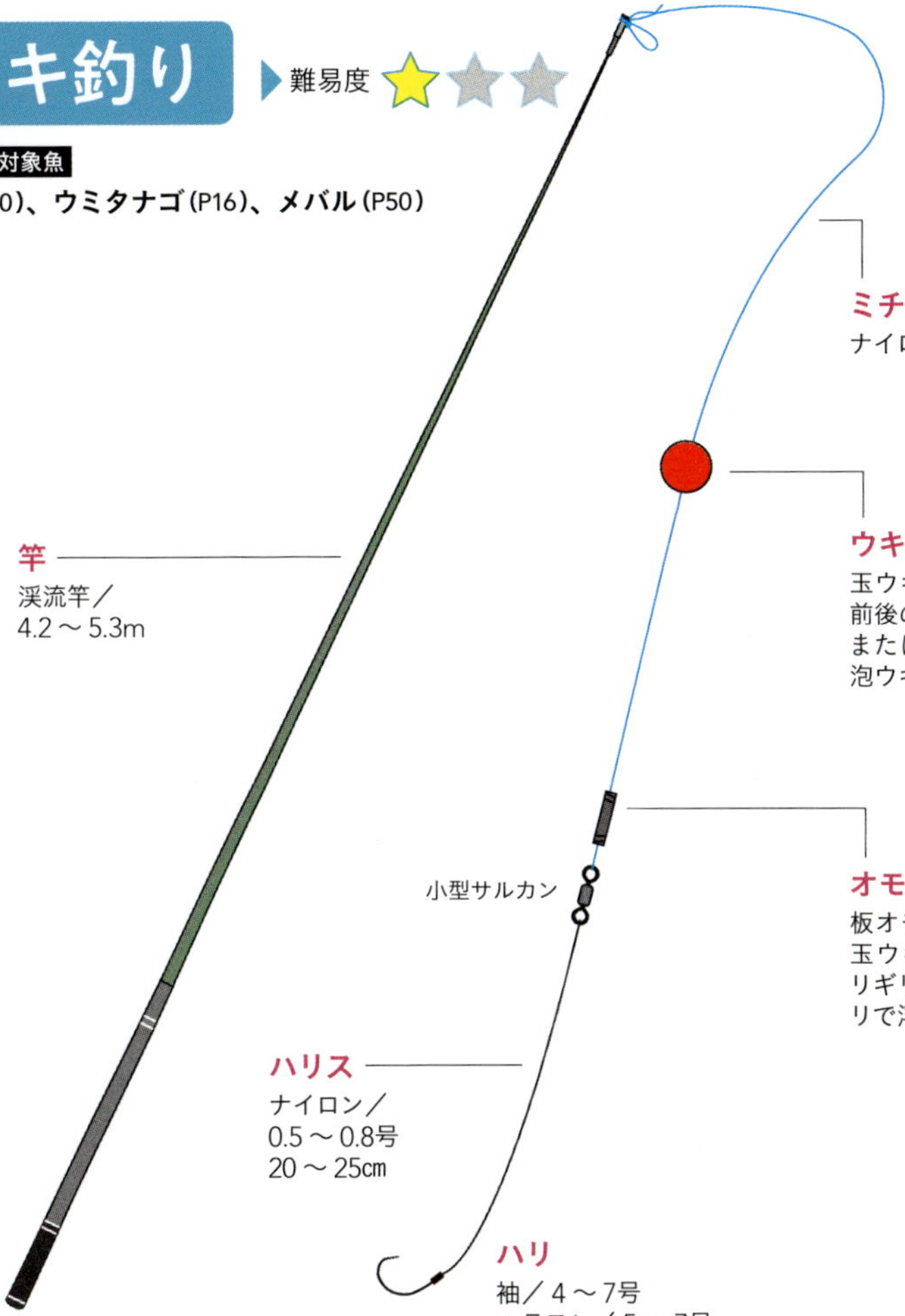
ミチイト
ナイロン／1号
ウキ
玉ウキ／直径12㎜前後の小型タイプまたは、ハエ用発泡ウキ
竿
渓流竿／4.2～5.3m
オモリ
板オモリが使いやすい。玉ウキの上面が海面ギリギリに浮くようにオモリで浮力を調整する
小型サルカン
ハリス
ナイロン／0.5～0.8号
20～25㎝
ハリ
袖／4～7号
ヘラスレ／5～7号

シンプルな仕掛けで小メジナを狙おう！

足場の低い堤防で小型のメジナを狙うときには、このウキ釣り仕掛けが使いやすい。ウキは河川で使われるオイカワ用の発泡ウキが感度に優れるが、普通の玉ウキ（P17）やシモリウキ（P18）でもOKだ。ハリは、袖《そで》バリ（P43）かヘラブナ用のスレバリを使用。**スレバリのほうが、魚を外すのが簡単で使いやすい**。付けエサは、小粒のオキアミかアミエビを使う。

◀次ページに続く

CLOSE UP ITEM

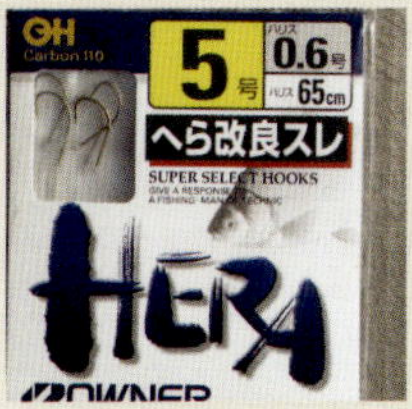
OH
Carbon 110
5号
ハリス 0.6号
ハリス 65cm
へら改良スレ
SUPER SELECT HOOKS
HERA
OWNER

ヘラスレバリ

ヘラブナ用のスレバリには**カエシ**がないので、魚の口への刺さりがよく、外すのも簡単だ。ヘラブナは湖沼に生息する魚。

カエシ｜釣りバリの先端の内側に突き出た小さな突起のこと。これがあると生きエサなどは外れにくい（P193）。

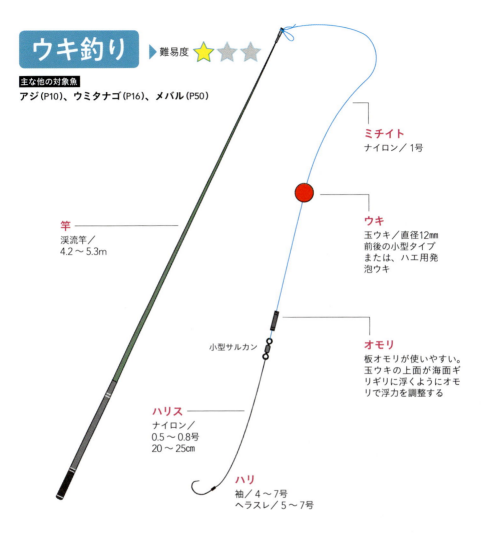

ウキフカセ

難易度 ★★☆

主な他の対象魚

アジ（P10）、**ウミタナゴ**（P16）、**メバル**（P50）

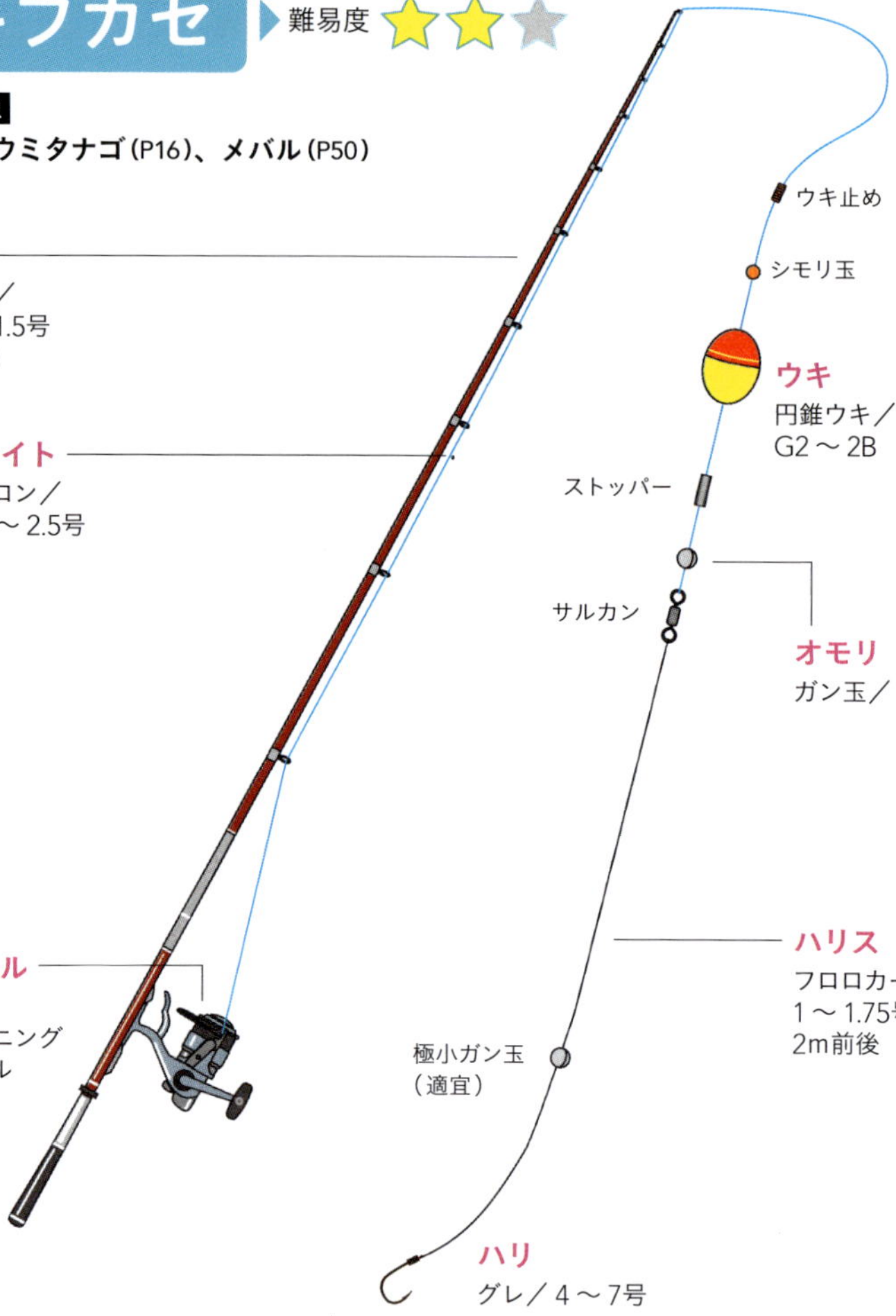

竿
磯竿／
1～1.5号
5.3m
ミチイト
ナイロン／
1.75～2.5号
リール
小型
スピニング
リール
ウキ止め
シモリ玉
ウキ
円錐ウキ／
G2～2B
ストッパー
サルカン
オモリ
ガン玉／G2～B
ハリス
フロロカーボン／
1～1.75号
2m前後
極小ガン玉
（適宜）
ハリ
グレ／4～7号

円錐ウキを単体使用したウキフカセ仕掛けのスタンダード

メジナ釣りのスタイルといえば、円錐《えんすい》ウキを使用したウキフカセ釣りが定番だが、現在ではさまざまなバリエーションの仕掛けが考案されている。イラストはその標準となる仕掛けで、円錐《えんすい》ウキを単体使用している。水深が浅い場合は円錐《えんすい》ウキの穴の中に**テーパーヨウジ**を刺し、ウキをミチイトに固定すると使いやすくなる。

CLOSE UP ITEM

円錐《えんすい》ウキ

2B
WAVE SENSOR

ドングリのような形状をした円錐ウキは、オモリ負荷（P14）が明記されている。浮力が小さいほど感度が向上する傾向があることを覚えておこう。

テーパーヨウジ | ウキの穴に刺してミチイトごとはさみ、ウキを動かさないようにする小物。

水中ウキ

難易度 ★★☆

主な他の対象魚

アジ(P10)、ウミタナゴ(P16)

仕掛けとコマセを同調させるための仕掛け

風が強いときに、その向きが潮流と違うと仕掛けとコマセ(P13)がうまく同調(P146)しにくい。そこで考案されたのが、下潮をうまくとらえるための**水中ウキ**。これを使うことで、仕掛けが潮になじみやすくなるのだ。

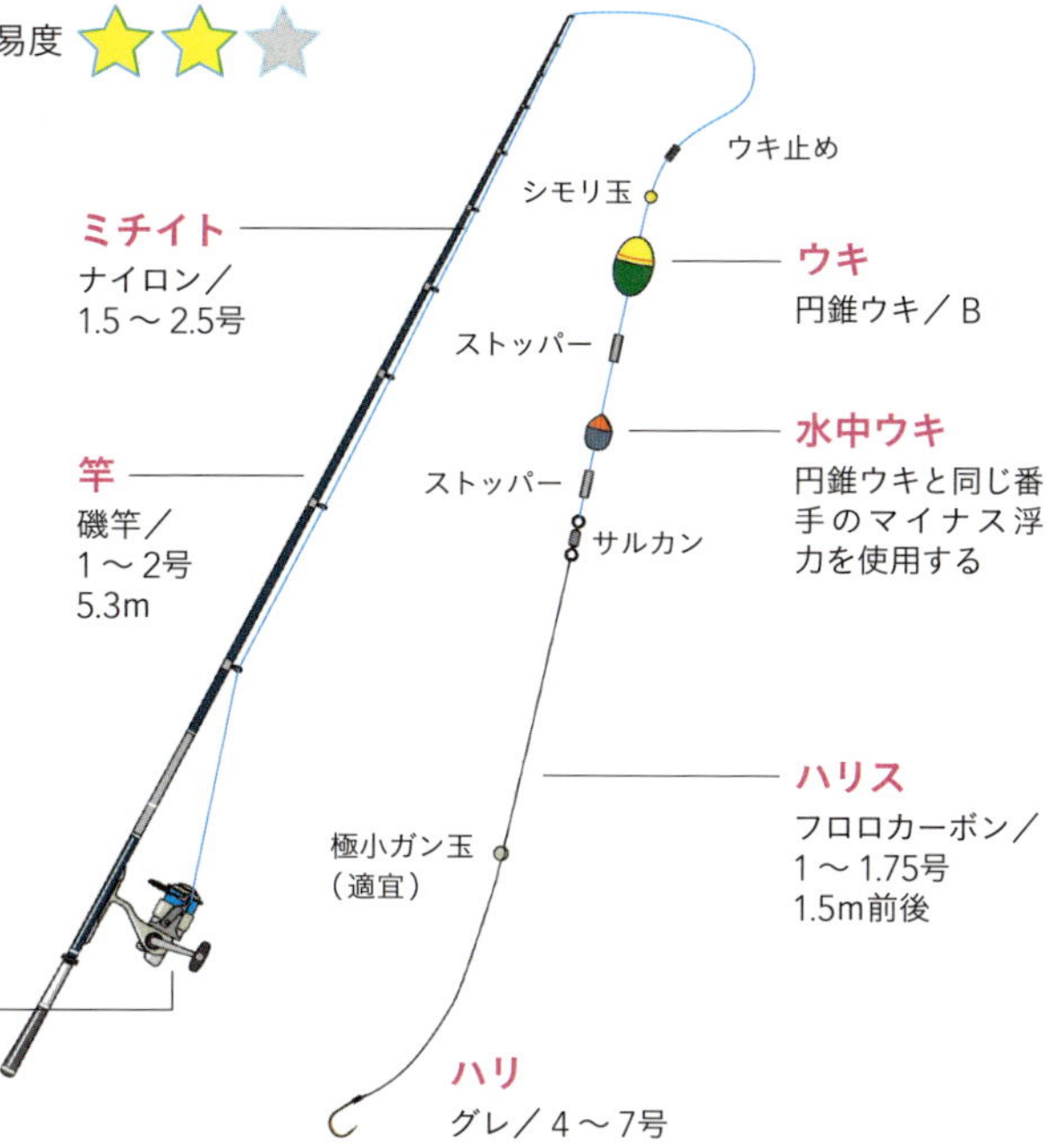
ウキ止め
シモリ玉
ミチイト
ナイロン／
1.5～2.5号
ウキ
円錐ウキ／B
ストッパー
水中ウキ
円錐ウキと同じ番手のマイナス浮力を使用する
竿
磯竿／
1～2号
5.3m
ストッパー
サルカン
ハリス
フロロカーボン／
1～1.75号
1.5m前後
極小ガン玉
（適宜）
リール
小型スピニングリール
ハリ
グレ／4～7号

全遊動式

難易度 ★★★

主な他の対象魚

アジ(P10)、ウミタナゴ(P16)

ウキ止めを付けずに明確なアタリを取る！

エサを口にしたときの違和感を与えにくい仕掛けで、食い渋りのメジナに威力を発揮する。ウキ止めがないのが特徴だが、ウキに対してミチイトは角度を保っているので、ラインが海中に引かれるとウキはしっかり沈んでゆく。

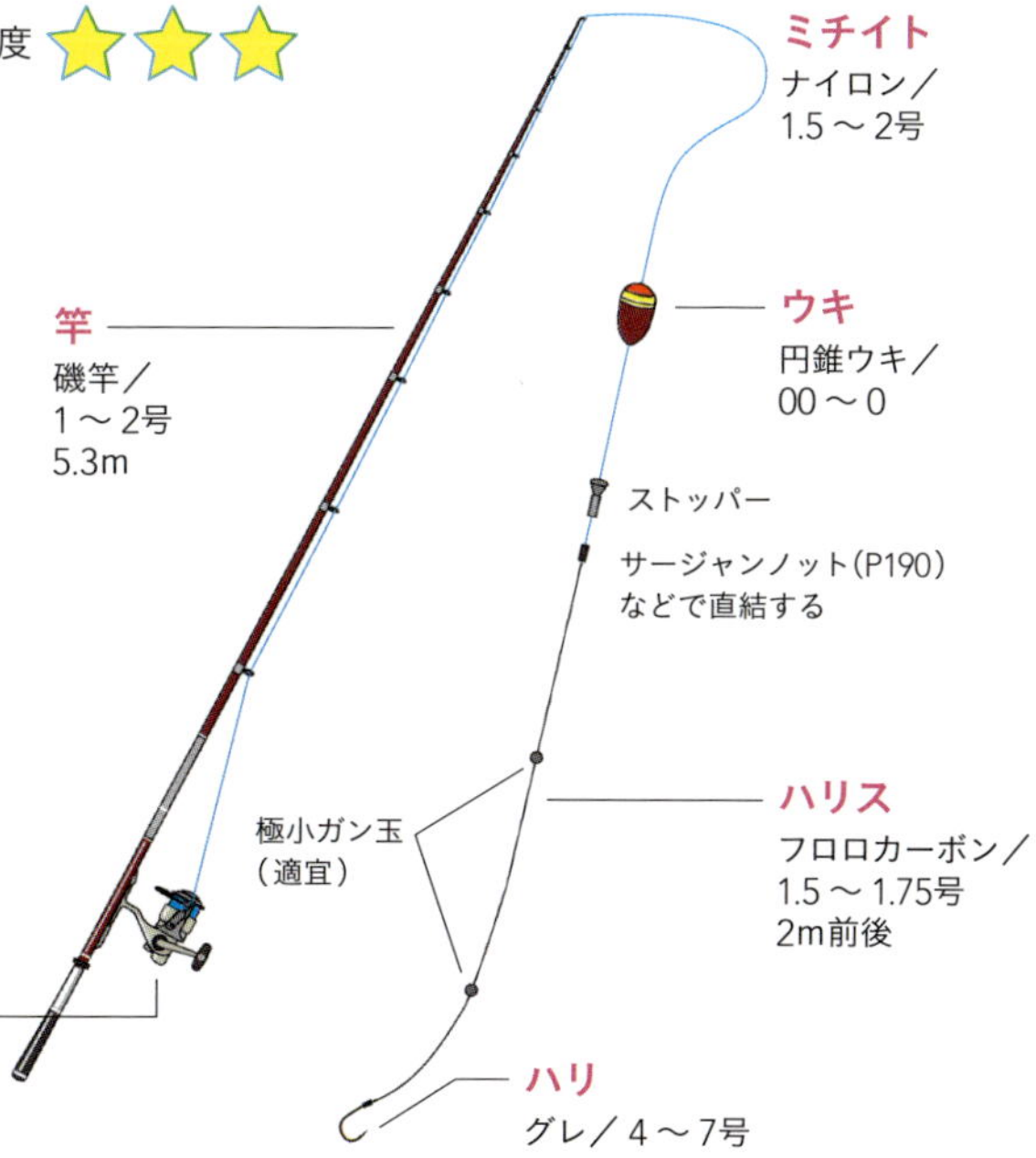
ミチイト
ナイロン／
1.5～2号
竿
磯竿／
1～2号
5.3m
ウキ
円錐ウキ／
00～0
ストッパー
サージャンノット(P190)
などで直結する
極小ガン玉
（適宜）
ハリス
フロロカーボン／
1.5～1.75号
2m前後
リール
小型スピニングリール
ハリ
グレ／4～7号

水中ウキ | 海中に沈ませることで、オモリのようなアンカーの役目を果たすウキのこと。

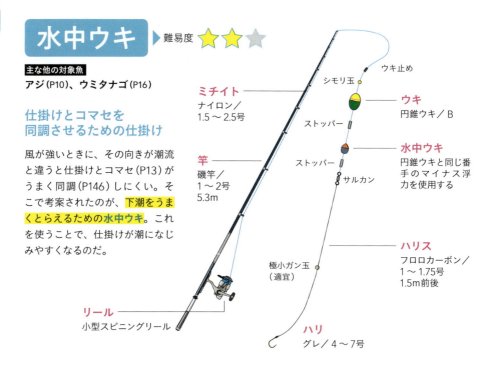

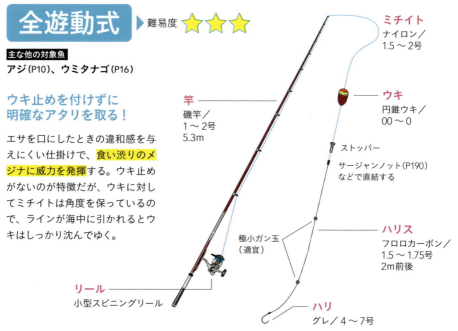

Mebaru **10**

釣り時期

3月～6月
9月～12月
1月～2月
7月～8月

メバル【眼張】

視力に優れる大きな目でエサを活発に追う
釣り味も食味も抜群なターゲット

ウキ
投げ
サビキ
カゴ
ウキフカセ
ルアー
その他

頭のまわりにトゲがない。
尾ビレの後縁《こうえん》がまっすぐ。
下アゴが上アゴより長い。
体高があり平べったい体型。

釣りのスタイルは千差万別 ウキ釣りでもフカセ釣りでも「逃げるエサ」を演出したい

複数種あるメバルに共通して特徴的なのは、その大きな目。ほかの魚と比較して視力が優れており、とくに夕まづめ以降の光の乏しい中で色彩を見分ける感覚は抜群だ。このため、暗闇の中でも保護色のエビなどを発見できるといわれている。

メバルは夜行性で、日没後に積極的にエサを追う習性がある。このため、夜釣りがポピュラーだ。釣り方は多岐にわたり、地域独特の釣法も数多く存在する。それらの中でも、堤防でよく行われているのがウキ釣り、フカセ釣り、ルアーフィッシングだ。

メバルは逃げるエサに反応しやすいため、ウキ釣りでもフカセ釣りでも竿を操作しながら仕掛けに誘いを入れることがポイント。いずれも、付けエサは海中でよく動くアオイソメや活きエビなどを使用する。ルアーの場合も、表層～底層までリトリーブし、反応のあったタナ（P12）を集中的に狙う。

刺身や塩焼き、煮付けなどで食味は抜群だ。

DATA

分　類	スズキ目、メバル科、メバル属
分　布	北海道南部～九州
生　態	沿岸部の岩礁帯に生息し、主に多毛類や甲殻類、小魚などを捕食している。
サイズ	15～30㎝

調理法

刺身	焼く	煮る
蒸す	天ぷら	フライ・唐揚げ
寿司	汁物・鍋物	干物

リトリーブ | リールを巻くことでルアーを泳がせるテクニック。

ウキフカセ

難易度 ★★☆

主な他の対象魚

アジ（P10）、ウミタナゴ（P16）、メジナ（P46）

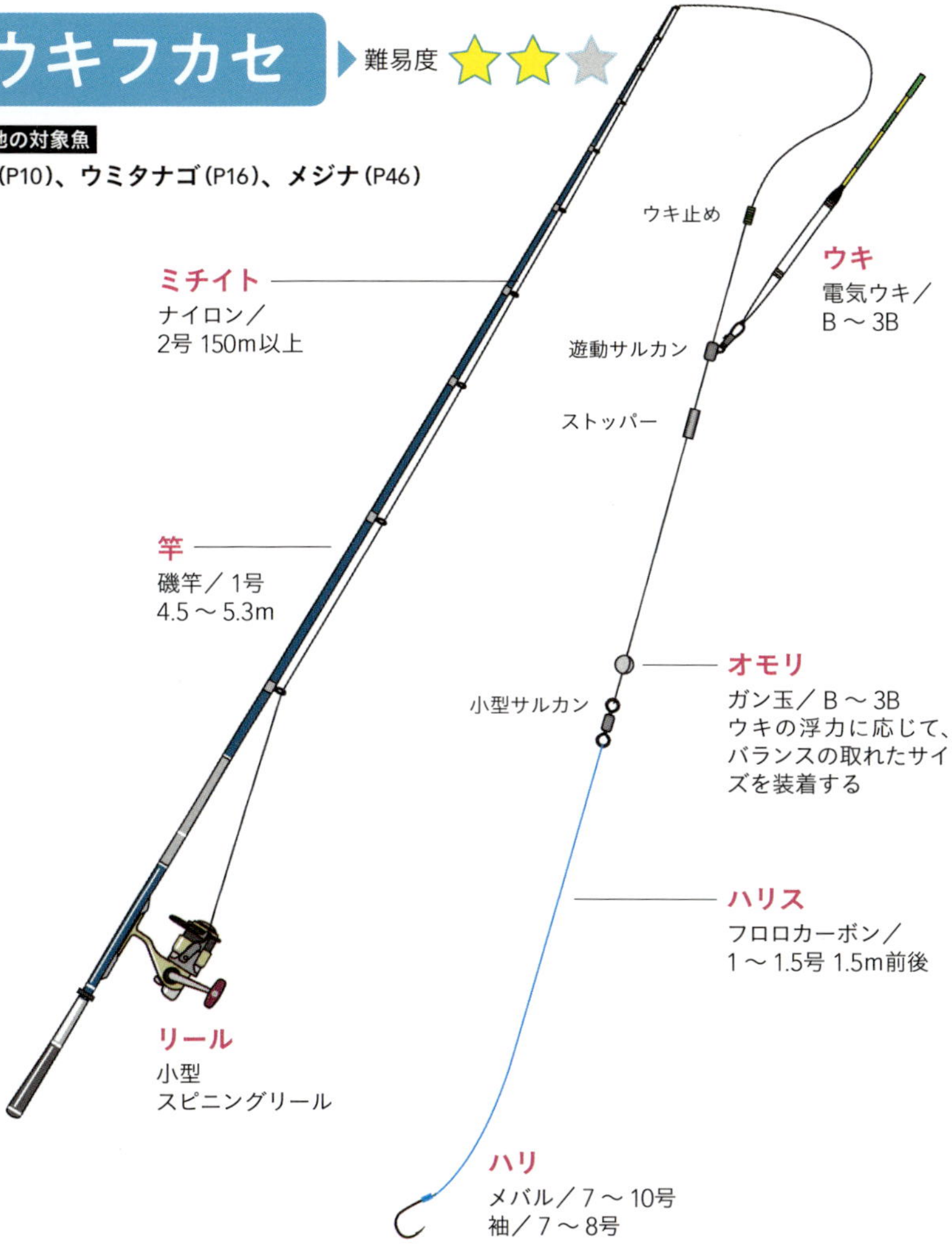
ミチイト
ナイロン／
2号 150m以上
竿
磯竿／1号
4.5～5.3m
リール
小型
スピニングリール
ウキ止め
ウキ
電気ウキ／
B～3B
遊動サルカン
ストッパー
オモリ
ガン玉／B～3B
ウキの浮力に応じて、
バランスの取れたサイ
ズを装着する
小型サルカン
ハリス
フロロカーボン／
1～1.5号 1.5m前後
ハリ
メバル／7～10号
袖／7～8号

ナイトゲームで必須の電気ウキ仕掛け

電気ウキを使ったウキフカセ仕掛けによる夜釣りは、メバル狙いの超定番釣法だ。電気ウキは細身で感度に優れたタイプを使えば、メバルのアタリも明確に出やすい。付けエサは、アオイソメや生きたモエビなどを使用。ウキ下をマメに調整してアタリダナ（P12）をいち早く見つけること、ときおり仕掛けに誘いを入れることが釣果に結びつく。

◀次ページに続く

CLOSE UP ITEM

電気ウキ

発光ダイオード（LED）と小型リチウム電池を内蔵したウキで、夜のウキ釣りでは必需品となる。

まづめ | 朝や夕方の薄暗い時間帯。一般に、魚の食いがよくなることが多い。

フカセ釣り

難易度 ★★☆

主な他の対象魚

ウミタナゴ(P16)、**ハゼ**(P42)

状況に応じて水面〜海底を攻め分けてみたい

上方向に逃げるエサに反応しやすいメバルの習性を利用したのが、このノベ竿でのフカセ釣り。とくに、夜間の釣りではとても効果的だ。付けエサは、アオイソメや活きエビをチョン掛け(P131)にする。狙いのタナ(P12)まで仕掛けをなじませたら、ゆっくり誘い上げるように逃げるエサを演出したい。

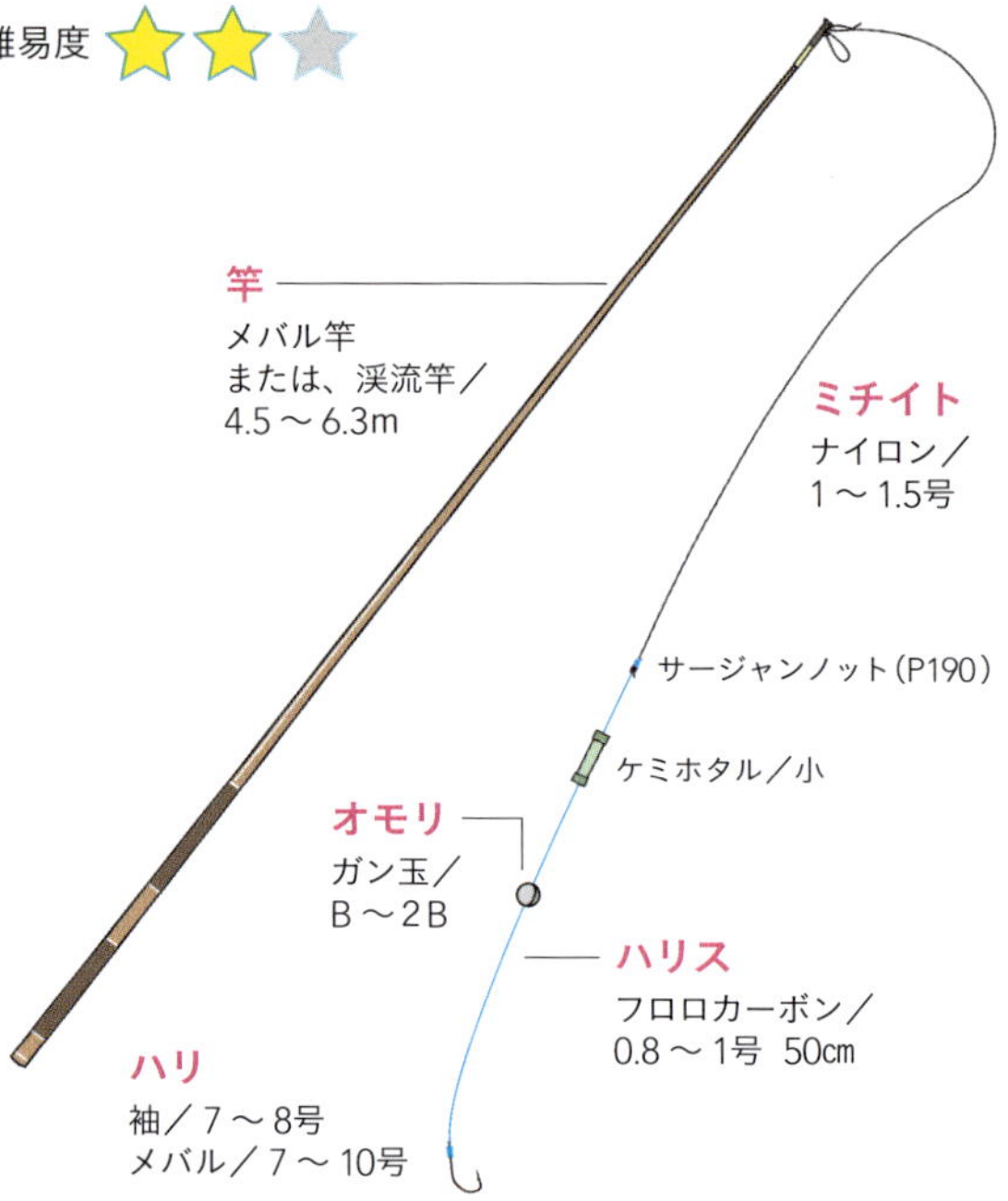
竿
メバル竿
または、渓流竿／
4.5 〜 6.3m
ミチイト
ナイロン／
1 〜 1.5号
サージャンノット(P190)
ケミホタル／小
オモリ
ガン玉／
B 〜 2B
ハリス
フロロカーボン／
0.8 〜 1号 50㎝
ハリ
袖／7 〜 8号
メバル／7 〜 10号

カブラ

難易度 ★★☆

主な他の対象魚

カマス(P127)、**サバ**(P139)

瀬戸内海のご当地釣法 カブラの種類も豊富

瀬戸内海エリアで盛んに行われているのが、「カブラ」と呼ばれる擬餌《ぎじ》バリを使った釣法。50m以上の遠投も可能なので、沖を回遊するメバルに対しては非常に有効だ。

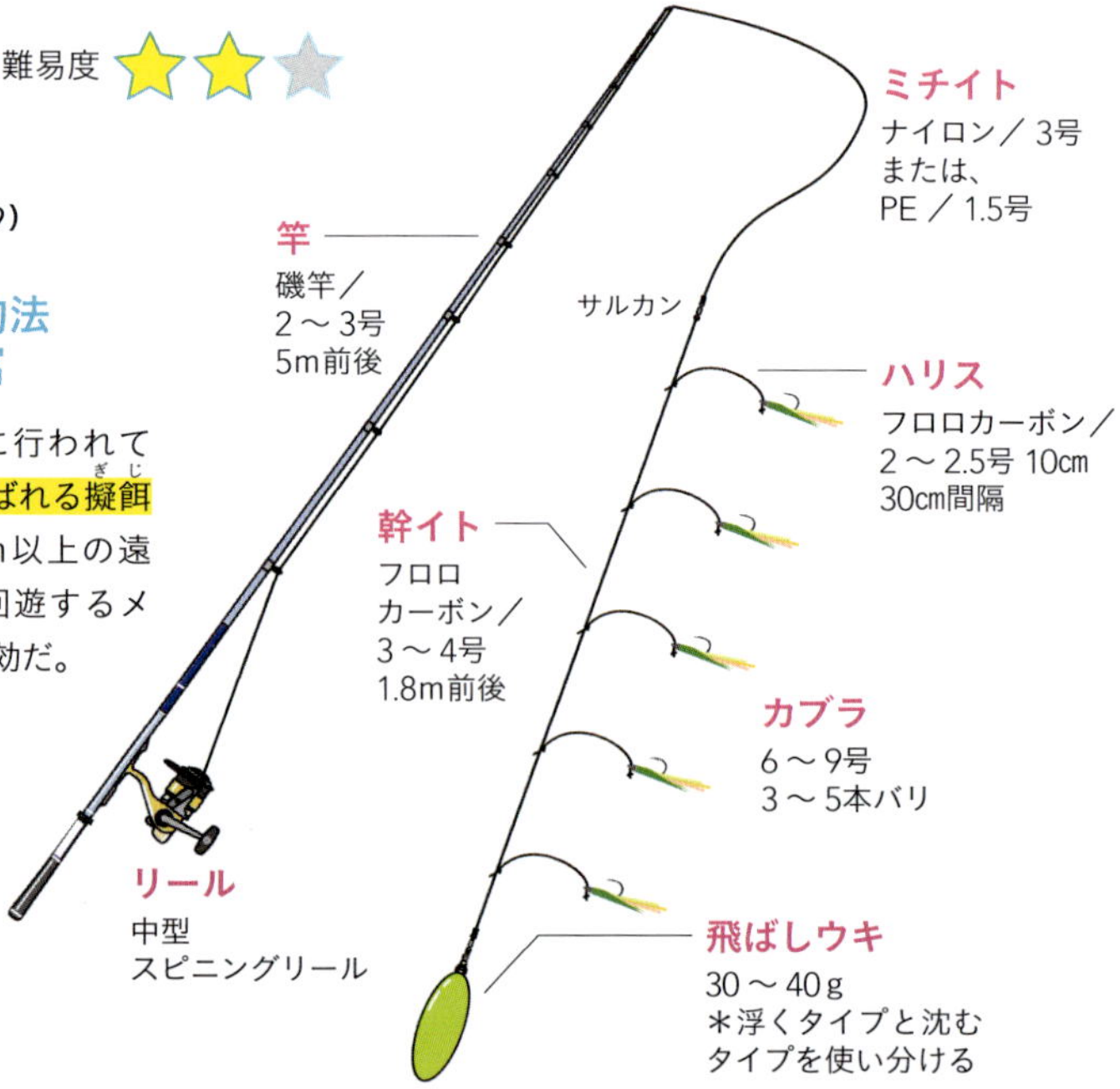
ミチイト
ナイロン／ 3号
または、
PE ／ 1.5号
竿
磯竿／
2 〜 3号
5m前後
サルカン
ハリス
フロロカーボン／
2 〜 2.5号 10㎝
30㎝間隔
幹イト
フロロ
カーボン／
3 〜 4号
1.8m前後
カブラ
6 〜 9号
3 〜 5本バリ
リール
中型
スピニングリール
飛ばしウキ
30 〜 40g
＊浮くタイプと沈む
タイプを使い分ける

ノベ竿 | リールを使わない竿の総称。渓流竿、清流竿、ヘラ竿などがある(P176)。

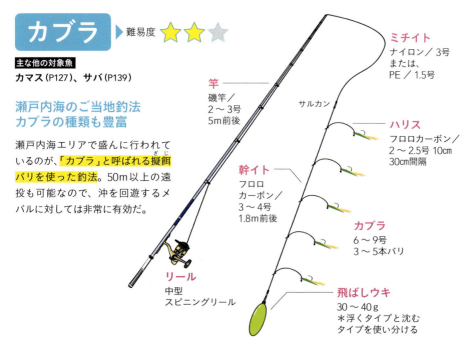

ルアー

難易度 ★☆☆

主な他の対象魚

アジ(P10)、**ムツ**(P73)、**カマス**(P127)

ライン
ナイロン／
3～4ポンド
竿
ルアーロッド／
メバル用
6フィート前後
リール
小型
スピニングリール
ルアー
ワーム2インチ＋
ジグヘッド1～2g
または、
小型ミノー、メタルジグなど

ワームとジグヘッドで 簡単ルアーフィッシング

メバルはルアーにも果敢にアタックしてくる**フィッシュイーター**。使用するタックル(P65)がシンプルで初心者でも比較的扱いやすいことから、海のルアー入門としてもおすすめの釣り方だ。ルアーは小型ワーム(P15)のほか、ミノー(P65)やメタルジグ(P132)なども使える。

フライ

難易度 ★★☆

主な他の対象魚

ムツ(P73)、**カマス**(P127)

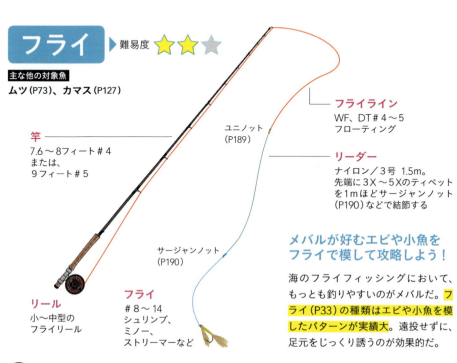

フライライン
WF、DT＃4～5
フローティング
ユニノット
(P189)
リーダー
ナイロン／3号 1.5m。
先端に3X～5Xのティペットを1mほどサージャンノット(P190)などで結節する
竿
7.6～8フィート＃4
または、
9フィート＃5
サージャンノット
(P190)
リール
小～中型の
フライリール
フライ
＃8～14
シュリンプ、
ミノー、
ストリーマーなど

メバルが好むエビや小魚を フライで模して攻略しよう！

海のフライフィッシングにおいて、もっとも釣りやすいのがメバルだ。フライ(P33)の種類はエビや小魚を模したパターンが実績大。遠投せずに、足元をじっくり誘うのが効果的だ。

フィッシュイーター | 自分よりも小型の魚をエサにする「魚食魚」のこと。

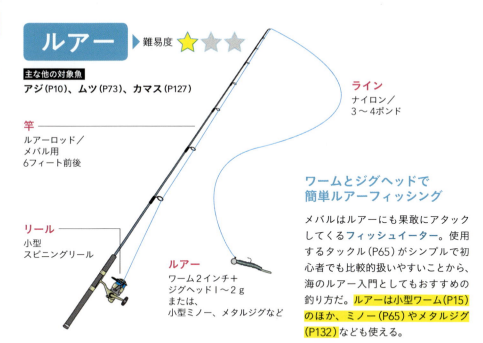

エサとなる小魚などを追って汽水域《きすいいき》(P29)や河川の中流～上流へ遡上《そじょう》する魚を狙う。
スズキ
ヘダイ
岩礁帯《がんしょうたい》に生息する魚にウキ釣りやウキフカセの仕掛けを投入する。
ニザダイ

2章

堤防まわりの12魚種

堤防の先端や船道(P9)のカケアガリ(P39)、港内のスロープ(船を上げ下ろしする斜路)先端、消波ブロック帯など、堤防まわりは地形や水の流れの変化が多い。ここにエサが発生し、魚が寄ってくる。

対象魚

アイゴ	イサキ
イスズミ	シマイサキ
スズキ	ニザダイ
ヒラスズキ	ヘダイ
ホッケ	ボラ
マダイ	ムツ

サラシ
風波があるときに堤防に打ち寄せた波が砕け、白泡が海面に広がっている状態。水中の酸素量が多くなり、魚が集まりやすい。釣りをするときは安全対策を万全に!
群れさえいれば港内でも釣ることができる。
ムツ
シマイサキ
ヒラスズキ
ホッケ
沿岸域を大きな群れで回遊している。
ボラ
アイゴ
イサキ
船釣りが中心の魚でも、水深があって潮通し(P35)がよい堤防なら狙える。
マダイ
イスズミ

Aigo

11

釣り時期

4月～11月

12月～3月

アイゴ【藍子】

外道扱いされやすい魚だが、ファイトは強烈！
釣り上げた後、鋭い毒ビレには注意したい

ウキ / 投げ / サビキ / カゴ / ウキフカセ / ルアー / その他

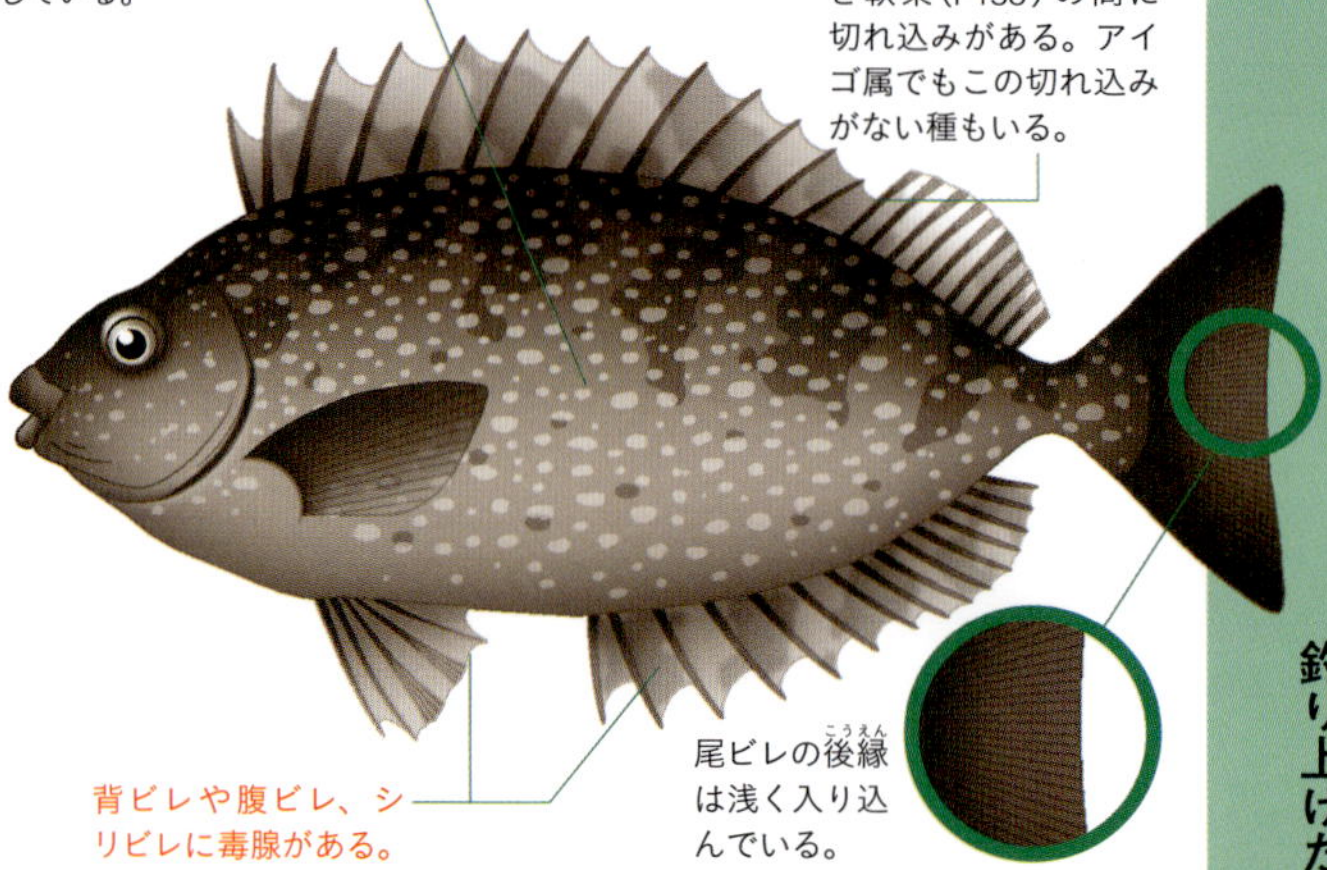

白色点が散在している。
背ビレの棘条《きょうくじょう》（P106）と軟条《なんじょう》（P138）の間に切れ込みがある。アイゴ属でもこの切れ込みがない種もいる。
背ビレや腹ビレ、シリビレに毒腺がある。
尾ビレの後縁《こうえん》は浅く入り込んでいる。

小さなアタリをキャッチする ウキ釣り仕掛けがメイン 付けエサも状況で使い分ける

体型は楕円形で平たく、小さな口に門歯状《もんしじょう》の歯が一列に並ぶ。背ビレ、シリビレ、腹ビレのトゲが発達し、それぞれのヒレに毒線を持つ。このトゲに刺さると激しく痛み、しびれや麻痺《まひ》が起こる場合もあるため、釣り上げたときは触れないようにしよう。また、死んでも毒は消えないので、持ち帰って食べる場合は、あらかじめハサミなどでトゲを切断（ヒレの根元から）しておき、新聞紙などに包んでから捨てる。トゲに刺された場合は、すみやかに病院で診《み》てもらおう。

西日本ではアイゴ釣りが盛んで、関東でも南房総《みなみぼうそう》などでは専門に狙っている人がいる。40㎝オーバーのアイゴは、メジナやクロダイを凌《しの》ぐパワー。春と秋が釣りやすい。釣り方は繊細なアタリを取れるウキ釣りやウキフカセ釣りがメインで、付けエサにはオキアミのほか、練りエサや酒粕を小さく丸めたもの、押し麦も使われる。

磯臭さや毒トゲがやっかいだが、新鮮なものは刺身やムニエルがおいしい。

DATA

分類 スズキ目、アイゴ科、アイゴ属

分布 本州以南の日本各地

生態 沿岸部の岩礁帯やサンゴ帯に生息。雑食性で海藻類や藻類、甲殻類、多毛類などを好む。

サイズ 20～50㎝

調理法

刺身	焼く	煮る
蒸す	天ぷら	フライ・唐揚げ
寿司	汁物・鍋物	干物

ウキ釣り

難易度 ★☆☆

主な他の対象魚

アジ(P10)、ウミタナゴ(P16)

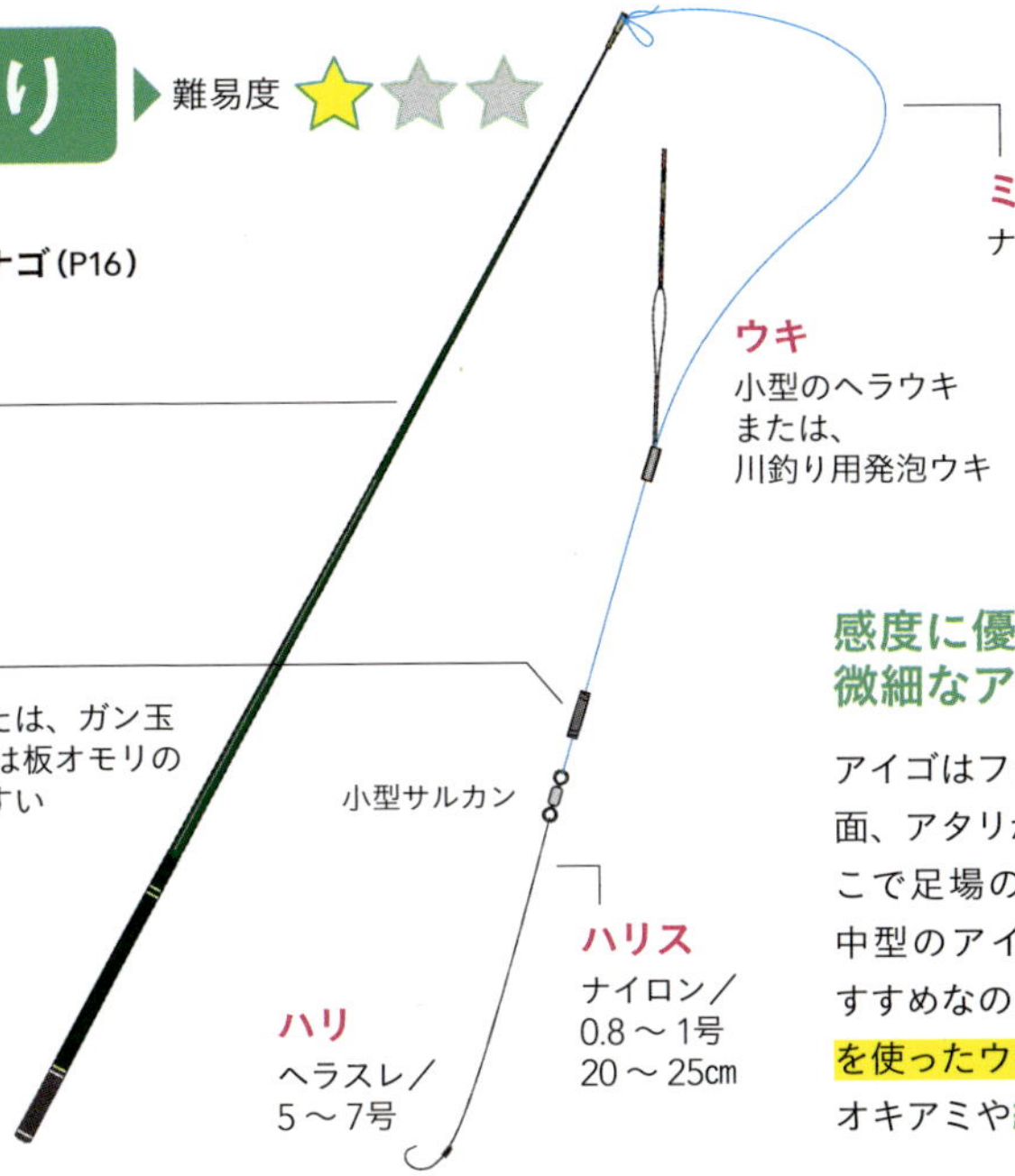
ミチイト
ナイロン／ 1.5号
ウキ
小型のヘラウキ
または、
川釣り用発泡ウキ
竿
渓流竿／
4.2 ～ 5.3m
オモリ
板オモリ、または、ガン玉
浮力の微調整は板オモリの
ほうがやりやすい
小型サルカン
ハリス
ナイロン／
0.8 ～ 1号
20 ～ 25㎝
ハリ
ヘラスレ／
5 ～ 7号

感度に優れるウキで微細なアタリを取ろう

アイゴはファイトが強烈な反面、アタリが意外と繊細。そこで足場の低い堤防で小～中型のアイゴを狙うのにおすすめなのが、**ノベ竿(P52)を使ったウキ釣りだ**。エサはオキアミや**練りエサ**など。

ウキフカセ

難易度 ★★☆

主な他の対象魚

クロダイ(P28)、メジナ(P46)

エサは小さく付けるとハリ掛かりがよくなる

深場のポイントでは、磯竿を使ったウキフカセ釣りも楽しい。アイゴの小さなアタリをキャッチするために、ウキは**感度に優れた棒ウキを選びたい**。付けエサはウキ釣りと同様でOKだが、ハリに付けるときに小さくまとめておくとハリ掛かりがよくなる。

ウキ
自立ウキ／ B ～ 3B
ミチイト
ナイロン／
2 ～ 3号
ウキ止め
遊動サルカン
ストッパー
竿
磯竿／
1 ～ 1.5号
4.2 ～ 5.3m
オモリ
ガン玉／ B ～ 3B
サルカン
ハリス
フロロカーボン／
1.5号 2m前後
リール
小型スピニングリール
ハリ
チヌ／ 1 ～ 2号

練りエサ | 魚が好む数種類のエサを配合して練り上げたもの。集魚《しゅうぎょ》(P104)材なども配合されている。

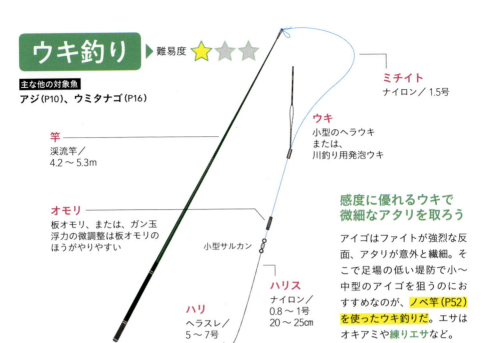

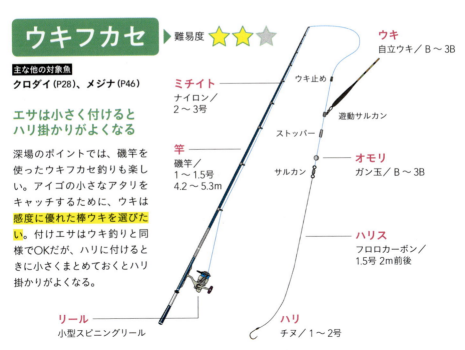

Isaki 12

釣り時期
6月～8月
9月～10月

イサキ【鶏魚】

初夏の到来を告げる夏の夜釣りの風物詩
独特の釣趣が楽しめ、食味も抜群！

ウキ
投げ
サビキ
カゴ
ウキフカセ
ルアー
その他

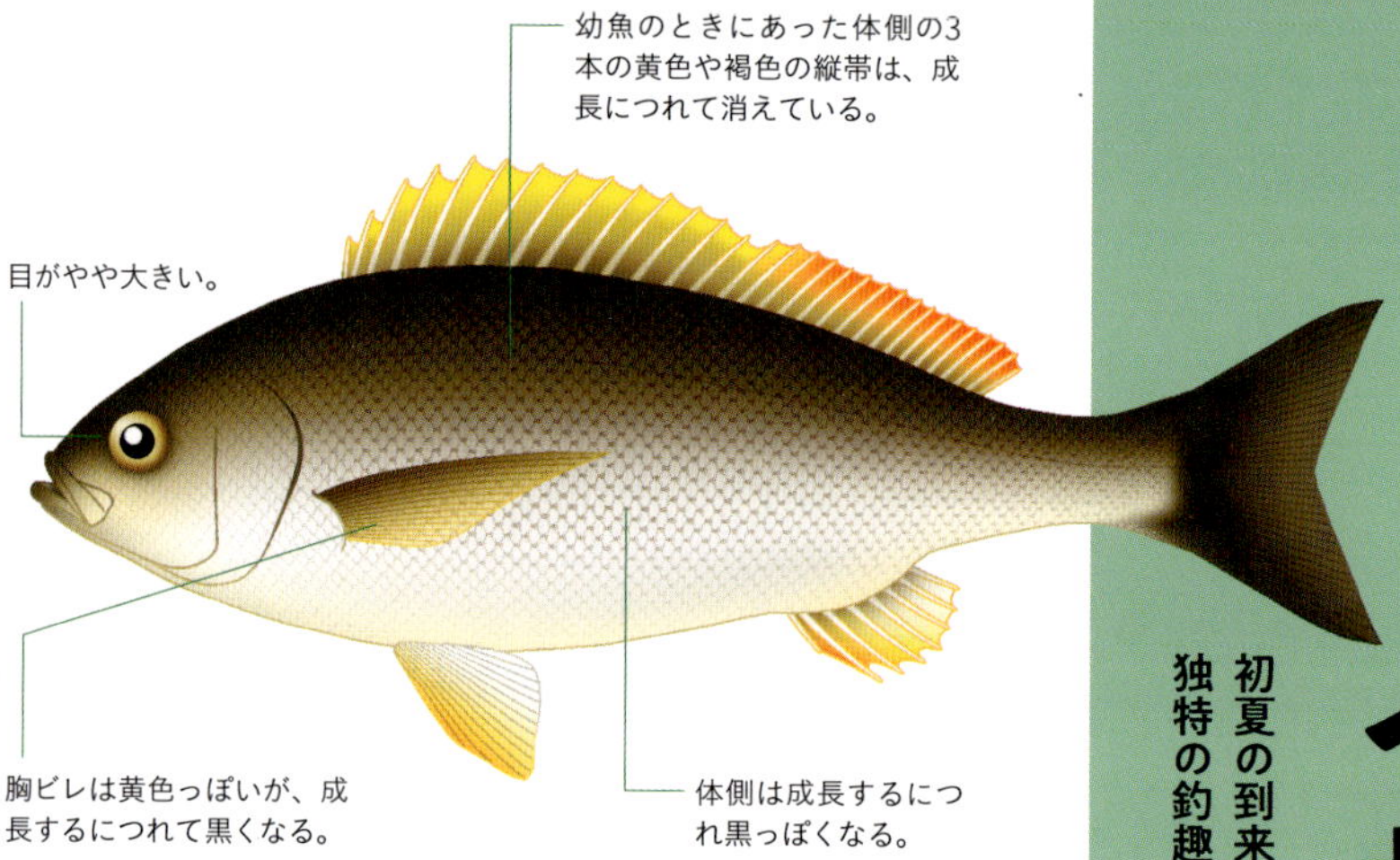

幼魚のときにあった体側の3本の黄色や褐色の縦帯は、成長につれて消えている。
目がやや大きい。
胸ビレは黄色っぽいが、成長するにつれて黒くなる。
体側は成長するにつれ黒っぽくなる。

カゴ釣りやウキ釣りで狙う ナイトゲームでは、電気ウキや発光体を活用

関東以南の各地に分布するイサキは、体長20㎝程度までは体側に3本の暗褐色の帯があり、野菜のウリに似た模様から「ウリボウ」とも呼ばれる。成長するにしたがって帯は消え、最大で40㎝級にまで大きくなる。

船からの釣りが主流だが、水深があって潮通し（P35）のいい堤防では岸からも十分に狙える。産卵期を迎えて接岸する初夏から秋までがチャンスだ。

釣り方は、メジナ（P46）釣りと同様のウキフカセ釣りのほか、沖の深場を狙いやすいカゴ釣りがある。イサキは夜間になると活性《かっせい》（P127）が上がるため、カゴ釣りでもウキフカセ釣りでも夜釣りが有利。その場合、ウキは電気ウキ（P51）か、ウキに化学発光体（P63）をセットして使用する。タナ（P12）は、水面から竿一本分ほど（5～6m程度）からはじめ、状況に応じてウキ下を調整していく。

栄養的にもバランスがとれているイサキは、刺身、焼き物、揚げ物などでいただこう。

DATA

分類 スズキ目、イサキ科、イサキ属
分布 関東～九州各地
生態 沖合の岩礁エリアに生息し、プランクトンや小魚などを捕食。産卵期は初夏～夏。
サイズ 20～40㎝

調理法

刺身	焼く	煮る
蒸す	天ぷら	フライ・唐揚げ
寿司	汁物・鍋物	干物

カゴ釣り

▶難易度 ★★☆

主な他の対象魚

アジ（P10）、メジナ（P46）

遠投が得意な仕掛けで沖の深ダナを直撃！

イサキを専門に狙うなら、沖の深ダナ（P12）をダイレクトに狙えるカゴ釣りが断然有利だ。条件がよければ、深場を狙うことで日中でも十分に釣果が期待できる。カゴには配合エサ＋アミエビを充填し、付けエサにはオキアミを使用する。

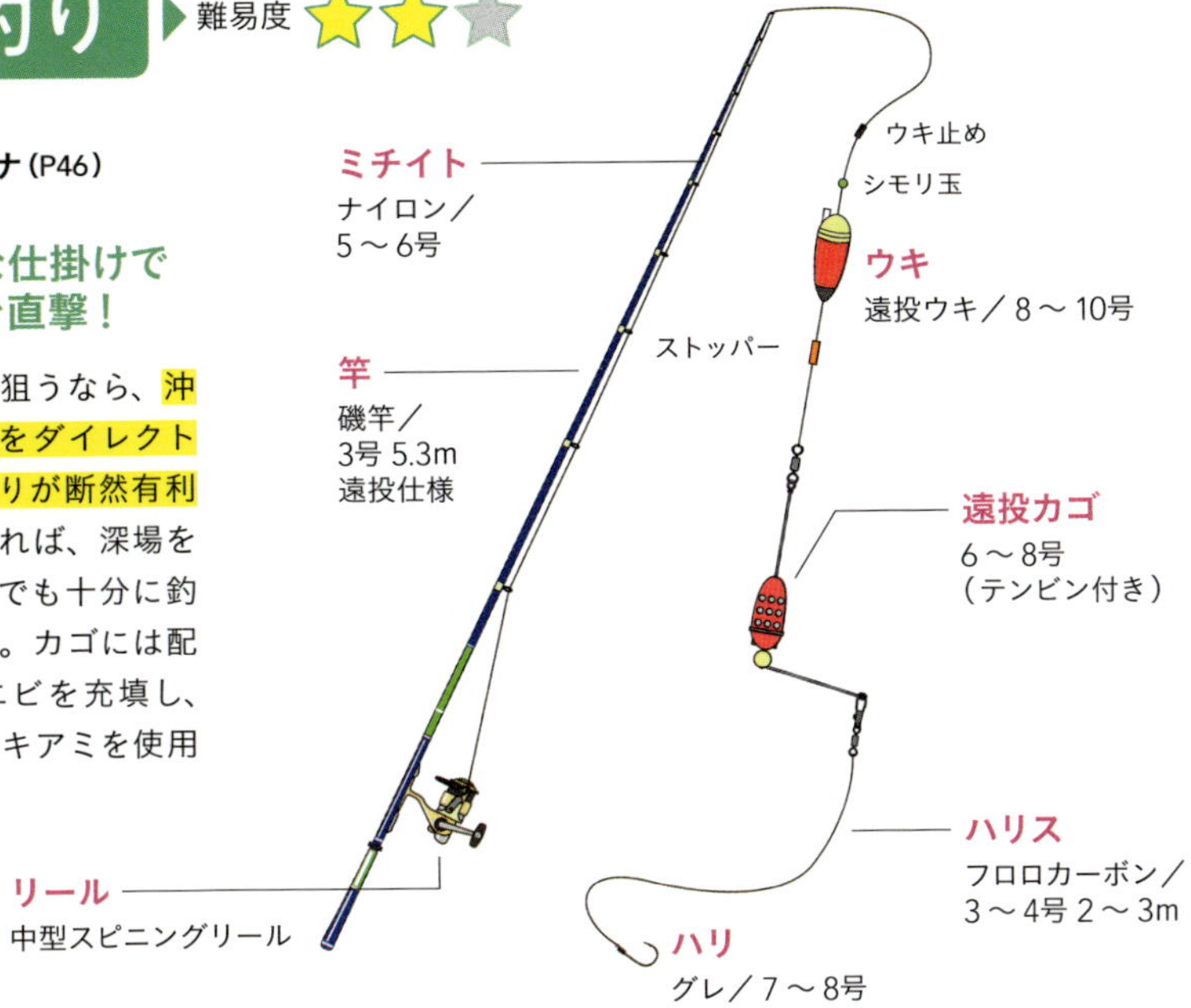
ミチイト
ナイロン／5～6号
竿
磯竿／3号 5.3m 遠投仕様
リール
中型スピニングリール
ウキ止め
シモリ玉
ウキ
遠投ウキ／8～10号
ストッパー
遠投カゴ
6～8号（テンビン付き）
ハリス
フロロカーボン／3～4号 2～3m
ハリ
グレ／7～8号

ウキフカセ

▶難易度 ★★☆

主な他の対象魚

アジ（P10）、メジナ（P46）

メジナ釣り用と同等の仕掛けで楽しめる

メジナ（P46）釣りと同じタックル（P65）や仕掛けで通用する。ただし、イサキのタナ（P12）は深いことが多いため、ウキは重めのオモリを背負える高浮力タイプが使いやすい。夜釣りの場合は、ウキを電気ウキ（P51）に替えるか、発光体（P63）をウキにセットしよう。

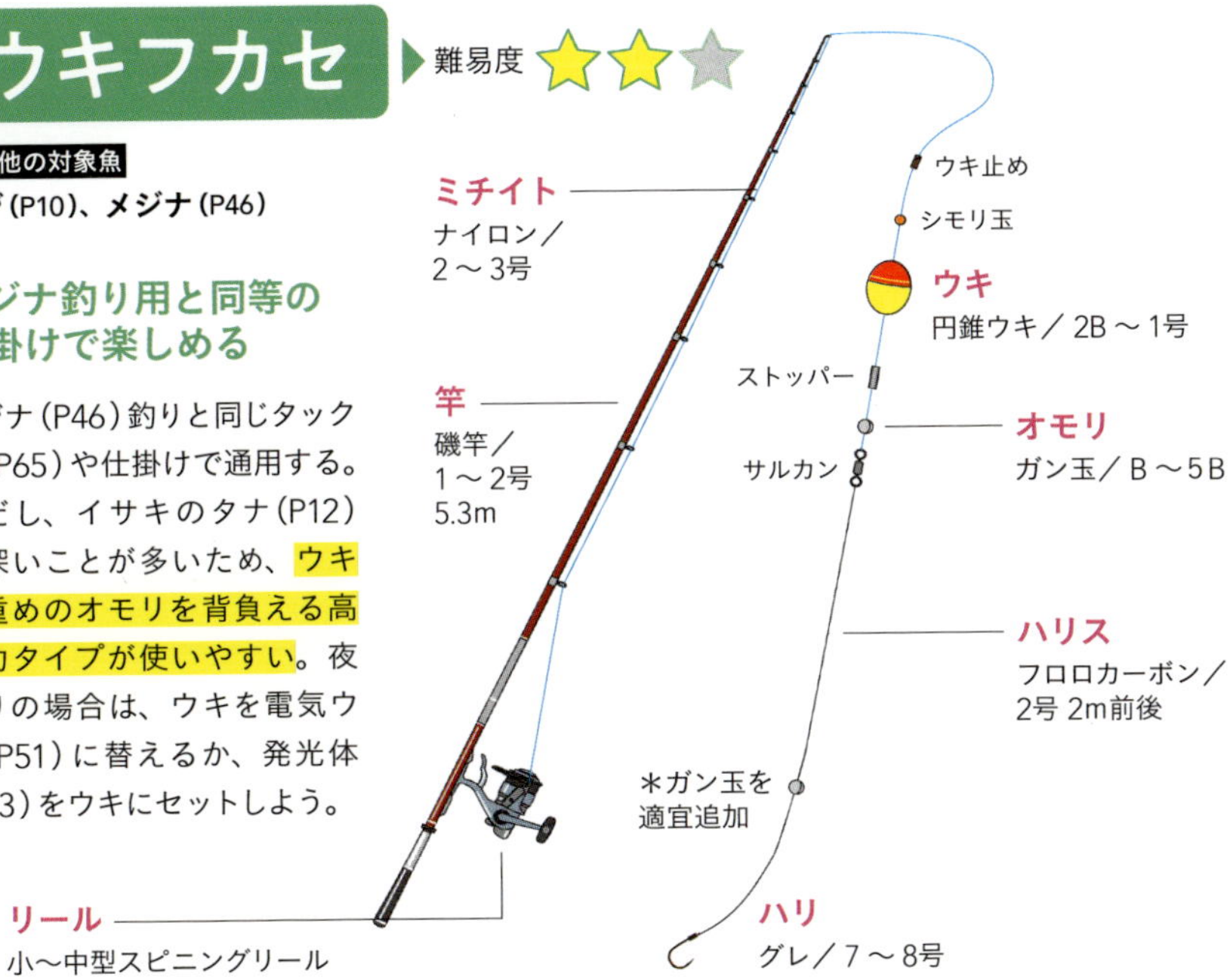
ミチイト
ナイロン／2～3号
竿
磯竿／1～2号 5.3m
リール
小～中型スピニングリール
ウキ止め
シモリ玉
ウキ
円錐ウキ／2B～1号
ストッパー
オモリ
ガン玉／B～5B
サルカン
ハリス
フロロカーボン／2号 2m前後
＊ガン玉を適宜追加
ハリ
グレ／7～8号

Isuzumi 13

イスズミ【伊寿墨】

メジナ釣りのゲストとしておなじみ　その強烈なファイトは、メジナにも匹敵する

釣り時期

5月～6月
10月～11月
12月～4月
7月～9月

- **ウキ**
- 投げ
- サビキ
- **カゴ**
- **ウキフカセ**
- ルアー
- その他

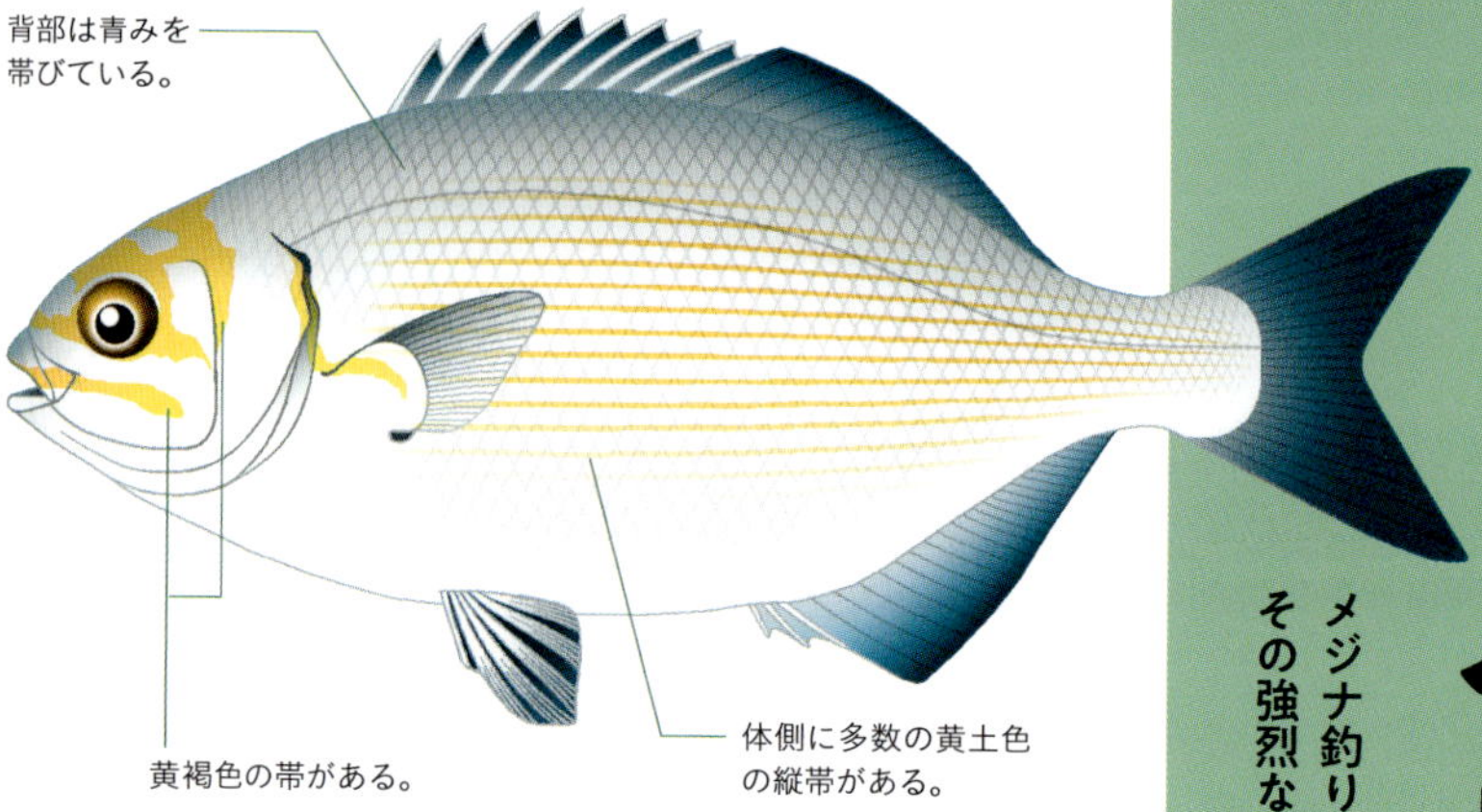

背部は青みを帯びている。
黄褐色の帯がある。
体側に多数の黄土色の縦帯がある。

ある程度強めの仕掛けで挑むのが正解

専門に狙う人は少ないが、アタリや引き味はメジナ（P46）にそっくりで、釣趣《ちょうしゅ》はなかなかのもの。冬場になると身の磯臭さがなくなる。

釣り方は、メジナ同様のウキフカセ釣りでよい。ときに50㎝超の大物もハリ掛かりしてくるので、ハリスは太めを結んでおこう。付けエサはオキアミのほか、冬場はハバノリ（ハンバノリ）も使える。

ウキフカセ

難易度 ★★☆

主な他の対象魚
メジナ（P46）

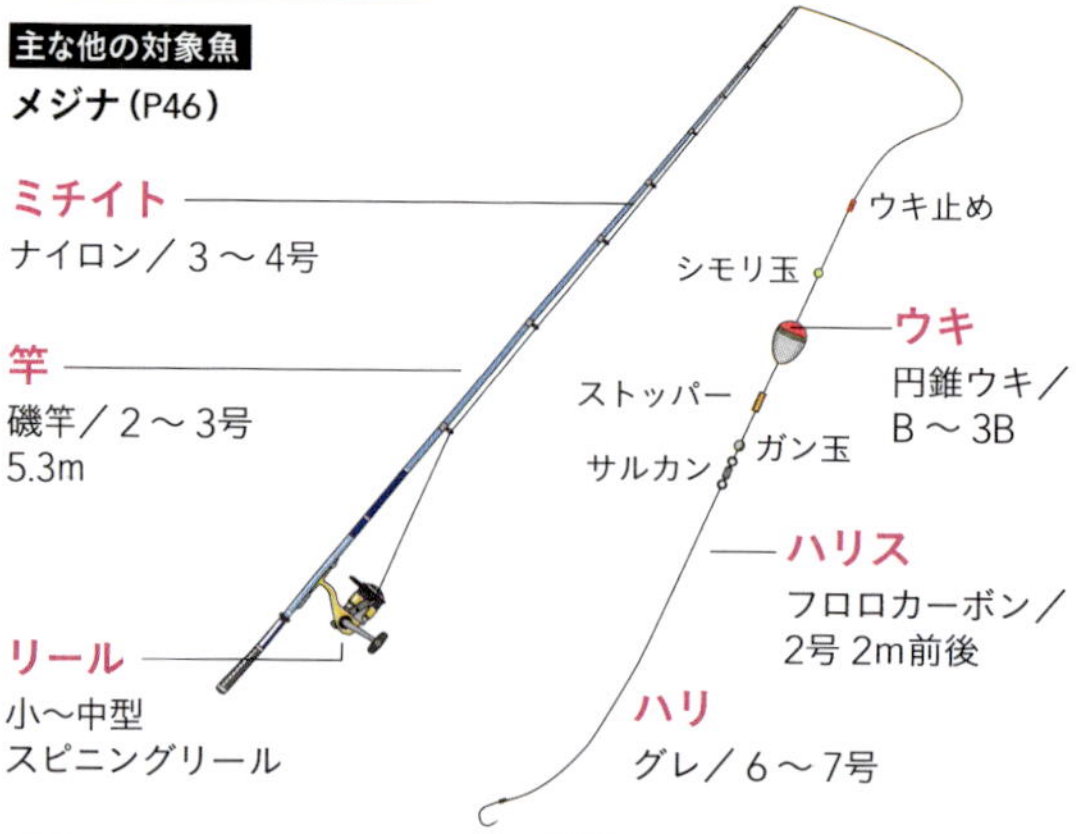

ミチイト
ナイロン／3～4号
竿
磯竿／2～3号
5.3m
リール
小～中型
スピニングリール
ウキ止め
シモリ玉
ウキ
円錐ウキ／
B～3B
ストッパー
ガン玉
サルカン
ハリス
フロロカーボン／
2号 2m前後
ハリ
グレ／6～7号

DATA

- **分類** スズキ目、イスズミ科、イスズミ属
- **分布** 房総～九州・沖縄
- **生態** 沿岸の岩礁帯に生息。雑食性で、甲殻類や動物性プランクトン、海藻などを捕食する。
- **サイズ** 30～60㎝

調理法

刺身	焼く	煮る
蒸す	天ぷら	フライ・唐揚げ
寿司	汁物・鍋物	干物

ハバノリ｜岩場などに生える海藻《かいそう》の一種。

Simaisaki 14

釣り時期

6月～7月
10月～11月
12月～5月
8月～9月

シマイサキ【縞鶏魚】

体側にある直線状の縞模様が特徴的
小型ながらも、そのファイトはパワフル！

ウキ / 投げ / サビキ / カゴ / ウキフカ / ルアー / その他

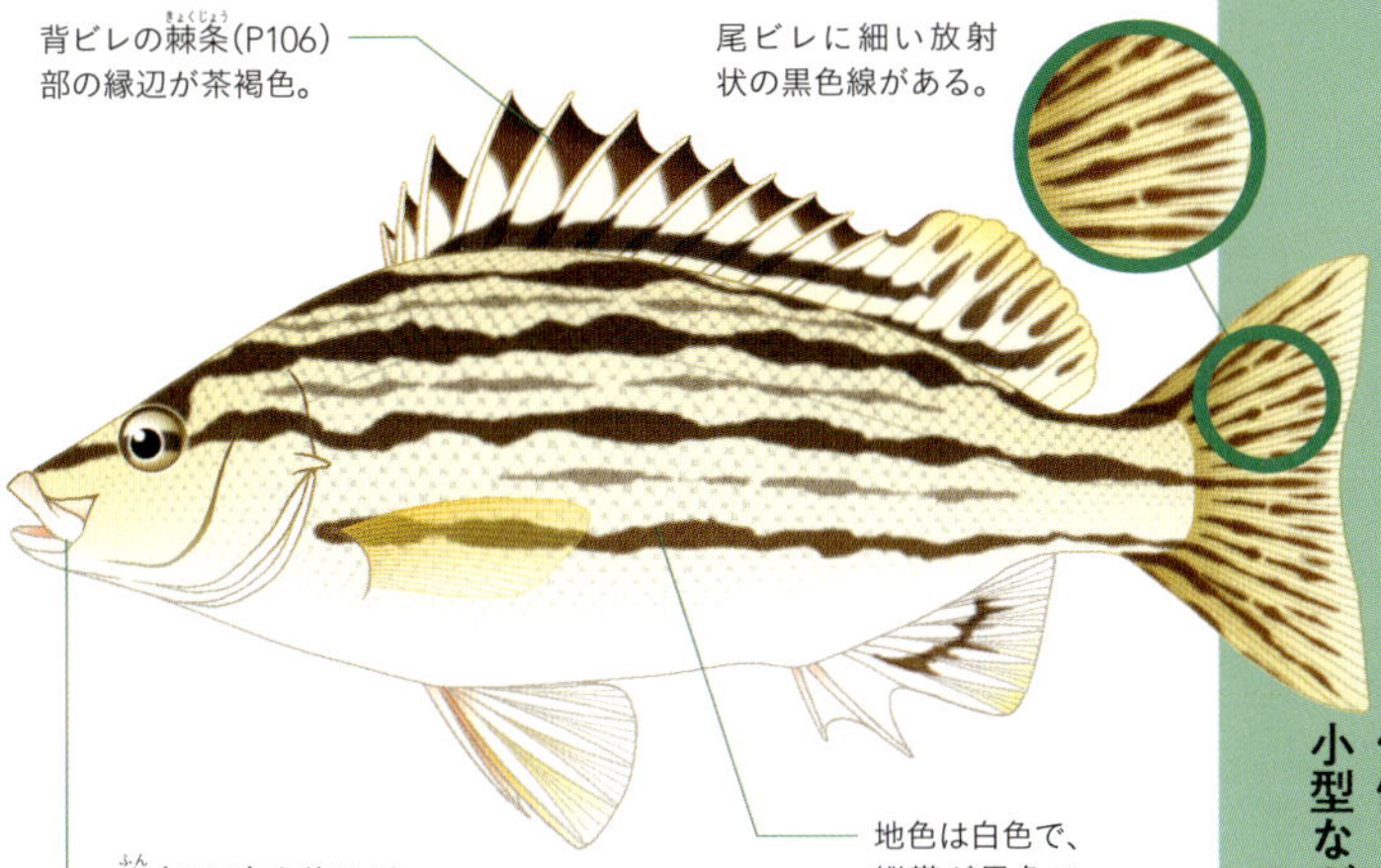
背ビレの棘条《きょくじょう》(P106)部の縁辺が茶褐色。
尾ビレに細い放射状の黒色線がある。
吻《ふん》(P196)全体は長くとがっている。
地色は白色で、縦帯が黒色で4～7本入る。

チョイ投げ仕掛けで広範囲を狙ってみたい

堤防での注目度は低いものの、アタリは大きく明確で、引きもなかなかの手応えなので、初心者なら専門に狙ってみるのもおもしろい。群れさえいれば、港内でも手軽に釣ることができる。水深のある釣り場ならウキフカセ釣りやミャク釣りで狙えるが、**チョイ投げのスタイルなら広範囲を探れる。**付けエサはアオイソメのほか、人工エサでも食いがいい。

DATA

分類	スズキ目、シマイサキ科、シマイサキ属
分布	関東～九州各地
生態	内湾や河口域などの浅海に生息し、主に多毛類や甲殻類、小魚などを捕食している。
サイズ	20～30㎝

調理法

刺身	焼く	煮る
蒸す	天ぷら	フライ・唐揚げ
寿司	汁物・鍋物	干物

チョイ投げ

▶難易度 ★☆☆

主な他の対象魚
シロギス(P38)、イシモチ(P78)

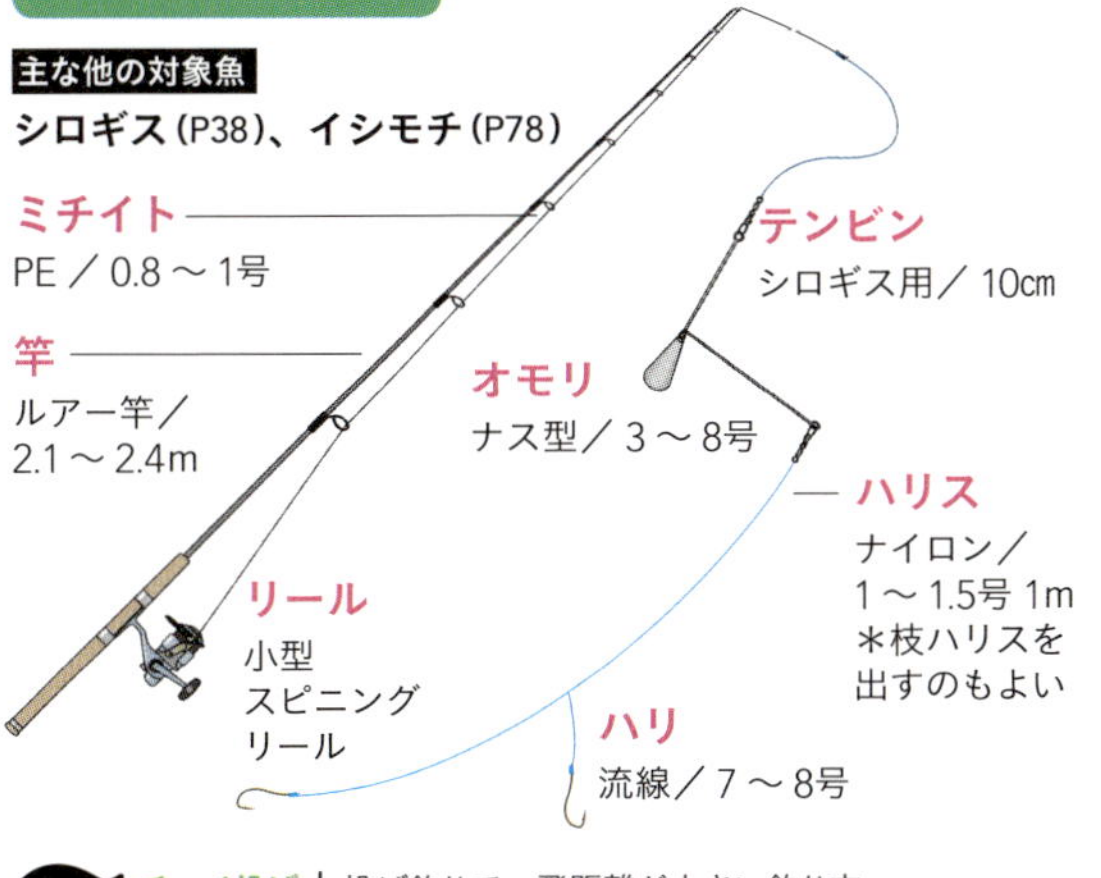
ミチイト
PE／0.8～1号
竿
ルアー竿／
2.1～2.4m
リール
小型
スピニング
リール
テンビン
シロギス用／10㎝
オモリ
ナス型／3～8号
ハリス
ナイロン／
1～1.5号 1m
＊枝ハリスを
出すのもよい
ハリ
流線／7～8号

チョイ投げ | 投げ釣りで、飛距離が小さい釣り方。

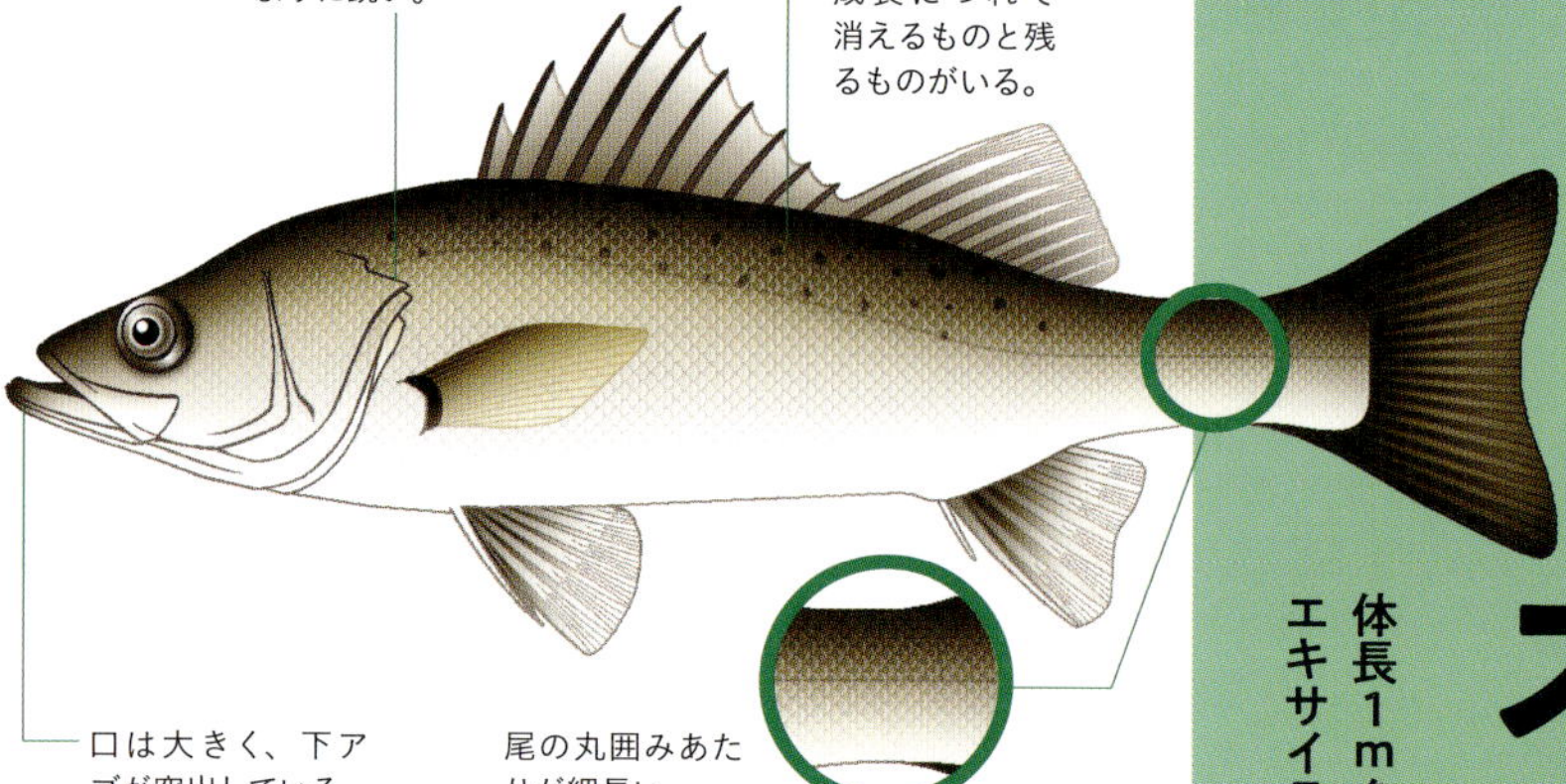
エラ蓋の骨の後《こう》縁《えん》はカミソリのように鋭い。
体側には小さい黒点があり、成長につれて消えるものと残るものがいる。
口は大きく、下アゴが突出している。
尾の丸囲みあたりが細長い。

Suzuki 15

釣り時期

10月～1月
4月～6月
2月～3月
7月～9月

スズキ【鱸】

体長1mを超える堤防釣りでの好ファイター
エキサイティングなエラ洗いも魅力的

ウキ / **投げ** / サビキ / カゴ / **ウキフカセ** / **ルアー** / **その他**

投げ釣りや泳がせ釣り、ルアーフィッシングなど釣り方は多岐にわたる

日本では数多いスズキ目の魚を代表するスズキは、比較的スマートな体型で、よく発達したヒレと大きな口が特徴的。それぞれのヒレには鋭いトゲがあり、エラの後縁《こうえん》もカミソリのように鋭くなっているため、釣り上げたときは触れないようにしよう。

獰猛《どうもう》なフィッシュイーター（P53）として知られ、イワシや稚《ち》アユ、コノシロ、ボラなどを吸い込むように捕食する。通常は内湾の中層を回遊しているが、春～秋にかけてはエサとなる小魚などを追って汽《き》水域《すいいき》（P29）や河川の中流～上流まで遡上《そじょう》する個体もいる。

釣り方は多岐にわたるが、海底の甲《こう》殻類《かくるい》や貝類、多毛類《たもうるい》（P76）を捕食しているスズキに対しては、イソメなどをエサにした投げ釣りが効果的だ。一方、小魚を捕食しているスズキに対しては、活きたアジやイワシなどをエサにする泳がせ釣りやルアーフィッシングが威力を発揮する。

上品な白身の魚なので、刺身や焼き物、蒸し物でいただく。

DATA

分類	スズキ目、スズキ科、スズキ属
分布	北海道南部以南の各地
生態	内湾性の中層魚。食欲旺盛で、小魚や甲殻類、ゴカイ類、貝類などを好んで捕食する。
サイズ	40～100㎝

調理法

刺身	焼く	煮る
蒸す	天ぷら	フライ・唐揚げ
寿司	汁物・鍋物	干物

投げ釣り

難易度 ★★☆

主な他の対象魚

カレイ（P24）、**イシモチ**（P78）

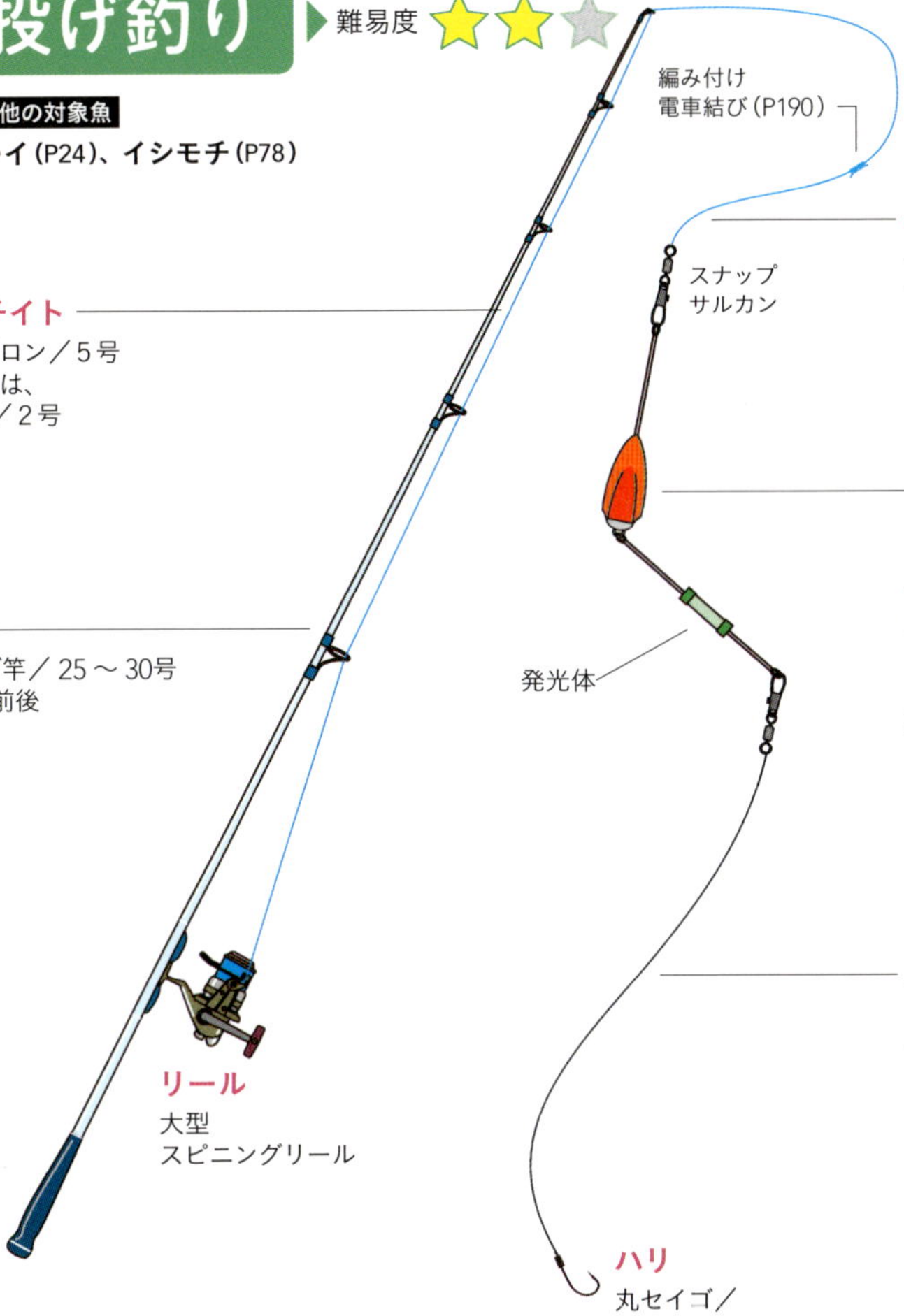
編み付け
電車結び（P190）
チカライト
テーパータイプ
12～15m
＊ミチイトと同素材のものを使用する
スナップ
サルカン
ミチイト
ナイロン／5号
または、
PE／2号
オモリ
L型テンビンオモリ
または、
ジェットテンビン／
20～27号
竿
投げ竿／25～30号
4m前後
発光体
ハリス
フロロカーボン／
4～6号 1m前後
リール
大型
スピニングリール
ハリ
丸セイゴ／
15～18号

人気の高い投げ釣り シンプルな1本バリで勝負！

海底のエサを捕食しているスズキに対しては、投げ釣りで狙うのが確実。夜釣りが有利になるので、仕掛けはテンビンオモリ（P27）に1本バリの組み合わせという、シンプルなものにするとトラブルが減少。また、テンビン（P36）やハリスに発光体を付ければ仕掛けの位置がわかる。付けエサは、アオイソメをたっぷりと房掛《ふさが》けにしてアピール度を高めよう。

▶次ページに続く

CLOSE UP ITEM

ケミホタル
レギュラー
37

発光体

ポキン！と折り曲げることで蛍光色に発光する夜釣りの必需品。仕掛けの位置が確認しやすくなるほか、集魚《しゅうぎょ》（P104）効果も期待できる。

房掛《ふさが》け｜ひとつのハリに、何匹ものエサを装餌《そうじ》すること。

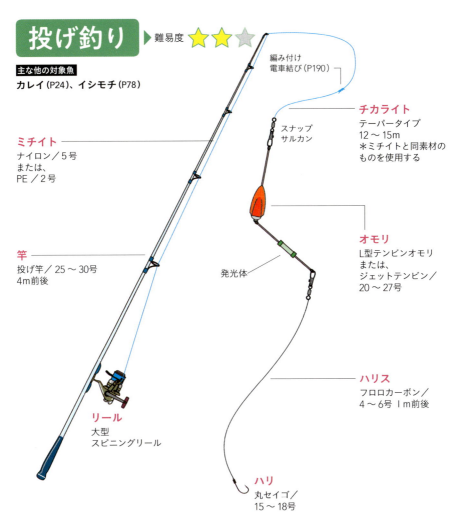

泳がせ釣り

難易度 ★★☆

主な他の対象魚

ヒラメ（P86）、マゴチ（P90）

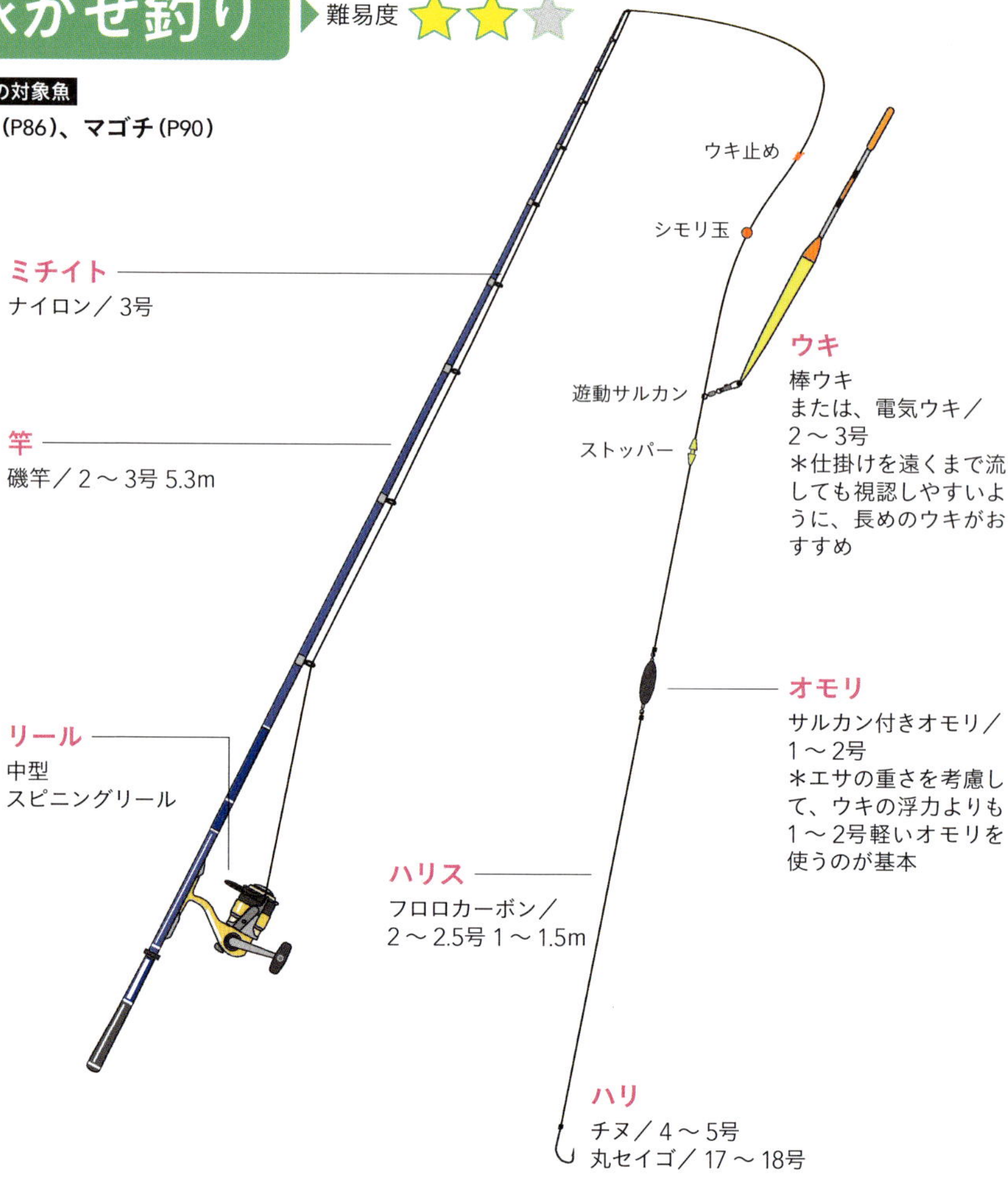
ミチイト
ナイロン／3号
竿
磯竿／2～3号 5.3m
リール
中型
スピニングリール
ウキ止め
シモリ玉
ウキ
棒ウキ
または、電気ウキ／
2～3号
＊仕掛けを遠くまで流しても視認しやすいように、長めのウキがおすすめ
遊動サルカン
ストッパー
オモリ
サルカン付きオモリ／
1～2号
＊エサの重さを考慮して、ウキの浮力よりも1～2号軽いオモリを使うのが基本
ハリス
フロロカーボン／
2～2.5号 1～1.5m
ハリ
チヌ／4～5号
丸セイゴ／17～18号

活きたアジやイワシをエサに大型のスズキを狙い撃つ！

活きているアジやイワシなどの小魚をハリ掛けし、それを沖のポイントに投入してスズキに食わせるのが、泳がせ釣り。非常にスリリングで、意外とヒット率が高い。夜釣りの場合、ウキは電気ウキ（P51）をセットする。エサのアジやイワシはサビキ釣りなどで確保するのが基本だが、地域によっては釣具店でも入手可能だ。エサはブクバケツに入れておこう。

CLOSE UP ITEM

活きエサ

アジやイワシなどの活きエサは、ブクバケツで活かしておく。装《そう》餌《じ》（P26）方法は、魚の口や鼻、背中などにハリ掛けするのが基本。

ブクバケツ｜海水にエアポンプで酸素を供給できるようにしたバケツ。活きエサを使うときの必需品だ。

ルアー

難易度 ★★☆

主な他の対象魚

ヒラスズキ（P67）、**サバ**（P139）、**イナダ**（P156）

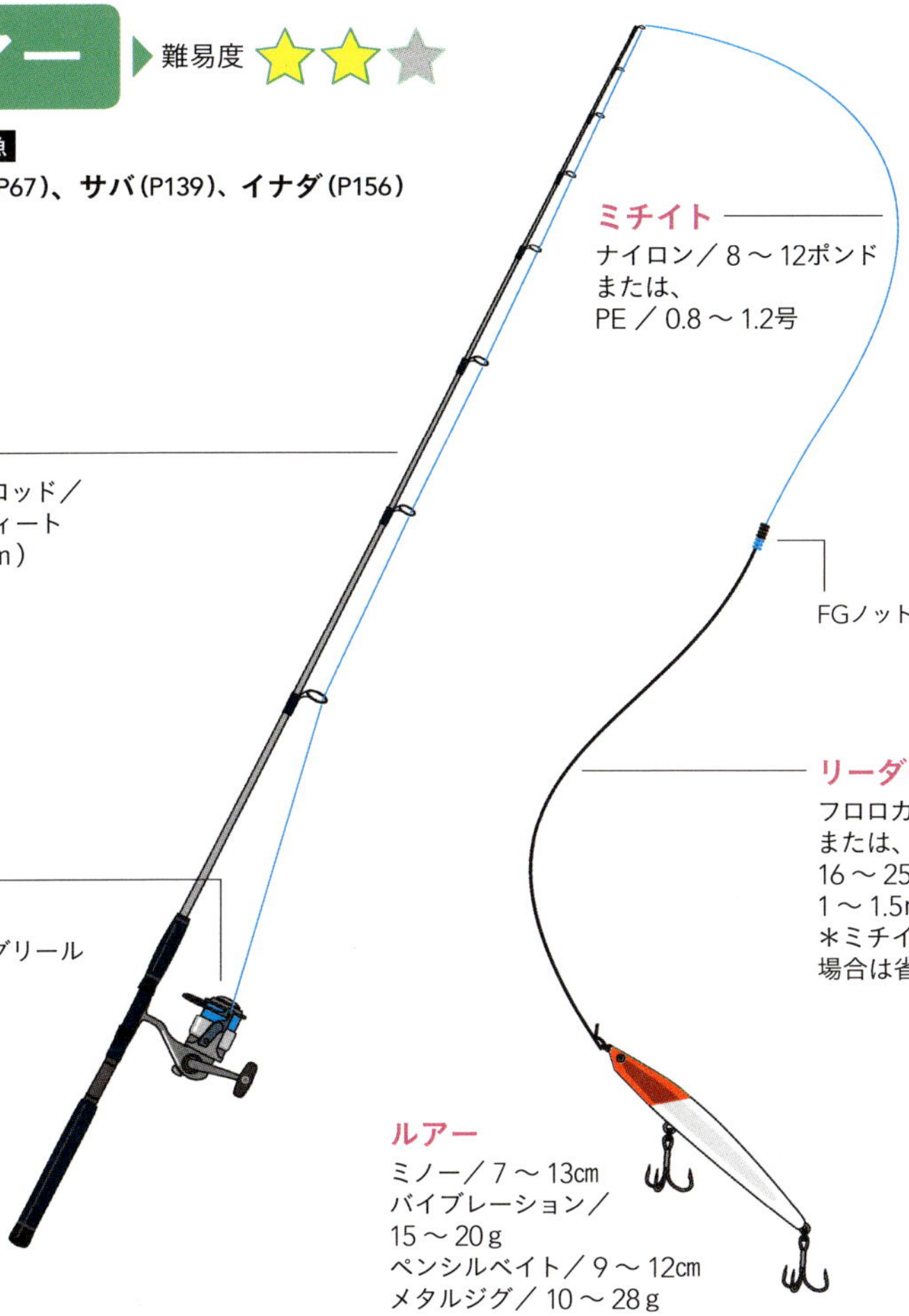
ミチイト
ナイロン／8～12ポンド
または、
PE／0.8～1.2号
竿
シーバスロッド／
7～10フィート
（2.1～3m）
FGノット（P191）など
リーダー
フロロカーボン
または、ナイロン／
16～25ポンド
1～1.5m
＊ミチイトがナイロンの
場合は省略してもよい
リール
小～中型
スピニングリール
ルアー
ミノー／7～13㎝
バイブレーション／
15～20g
ペンシルベイト／9～12㎝
メタルジグ／10～28g

ルアーフィッシングはヒットルアーを探るのが醍醐味

「シーバス」の名でも知られるスズキは、海のルアーフィッシングにおける最高のターゲットだ。使用するタックルについても、シーバス専門のものがたくさん売られている。ルアーもシーバス用が無数にあるので、その日の潮の状況などによってルアーを交換しつつ、ヒットルアーを探っていくのも、この釣りの楽しみ方だ。

CLOSE UP ITEM

ミノー

魚の形状や動きを模したもっとも基本となるルアー。水に浮くフローティングと沈むシンキングの2つのタイプがある。

タックル ｜ ルアー用語で「釣りの道具」のこと。主に、竿（ロッド）やリールなどをさすことが多い。

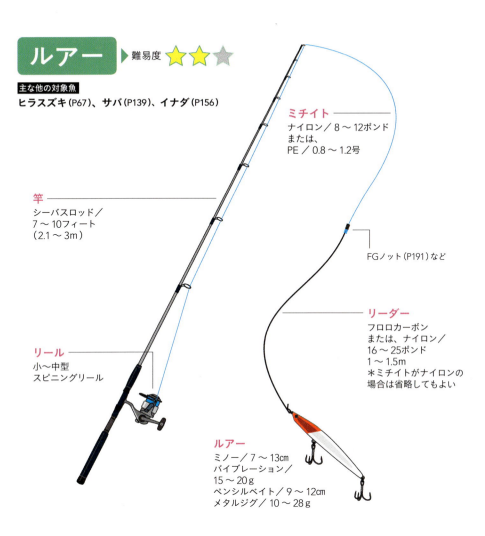

Nizadai **16**

釣り時期
11月～1月
2月～10月

ニザダイ【仁座鯛】

「サンノジ」の別称でも知られる好ファイター
尾柄部のカミソリのような突起には要注意

- ウキ
- 投げ
- サビキ
- **カゴ**
- **ウキフカセ**
- ルアー
- その他

DATA

分類　スズキ目、ニザダイ科、ニザダイ属
分布　宮城県以南の日本各地
生態　沿岸の岩礁域に生息。主に海藻類を食べるが、甲殻類や多毛類なども捕食する雑食性。
サイズ　20～60㎝

調理法

刺身	焼く	煮る
蒸す	天ぷら	フライ・唐揚げ
寿司	マリネ	干物

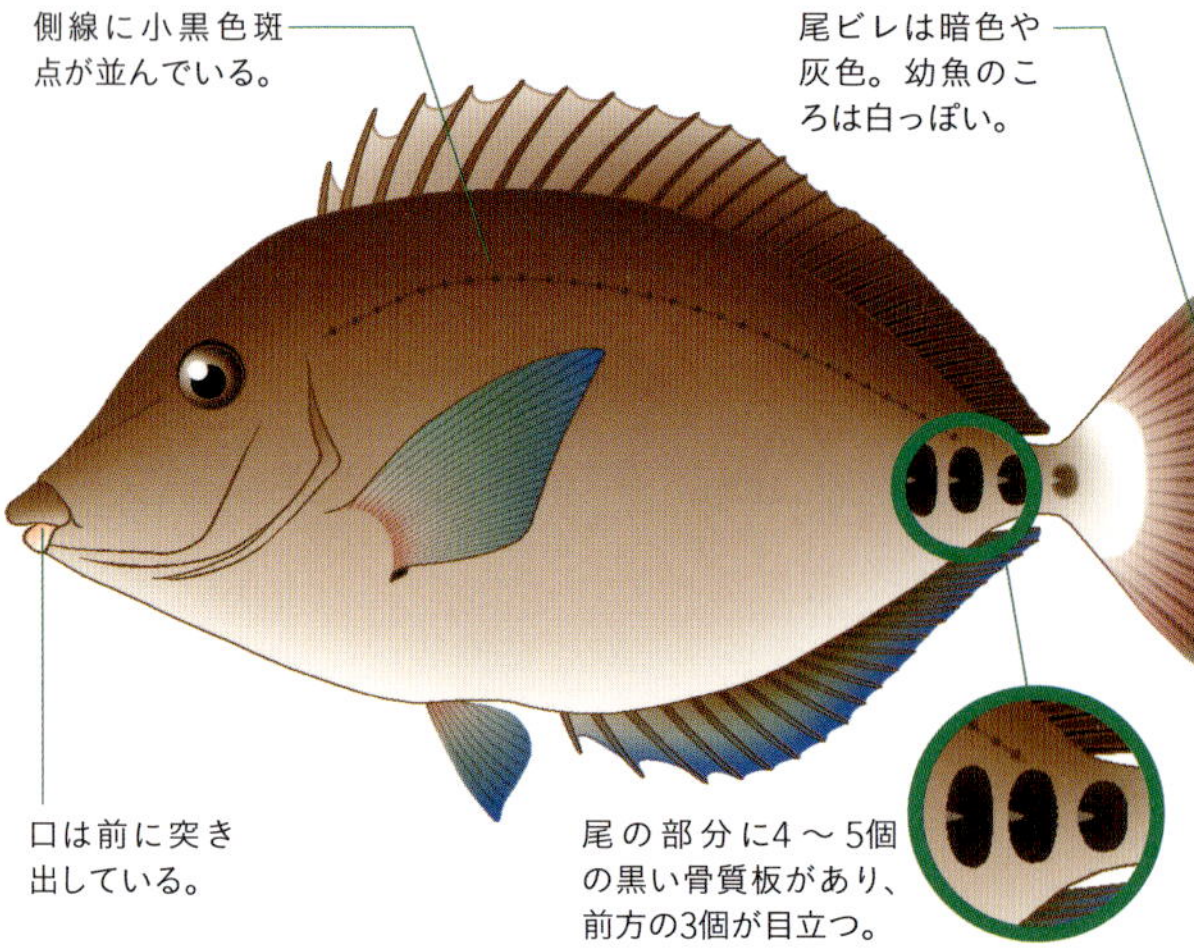

側線に小黒色斑点が並んでいる。
尾ビレは暗色や灰色。幼魚のころは白っぽい。
口は前に突き出している。
尾の部分に4～5個の黒い骨質板があり、前方の3個が目立つ。

メジナ釣り用の仕掛けをさらに強靭にして狙う

メジナ（P46）釣りのゲストとしてよくハリ掛かりするニザダイ。新鮮なものなら刺身やムニエルなどがおいしい。

引きが強烈な魚なので、仕掛けは大型のメジナ釣り用に準じるのが正解。付けエサはオキアミのほか、ヒジキやスイカエサにも食ってくる。なお、尾ビレ前方にある暗褐色の突起部はとても鋭いので、うかつに触れないようにしたい。

ウキ釣り

難易度 ★★☆

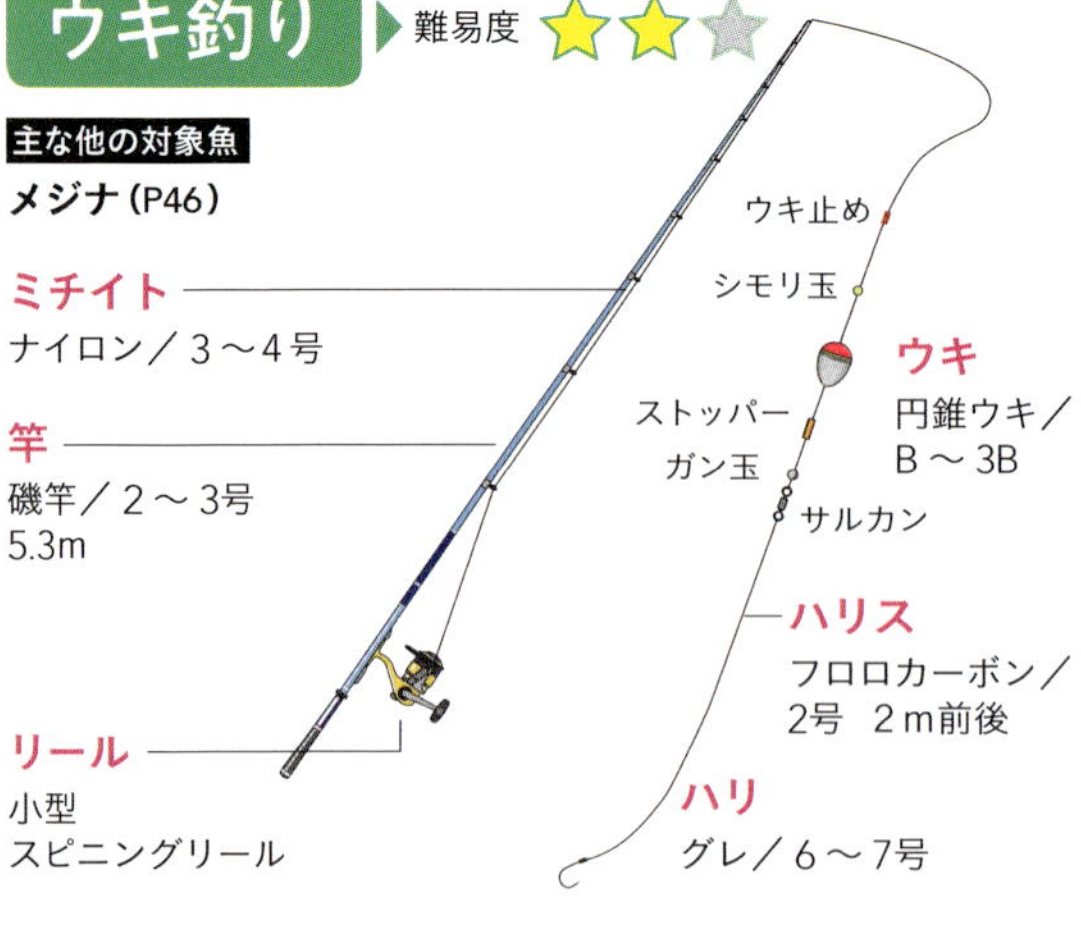

主な他の対象魚
メジナ（P46）
ミチイト
ナイロン／3～4号
竿
磯竿／2～3号
5.3m
リール
小型
スピニングリール
ウキ止め
シモリ玉
ウキ
円錐ウキ／
B～3B
ストッパー
ガン玉
サルカン
ハリス
フロロカーボン／
2号　2m前後
ハリ
グレ／6～7号

Hirasuzuki 1

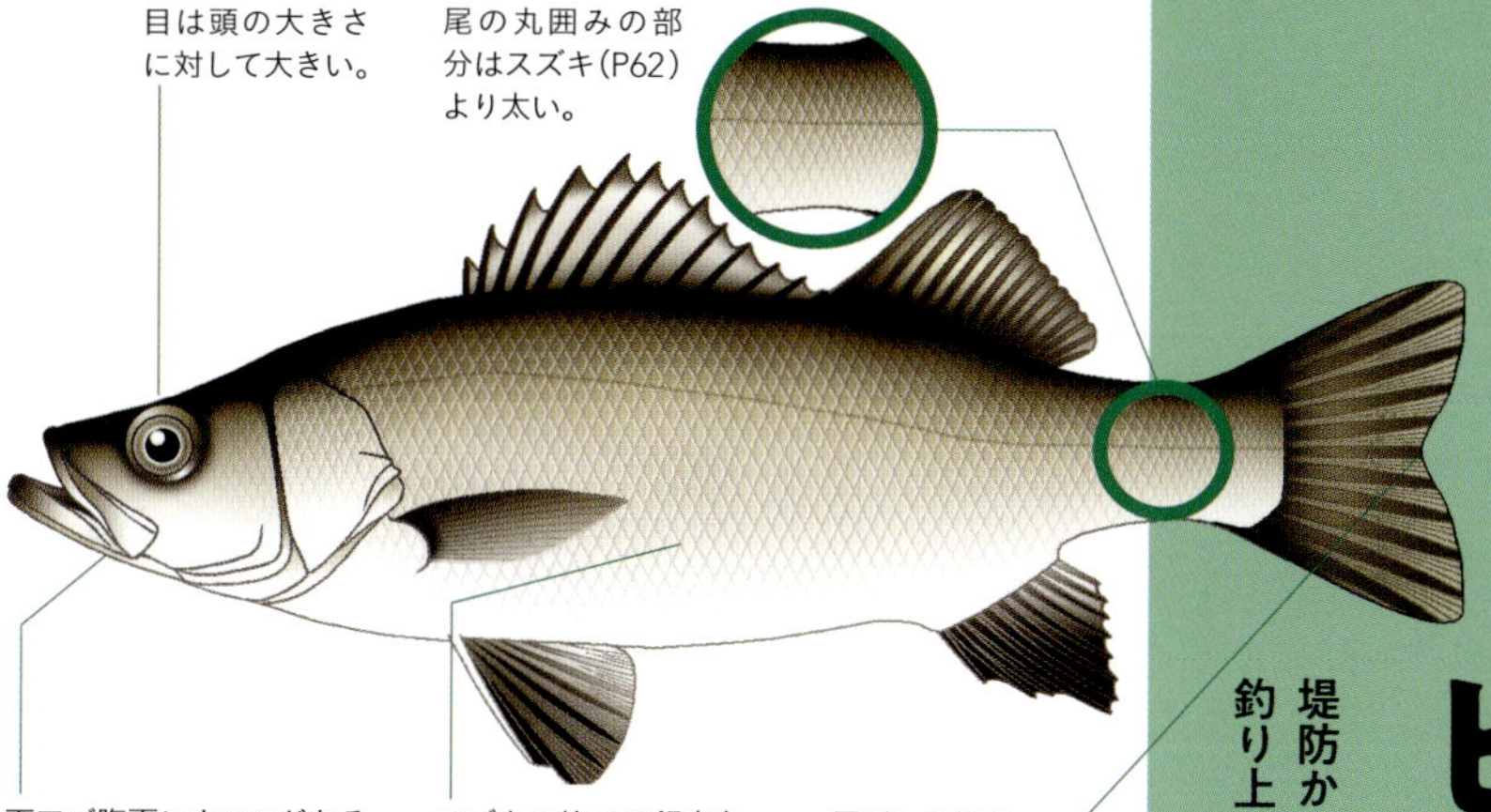
目は頭の大きさに対して大きい。
尾の丸囲みの部分はスズキ（P62）より太い。
下アゴ腹面にウロコがある。（※イラストでは見えない）
スズキに比べて銀白色の輝きがやや強い。
尾ビレは切れ込みが浅い。

釣り時期

3月～6月
11月～12月
7月～10月
1月～2月

ウキ
投げ
サビキ
カゴ
ウキフカ
ルアー
その他

ヒラスズキ【平鱸】

堤防から狙うのは難しいターゲットだが、釣り上げたときの感激は最高！

強めのタックルとラインで強烈なファイトをかわす

スズキ（P62）によく似たヒラスズキは、強烈なファイトとその希少性で、海のルアーアングラーたちにとって憧れの的だ。

通常、ヒラスズキは荒れた磯などで狙うことが多いが、潮通し（P35）がよく、エサとなる小魚が多ければ堤防からでも狙える。

ただし、海が荒れ気味のときは、安全装備を完ぺきに整え、状況次第では竿を出さないこと。

DATA

分類	スズキ目、スズキ科、スズキ属
分布	房総半島～九州
生態	やや暖かい海域の岩礁エリアを好む。肉食性で小魚や甲殻類、イカ類などを捕食する。
サイズ	40～80㎝

調理法

刺身	焼く	煮る
蒸す	天ぷら	フライ・唐揚げ
寿司	汁物・鍋物	干物

ルアー

難易度 ★★★

主な他の対象魚
スズキ（P62）

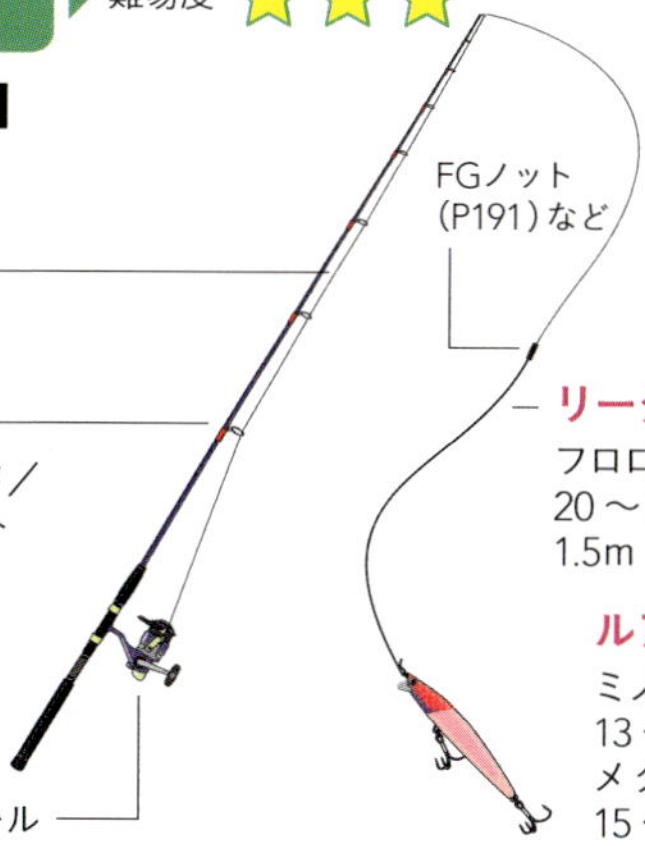
FGノット（P191）など
ミチイト
PE／1.5号
竿
シーバスロッド／9～11フィート
リーダー
フロロカーボン／20～30ポンド 1.5m
ルアー
ミノー／13～15㎝
メタルジグ／15～28g
リール
中型
スピニングリール

Hedai 18

釣り時期

4月～6月
7月～3月

ヘダイ【平鯛】

クロダイによく似た引きの強さが魅力
東海～西日本エリアの堤防で狙える

ウキ
投げ
サビキ
カゴ
ウキフカセ
ルアー
その他

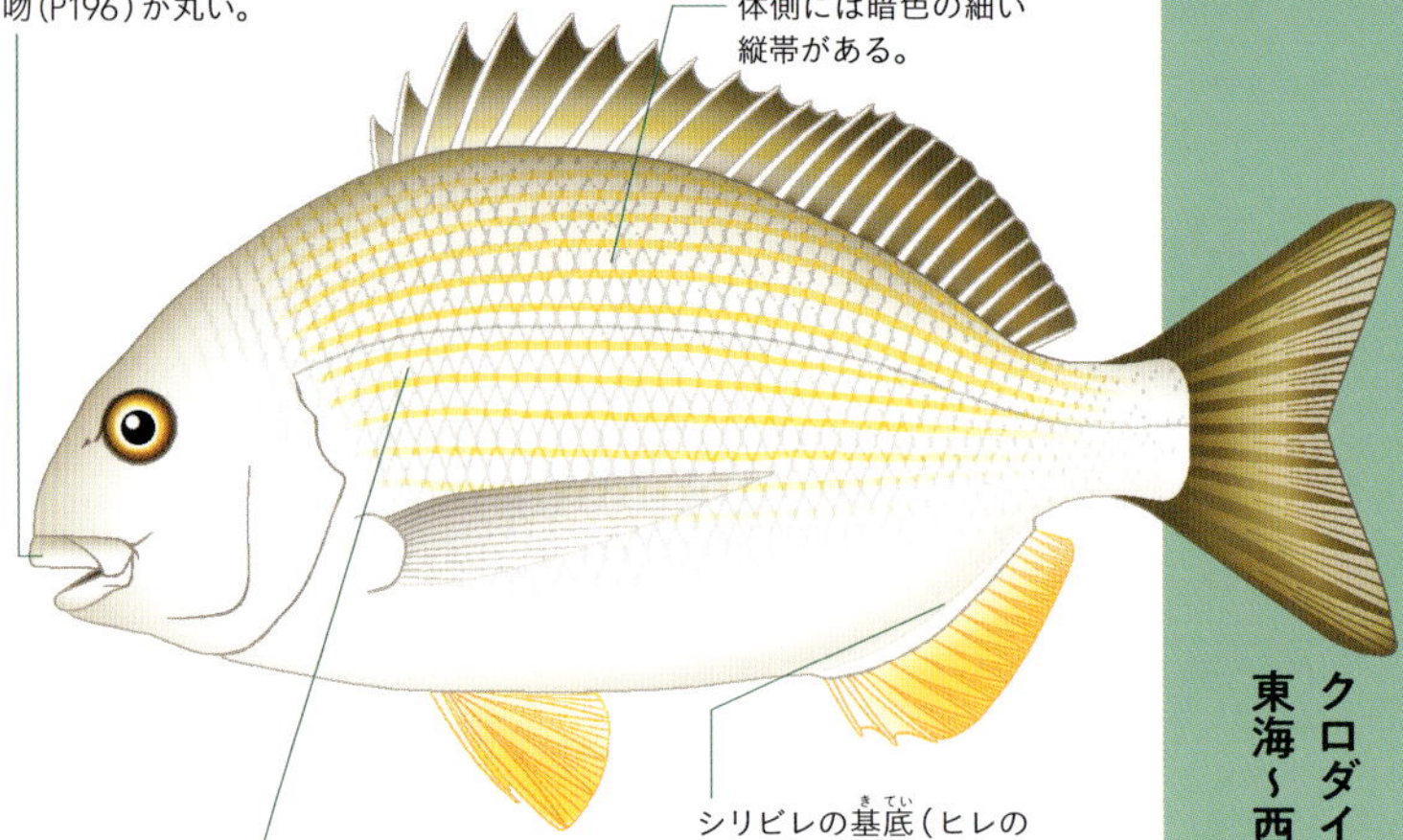

吻《ふん》（P196）が丸い。
体側には暗色の細い縦帯がある。
体高が高い。
シリビレの基底《きてい》（ヒレのもとの部分）が長い。

クロダイ釣りと同様のウキフカセ釣りでOK！

姿形がクロダイ（P28）と酷似し、生態も似ていることから、クロダイ同様の方法で釣れる。一般的なのはウキフカセ釣りで、配合エサのコマセ（P13）を効かせながら、オキアミエサで狙っていく。

投げ釣りの場合は1本バリ仕様とし、エサはユムシやイワイソメなどを使用する。ほか、瀬戸内海ではイカダやボートを利用したカカリ釣り（P31）も行われている。

ウキフカセ　難易度 ★★☆

主な他の対象魚

クロダイ（P28）、メジナ（P46）

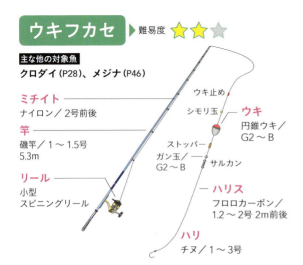

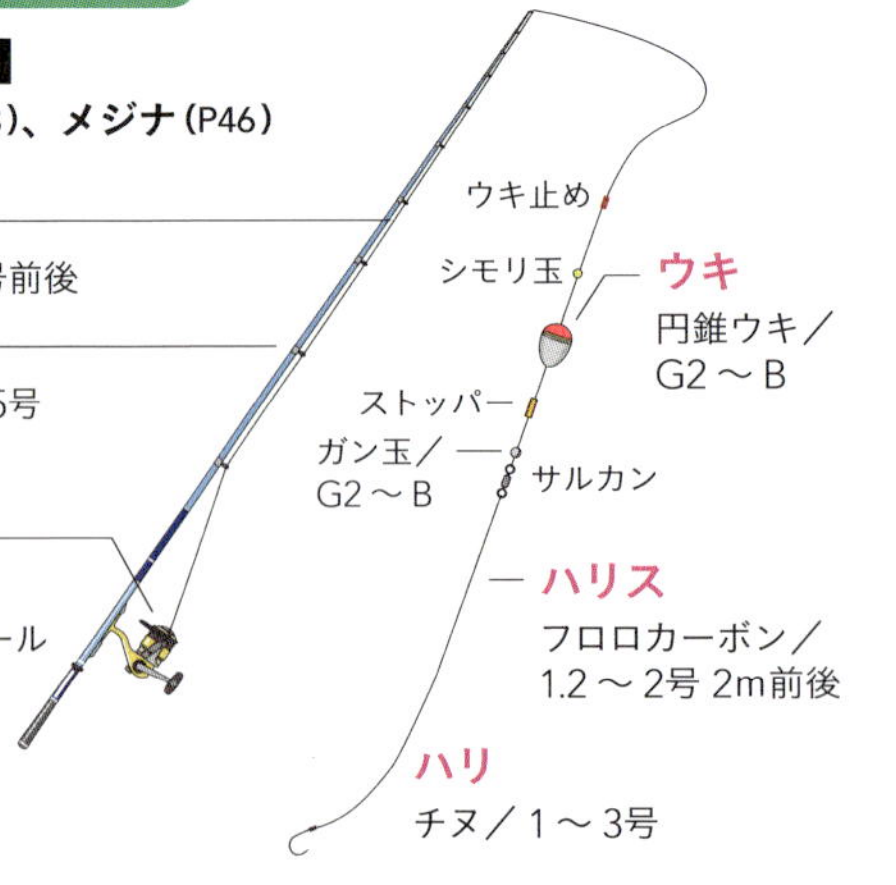

ミチイト
ナイロン／2号前後
竿
磯竿／1～1.5号
5.3m
リール
小型
スピニングリール
ウキ止め
シモリ玉
ウキ
円錐ウキ／
G2～B
ストッパー
ガン玉／
G2～B
サルカン
ハリス
フロロカーボン／
1.2～2号 2m前後
ハリ
チヌ／1～3号

DATA

分　類	スズキ目、タイ科、ヘダイ属
分　布	房総半島～九州
生　態	水深の浅い岩礁帯に生息し、クロダイよりやや沖合を好む。甲殻類や多毛類などを捕食。
サイズ	20～50㎝

調理法

刺身	焼く	煮る
蒸す	天ぷら	フライ・唐揚げ
寿司	汁物・鍋物	干物

Hokke 19

ホッケ【𩸽】

北海道や東北エリアのご当地ターゲット
釣りたての新鮮なものは非常に美味！

ウキ
投げ
サビキ
カゴ
ウキフカ
ルアー
その他

釣り時期

4月～5月
9月～12月
6月
1月～3月

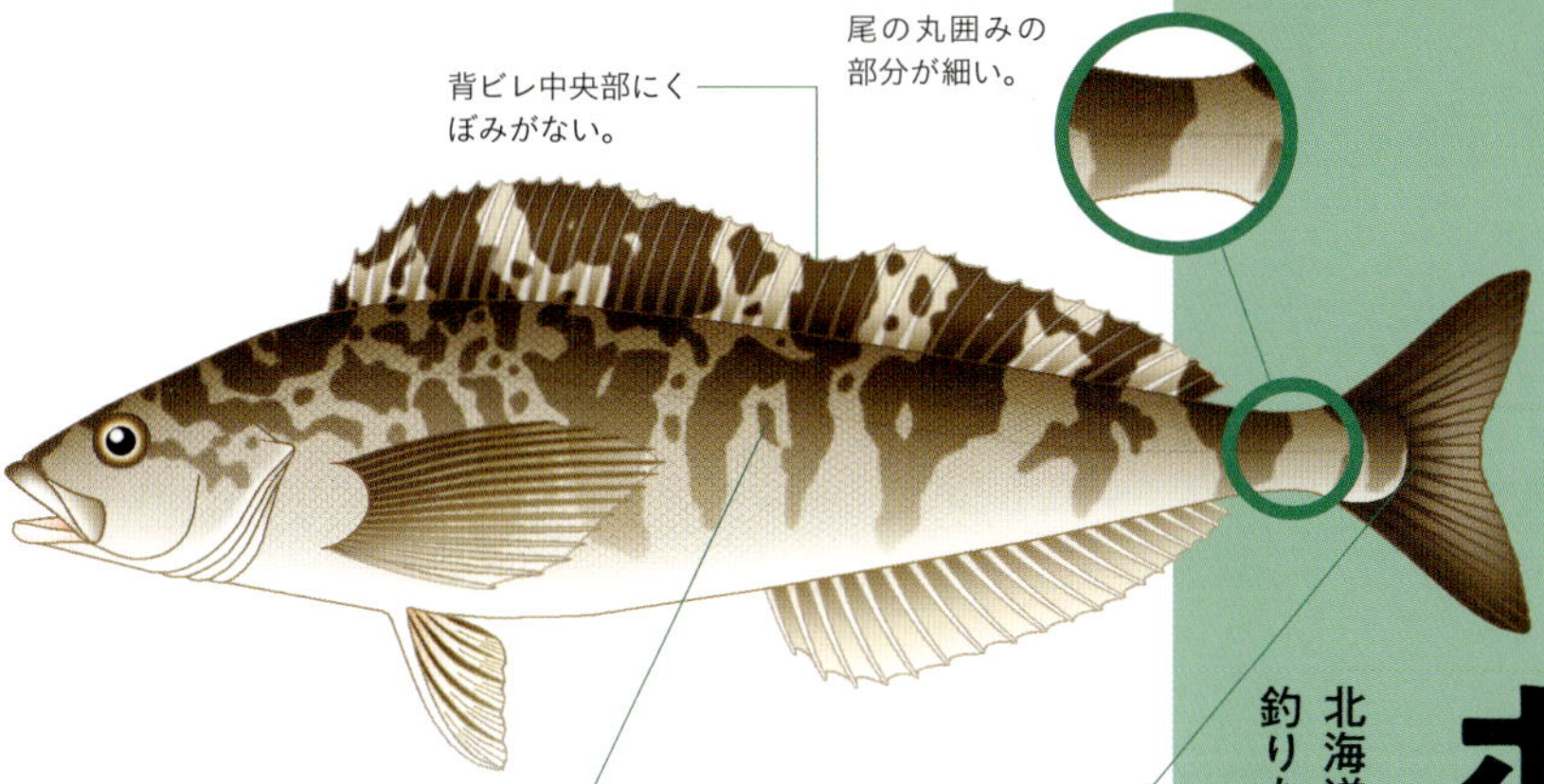
尾の丸囲みの
部分が細い。
背ビレ中央部にく
ぼみがない。
体側に不明瞭な横帯
に近い斑紋《はんもん》がある。
尾ビレは2叉する。

ウキフカセ釣りや投げ釣り、ルアーでも狙える！

北海道や東北の堤防で狙うことができるホッケ。釣りの好シーズンは春と秋で、浅場狙いではウキフカセ釣りやサビキ釣り、深場を狙うときには投げ釣りやルアーフィッシングが有利だ。

投げ釣りの場合、沖の根に生息する50㎝超の大型を狙えるのが魅力。仕掛けは胴付《どうづ》き（Ｐ22）として、付けエサはサンマやマグロの切り身、イソメの塩漬けなど。

投げ釣り

▶難易度 ★★☆

主な他の対象魚

アイナメ（P96）、**カジカ**（P104）

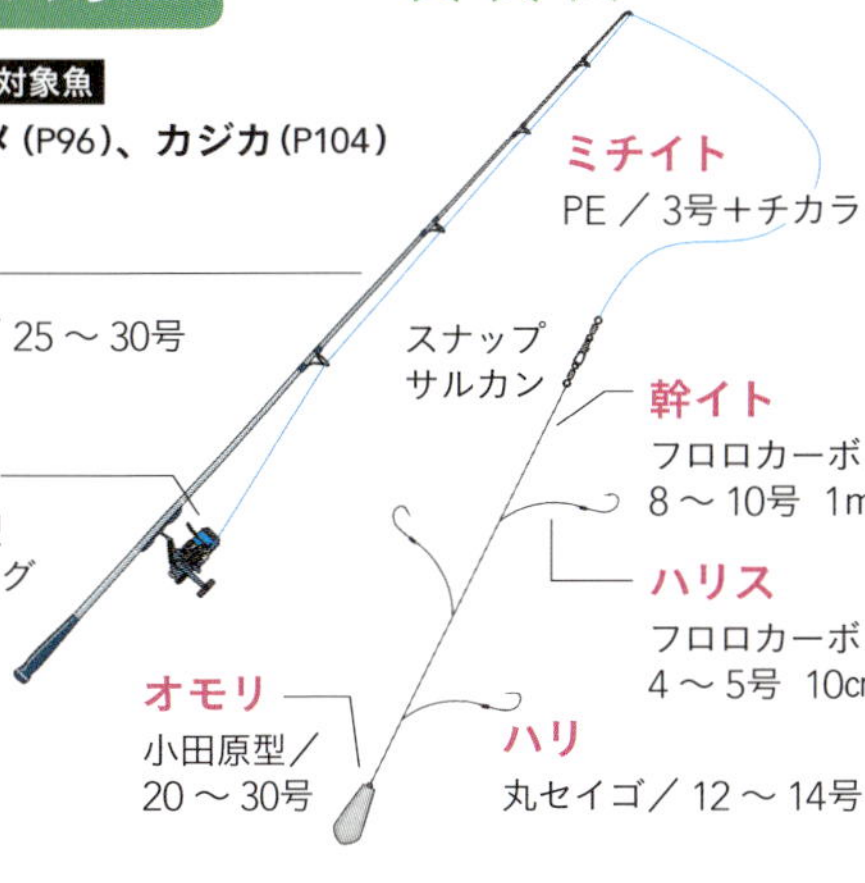
ミチイト
PE／3号＋チカライト
竿
投げ竿／25～30号
4m前後
スナップ
サルカン
幹イト
フロロカーボン／
8～10号 1m
リール
中～大型
スピニング
リール
ハリス
フロロカーボン／
4～5号 10㎝
オモリ
小田原型／
20～30号
ハリ
丸セイゴ／12～14号

DATA

分　類　スズキ目、アイナメ科、ホッケ属
分　布　北海道～東北
生　態　水深100mほどの岩礁帯に生息し、秋～冬の産卵期に接岸する。主に甲殻類を捕食。
サイズ　20～50㎝

調理法

刺身	焼く	煮る
蒸す	天ぷら	フライ・唐揚げ
寿司	汁物・鍋物	干物

Bora 20

釣り時期
9月～4月
5月～8月

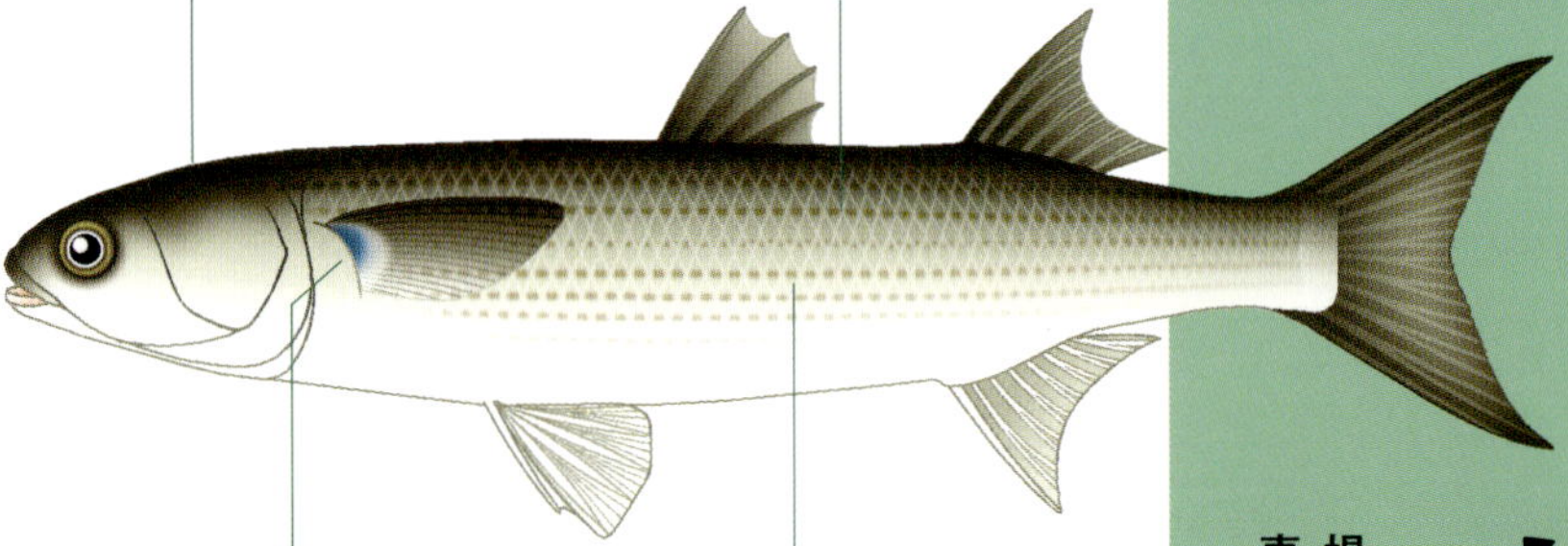

頭部は平たく背中へ続いている。
体に数本の暗色縦線がある。
胸ビレの基底（ヒレのもとの部分）上半分に青色斑がある。
ウロコは大きくて硬い。

ボラ【鯔】

堤防釣りでは本命にされにくい魚だが、専門に狙ってみると釣趣、食味ともに抜群！

- ウキ
- 投げ
- サビキ
- カゴ
- ウキフカセ
- ルアー
- その他

基本のウキフカセ釣りのほか、全国各地にボラ専門のご当地釣法が存在する

全国各地に生息しているボラは、やや寸胴の細長い体型をしており、鼻先から頭頂部が平べったいのが特徴。出世魚で、関東エリアでは「オボコ→スバシリ→イナ→ボラ→トド」などと呼ばれる。

ボラは沿岸域を大きな群れで回遊しているため、堤防でもよく見かける。体長は70㎝以上にも達し、クロダイ（P28）釣りのゲストとしてハリ掛かりしてくると、竿が折れんばかりの強い引き込みを見せる。しかし、大きな体のわりには口は小さく、専門に狙ってみるとなかなかハリ掛かりさせるのは難しい。

手軽に狙うならクロダイ同様のウキフカセ釣りがおすすめだが、カットウ釣りや風船釣りといった地域独自の釣法が全国に存在する。さらに、ルアーやフライで狙う人も増えつつある。

ボラは身が臭いという悪評が定着しているが、きれいな海域で釣れたものならクセのない味を楽しめる。刺身や、ムニエル、竜田揚げなどが美味。

DATA

分類	ボラ目、ボラ科、ボラ属
分布	北海道南部以南の各地
生態	沿岸の浅場や汽水域に生息。雑食性で、とくに泥中の有機物や付着藻類などを好む。産卵期は10～1月ごろ。
サイズ	30～70㎝

調理法

刺身	焼く	煮る
蒸す	天ぷら	フライ・唐揚げ
寿司	汁物・鍋物	干物

カットウ釣り

難易度 ★★☆

主な他の対象魚

なし

カラフルな擬餌バリでボラを誘き寄せる

カラフルなビニール片などで装飾した擬餌《ぎじ》バリ＝「カットウバリ」でボラを誘き寄せてハリ掛かりさせる方法。カットウバリは市販品もあるし、タコベイトなどで自作することもできる。竿は、頑丈なコイ竿やアユ用のコロガシ竿などを流用するとよい。誘いの強弱やストロークの違いで釣果に差がつく。

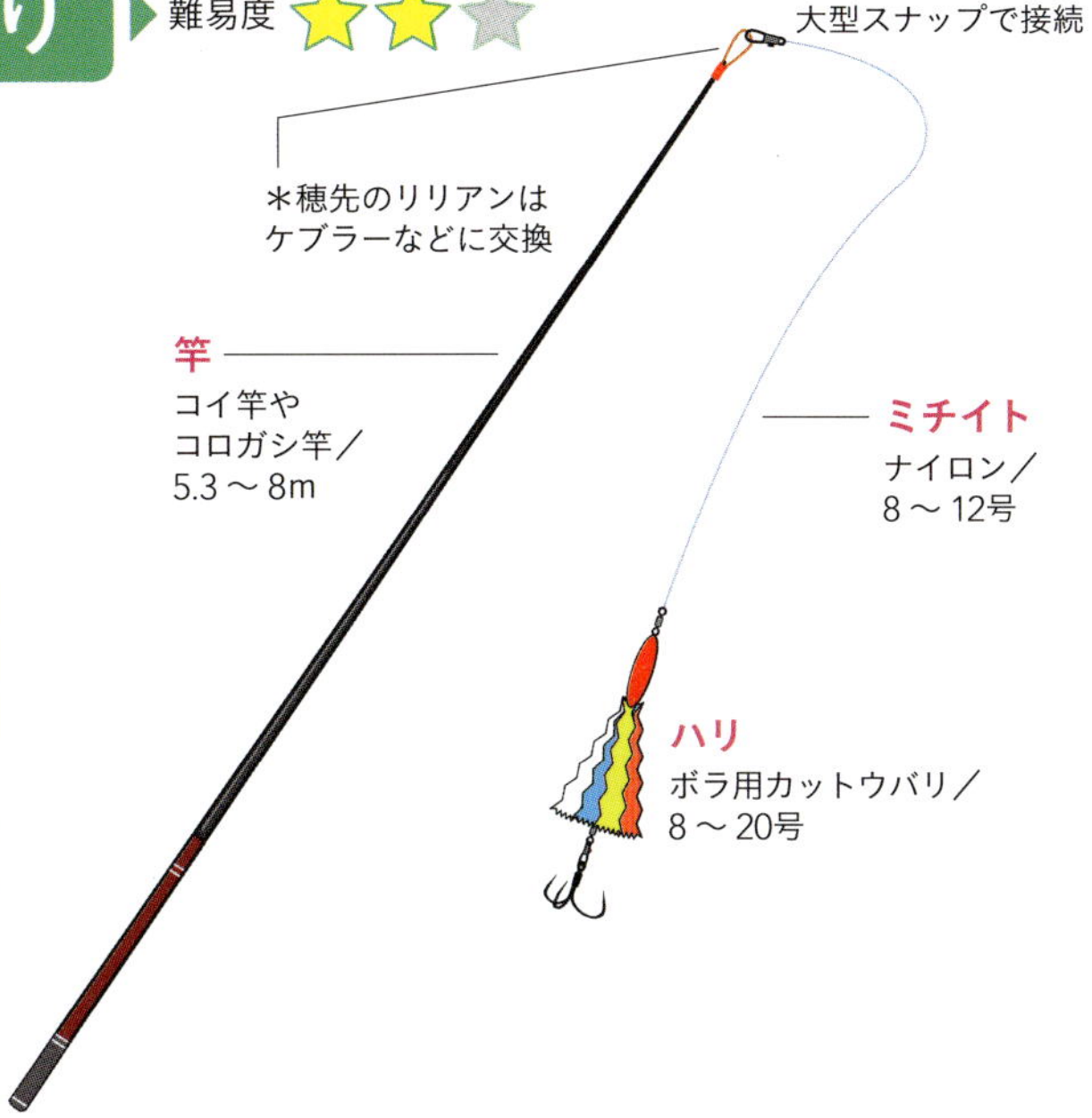
大型スナップで接続
＊穂先のリリアンは
ケブラーなどに交換
竿
コイ竿や
コロガシ竿／
5.3～8m
ミチイト
ナイロン／
8～12号
ハリ
ボラ用カットウバリ／
8～20号

風船釣り

難易度 ★★☆

主な他の対象魚

イシモチ（P78）

ハリスに付けたウキが風船のように漂う

風船釣りは遠州灘《えんしゅうなだ》で行われており、当地の釣具店で専用の仕掛けを買うことができる。ハリス部分に小さなウキを付けることで付けエサが風船のように漂い、ボラにアピールする仕組みだ。付けエサはミミズの房掛《ふさが》け（P63）が基本で、アオイソメを使う人も多い。

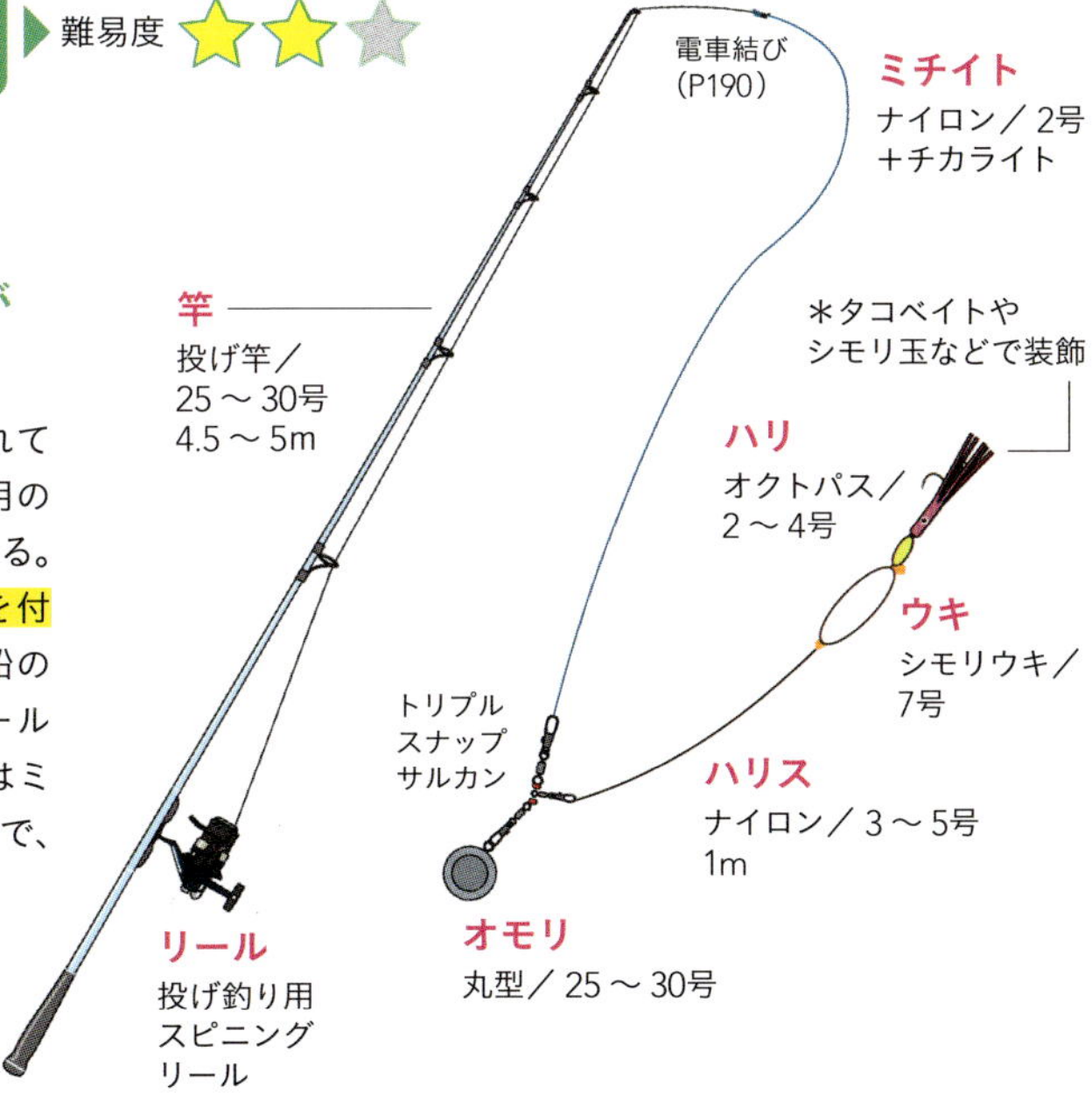
電車結び
（P190）
ミチイト
ナイロン／2号
＋チカライト
竿
投げ竿／
25～30号
4.5～5m
＊タコベイトや
シモリ玉などで装飾
ハリ
オクトパス／
2～4号
ウキ
シモリウキ／
7号
トリプル
スナップ
サルカン
ハリス
ナイロン／3～5号
1m
オモリ
丸型／25～30号
リール
投げ釣り用
スピニング
リール

タコベイト ｜ 末端にスリットが入った細長い円筒状の擬似エサ。

Madai 21

釣り時期

6月～7月
10月～11月
4月～5月
12月

マダイ【真鯛】

風格、美しさ、食味を兼ね備えた、誰もが一度は釣ってみたい憧れのターゲット

ウキ
投げ
サビキ
カゴ
ウキフカセ
ルアー
その他

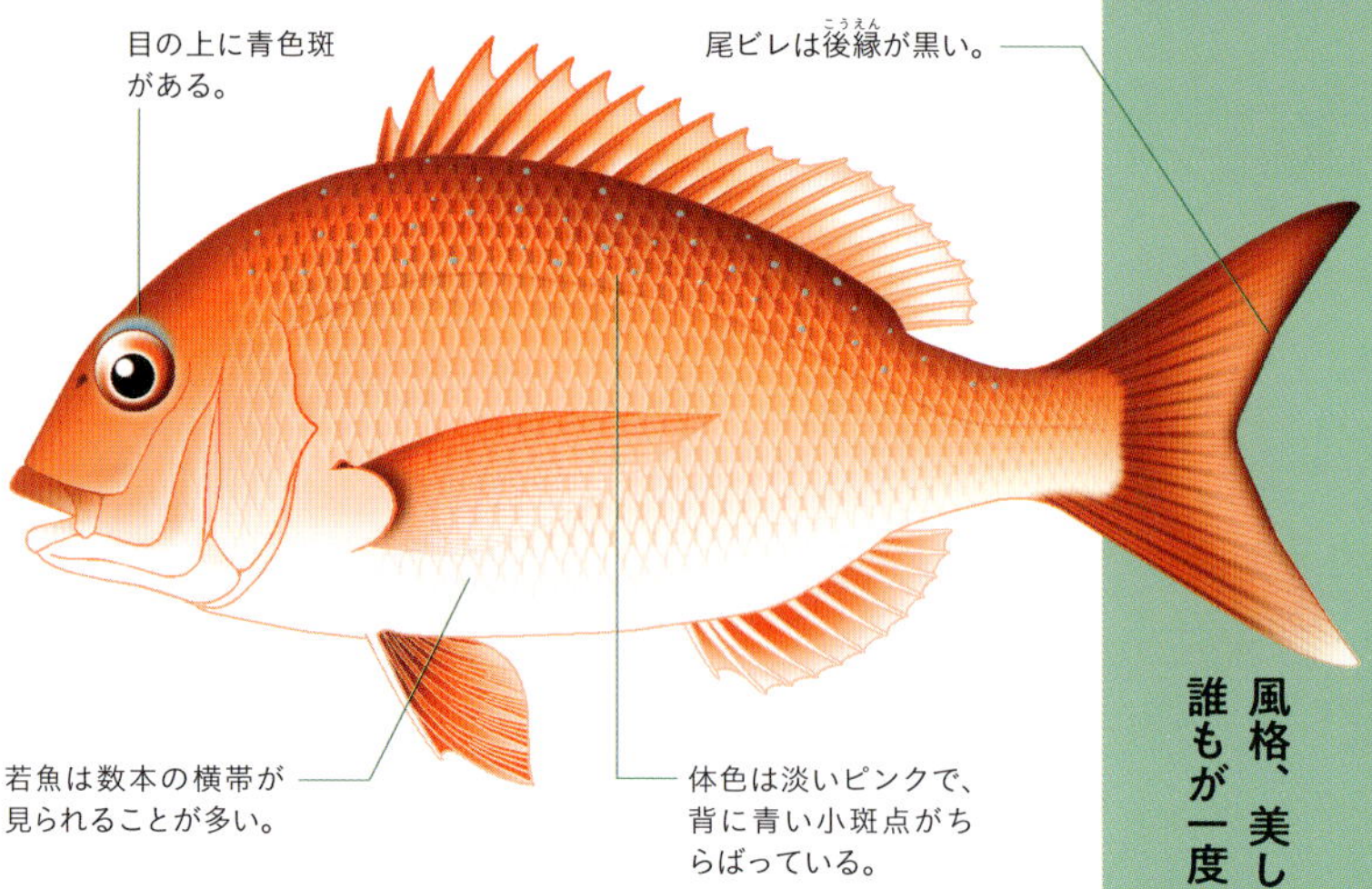

目の上に青色斑がある。
尾ビレは後縁《こうえん》が黒い。
若魚は数本の横帯が見られることが多い。
体色は淡いピンクで、背に青い小斑点がちらばっている。

集魚効果のあるカゴ釣りが堤防の釣りでは定番

マダイといえば、誰もが知っている海水魚の王者。深場に生息しているので船から釣るのが一般的だが、潮通し（P35）がよくて水深があれば堤防からでも釣れる。投げ釣りやルアーフィッシングで狙う人も少なくないが、釣れる確率が高いのが、カゴ釣りだ。この場合、コマセ（P13）も付けエサもオキアミを使用。ウキ下は10m前後から開始し、調整していく。

カゴ釣り

難易度 ★★☆

主な他の対象魚

ヒラマサ(P155)

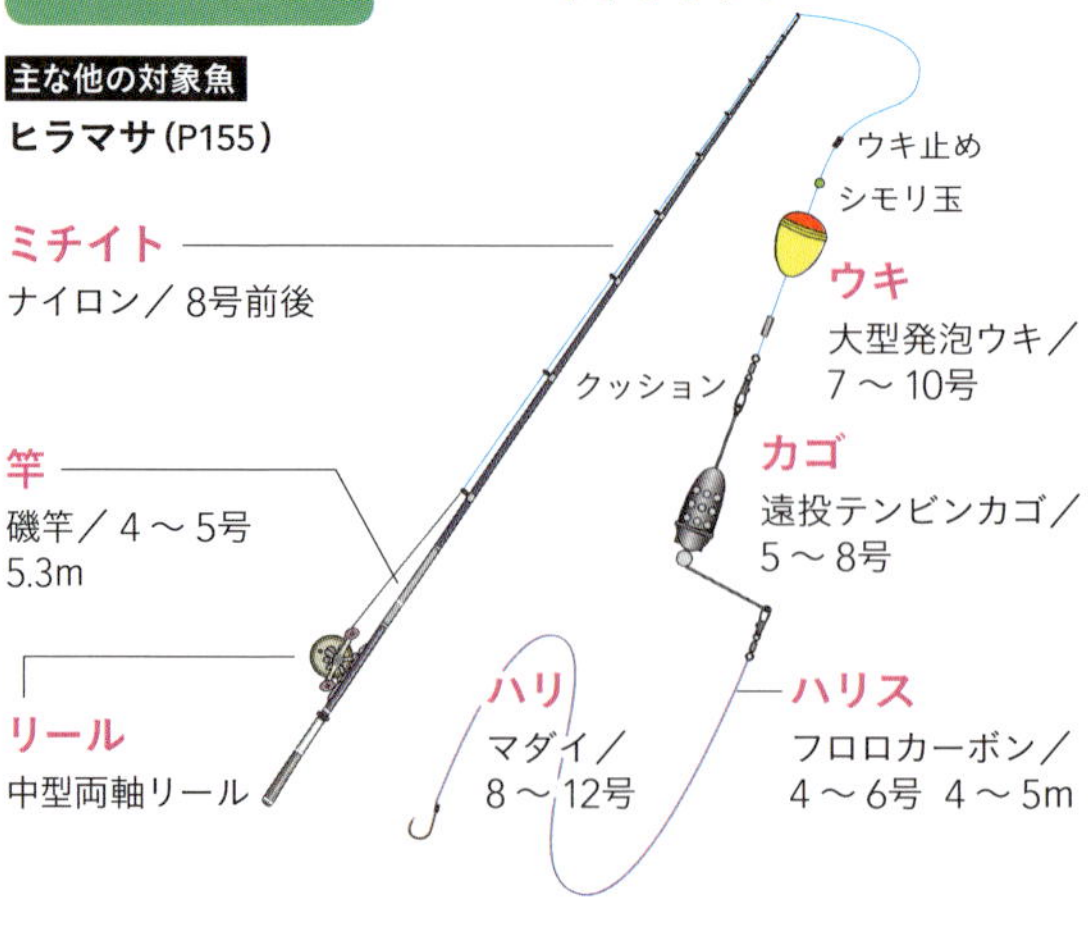

ウキ止め
シモリ玉
ミチイト
ナイロン／8号前後
ウキ
大型発泡ウキ／7～10号
クッション
カゴ
遠投テンビンカゴ／5～8号
竿
磯竿／4～5号
5.3m
ハリ
マダイ／8～12号
ハリス
フロロカーボン／4～6号 4～5m
リール
中型両軸リール

DATA

分類	スズキ目、タイ科、マダイ属
分布	北海道南部～九州
生態	水深20～200mほどの沿岸に生息。甲殻類やイカ類、小魚などを好んで捕食する。
サイズ	50～70㎝

調理法

刺身	焼く	煮る
蒸す	天ぷら	フライ・唐揚げ
寿司	汁物・鍋物	干物

Mutsu 22

釣り時期
9月～10月
11月～12月

ムツ【鯥】

ルアーフィッシングで手軽に楽しめる食味も抜群のターゲット

ウキ
投げ
サビキ
カゴ
ウキフカセ
ルアー
その他

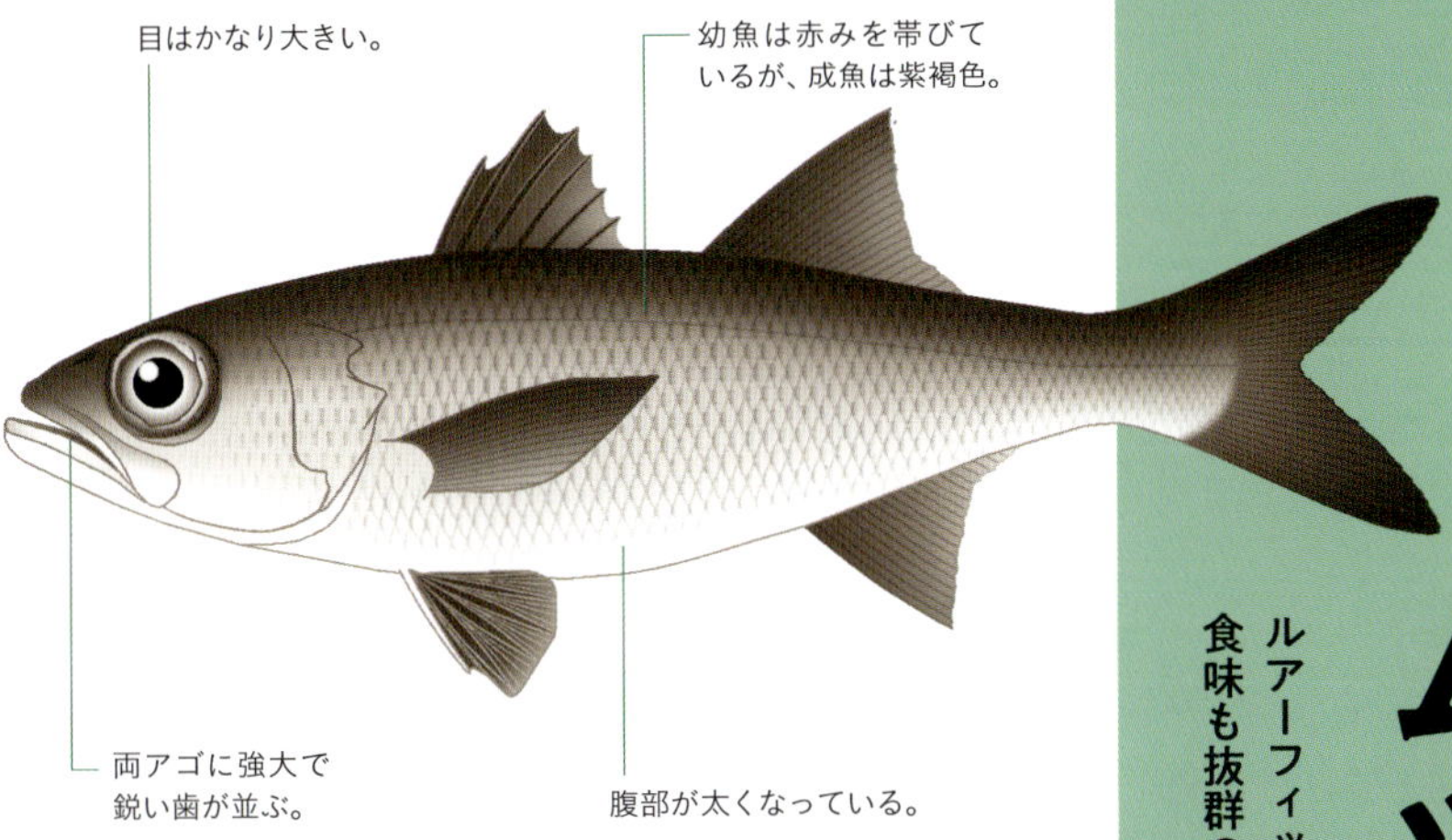
目はかなり大きい。
幼魚は赤みを帯びているが、成魚は紫褐色。
両アゴに強大で鋭い歯が並ぶ。
腹部が太くなっている。

ライトなタックルで、小気味のいい引きを楽しむ

煮付けや鍋物の素材として人気のムツ。成魚は船釣りで狙うことが多いが、体長20cmまでの若魚は堤防からも釣れる。

魚の切り身をエサにしたウキ釣りでも楽しめるが、もっと手軽なのが**ライトタックルでのルアーフィッシング**だ。ロッドやルアーなどは、アジ用やメバル用を流用する。ムツは歯が鋭いので、太めの**リーダー**を結ぼう。

ルアー

難易度 ★☆☆

主な他の対象魚
アジ(P10)、メバル(P50)

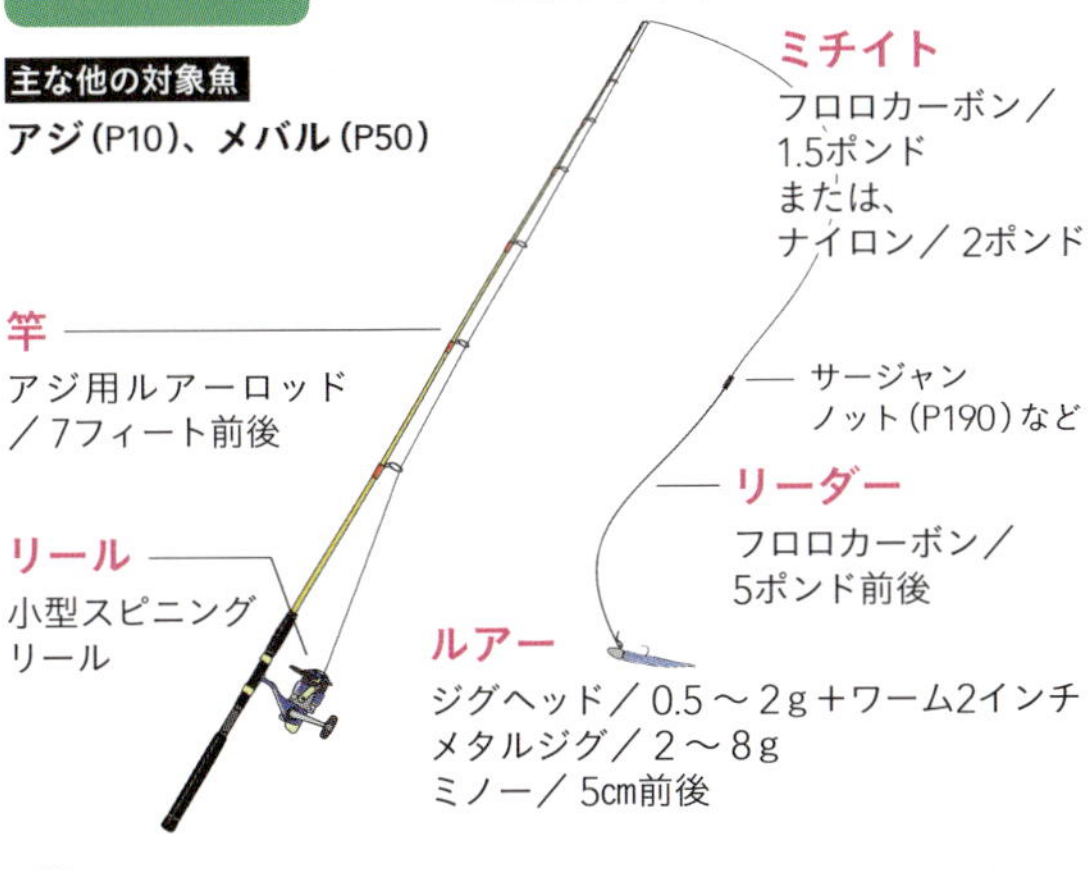
ミチイト
フロロカーボン／1.5ポンド
または、
ナイロン／2ポンド
竿
アジ用ルアーロッド／7フィート前後
サージャンノット(P190)など
リーダー
フロロカーボン／5ポンド前後
リール
小型スピニングリール
ルアー
ジグヘッド／0.5～2g＋ワーム2インチ
メタルジグ／2～8g
ミノー／5cm前後

DATA

分類	スズキ目、ムツ科、ムツ属
分布	日本各地
生態	成魚は水深200～500mの深場に生息する。幼魚は沿岸の岩礁域で群れで回遊する。
サイズ	15～100cm

調理法

刺身	焼く	煮る
蒸す	天ぷら	フライ・唐揚げ
寿司	汁物・鍋物	干物

リーダー | ショックの吸収、根ズレ防止のための太めの先イト(P197)。

3章

砂地まわりの10魚種

砂地を好む魚を狙うには、周囲が砂地である堤防がおすすめ。砂地では水深が急に深くなったり浅くなったりするポイントが狙い目となる。遠浅になっているろころでは遠投が必要だ。

対象魚

アナゴ	イシモチ
ギマ	コマイ
シタビラメ	ヒイラギ
ヒラメ	ホウボウ
マゴチ	メゴチ

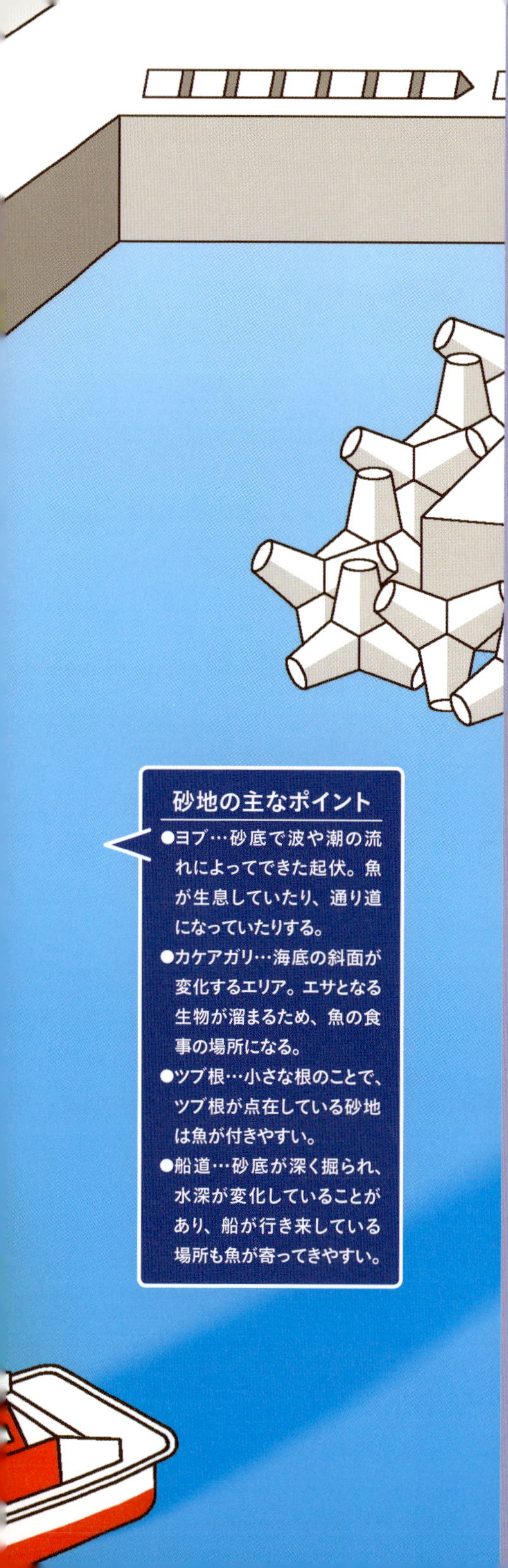

砂地の主なポイント

- ヨブ…砂底で波や潮の流れによってできた起伏。魚が生息していたり、通り道になっていたりする。
- カケアガリ…海底の斜面が変化するエリア。エサとなる生物が溜まるため、魚の食事の場所になる。
- ツブ根…小さな根のことで、ツブ根が点在している砂地は魚が付きやすい。
- 船道…砂底が深く掘られ、水深が変化していることがあり、船が行き来している場所も魚が寄ってきやすい。

ヒイラギ
遠投の必要がなく、
足元でのヒットも多
い。マゴチやメゴチ
は砂底に潜んでいる。
コマイ
メゴチ
ギマ
マゴチ
港内のサビキ釣りで
アジやイワシなどが
釣れていたら、ヒラ
メが回遊している可
能性が高い。
ヒラメ
日中は砂の中に潜って
眠り、夜になると活発
に動き回るため、夜釣
りがメインになる。
シタビラメ
浅場に接岸
してくる夏が
チャンス！
深場のある堤防で
あれば、沖に本格
的な投げ釣りを。
イシモチ
アナゴ
濁りの入っ
たエリアが
狙い目だ。
ホウボウ

Anago 23

釣り時期

9月～12月
4月～8月

アナゴ【穴子】

細長い体の側線に、白斑が連続するのが特徴
天ぷらや寿司のタネとして超人気！

ウキ
投げ
サビキ
カゴ
ウキフカセ
ルアー
その他

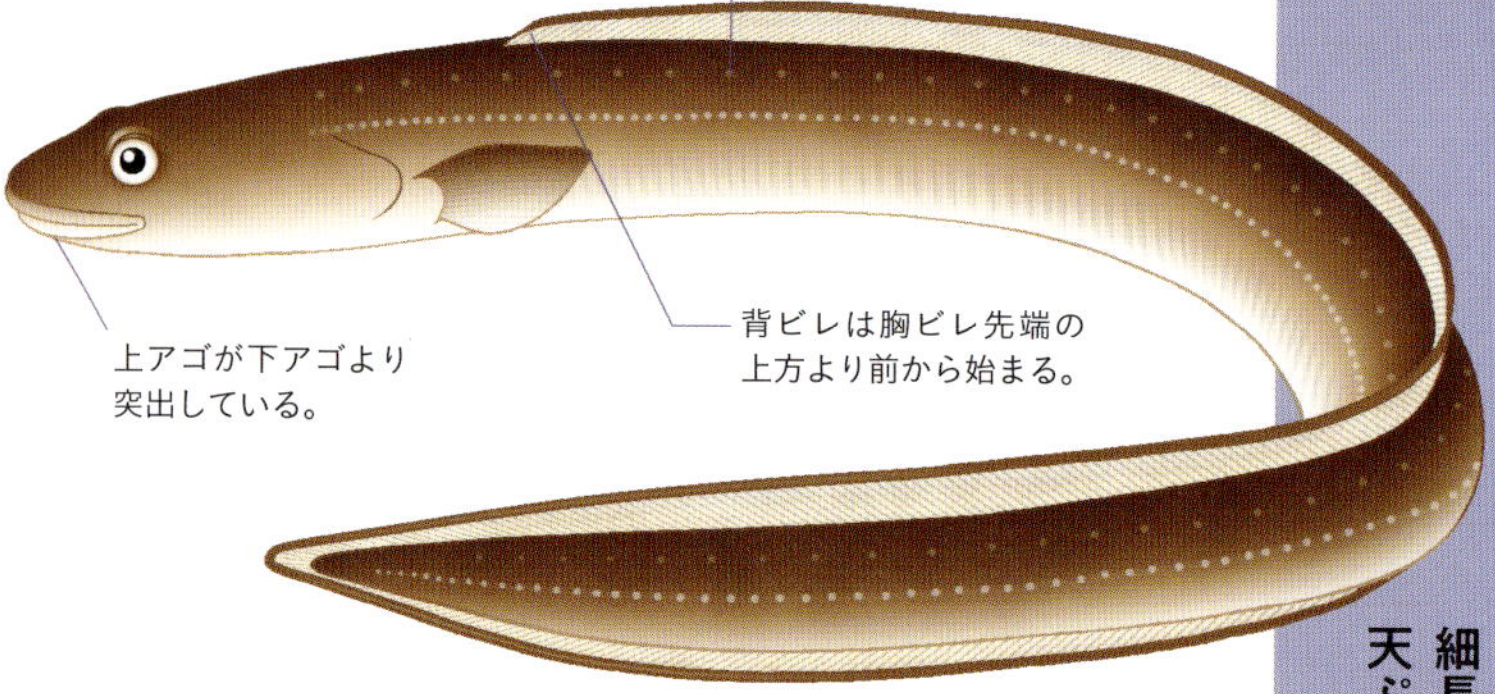

体側に明瞭な白色点の列がある。
背ビレは胸ビレ先端の上方より前から始まる。
上アゴが下アゴより突出している。

夜間に活発に動き回るので、夕方～夜の投げ釣りが有利 エサはアオイソメが◎

アナゴはウナギによく似た細長い体型で、最大で体長70㎝以上になる。生態についてはほとんど解明されていないが、日中は砂の中に潜って眠り、夜になると活発に動き回ってエサを捕食するとされる。肉食性で、主に**多毛類**《たもうるい》や甲殻類《こうかくるい》などの底生生物《ていせいせいぶつ》を捕食する。

船釣りでは夏が好シーズンとなるが、堤防からはむしろ秋～冬が釣りやすい。釣り場は、港内の砂泥底《さでいぞこ》のエリアが期待できる。

釣り方の基本は投げ釣り。曇天時なら日中でも釣れるが、一般には夜釣りが有利だ。この場合、仕掛けに発光体（P63）を取り付けることで、暗い海の中でもアナゴにアピールできる。付けエサはアオイソメを使用し、ハリにたっぷり房掛《ふさが》け（P63）にするとよい。状況によってはサンマの切り身エサなどにも反応がよい。置き竿（P193）で待つよりも、適度に誘いを入れるほうがアタリが多くなる。

江戸前の天ぷらや寿司のネタとして定番だが、蒲焼きや白焼きも美味。

DATA

分類 ウナギ目、アナゴ科、クロアナゴ属
分布 日本各地
生態 主に砂泥底に生息し、日没後に活発にエサを捕食する夜行性。産卵期は5～12月
サイズ 40～70㎝

調理法

刺身	焼く	煮る
蒸す	天ぷら	フライ・唐揚げ
寿司	汁物・鍋物	干物

多毛類《たもうるい》｜ゴカイやイソメなど環形動物の総称。

投げ釣り

難易度 ★★☆

主な他の対象魚

クロダイ(P28)、**スズキ**(P62)、**イシモチ**(P78)

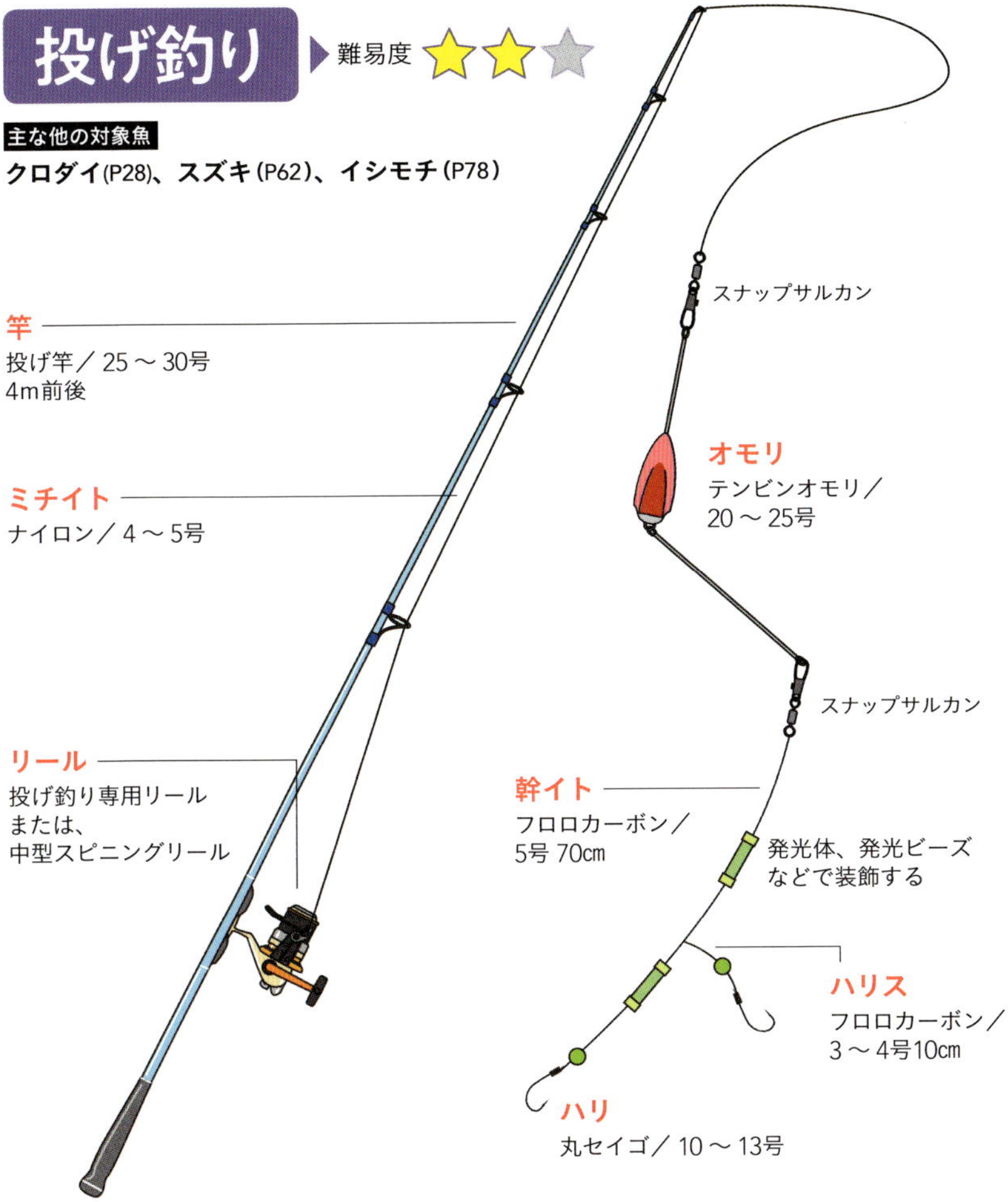
竿
投げ竿／25～30号
4m前後
ミチイト
ナイロン／4～5号
リール
投げ釣り専用リール
または、
中型スピニングリール
スナップサルカン
オモリ
テンビンオモリ／
20～25号
スナップサルカン
幹イト
フロロカーボン／
5号 70㎝
発光体、発光ビーズ
などで装飾する
ハリス
フロロカーボン／
3～4号10㎝
ハリ
丸セイゴ／10～13号

仕掛けに発光体をセットして夜の海でアピール！

夜釣りでは仕掛けをシンプルにしてトラブルを軽減するのが鉄則。ミチイトは太めのナイロンラインを使用し、チカライト（P39）を省略する。オモリはイト絡みの少ないテンビンオモリ（P27）を採用して、ハリ数は2本まで。ここに発光体（P63）や発光ビーズなどを装着することでアナゴへのアピールになり、暗闇での仕掛けの扱いも楽になる。

CLOSE UP ITEM

発光ビーズ

ヘッドライトなどで光を当てて光らせる装飾用のビーズ。とくに夜釣りの場合は、集《しゅう》魚《ぎょ》（P104）効果を期待できる。

Ishimochi 24

釣り時期
5月〜11月
12月〜4月

イシモチ【石持】

大きな群れで行動するため、堤防から狙うと入れ食いになることも！

ウキ
投げ
サビキ
カゴ
ウキフカセ
ルアー
その他

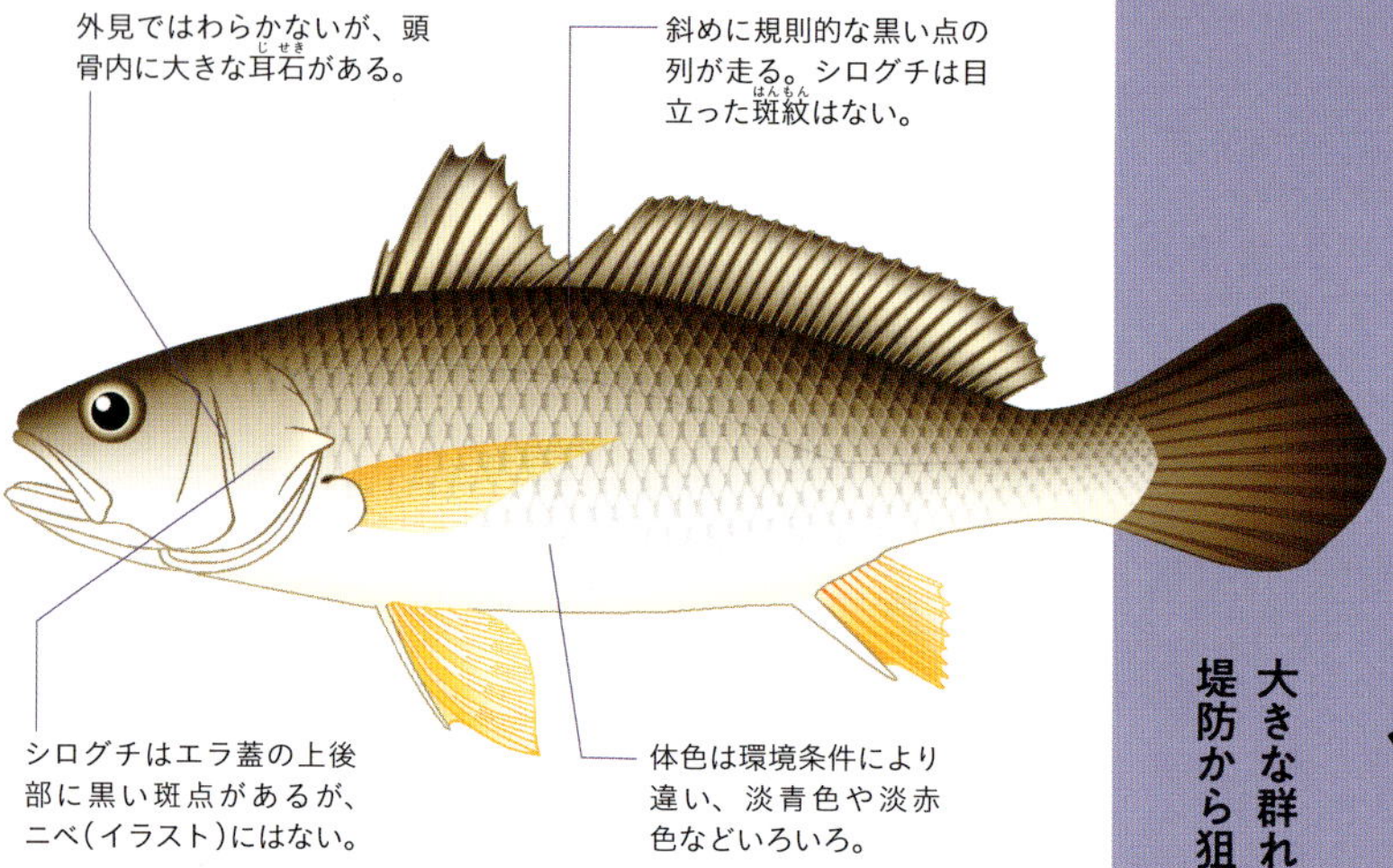
外見ではわからないが、頭骨内に大きな耳石《じせき》がある。
斜めに規則的な黒い点の列が走る。シログチは目立った斑紋《はんもん》はない。
シログチはエラ蓋の上後部に黒い斑点があるが、ニベ（イラスト）にはない。
体色は環境条件により違い、淡青色や淡赤色などいろいろ。

投げ釣りで狙うのが基本だが、地域によってはウキ釣りも◎ 濁りのある場所を探ろう！

釣り人の間でイシモチと呼ばれている魚は、正式にはニベ科シログチ属のシログチと、ニベ科ニベ属のニベの2種をさしている。ともに東北以南の各地に分布し、シログチは沖寄りに、ニベは岸寄りに生息している。このため、堤防から釣れるのはニベであることが多い。

ニベは沿岸の砂泥底《さでいぞこ》に生息し、河口周辺の汽水域《きすいいき》（P29）にも多く見られる。一年中釣れるが、堤防近くに接岸してくる5月ごろからが好シーズンだ。

昼でも夜でも濁りの入ったエリアを重点的に狙ってみたい。また、群れで回遊する魚なので、広範囲を探りながら群れを発見することが大切。釣り方は投げ釣りがメインで、地域によってはウキ釣りやルアーフィッシングで楽しむ人もいる。いずれの場合もアタリは明確なので、確実にアワセを入れればよい。

イシモチはカマボコなどの原料にされることが多いが、鮮度のいいものなら刺身や天ぷらがおいしい。

DATA［ニベ］

分類	スズキ目、ニベ科、ニベ属
分布	東北以南の日本各地
生態	主に沿岸部の砂泥底に生息。夜行性の傾向があり、周囲が薄暗くなると行動を開始する。
サイズ	20〜50㎝

調理法

刺身	焼く	煮る
蒸す	天ぷら	フライ・唐揚げ
寿司	汁物・鍋物	干物

投げ釣り

難易度 ★★☆

主な他の対象魚

クロダイ（P28）、スズキ（P62）

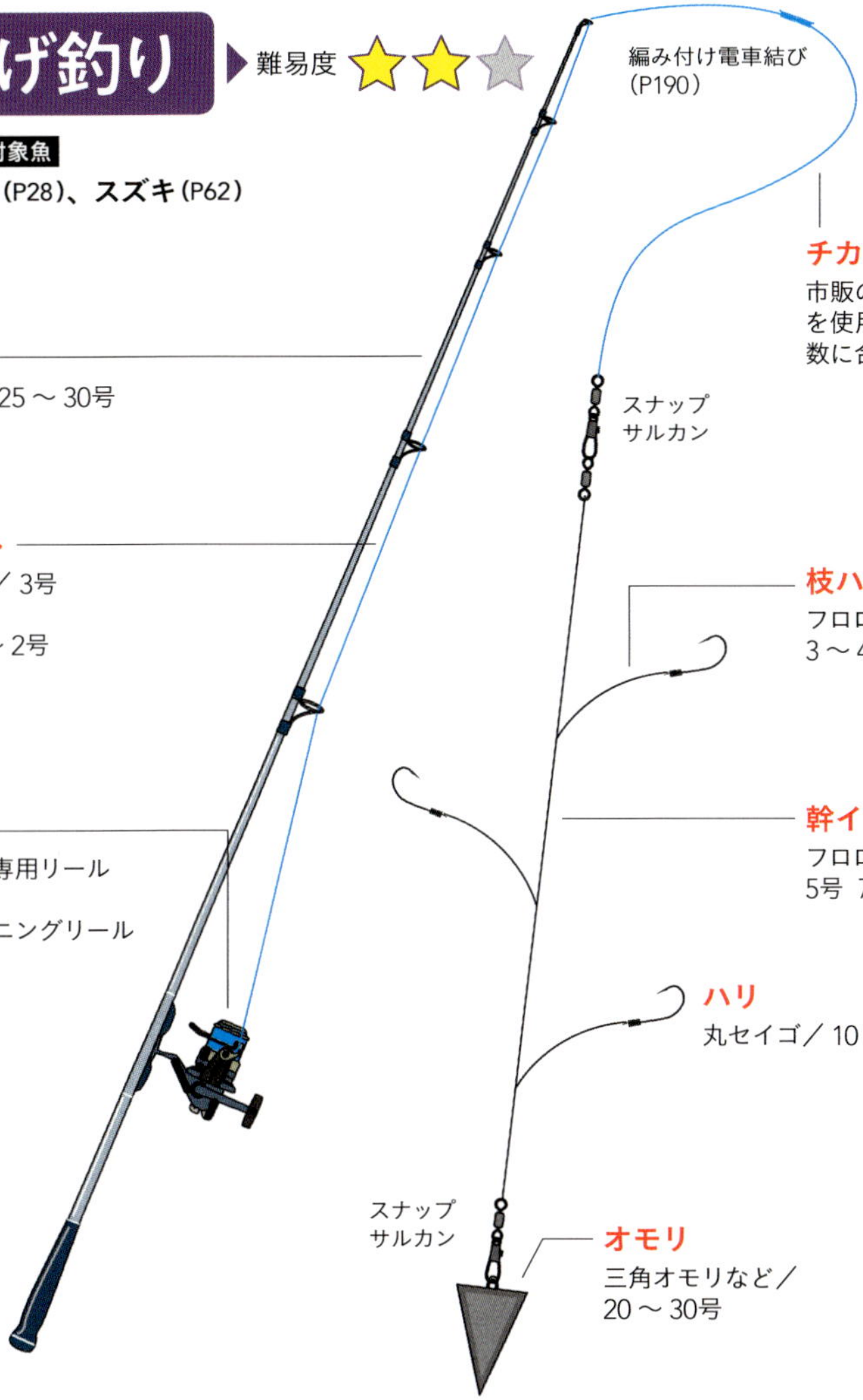
編み付け電車結び
（P190）
チカライト
市販のテーパータイプを使用。ミチイトの号数に合わせて選ぶ
竿
投げ竿／25～30号
4m前後
ミチイト
ナイロン／3号
または、
PE／1～2号
スナップ
サルカン
枝ハリス
フロロカーボン／
3～4号 10cm
幹イト
フロロカーボン／
5号 70cm
リール
投げ釣り専用リール
または、
中型スピニングリール
ハリ
丸セイゴ／10～13号
スナップ
サルカン
オモリ
三角オモリなど／
20～30号

強い流れでも扱いやすい「胴付き仕掛け」で探る！

潮が動いている場所ほどイシモチの活性《かっせい》（P127）が高いので、**イト絡みしにくい胴《どう》付《づ》き（P22）仕掛けと重く流されにくい形状のオモリの組み合わせで狙う**のが基本。ただし、内湾の波が静かなエリアなら、シロギス（P38）狙い同様のテンビン（P36）を使った**吹き流し**仕掛けでもOKだ。付けエサはアオイソメのほか、サンマの切り身も使われる。

◀次ページに続く

CLOSE UP ITEM

三角オモリ

逆三角形の形状をしたオモリで、潮に流されにくい。主に胴《どう》付《づ》き仕掛けの下端にセットして使う。

吹き流し | テンビン（P36）の腕などにハリスをセットし、潮流に対して自然に漂いやすくした仕掛けの総称。

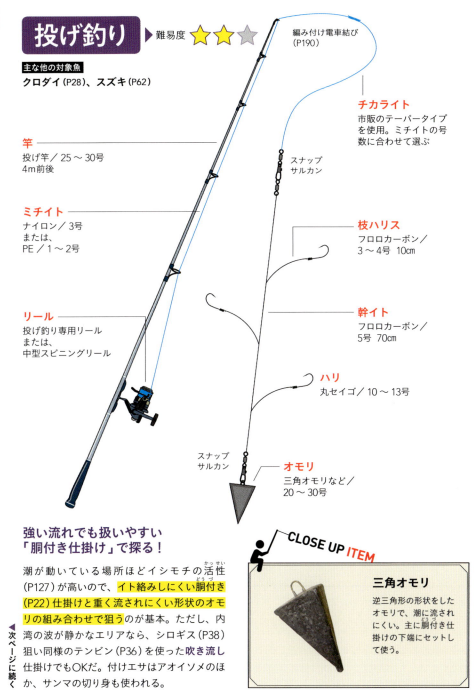

電気ウキ釣り

難易度 ★★☆

主な他の対象魚

クロダイ（P28）、**スズキ**（P62）

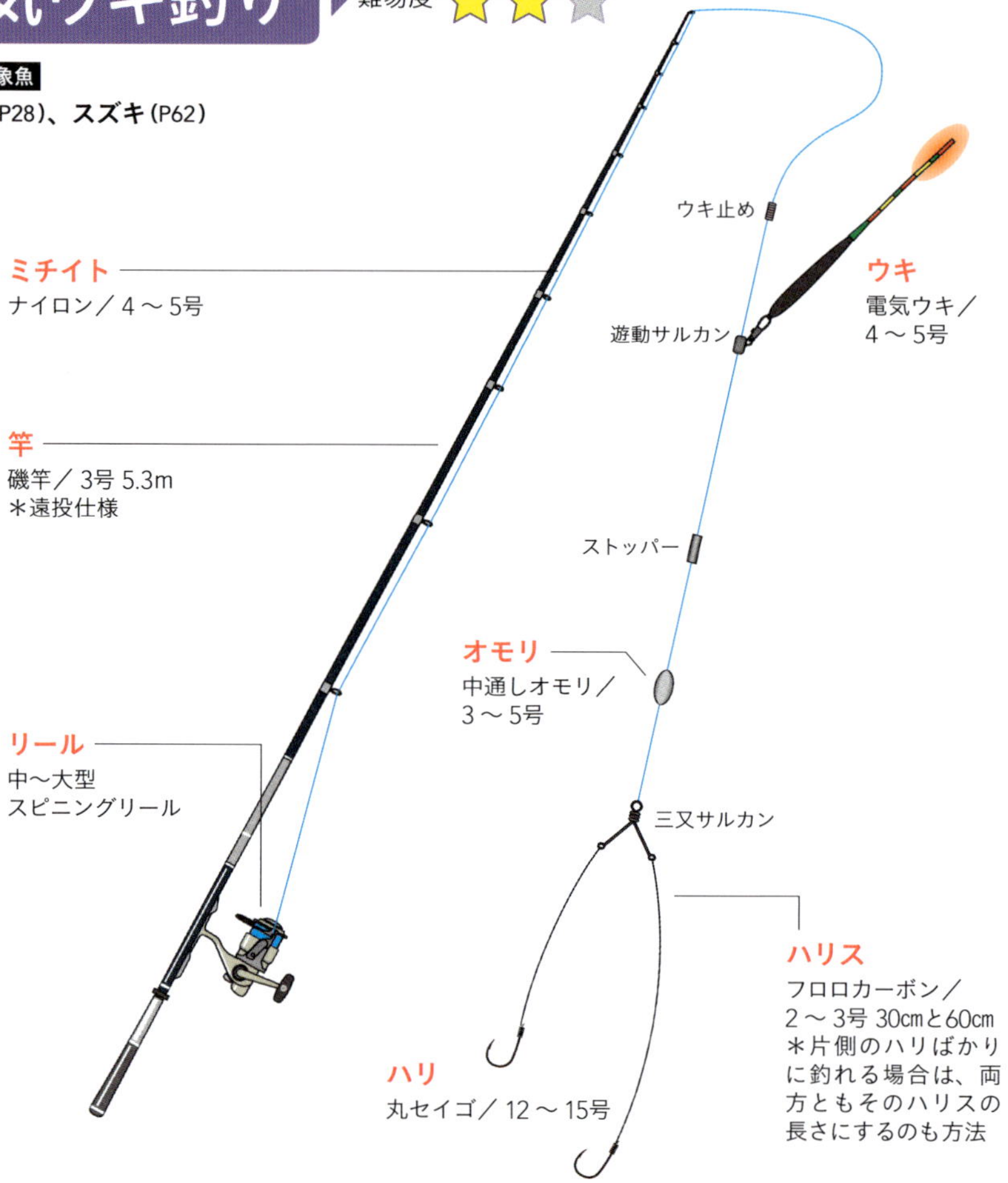
ミチイト
ナイロン／4～5号
竿
磯竿／3号 5.3m
＊遠投仕様
リール
中～大型
スピニングリール
ウキ止め
遊動サルカン
ウキ
電気ウキ／
4～5号
ストッパー
オモリ
中通しオモリ／
3～5号
三又サルカン
ハリス
フロロカーボン／
2～3号 30㎝と60㎝
＊片側のハリばかり
に釣れる場合は、両
方ともそのハリスの
長さにするのも方法
ハリ
丸セイゴ／12～15号

大型の電気ウキを使って海底から浮いたイシモチを狙う

夜、イシモチの群れは海底よりも少しだけ離れた層を回遊し、とくに大型のイシモチは中層を泳ぐことも少なくない。そこで考案されたのが「ウキ釣り仕掛け」。大型の電気ウキ（P51）を使うことで遠投を可能とし、ハリを2本の段差《だんさ》にして幅広いタナ（P12）を探る仕組みだ。ウキ下は海底付近から開始し、アタリが出るまで調整する。

CLOSE UP ITEM

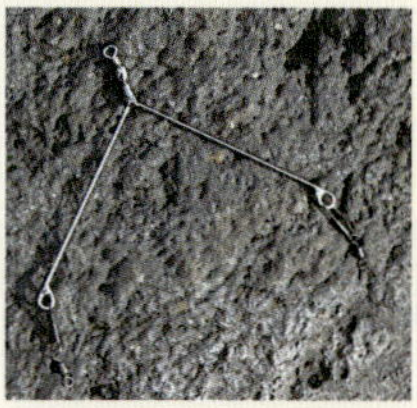

三又サルカン

遠投時でも2本のハリスが絡み合わないようにするためのパーツ。各アームの長さは4㎝を目安に。

ルアー

難易度 ★☆☆

主な他の対象魚

ヒラメ（P86）、マゴチ（P90）

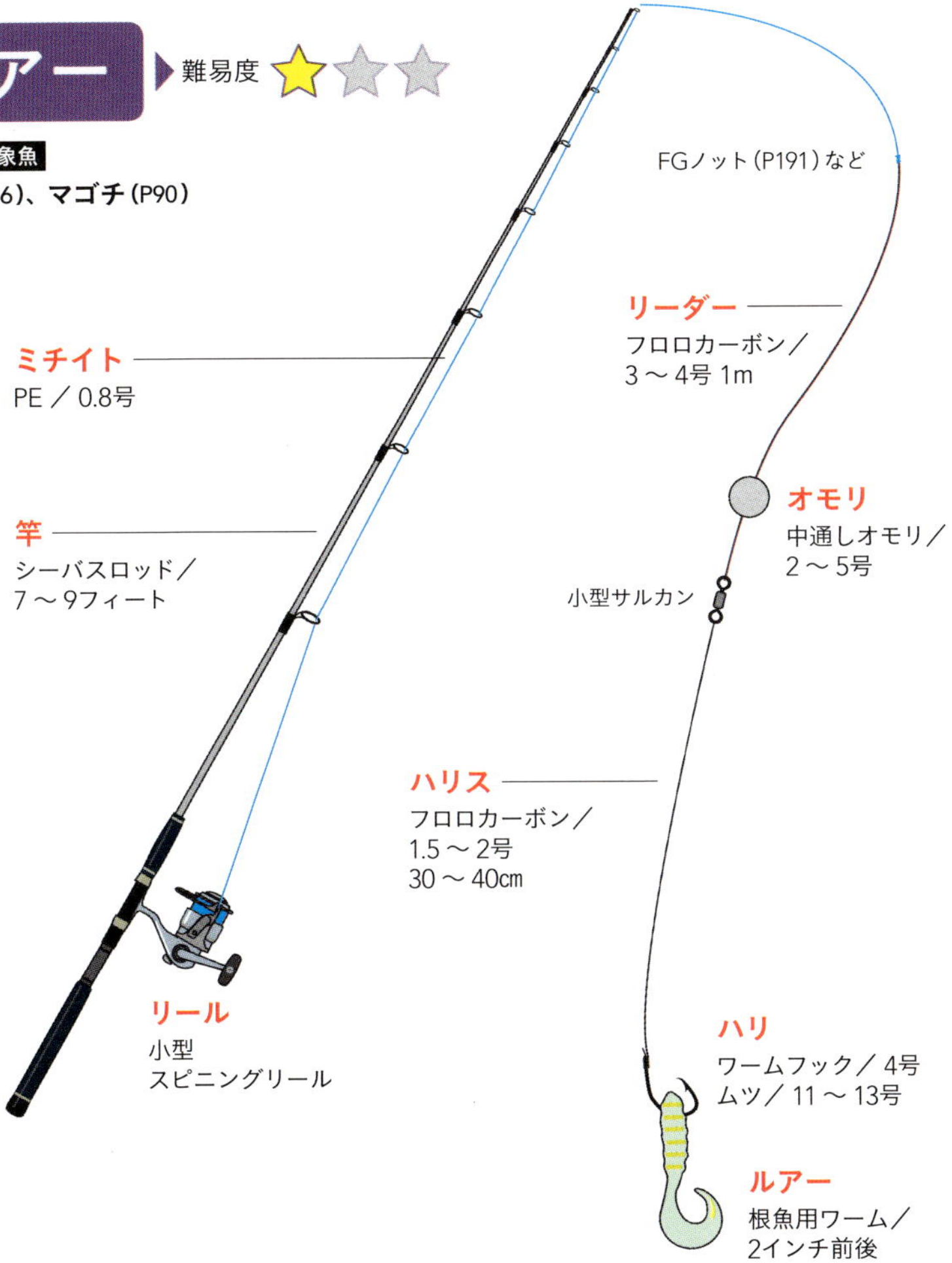

小型のワームを使って電撃アワセでハリ掛かりさせよう！

イシモチはルアーでも釣ることができる。ワーム（P15）とオモリに間隔をあける仕掛け「キャロライナリグ」で、ワームの自然な動きを演出するのがポイントだ。オモリを中通しオモリにし、ワームは長さ2インチほどの小型サイズが食いがよく、スッポ抜けも少ない。アタリは明確なので、すぐにアワセて**フッキング**させよう！

CLOSE UP ITEM

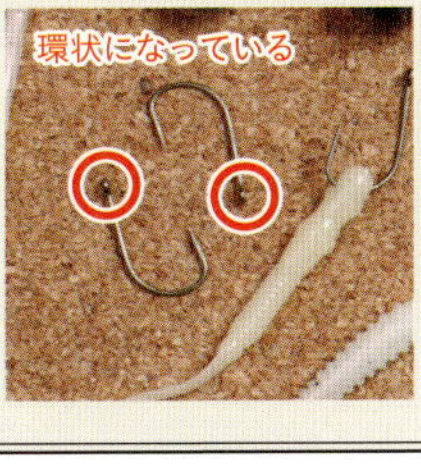

ワームフック

ワーム用のフック（ハリ）はラインを結ぶ部分が環状になっているため、交換するのが簡単だ。

フッキング ｜ ルアー用語で、アタリに対してアワセを入れて魚の口にハリ（フック）を掛けること。

Gima **25**

釣り時期

6月～8月
4月～5月
9月～10月

ギマ【擬麻】

背中と腹に発達した棘条を持つ 想像以上に強烈な引きが魅力！

ウキ / 投げ / サビキ / カゴ / ウキフカセ / ルアー / その他

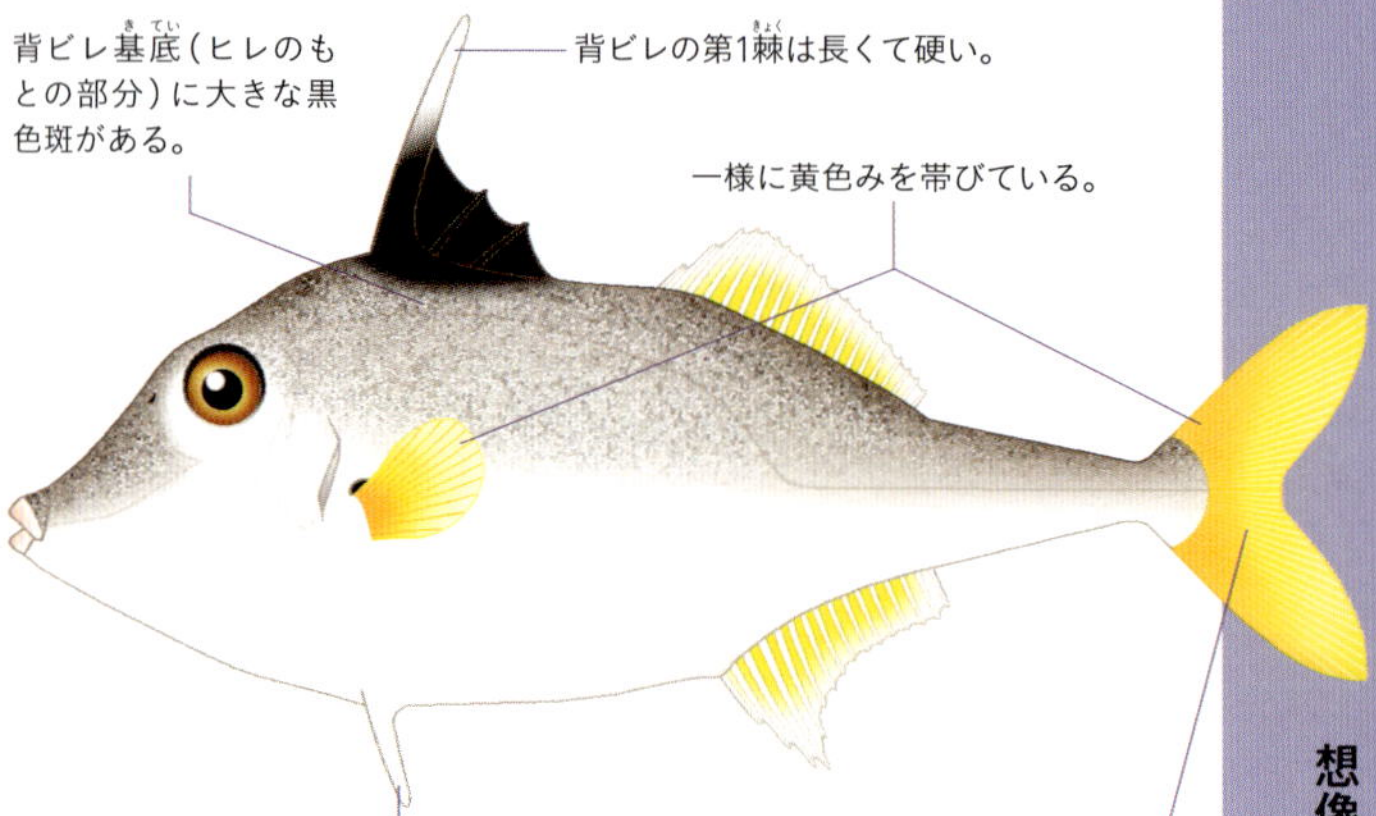
背ビレ基《き》底《てい》(ヒレのもとの部分)に大きな黒色斑がある。
背ビレの第1棘《きょく》は長くて硬い。
一様に黄色みを帯びている。
腹ビレは強大なトゲがある。
尾ビレは大きく入り組んだ形をしている。

シロギスなどと同様の投げ釣り仕掛けで攻める

上半身がカワハギ、下半身がアジに似ていることから「海のケンタウロス」と表現する人がいるギマ。引き味も食味もいいことから、生息数が多い東海地方では狙う人が多い。投げ釣りが基本で、付けエサはアオイソメやアサリのむき身。足元の水深がある釣り場なら、クロダイ（P28）釣りと同様のヘチ釣り仕掛けもおもしろい。

投げ釣り

難易度 ★★☆

主な他の対象魚

シロギス(P38)、**イシモチ**(P78)

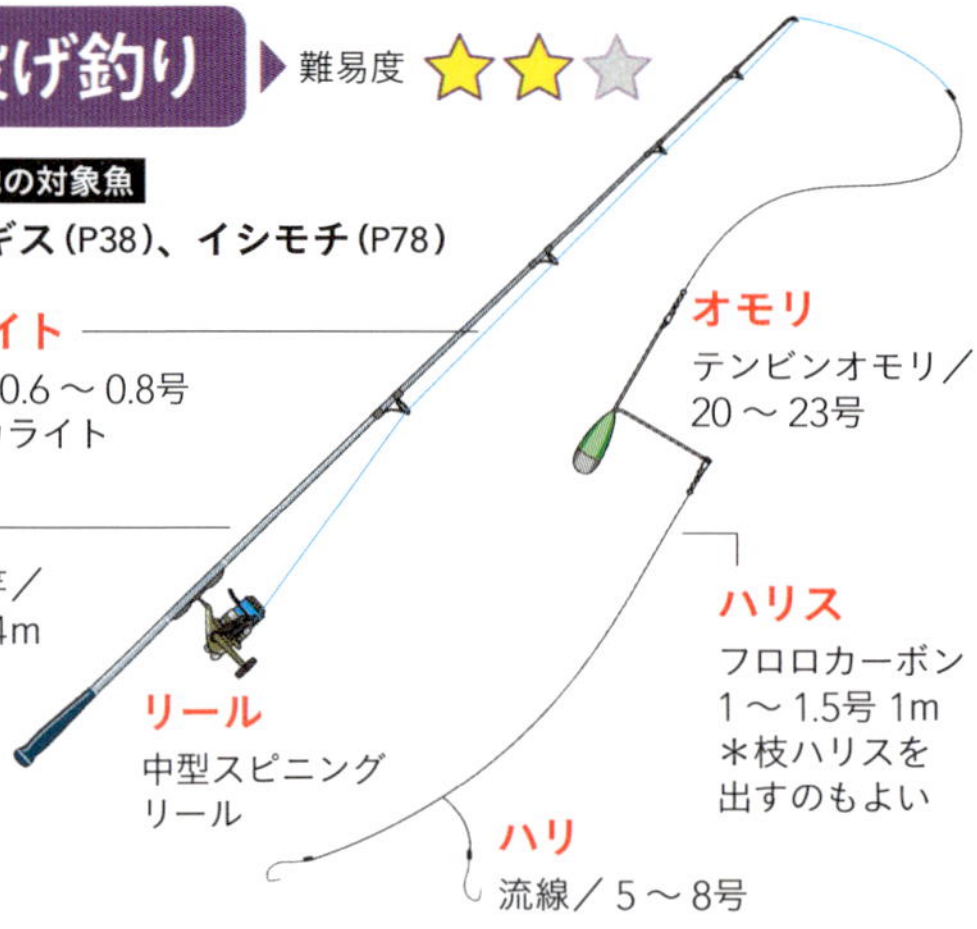
ミチイト
PE／0.6～0.8号
+チカライト
竿
投げ竿／
25号 4m
リール
中型スピニング
リール
オモリ
テンビンオモリ／
20～23号
ハリス
フロロカーボン
1～1.5号 1m
＊枝ハリスを
出すのもよい
ハリ
流線／5～8号

DATA

分類	フグ目、ギマ科、ギマ属
分布	千葉県～九州各地
生態	水深の浅い内湾の砂泥底に群れで生息。雑食性で、甲殻類や貝類、ゴカイ類などを捕食。産卵期は6～7月。
サイズ	15～30㎝

調理法

刺身	焼く	煮る
蒸す	天ぷら	フライ・唐揚げ
寿司	汁物・鍋物	干物

Komai 26

体背部に明瞭な
斑紋《はんもん》はない。
背ビレが3基ある。
上アゴが下アゴより
突出している。
一様に黄褐色。
シリビレが2基ある。

釣り時期

11月～2月
6月～9月
3月～5月
10月

ウキ
投げ
サビキ
カゴ
ウキフカ
ルアー
その他

コマイ【氷下魚】

北海道の堤防から狙えるタラの仲間
釣りたての鮮魚は、非常に美味！

胴付き仕掛けを使った ぶっ込みスタイルが定番

国内では北海道限定で狙えるタラの仲間。鍋物や煮付け、ルイベなどは非常に美味で、旬となる冬場は数多くの釣り人が堤防に繰り出す。釣り方は、胴付《どうづ》き（P22）仕掛けの投げ釣りが定番。付けエサはイワイソメやアオイソメで、大物狙いではサンマの切り身も効果的だ。夜行性なので、夕方～夜にかけての釣りが有利。

投げ釣り

難易度 ★★☆

主な他の対象魚
ホッケ（P69）、イシモチ（P78）

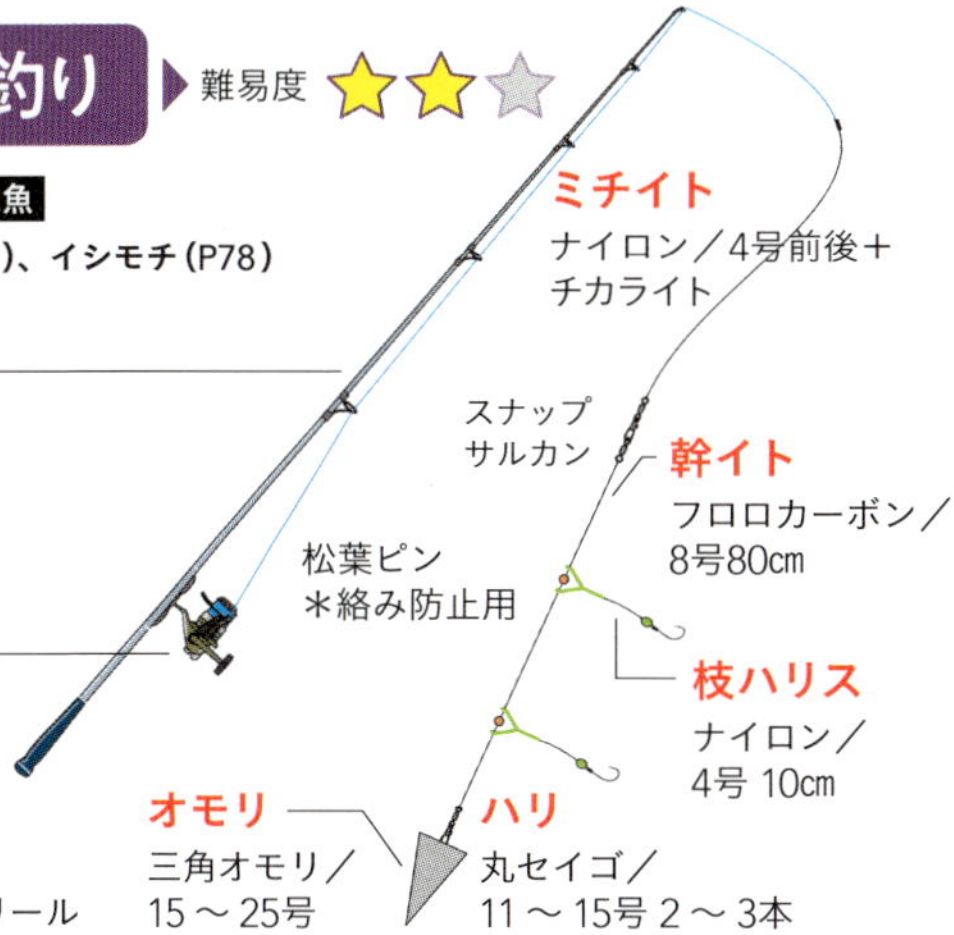
ミチイト
ナイロン／4号前後＋
チカライト
竿
投げ竿／
25～30号
4～4.3m
スナップ
サルカン
幹イト
フロロカーボン／
8号80cm
松葉ピン
＊絡み防止用
枝ハリス
ナイロン／
4号 10cm
リール
中型
スピニングリール
オモリ
三角オモリ／
15～25号
ハリ
丸セイゴ／
11～15号 2～3本

DATA

分類	タラ目、タラ科、コマイ属
分布	北海道
生態	寒冷なエリアの沿岸部に生息。夜行性が強く、暗くなると積極的に底生生物を捕食する。
サイズ	20～40cm

調理法

刺身	焼く	煮る
蒸す	天ぷら	フライ・唐揚げ
寿司	汁物・鍋物	干物

Shitabirame **27**

釣り時期

7月～9月
4月～6月
10月～11月

ウキ / **投げ** / サビキ / カゴ / ウキフカセ / ルアー / **その他**

シタビラメ【舌平目】

堤防から釣れるのは「クロウシノシタ」ムニエルやフライが絶品

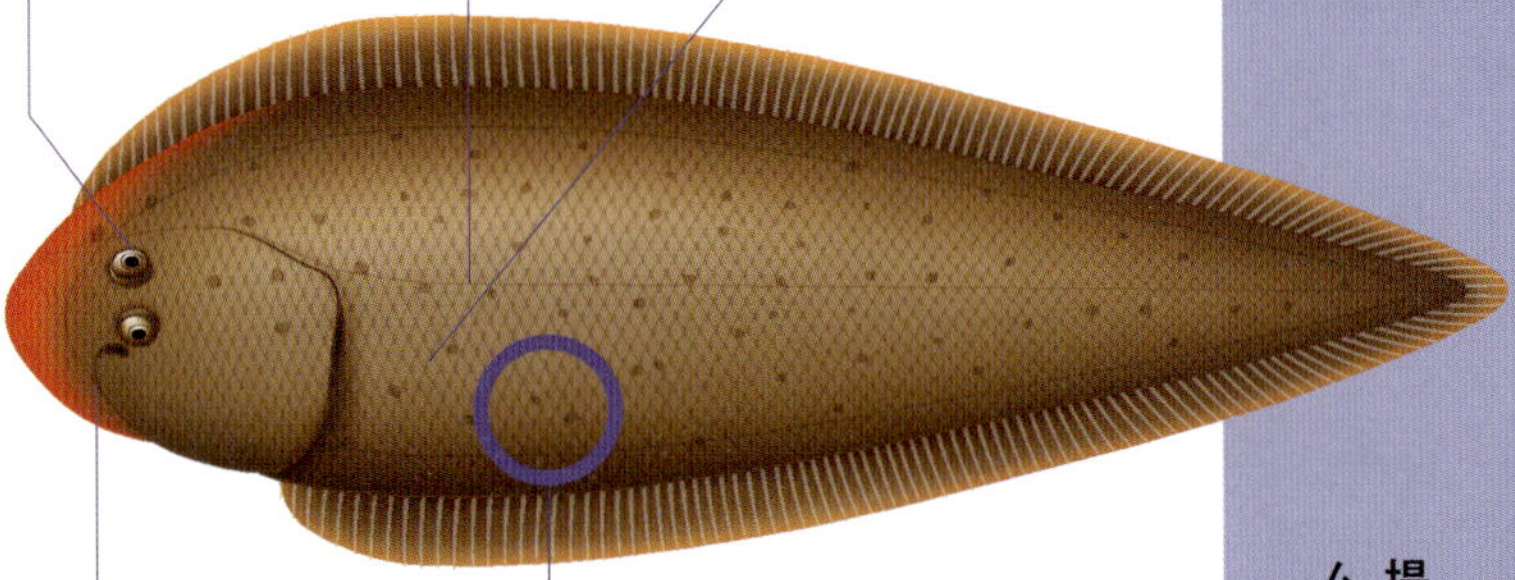

目はヒラメ（P86）と同じく体の左側にある。
有眼側《ゆうがんそく》に側線があるが、無眼側《むがんそく》にはない。
胸ビレがない。
口のまわりに触鬚《しょくしゅ》と呼ばれるヒゲがある。
黒褐色で小さいウロコで覆われている。

投げ釣り仕掛けで広範囲を狙ってみよう！

フランス料理でよく使われるシタビラメ。多種類あり、主に堤防から釣れるのはウシノシタ科のクロウシノシタやアカシタビラメであることが多い。釣り方は、**テンビンオモリ（P27）を使った投げ釣り**。付けエサは、アオイソメやジャリメを使う。**浅場に接岸してくる夏期には、チョイ投げ（P61）仕掛け**も楽しい。

投げ釣り

▶難易度 ★★☆

主な他の対象魚

シロギス（P38）、**イシモチ**（P78）

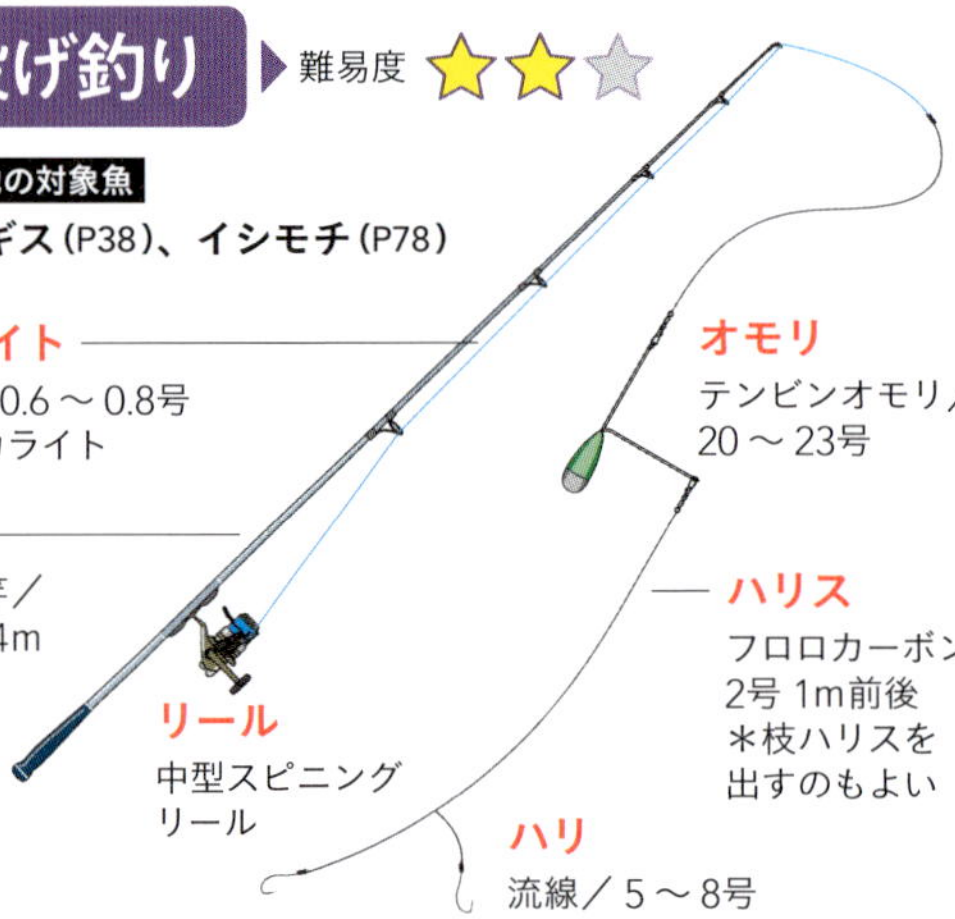

ミチイト
PE／0.6～0.8号
＋チカライト
竿
投げ竿／
25号 4m
リール
中型スピニング
リール
オモリ
テンビンオモリ／
20～23号
ハリス
フロロカーボン
2号 1m前後
＊枝ハリスを
出すのもよい
ハリ
流線／5～8号

DATA［クロウシノシタ］

分　類	カレイ目、ウシノシタ科、タイワンシタビラメ属
分　布	北海道南部以南の各地
生　態	水深20～60mほどの砂泥底で暮らす底生魚で、主に甲殻類や多毛類などを捕食する。
サイズ	20～40㎝

調理法

刺身	**焼く**	**煮る**
蒸す	天ぷら	**フライ・唐揚げ**
寿司	汁物・鍋物	**干物**

Hiiragi 28

釣り時期

5月～10月
11月～4月

ヒイラギ【鮗】

体表のネバネバした粘液がやっかいだが、釣りやすさは堤防でもピカイチ！

ウキ
投げ
サビキ
カゴ
ウキフカセ
ルアー
その他

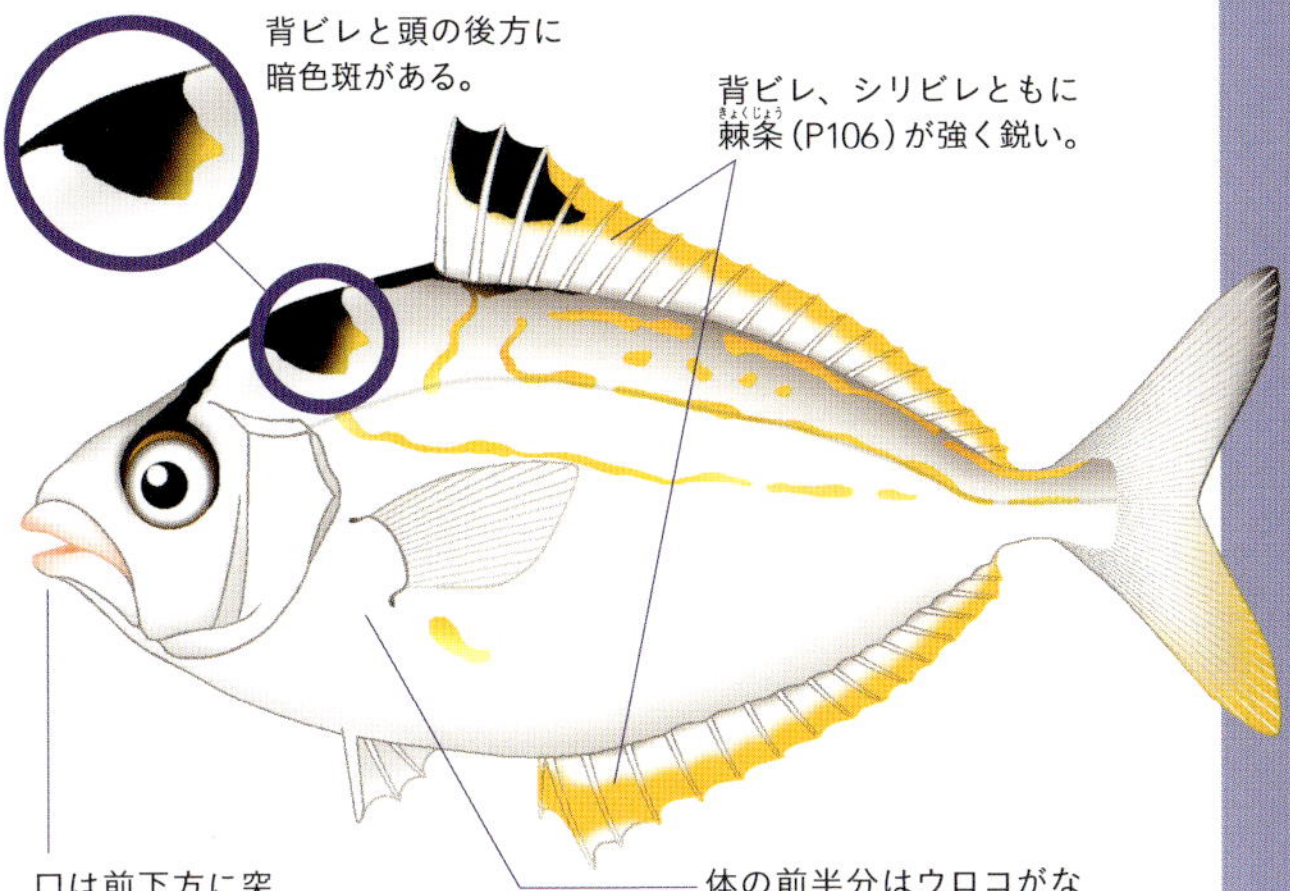
背ビレと頭の後方に暗色斑がある。
背ビレ、シリビレともに棘条《きょくじょう》（P106）が強く鋭い。
口は前下方に突き出している。
体の前半分はウロコがなく、粘液に覆われている。

チョイ投げ仕掛けで入れ食いを楽しみたい

ヒイラギは体長10～15cmほどの小魚で、体表が粘液に覆われていること、背ビレなどに鋭いトゲがあることなどから敬遠されがちだが、高知県などでは専門に狙っている人が多い。

釣り方は、チョイ投げ（P61）やウキ釣り、サビキ釣りなど。チョイ投げの場合、付けエサはアオイソメを使用する。

チョイ投げ

難易度 ★☆☆

主な他の対象魚
シロギス（P38）

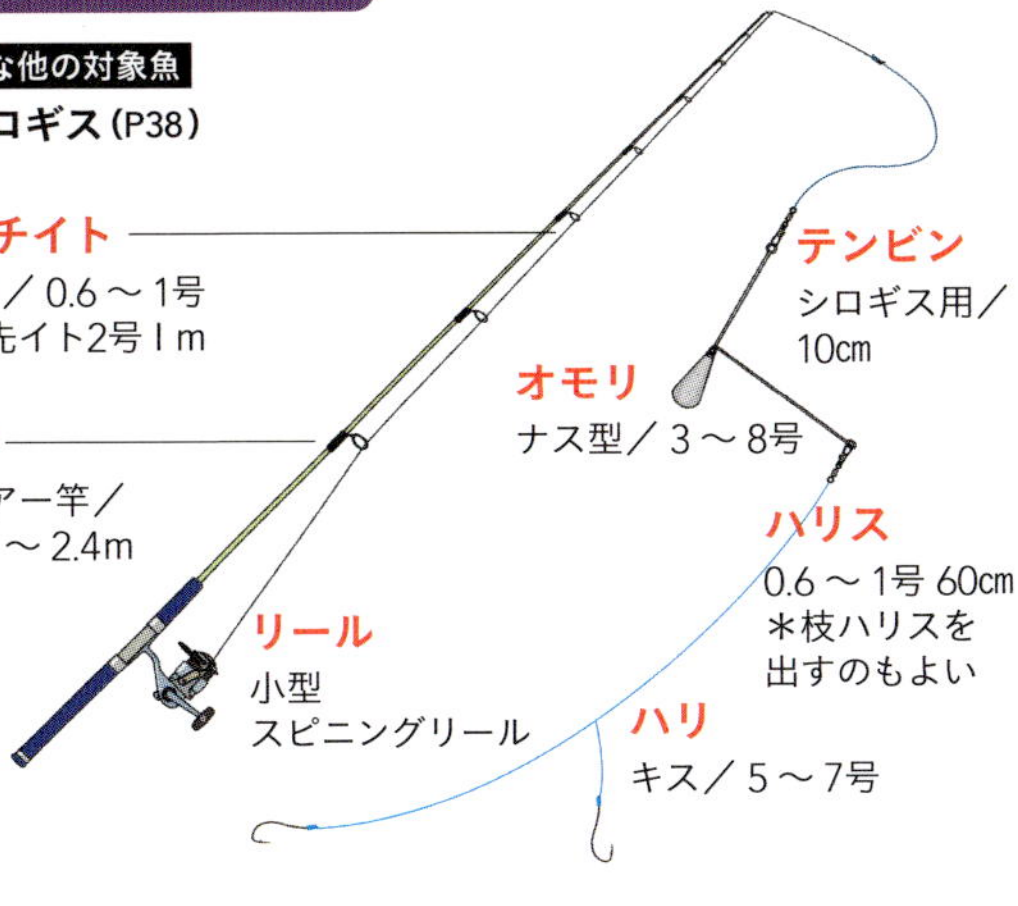
ミチイト
PE／0.6～1号
＋先イト2号1m
竿
ルアー竿／
2.1～2.4m
リール
小型
スピニングリール
テンビン
シロギス用／
10cm
オモリ
ナス型／3～8号
ハリス
0.6～1号 60cm
＊枝ハリスを
出すのもよい
ハリ
キス／5～7号

DATA

分類	スズキ目、ヒイラギ科、ヒイラギ属
分布	関東以南の日本各地
生態	波静かな内湾の砂泥底の浅場に生息し、汽水域にも回遊する。産卵期は初夏。
サイズ	10～15cm

調理法

刺身	焼く	煮る
蒸す	天ぷら	フライ・唐揚げ
寿司	汁物・鍋物	干物

Hirame 29

釣り時期

6月～11月

12月～5月

ヒラメ【鮃】

平べったい体型と大きな口の鋭い歯が特徴的
体長は70㎝を超える憧れの美味魚

- ウキ
- 投げ
- サビキ
- カゴ
- ウキフカセ
- ルアー
- その他

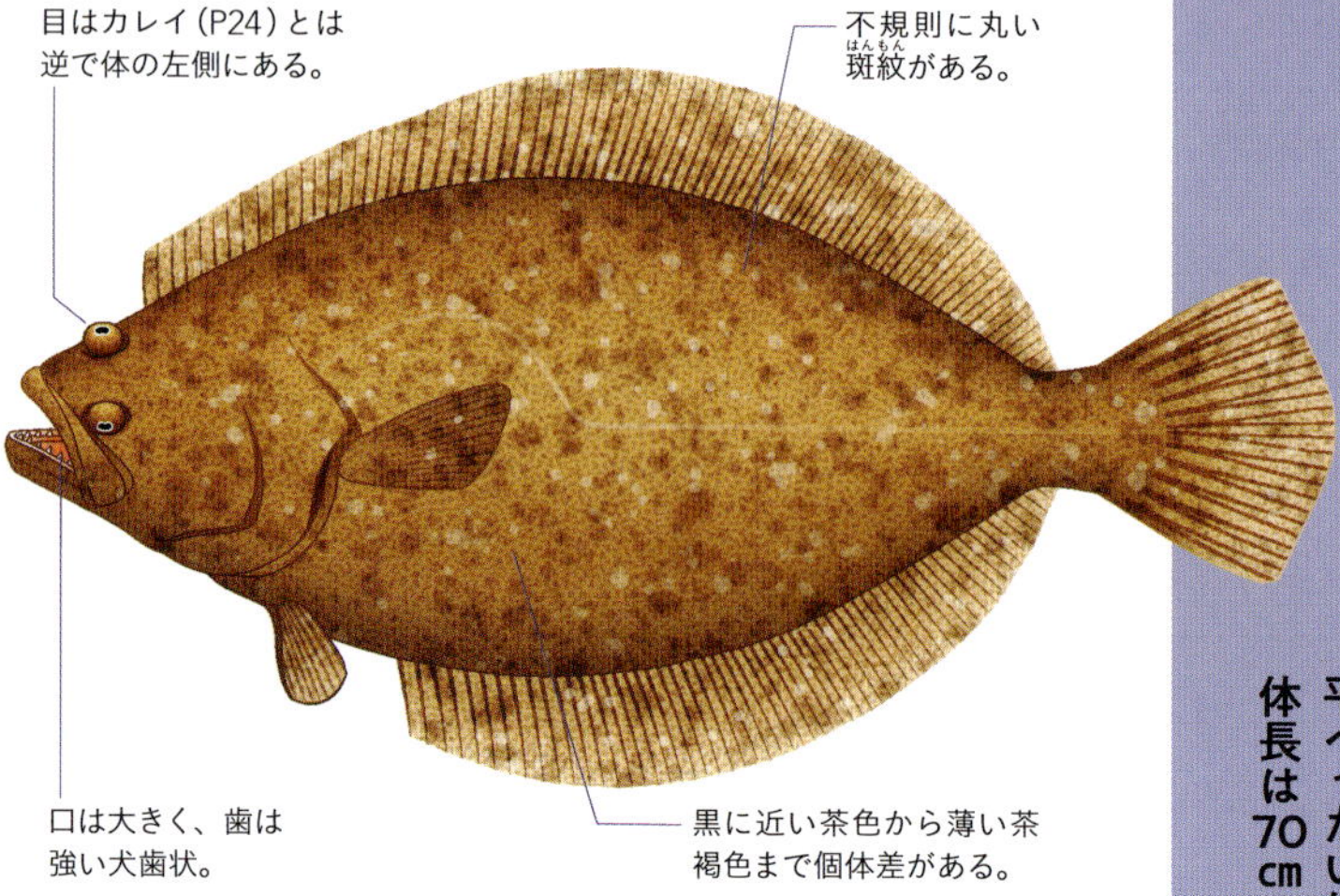
目はカレイ（P24）とは逆で体の左側にある。
不規則に丸い斑紋《はんもん》がある。
口は大きく、歯は強い犬歯状。
黒に近い茶色から薄い茶褐色まで個体差がある。

堤防からのヒラメ狙いでは小魚をエサにした投げ釣りやルアーフィッシングが人気

ヒラメは平たい体型が最大の特徴。カレイ（P24）に似ているが、腹部を下にしたときに頭の位置がヒラメは左側、カレイは右側になる（例外もある）ので見極められる。また、カレイはおちょぼ口なのに対し、ヒラメは比較的大きくて鋭い歯を持つ。この攻撃的な口で、小魚や甲殻類《こうかくるい》、イカ類などを捕食する。

ヒラメの獰猛《どうもう》な習性をうまく利用したのが、活きたアジやイワシなどをエサに使う、泳がせ釣り。港内のサビキ釣りでアジやイワシなどが釣れていたら、ヒラメも回遊している可能性が高い。房総《ぼうそう》半島《はんとう》では、同じ泳がせ釣りのスタイルでドジョウをエサにした、たたき釣りという独自の釣法も行われている。

また、全国的にルアーフィッシングも定番となっており、堤防から狙う場合は、比較的ライトなタックル（P65）で楽しめる。

ヒラメは上品な白身が美味な高級魚。刺身をはじめとして、煮付けやムニエルなどでおいしく食べられる。

DATA

分類	カレイ目、ヒラメ科、ヒラメ属
分布	日本各地
生態	水深100～200mの深場にいるが、春になると水深20～50mの砂礫底で産卵する。
サイズ	40～70㎝

調理法

刺身	焼く	煮る
蒸す	天ぷら	フライ・唐揚げ
寿司	汁物・鍋物	干物

泳がせ釣り

難易度 ★★☆

主な他の対象魚

スズキ（P62）、マゴチ（P90）

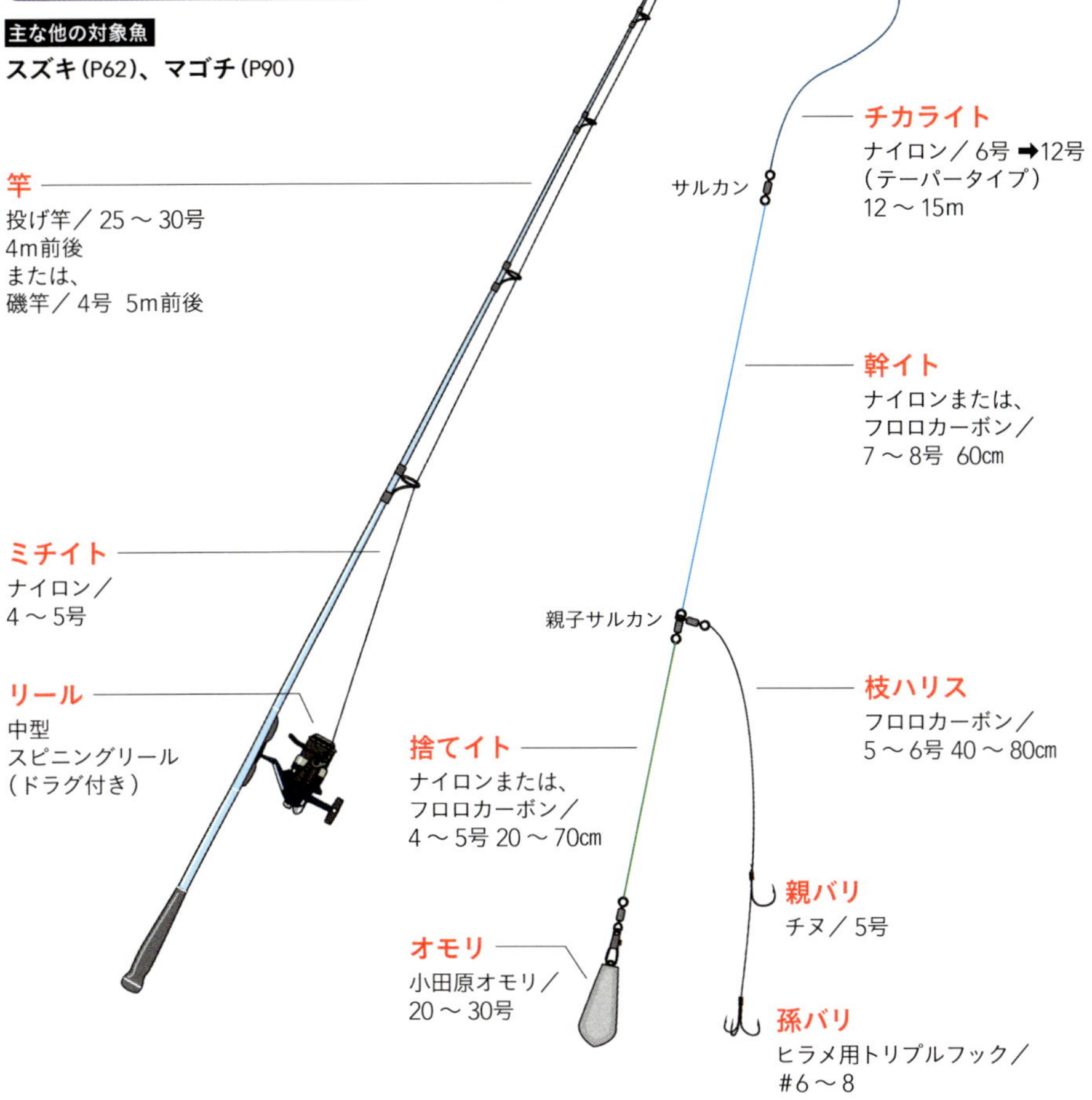

釣れたアジやイワシをエサに大型のヒラメを狙う

仕掛けは投げ釣りのスタイルとして、ハリは孫《まご》バリをセットした2本バリとする。孫バリは、船のヒラメ釣りに使われる**トリプルフックを使うとハリ掛かりがよくなる**。活きエサを装餌《そうじ》（P26）するときは、親バリを小魚の鼻に掛け、孫バリはシリビレや背ビレの付け根に刺せばよい。釣り方は置き竿として、十分に食い込ませてからアワセを入れる。

◀次ページに続く

CLOSE UP ITEM

孫《まご》バリ

孫バリにはヒラメ用のトリプルフックを使うと、ハリ掛かりがより確実になる。親バリとの距離は12～15㎝ほどが目安。

トリプルフック ｜ フックが3つ付いているハリ。

ルアー

難易度 ★★☆

主な他の対象魚

スズキ(P62)、**マゴチ**(P90)

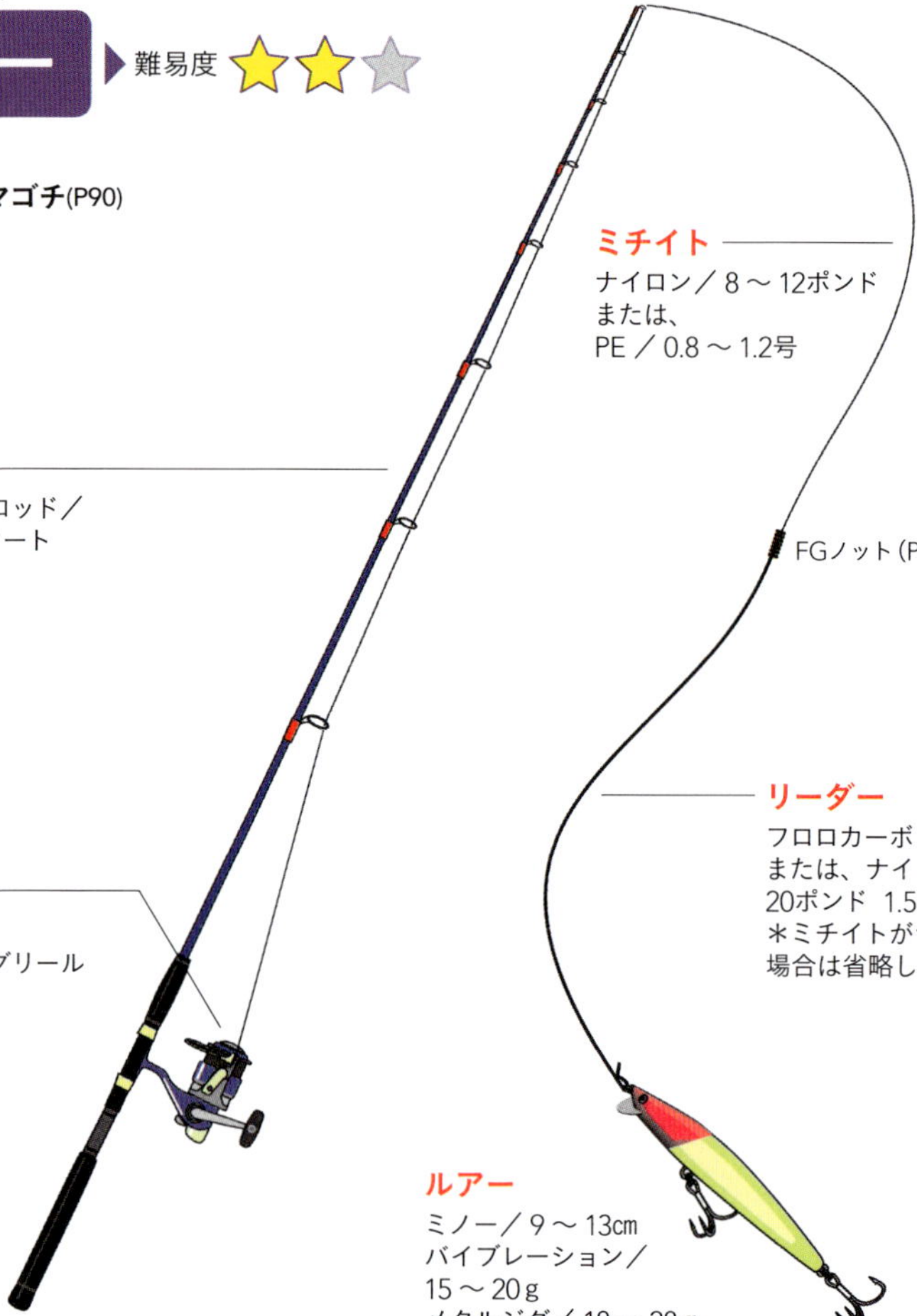
ミチイト
ナイロン／8～12ポンド
または、
PE／0.8～1.2号
竿
シーバスロッド／
8～9フィート
FGノット(P191)など
リーダー
フロロカーボン
または、ナイロン／
20ポンド 1.5m
＊ミチイトがナイロンの
場合は省略してもよい
リール
小～中型
スピニングリール
ルアー
ミノー／9～13cm
バイブレーション／
15～20g
メタルジグ／18～28g
ワーム／10～15cm＋ジグヘッド7～15g

タックルは比較的ライトでOK ルアーは足元まで引けるものを！

海岸から狙うよりも比較的ライトなタックル(P65)で楽しめるが、**ランディング**用の玉《たま》網《あみ》(P195)は必須となる。ルアーは、堤防の足元までしっかり引けるタイプがよい。10～20g程度のバイブレーション(P92)やメタルジグ(P132)、スピンテールジグ（ルアーの尾にブレードが付いたもの）などのほか、大型のワーム(P15)＋ジグヘッド(P183)もOKだ。

CLOSE UP ITEM

GAUS
SHORE
LEADER
YGK
FC
30m
20
LB

リーダー

ラインとルアーの結節部の補強や、ファイト時のダメージを軽減するためにミチイト先端に結ぶ太めのライン。

ランディング ｜ 釣れた魚を最後に取り込むこと。

Houbou 30

釣り時期
9月～4月
5月～8月

ホウボウ【竹麦魚】

ウチワのように大きく広がる胸ビレを持つ
釣りシーズンの秋～初春は、食味も抜群！

ウキ / **投げ** / サビキ / カゴ / ウキフカ / **ルアー** / **その他**

頭部は硬い骨で覆われている。
細かいウロコで覆われている。
胸ビレ下部の3本の遊《ゆう》離《り》軟《なん》条《じょう》（P138）を使って這《は》ったり、砂の中の小動物を探す。
ウチワ状に大きく広がる胸ビレの内側は、濃い青色の縁取りと斑点がある。

本格的な投げ釣り仕掛けで沖の深場を狙ってみたい

深場を好むホウボウを堤防から狙える場所はそれほど多くないが、水深のある釣り場では顔を見せることも珍しくない。シーズンは秋～春で、沖の深場を狙える本格的な投げ釣り仕掛けを使おう。

竿はシロギス（P38）釣りのものを流用し、仕掛けをやや太めにすればOKだ。付けエサはイワイソメかアオイソメを使用する。

DATA

分類	スズキ目、ホウボウ科、ホウボウ属
分布	北海道南部以南の各地
生態	水深25～60mほどの砂泥底に生息し、底生生物を捕食する。産卵期は冬～春。
サイズ	25～40㎝

調理法

刺身	焼く	煮る
蒸す	天ぷら	フライ・唐揚げ
寿司	汁物・鍋物	干物

投げ釣り

難易度 ★★☆

主な他の対象魚
シロギス（P38）、イシモチ（P78）

ミチイト
PE／0.6～1号
＋チカライト
竿
投げ竿／
25～30号
4m前後
リール
投げ釣り用スピニング
リール
オモリ
テンビンオモリ／
25～27号
ハリス
フロロカーボン
3～4号 1m
＊枝ハリスを
出すのもよい
ハリ
流線／9～12号

釣り時期

6月～9月
4月～5月
10月～11月

目が小さい。
背ビレは2基に分かれる。
下アゴ先端が丸い。
砂地に紛れることができる色。粘液に覆われているので、ハリから外すときは魚バサミを使うとよい。
胸ビレや腹ビレは茶褐色の小さい点が密にある。

マゴチ【真鯒】

平たい体型と大きな口が最大の特徴
目の前を通過する小魚もひと呑み！

- ウキ
- **投げ**
- サビキ
- カゴ
- ウキフカセ
- **ルアー**
- **その他**

小魚を好む習性を利用した「泳がせ釣り」が楽しいルアーは底を引けるタイプを！

英語では「Flat《フラット》 head《ヘッド》（平たい頭）」と呼ばれるマゴチ。その名の通り、上から押しつぶしたような体型は砂底に潜むのに適しており、エサとなる小動物から隠れて待ち伏せしやすい。捕食行動は見た目によらず俊敏で、大きな口でエサをひと呑みにする。

泳がせ釣りは、この習性を利用した釣法で、付けエサには活きた**ピンギス**やメゴチ（P93）、ハゼ（P42）などを使用。いずれも現地調達が基本なので、別途、エサ釣り用の仕掛けも用意しておきたい。釣具店の冷凍キビナゴやザリガニなどを利用してもよい。

また、ルアーフィッシングも楽しく、ルアーはミノー（P65）やバイブレーション（P92）、スピンテールジグ（ルアーの尾にブレードが付いたもの）、ワーム（P15）が基本。足元でのヒットも多いので、最後までしっかり引いてくることが大切だ。

高級魚であるマゴチの透明感のある白身はクセがなく、刺身や唐揚げ、鍋物はフグにも負けない味だ。

ピンギス | 小型のシロギスのこと。

DATA

分類	スズキ目、コチ科、コチ属
分布	東北以南の各地
生態	水深2～50mほどの砂泥底に生息し、エビ類や小型のタコ・イカ、小魚などを捕食する。
サイズ	30～60cm

調理法

刺身	焼く	**煮る**
蒸す	**天ぷら**	**フライ・唐揚げ**
寿司	**汁物・鍋物**	干物

泳がせ釣り

難易度 ★★☆

主な他の対象魚

スズキ（P62）、ヒラメ（P86）

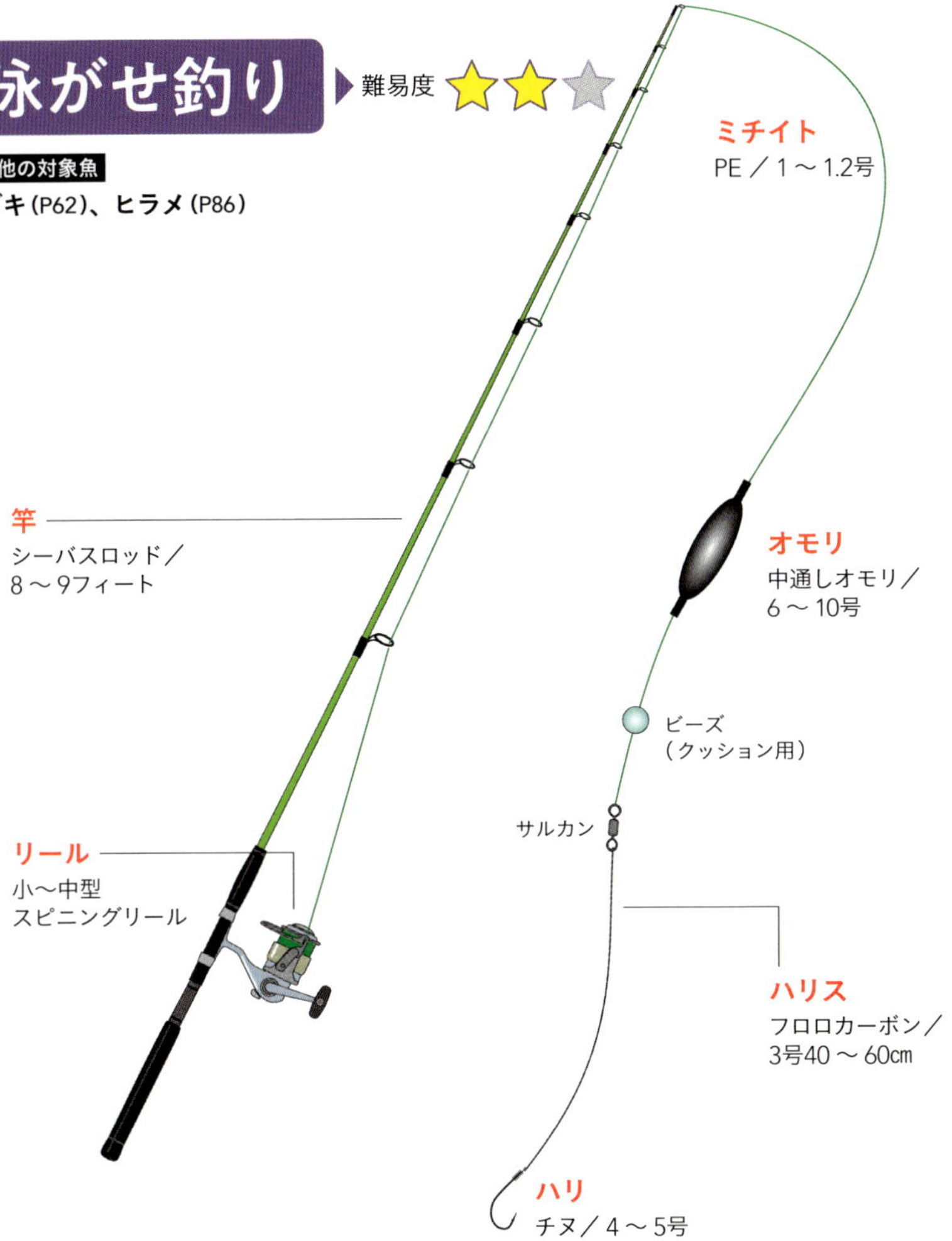
ミチイト
PE／1～1.2号
竿
シーバスロッド／
8～9フィート
オモリ
中通しオモリ／
6～10号
ビーズ
（クッション用）
サルカン
リール
小～中型
スピニングリール
ハリス
フロロカーボン／
3号40～60㎝
ハリ
チヌ／4～5号

現地で釣れるピンギスやハゼが最高の活きエサになる！

仕掛けはヒラメ（P86）同様の「孫バリ（P87）仕様」が確実だが、小型のエサを使う場合はイラストのような1本バリでもOKだ。活きエサを装《そう》餌《じ》（P26）するときは、下アゴからハリを通すのが基本。堤防では遠投する必要性がないので、タックル（P65）は比較的ライトなものを使うと手軽に楽しめる。アタリが出たら、じっくりと食わせてからアワセを入れよう！

◀次ページに続く

CLOSE UP ITEM

活きエサ

活きエサには、体長10㎝ほどの小型のシロギスやハゼなどを利用する。ハリは下アゴから上アゴに刺し抜く。

ルアー

難易度 ★★☆

主な他の対象魚

スズキ（P62）、ヒラメ（P86）

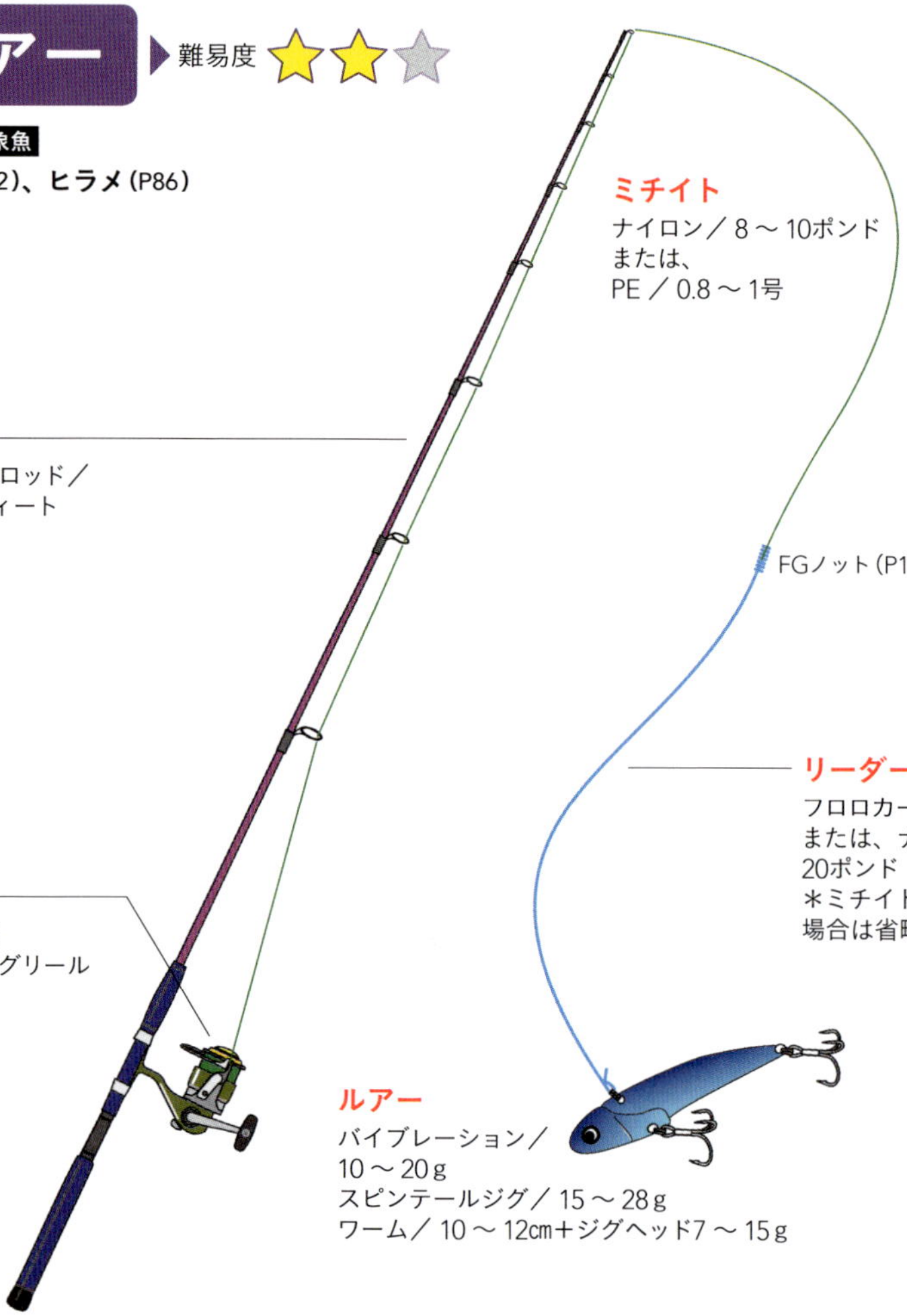
ミチイト
ナイロン／ 8 ～ 10ポンド
または、
PE ／ 0.8 ～ 1号
竿
シーバスロッド／
8 ～ 9フィート
FGノット（P191）など
リーダー
フロロカーボン
または、ナイロン／
20ポンド 1 ～ 1.5m
＊ミチイトがナイロンの
場合は省略してもよい
リール
小～中型
スピニングリール
ルアー
バイブレーション／
10 ～ 20g
スピンテールジグ／ 15 ～ 28g
ワーム／ 10 ～ 12㎝＋ジグヘッド7 ～ 15g

バイブレーションなどで底層をじっくり探ってみたい

海が凪《な》いでいるときは、マゴチがかなり浅場まで接岸して、活性《かっせい》（P127）が上がる早朝と夕方が狙い目だ。ヒラメ（P86）と違って、マゴチは中層のルアーを追いかけないので、底層を引けるバイブレーションやスピンテールジグ（ルアーの尾にブレードが付いたもの）が有利。アタリがあったら、しっかりアワセを入れよう！

CLOSE UP ITEM

バイブレーション

ひし形のボディをした沈下型のルアー。水中でブルブルと小刻みにバイブレーションしながら泳いで魚にアピールする。

凪《なぎ》｜海面に波がなく穏やかなこと。

Megochi 32

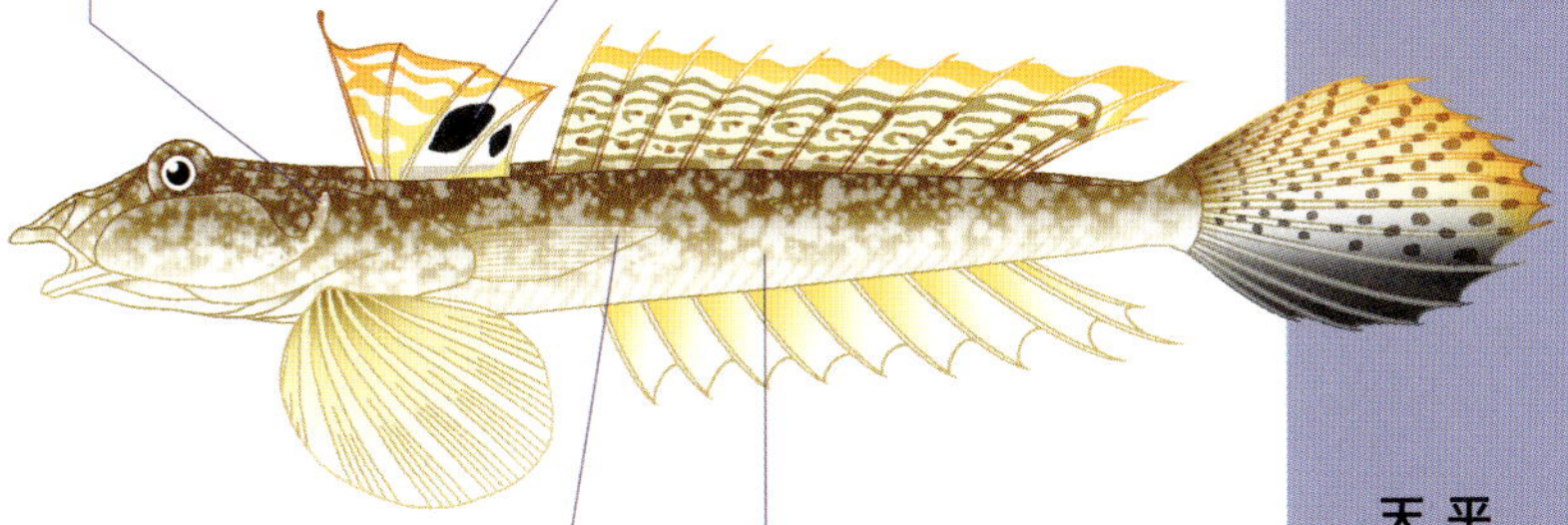
内側に曲がった
棘《きょく》がある。
メスは第1背ビレの後ろ
に黒い斑点がある。
ネバネバした粘液に
覆われている。
茶褐色に白や黄色の
斑が散らばっている。

釣り時期

4月～11月
12月～3月

メゴチ【雌鯒】

平たい体型と全身を覆う粘液が特徴的 天ぷらや刺身が絶品の美味魚

チョイ投げ仕掛けで気軽に楽しめる！

メゴチは、ネズミゴチやセトヌメリといったネズッポ属の魚の総称。上から押しつぶしたような平たい体型で、全身がネバネバした粘液に覆われているので魚をハリから外すときは魚バサミを使うとよい。

堤防では主に投げ釣りやチョイ投げ（P61）釣りで、付けエサはジャリメかアオイソメがよい。

チョイ投げ

難易度 ★☆☆

主な他の対象魚

シロギス（P38）

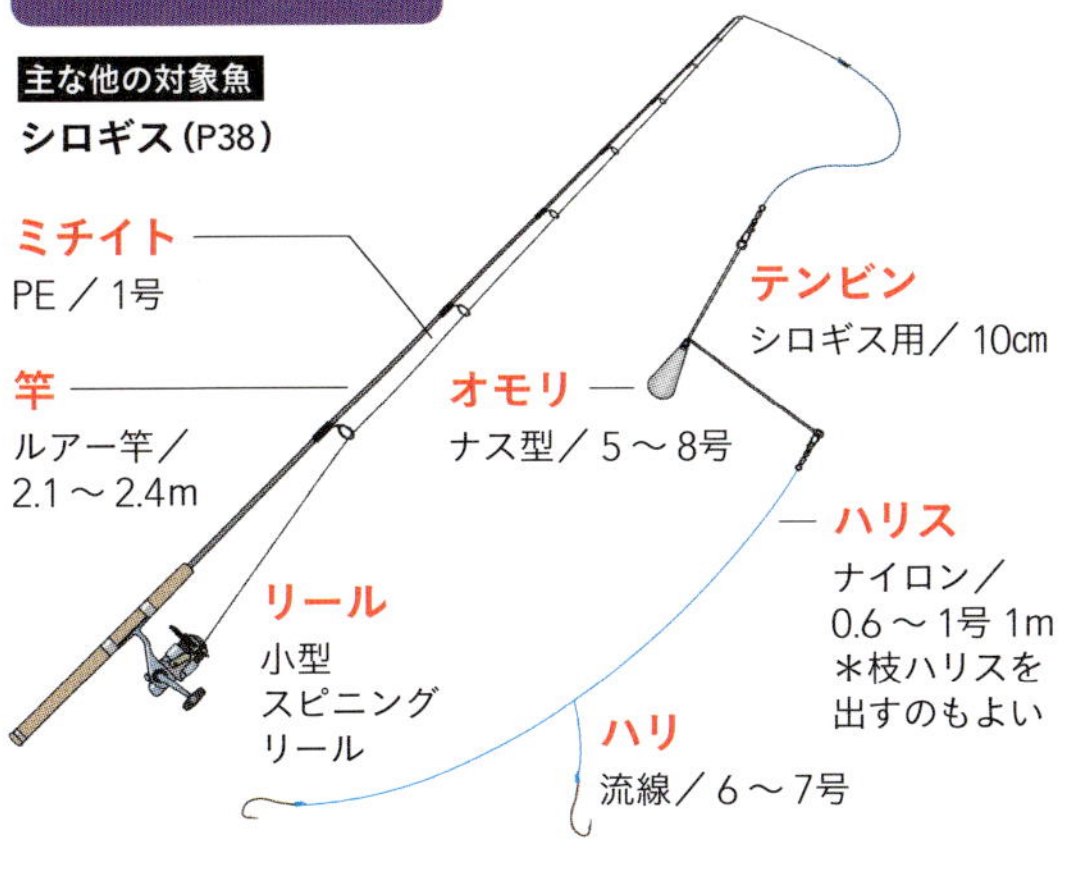
ミチイト
PE／1号
竿
ルアー竿／
2.1～2.4m
リール
小型
スピニング
リール
テンビン
シロギス用／10㎝
オモリ
ナス型／5～8号
ハリス
ナイロン／
0.6～1号 1m
＊枝ハリスを
出すのもよい
ハリ
流線／6～7号

DATA［ネズミゴチ］

分 類	スズキ目、ネズッポ科、ネズッポ属
分 布	東北以南の日本各地
生 態	内湾の砂底に生息し、ゴカイ類や甲殻類を捕食する。春～秋は浅場に回遊してくる。
サイズ	10～25㎝

調理法

刺身	焼く	煮る
蒸す	天ぷら	フライ・唐揚げ
寿司	汁物・鍋物	干物

ドンコ
キンポ
根《ね》掛《が》かり(P27)に
強いブラクリや穴
釣りが有効。
ゴンズイ
ウツボ
岩礁帯《がんしょうたい》を狙う。
ムラソイは足
元の障害物も
好ポイント。
クロソイ
ムラソイ
根が点在している場
所(海面が黒っぽく
なっている)をポイン
トに投げ釣りで誘う。
カジカ
ハマフエフキ

4章

根まわりの16魚種

根に生息する魚の総称を「根《ね》魚《ざかな》」というが、これらは堤防そのものや消波ブロック帯、捨て石帯などにも居着く。根《ね》掛《が》かり(P27)に強い仕掛けにする、根が点在する砂地を狙うなどの戦略も必要だ。

対象魚

アイナメ	イシガキダイ
イシダイ	ウツボ
カジカ	カワハギ
カンダイ	キュウセン
ギンポ	クロソイ
ゴンズイ	ドンコ
ハタ	ハマフエフキ
ブダイ	ムラソイ

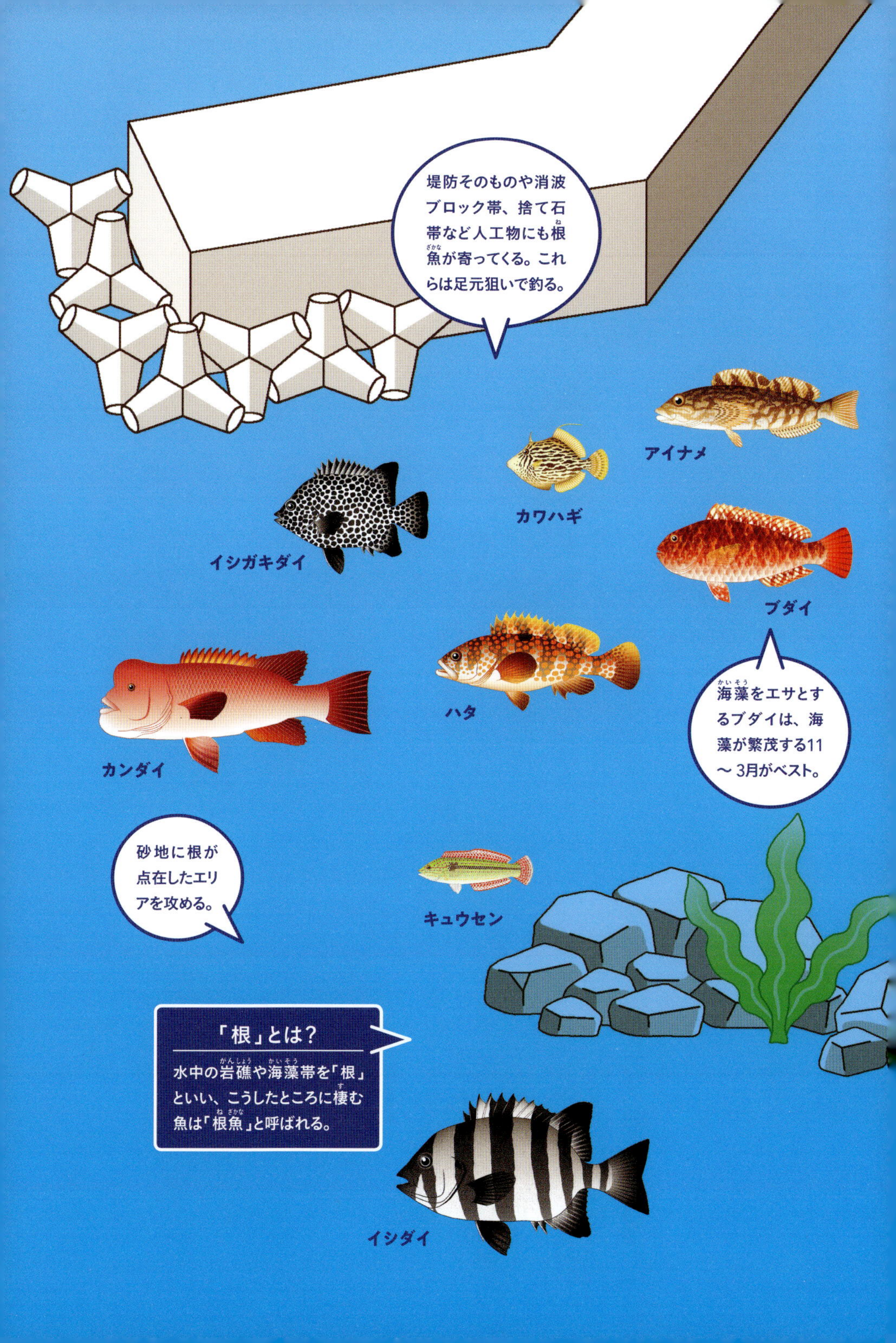

堤防そのものや消波ブロック帯、捨て石帯など人工物にも根《ね》魚《ざかな》が寄ってくる。これらは足元狙いで釣る。
アイナメ
カワハギ
イシガキダイ
ブダイ
ハタ
カンダイ
海藻《かいそう》をエサとするブダイは、海藻が繁茂する11～3月がベスト。
砂地に根が点在したエリアを攻める。
キュウセン
「根」とは？
水中の岩礁《がんしょう》や海藻《かいそう》帯を「根」といい、こうしたところに棲《す》む魚は「根魚《ねざかな》」と呼ばれる。
イシダイ

Ainame 33

釣り時期

10月～1月
2月～9月

アイナメ【鮎魚女】

根魚の仲間としては優しい表情
体長30cmを超えるビール瓶級は引きが強烈！

ウキ
投げ
サビキ
カゴ
ウキフカセ
ルアー
その他

20本の棘《きょく》があり、それらは軟らかい。
尾ビレの後縁《こうえん》はまっすぐになっている。
側線は5本ある。
産卵期、オスの体は鮮やかな黄色になる。

投げ釣りやブラクリ釣り、ヘチ釣りなどが定番スタイル近年ではルアーも活躍！

アイナメは、堤防で釣れる根魚《ねざかな》（P21）の代表格。風貌《ふうぼう》はマイルドで、根魚《ねざかな》にありがちな鋭いヒレのトゲがない。最大の特徴が5本の側線を持つこと。見た目がそっくりなクジメの側線は1本で、尾ビレの後縁《こうえん》が丸みを帯びていることでも区別できる。

全国的に行われている釣り方が、投げ釣り。仕掛けはできるだけシンプルにし、シロギス（P38）釣りのように仕掛けをズルズルと引いてくると根《ね》掛《が》かり（P27）するので、投入後は仕掛けを止めて待つほうがいい。アタリは大型ほど小さいものの、ハリ掛かり後の頭をグングン振るような強い引きは「首振りダンス」などと称される。

足元から水深のある堤防では、シンプルな仕掛けを使ったブラクリ釣り、あるいはヘチ釣りも有効だ。ルアーフィッシングでは、硬めのタックル（P65）と根掛《ねが》かりに強い**テキサスリグ**の組み合わせで狙う。

アイナメの身はやわらかめで、お造りや照り焼き、椀物などが美味。

DATA

分類	スズキ目、アイナメ科、アイナメ属
分布	日本各地
生態	沿岸の岩礁帯に生息する根魚。産卵期は10～1月。昼行性で甲殻類や多毛類を捕食する。
サイズ	20～50cm

調理法

刺身	焼く	煮る
蒸す	天ぷら	フライ・唐揚げ
寿司	汁物・鍋物	干物

テキサスリグ｜ワームに中通しオモリをセットしたリグ。

投げ釣り

難易度 ★★☆

主な他の対象魚

クロダイ(P28)、スズキ(P62)、イシモチ(P78)

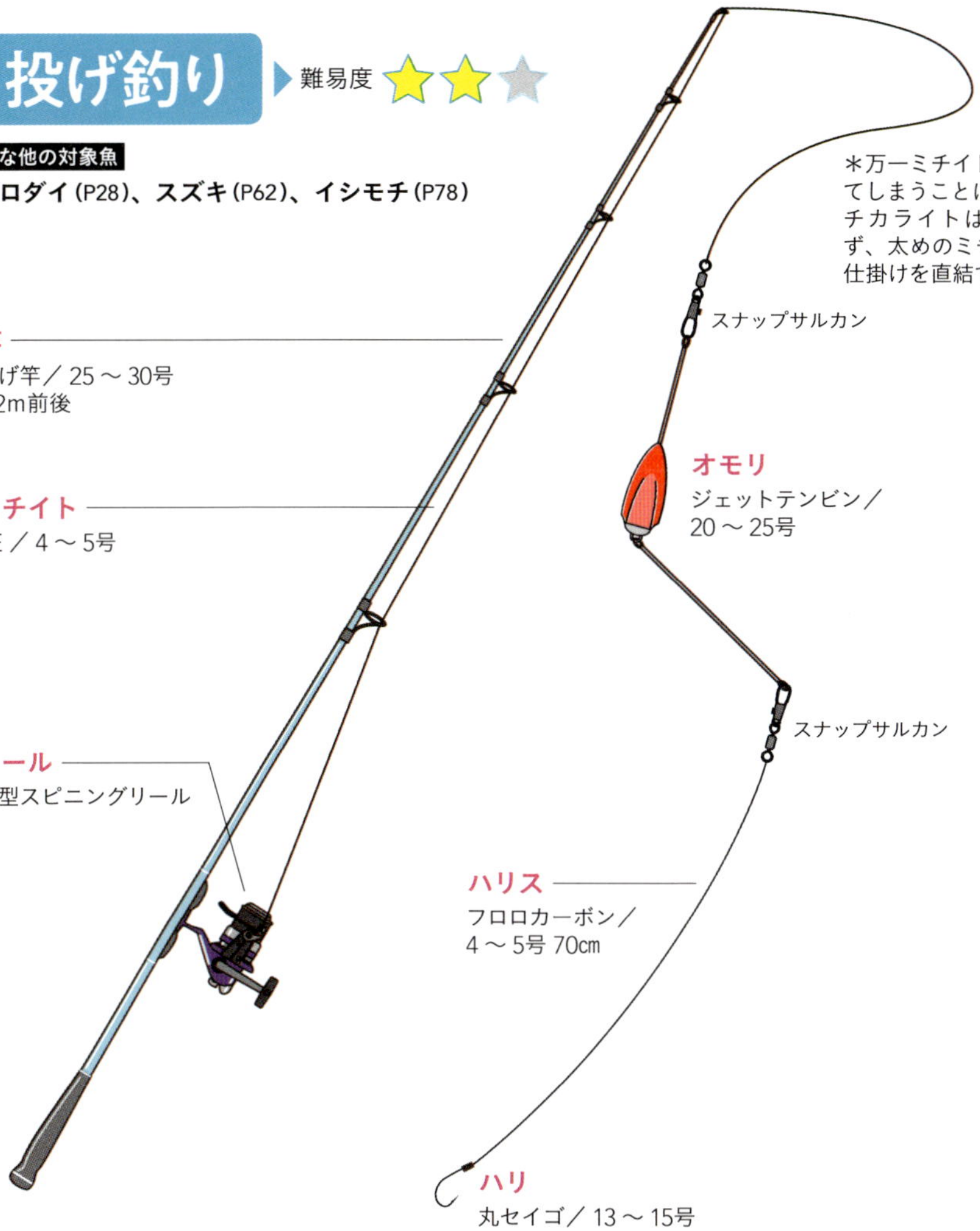
＊万一ミチイトが切れてしまうことに備えてチカライトは使用せず、太めのミチイトと仕掛けを直結する
竿
投げ竿／25～30号
4.2m前後
スナップサルカン
オモリ
ジェットテンビン／20～25号
ミチイト
PE／4～5号
スナップサルカン
リール
大型スピニングリール
ハリス
フロロカーボン／4～5号 70cm
ハリ
丸セイゴ／13～15号

シンプルな仕掛けとPEラインで根掛かりを回避！

海底に広がる岩《がん》礁《しょう》帯《たい》を広範囲に攻略するなら、投げ釣りがおすすめだ。根の荒い海底を狙うので、仕掛けは浮き上がりのいいジェットテンビンと1本バリの組み合わせがいいだろう。また、ミチイトに感度の優れたPEを使うことで根の存在などを把握しやすくなり、根《ね》掛《が》かり(P27)対策にもなる。付けエサは、イワイソメやアオイソメが一般的。

◀次ページに続く

CLOSE UP ITEM

ジェットテンビン

小さなフィンが付いたボディとオモリが合体したテンビンオモリ。回収時に浮き上がりやすいため、根《ね》掛《が》かりが軽減される。

ブラクリ

難易度 ★☆☆

主な他の対象魚

ギンポ(P112)、**ムラソイ**(P122)

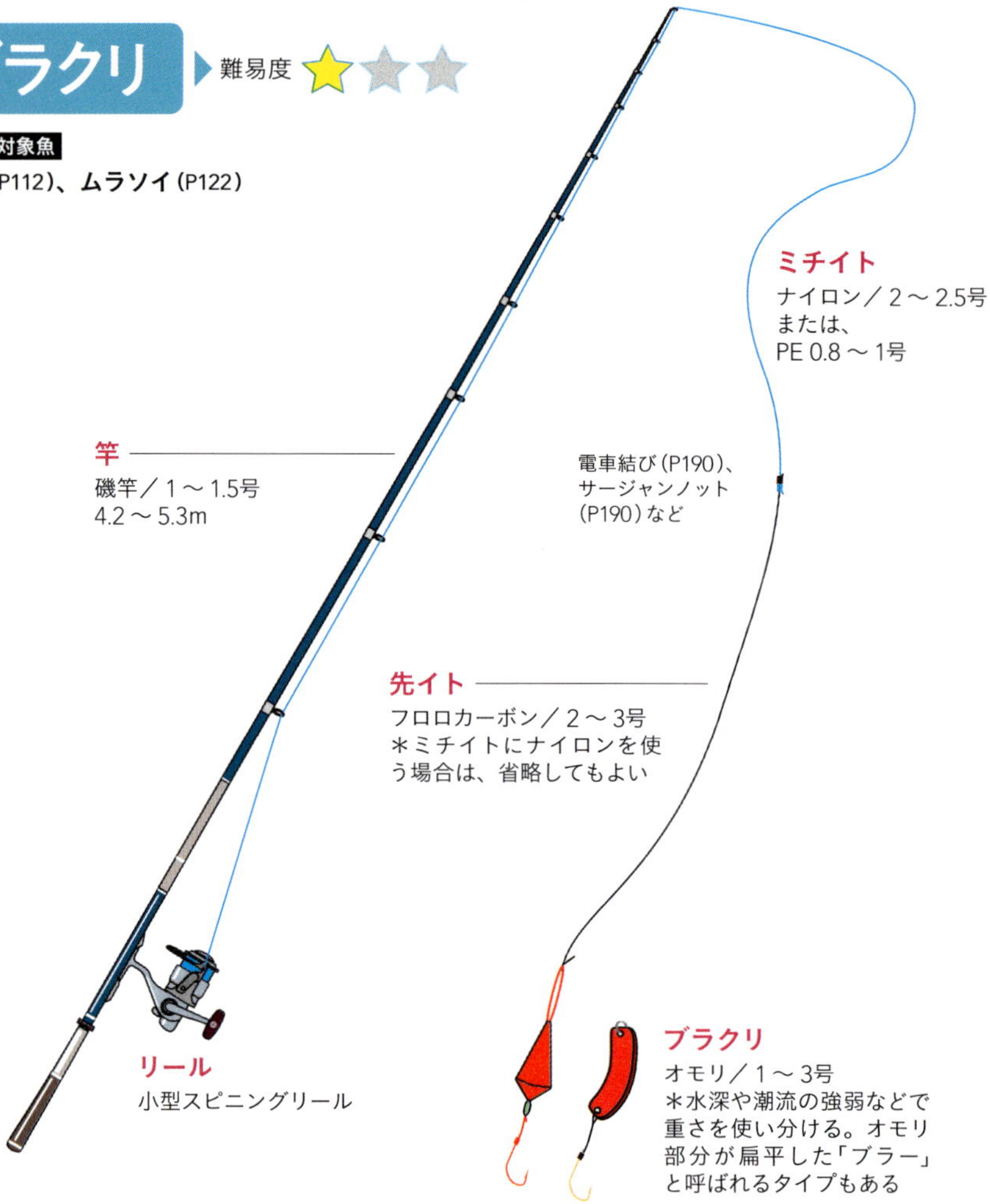
ミチイト
ナイロン／2～2.5号
または、
PE 0.8～1号
竿
磯竿／1～1.5号
4.2～5.3m
電車結び(P190)、
サージャンノット
(P190)など
先イト
フロロカーボン／2～3号
＊ミチイトにナイロンを使
う場合は、省略してもよい
リール
小型スピニングリール
ブラクリ
オモリ／1～3号
＊水深や潮流の強弱などで
重さを使い分ける。オモリ
部分が扁平した「ブラー」
と呼ばれるタイプもある

長めの竿と視認しやすいライン、小さめのハリで楽しみたい

岩礁帯《がんしょうたい》を広く狙うなら、竿は長めのものが万能。短い竿だと沖で掛けた大物に根に潜られやすくなる。ミチイトは視認性のいいものなら、ラインの動きでもアタリが取れる。ブラクリ(P21)は市販品を使ってもいいが、ハリが大きいとハリ掛かりが悪くなるので注意。重さは軽いほど根《ね》掛《が》かり(P27)しにくいので、1号か2号を基準としたい。

CLOSE UP ITEM

ブラー

オモリ部分が短冊《たんざく》のように平たくなっているタイプのブラクリ。沈下時にルアーのようにアクションして魚にアピールする。

ヘチ釣り

難易度 ★★☆

主な他の対象魚

クロダイ（P28）

ミチイト
ナイロン／2号
電車結び
（P190）など
竿
ヘチ竿／2.1～2.7m
ハリス
フロロカーボン／
1.5～3号 3m
リール
タイコリール
オモリ
ガン玉／B～4B
ハリ
チヌ／2～3号

軽量なガン玉でゆっくり落とし込む

ヘチ釣りでは、堤防のきわに仕掛けをゆっくりと落とし込んでいくのが基本。このため、オモリは軽量なガン玉（P32）を使用する。ミチイトは視認性に優れたものを使うとアタリが取りやすい。付けエサは、イワイソメやアオイソメ。

ルアー

難易度 ★★☆

主な他の対象魚

ハタ（P116）、**ムラソイ**（P122）

エビや小魚を模したルアーで底層を探る

竿は根魚《ねざかな》（P21）専用もあるが、硬めのバスロッドでも使える。ワーム（P15）の種類は、海底を小突いたり岩礁《がんしょう》のすき間に落とし込むような場合はザリガニを模したもの（クロー系という）、底層近くを泳がせてくるときは小魚を模したもの（シャッド系という）、というように状況に合わせて使い分けよう！

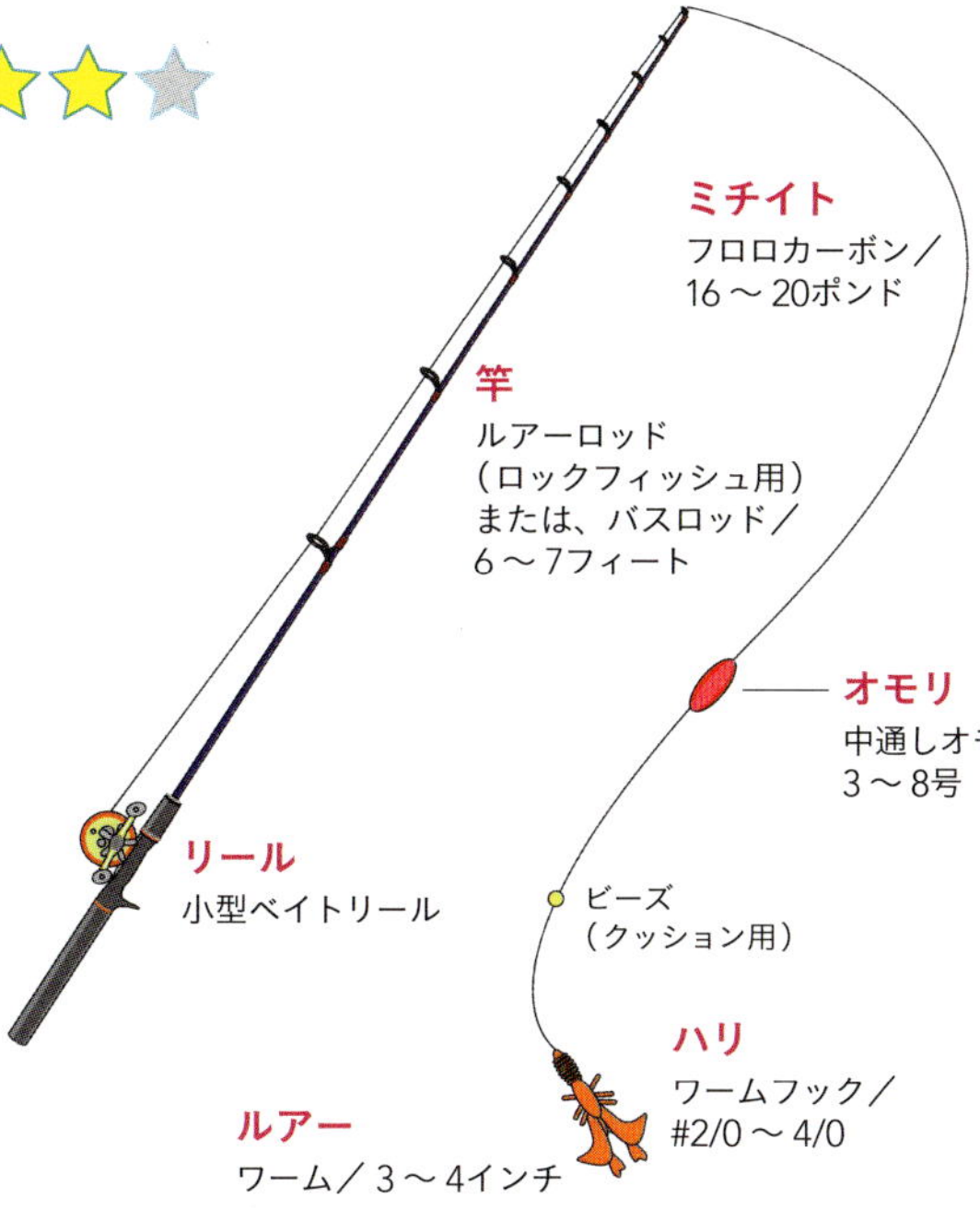
ミチイト
フロロカーボン／
16～20ポンド
竿
ルアーロッド
（ロックフィッシュ用）
または、バスロッド／
6～7フィート
オモリ
中通しオモリ／
3～8号
リール
小型ベイトリール
ビーズ
（クッション用）
ハリ
ワームフック／
#2/0～4/0
ルアー
ワーム／3～4インチ

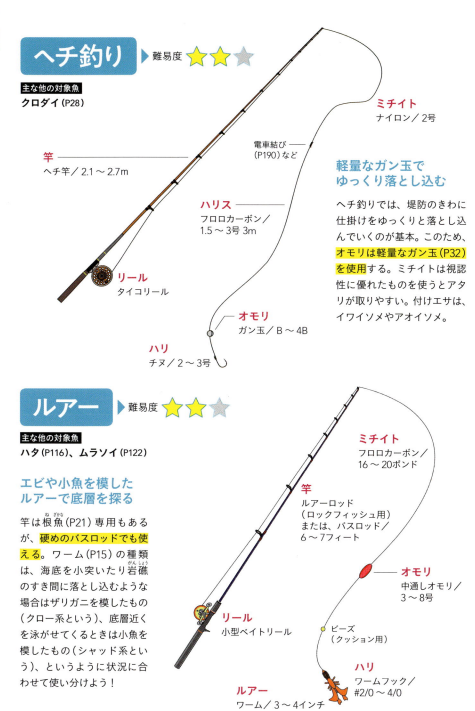

Ishigakidai **34**

釣り時期

5月～6月
9月～10月
4月, 7～8月
11月

イシガキダイ【石垣鯛】

石垣模様の斑紋と強靭なアゴが特徴
イシダイに並ぶアングラー憧れのターゲット

ウキ
投げ
サビキ
カゴ
ウキフカセ
ルアー
その他

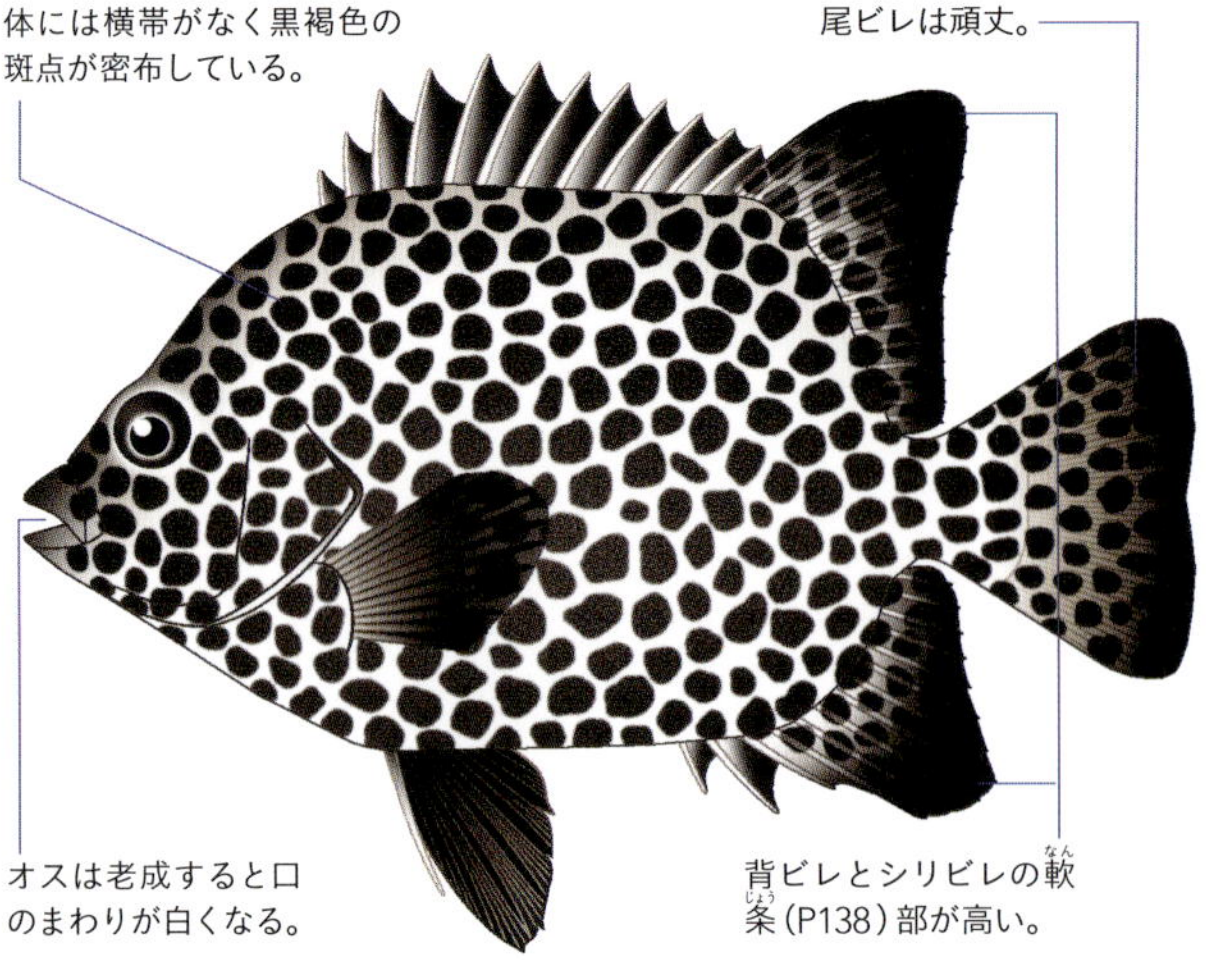

体には横帯がなく黒褐色の
斑点が密布している。
尾ビレは頑丈。
オスは老成すると口
のまわりが白くなる。
背ビレとシリビレの軟《なん》
条《じょう》（P138）部が高い。

DATA

分類	スズキ目、イシダイ科、イシダイ属
分布	房総半島以南の各地
生態	浅い海の岩礁帯やサンゴ帯に生息。肉食性で、甲殻類、貝類、ウニなどを好んで捕食する。
サイズ	30～50㎝

調理法

刺身	焼く	煮る
蒸す	天ぷら	フライ・唐揚げ
寿司	汁物・鍋物	干物

超ライトタックルと繊細な仕掛けで強烈なファイトを楽しむ

幅広い体高とオウムのような頑丈なアゴ、そして体側の鮮明な斑紋《はんもん》が特徴的なイシガキダイは、比較的暖かい海を好む。最大で80㎝を超える魚で、磯釣りでは定番のターゲットだ。体長40㎝以下の小型サイズなら堤防からでも狙える。

釣り方は、磯と同様のぶっ込み釣りや宙層釣り（仕掛けを海底から浮かせた状態にする）といった方法もあるが、よりライトなタックル（P65）を使うヘチ（P32）釣りというスタイルが楽しめる。竿は、イカ釣り用のエギングロッドやジギングロッド、ひとつテンヤ（P108）用など。ミチイトもPE2号程度までと繊細だ。

釣り場は、ある程度の水深（5～10mほど）と潮流が動いていることが必須条件。仕掛けを堤防ぎわ～数メートル沖に落とし込み、確実に着底させてからアタリを待つ。前アタリの後、竿先を押さえ込むような明確なアタリが出たら大きなアワセを入れ、アゴにしっかりハリ掛かりさせよう！

ぶっ込み｜投げ釣りの一種で、仕掛けを動かさずにアタリを待つ。

ヘチ釣り

難易度 ★★☆

主な他の対象魚

カサゴ(P20)、**イシダイ**(P102)、
カンダイ(P108)

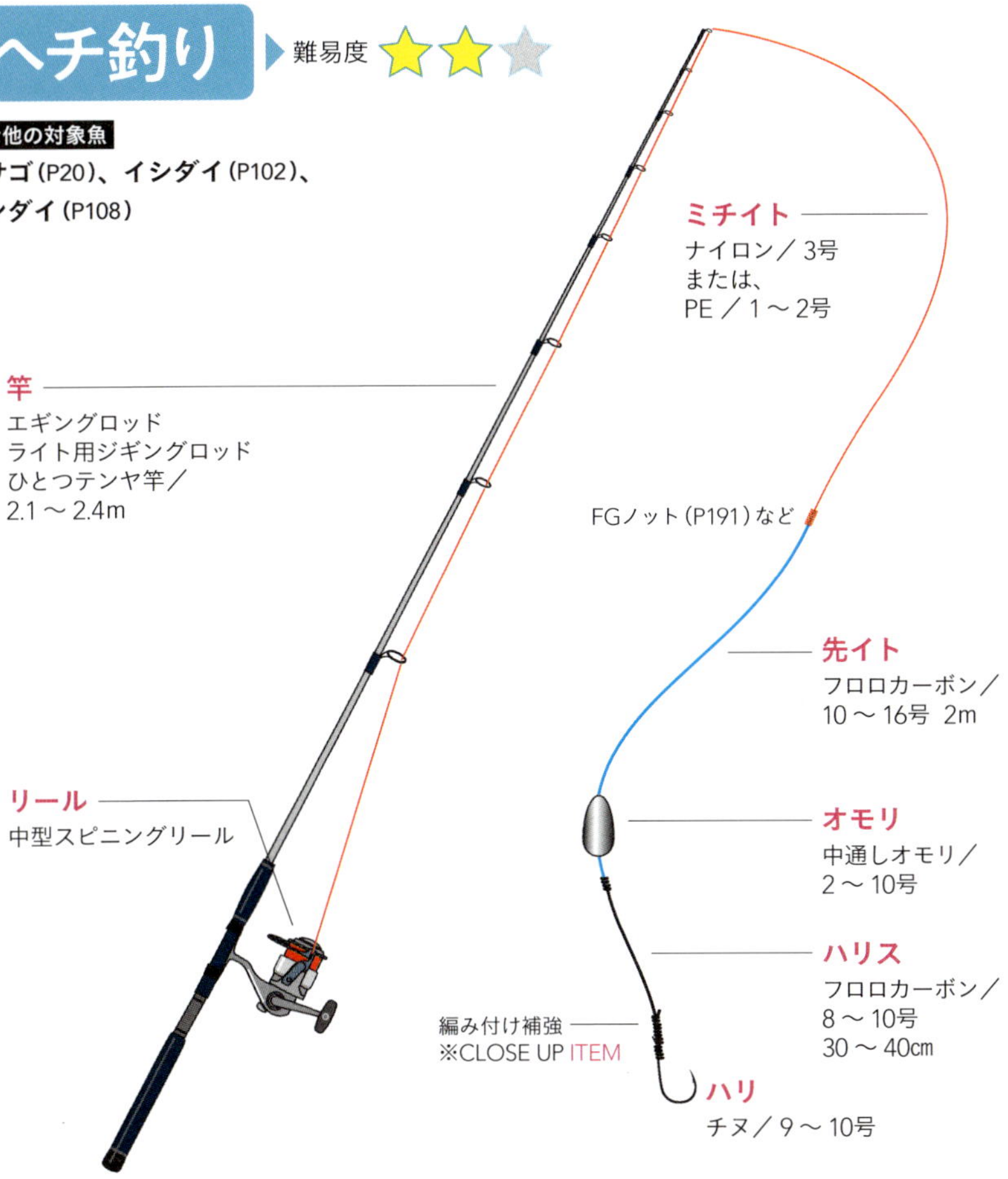
ミチイト
ナイロン／3号
または、
PE／1～2号
竿
エギングロッド
ライト用ジギングロッド
ひとつテンヤ竿／
2.1～2.4m
FGノット(P191)など
先イト
フロロカーボン／
10～16号 2m
リール
中型スピニングリール
オモリ
中通しオモリ／
2～10号
ハリス
フロロカーボン／
8～10号
30～40cm
編み付け補強
※CLOSE UP ITEM
ハリ
チヌ／9～10号

軽量なタックルと シンプルな1本バリで勝負！

仕掛けの構成は非常にシンプル。ただし、強烈な引きに対抗するためには、各所の結びを万全にしておきたい。ハリの**チモト**部分も編み付け補強しておくと安心だ。付けエサは、ウニ(殻ごと)やヤドカリ、サザエ、赤貝、イソガニなど。撒《ま》きエサが禁止されていない釣り場なら、ウニガラなどを撒《ま》いてイシガキダイを寄せるのも効果的だ。

CLOSE UP ITEM

編み付け補強

ハリス先端にフロロカーボン(5号)を添え、内掛け結び(P189)などにしてから添えイトを本線に編み付ける。

チモト | ハリスを結ぶハリの軸の部分。

Ishidai **35**

釣り時期

4月～6月
9月～11月
12月, 3月
7月～8月

イシダイ【石鯛】

発達した体と強靭なアゴを持つ海の王者 その強烈な引きは、想像を絶する！

ウキ
投げ
サビキ
カゴ
ウキフカセ
ルアー
その他

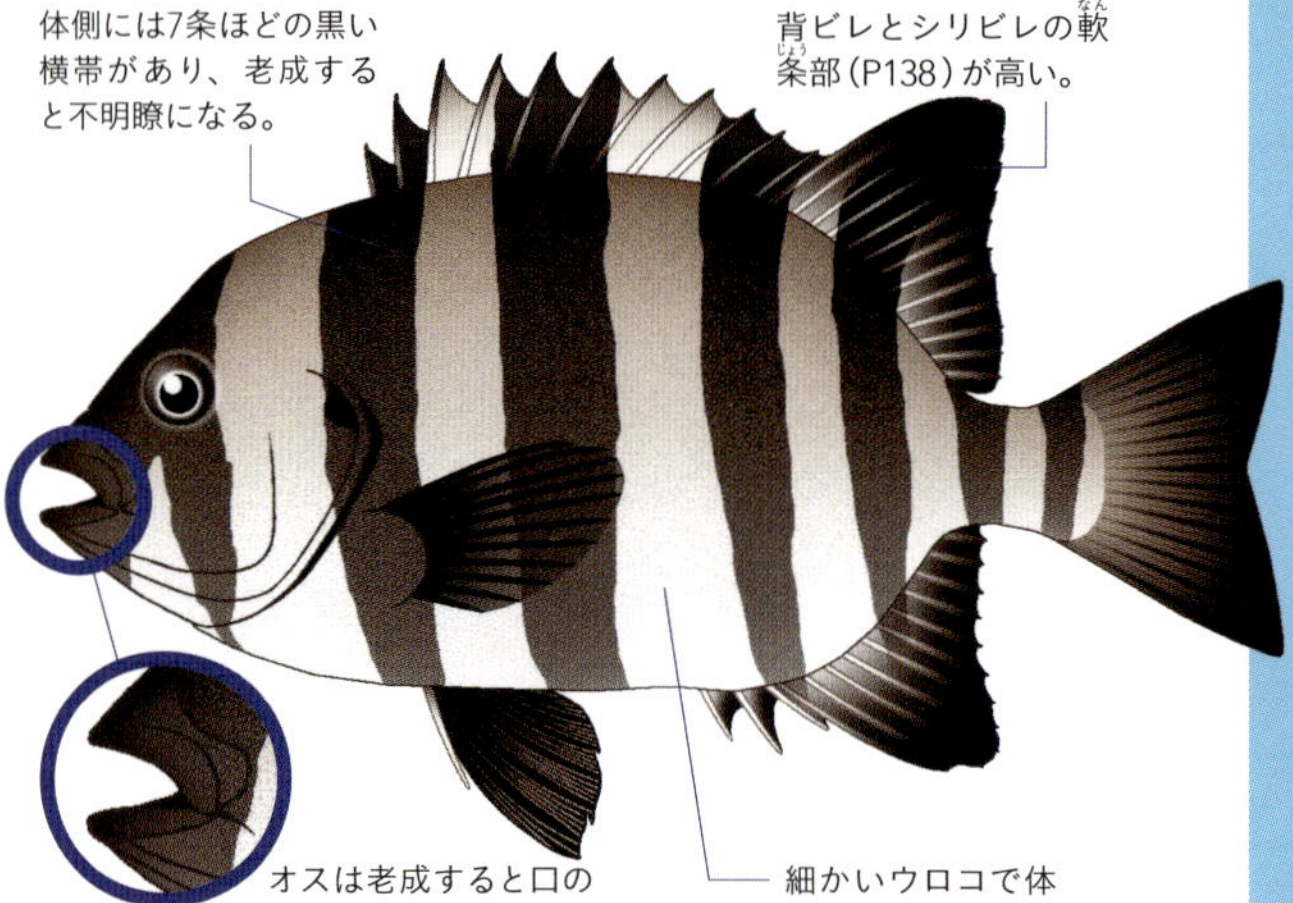

体側には7条ほどの黒い横帯があり、老成すると不明瞭になる。
背ビレとシリビレの軟《なん》条《じょう》部（P138）が高い。
オスは老成すると口のまわりが黒くなる。
細かいウロコで体が覆われている。

強靭なワイヤー仕掛けでアタリをひたすら待つ

見るからにパワフルそうな体つきや歯を持つイシダイは、最大で体長が70㎝にもなる海の王者だ。荒磯で釣るイメージが強いが、エリアによっては堤防からでも十分に狙える。専用竿を使ったぶっ込み（P100）で、ハリスに強靭なワイヤーを使用し、**捨てオモリ**仕様とする。付けエサはサザエやヤドカリ、ウニ（殻ごと）など。

DATA

分　類　スズキ目、イシダイ科、イシダイ属
分　布　東北～九州
生　態　沿岸部の岩礁帯に生息し、甲殻類や貝類などを丈夫な歯でかみ砕きながら捕食する。
サイズ　40～60㎝

調理法

刺身	焼く	煮る
蒸す	天ぷら	フライ・唐揚げ
寿司	汁物・鍋物	干物

投げ釣り

難易度 ★★★

主な他の対象魚
イシガキダイ（P100）、**ウツボ**（P103）

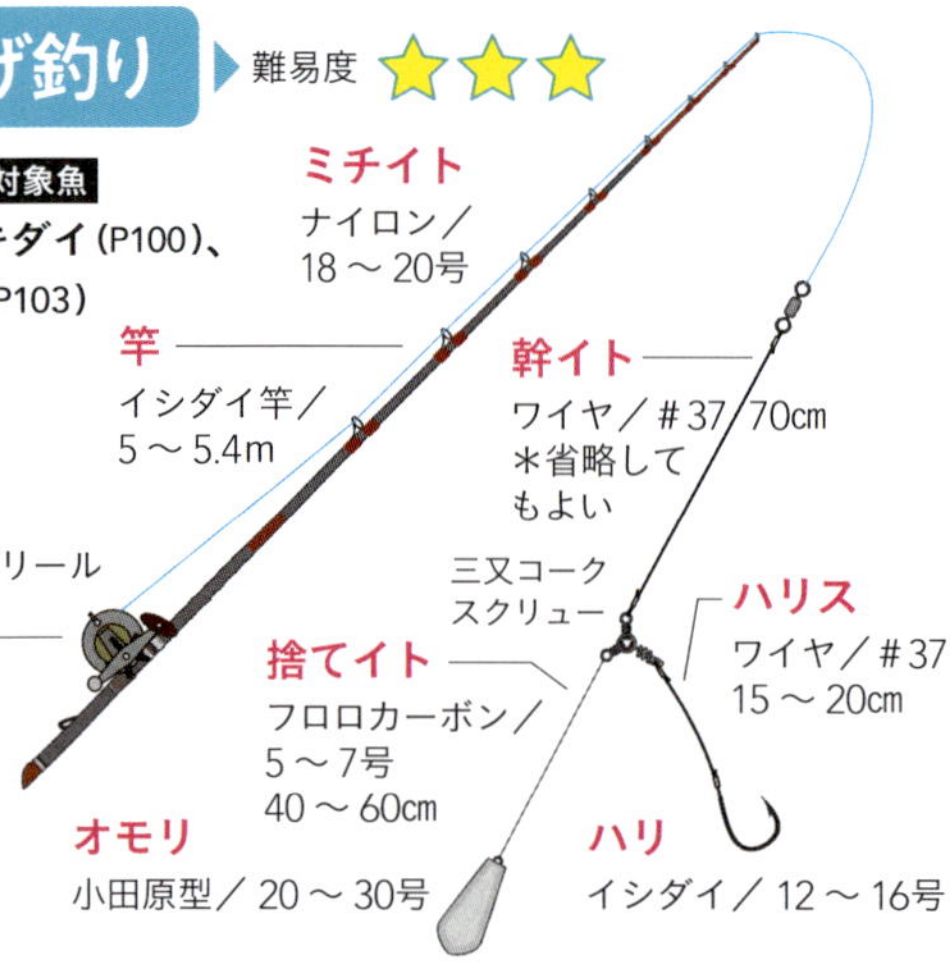

ミチイト
ナイロン／18～20号
竿
イシダイ竿／5～5.4m
幹イト
ワイヤ／＃37／70㎝
＊省略してもよい
リール
大型両軸リール
三又コークスクリュー
ハリス
ワイヤ／＃37
15～20㎝
捨てイト
フロロカーボン／5～7号
40～60㎝
オモリ
小田原型／20～30号
ハリ
イシダイ／12～16号

捨てオモリ｜細いイトで結び、根《ね》掛《が》かりの際はオモリだけが切れる。

Utsubo 36

釣り時期
5月～11月
12月～4月

ウツボ【鱓】

**細長い円筒形の体型と鋭い歯が特徴的
見た目によらず、食味は抜群**

ウキ
投げ
サビキ
カゴ
ウキフカセ
ルアー
その他

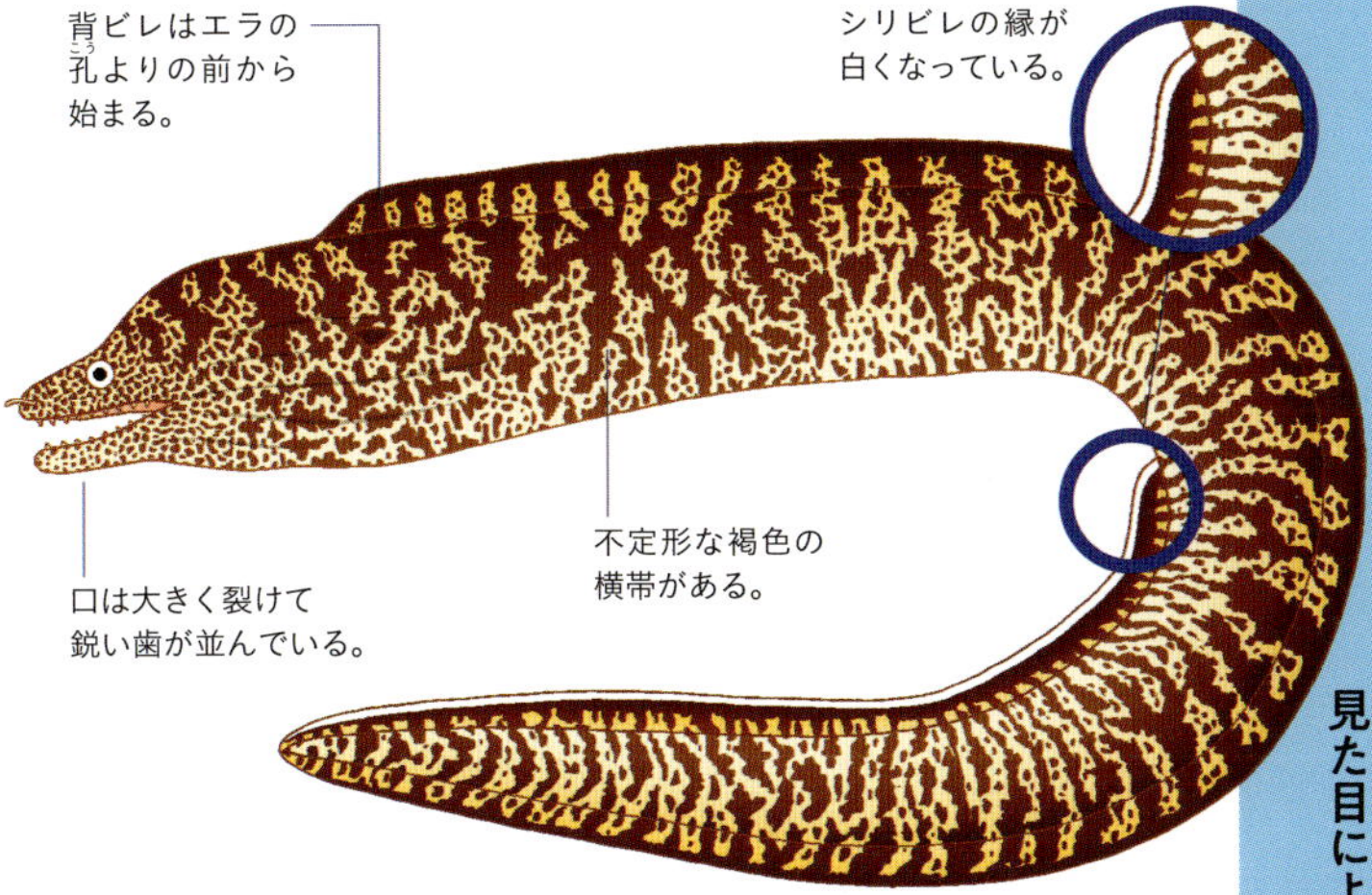
背ビレはエラの
孔《こう》よりの前から
始まる。
シリビレの縁が
白くなっている。
不定形な褐色の
横帯がある。
口は大きく裂けて
鋭い歯が並んでいる。

ライト感覚で楽しめるブラクリ仕掛けがおすすめ

イシダイやイシガキダイ狙いの定番のゲストとして知られるウツボだが、大型は引きが強烈なので、専門に狙うのも楽しい。

釣り方はイシダイ（P102）同様の投げ釣りのほか、強めのバスロッドを使ったブラクリ釣り。市販のブラクリ仕掛けはハリが小さいので、パーツを入手して自作する人もいる。エサはサンマの切り身。

DATA

分類　ウナギ目、ウツボ科、ウツボ属
分布　関東以南の各地
生態　浅い海の岩礁帯に生息。夜行性の傾向が強く、主に魚類や甲殻類などを捕食する。
サイズ　50～80㎝

調理法

刺身	焼く	煮る
蒸す	天ぷら	フライ・唐揚げ
寿司	汁物・鍋物	干物

ブラクリ ▶難易度 ★★☆

主な他の対象魚
カサゴ（P20）、クロソイ（P113）

竿
バスロッド／
2m前後
ミディアムクラス
ミチイト
PE／5～6号
リール
小型
ベイトリール
ブラクリ
中通しオモリ／5～8号
ハリス／ケブラー10～15号など
ハリ／丸セイゴ16～18号

釣り時期
10月～12月
1月～9月

カジカ【鰍】

北海道の堤防で狙えるのが、ギスカジカ食材としても、汁物や鍋物などで極上！

ウキ
投げ
サビキ
カゴ
ウキフカセ
ルアー
その他

丈夫な皮膚に覆われていてウロコはほとんどない。
第1背ビレは棘条《きょくじょう》（P106）、第2背ビレは軟条《なんじょう》（P138）でできている。
頭部は平たく幅広い。
腹側に不定形な網目状の斑《はん》紋《もん》がある。
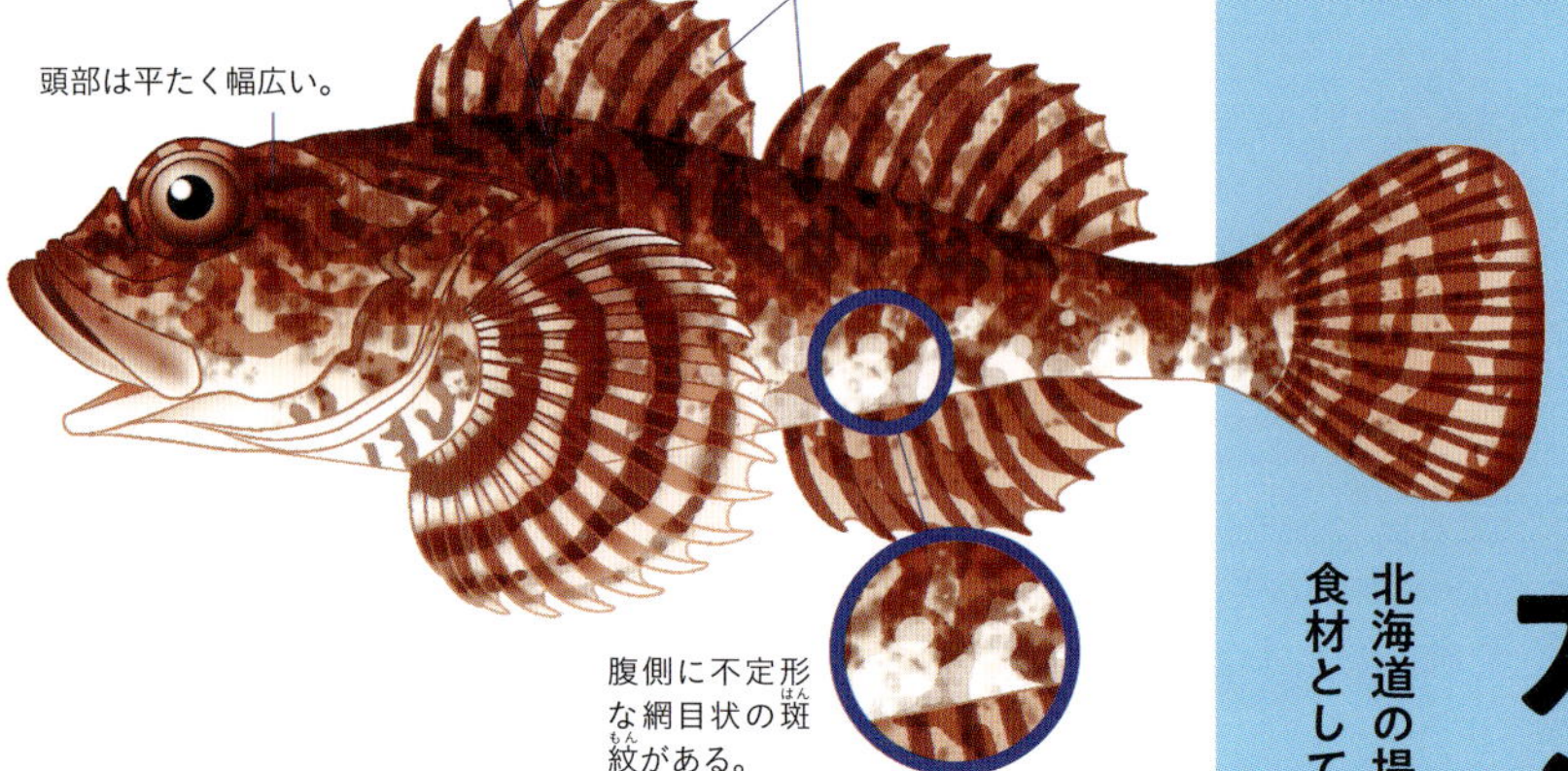

根まわりをタイトに狙える胴付き仕掛けが有利大物を狙うなら夜釣りが◎

　カジカ科の魚は国内だけでも80種が生息しており、いずれも大きな頭部とよく発達した胸ビレが外見上の特徴。堤防釣りの対象になるのは主にギスカジカやオクカジカ、シモフリカジカ、トゲカジカ。それぞれ頭部のトゲの有無や身体の模様などで区別するが、同じ種でも生息環境によって差異が大きいため、見分けるのは難しい。

　北海道で投げ釣りの対象魚であるのが、ギスカジカ。とくに産卵のために接岸してくる秋~冬は食の旬でもあるため、専門に狙う人が急増する。釣り場は根の点在する堤防や漁港、磯場など。日中でも釣れるが、夜行性の傾向があるため大物を狙うなら夜釣りが有利だ。釣り方は投げ釣りがメインで、集魚《しゅうぎょ》効果のあるイカゴロ（イカの内臓）を装餌《そうじ》（P26）できる孫《まご》バリ（P87）仕掛けが主に使われている。

　カジカは、北海道や東北エリアで鍋物の食材とされるポピュラーな魚。新鮮なものなら、刺身や昆布締め、唐揚げにしてもおいしい。

DATA［ギスカジカ］

分類	カサゴ目、カジカ科、ギスカジカ属
分布	北海道～東北
生態	浅海の藻場や岩礁帯に生息。夜行性が強く、主に小魚や甲殻類、多毛類を捕食する。
サイズ	30～50㎝

調理法

刺身	焼く	煮る
蒸す	天ぷら	フライ・唐揚げ
寿司	汁物・鍋物	干物

集魚《しゅうぎょ》｜魚類を集めること。

投げ釣り

難易度 ★☆☆

主な他の対象魚

ホッケ（P69）、**コマイ**（P83）

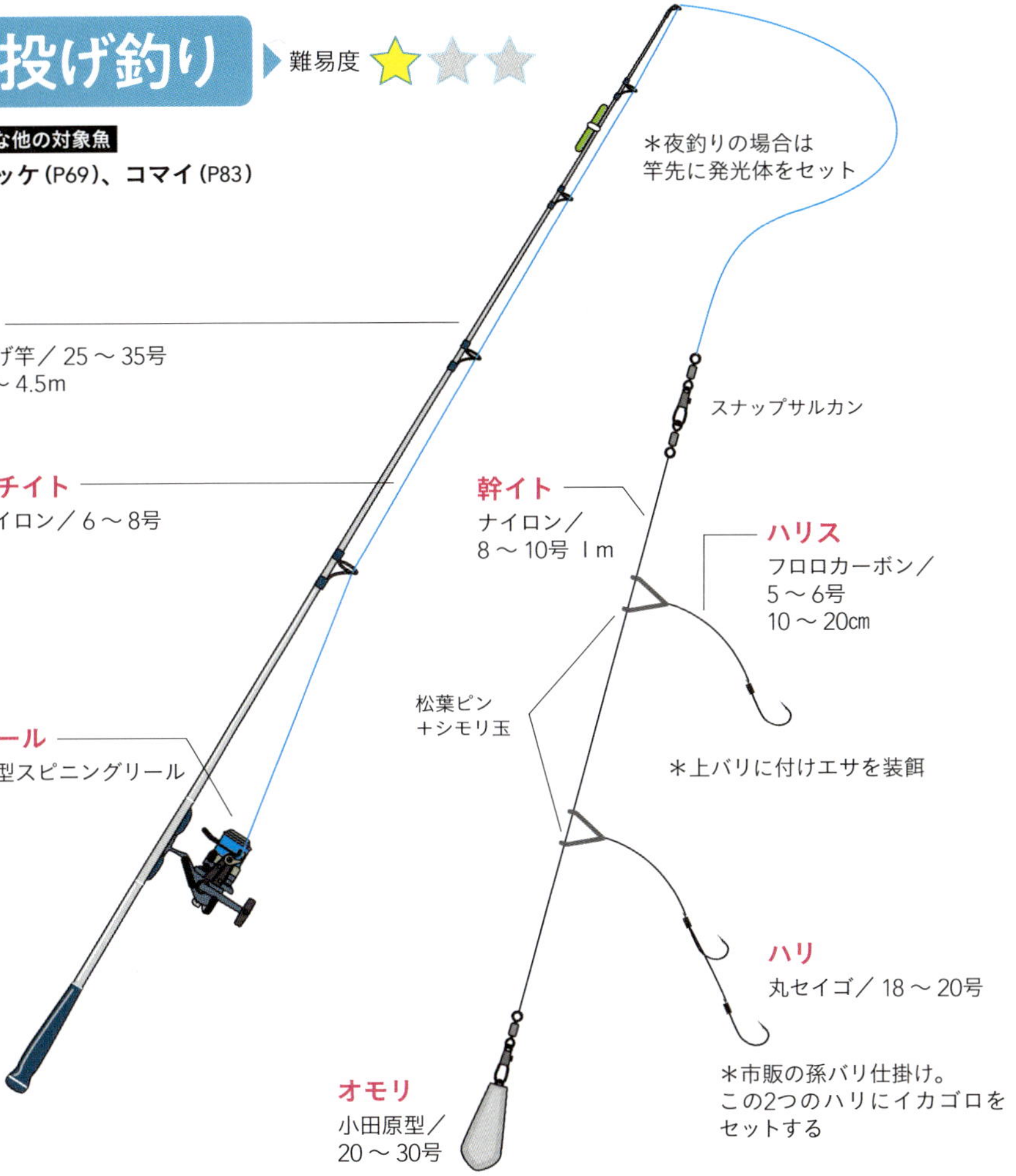
竿
投げ竿／25～35号
4～4.5m
ミチイト
ナイロン／6～8号
リール
大型スピニングリール
＊夜釣りの場合は
竿先に発光体をセット
スナップサルカン
幹イト
ナイロン／
8～10号 1m
ハリス
フロロカーボン／
5～6号
10～20㎝
松葉ピン
＋シモリ玉
＊上バリに付けエサを装餌
ハリ
丸セイゴ／18～20号
＊市販の孫バリ仕掛け。
この2つのハリにイカゴロを
セットする
オモリ
小田原型／
20～30号

「胴付き＋孫バリ仕掛け」で集魚効果を期待！

仕掛けは、根掛《ねが》かり（P27）に強い胴付《どうづ》き（P22）タイプが基本。イカゴロを装餌《そうじ》（P26）する場合は、孫《まご》バリ（P87）や専用のネットを使用した専用仕掛けが必要になるが、これは北海道の釣具店でも入手できる。イカゴロを付けると仕掛けがかなり重くなるので、チョイ投げ（P61）で釣れる場所を選ぶことが大切だ。付けエサは、サンマやソウダガツオの切り身など。

CLOSE UP ITEM

切り身エサ

北海道では釣具店でも切り身エサが売られているが、自分でも簡単につくれる。事前にサンマなどを15㎜幅にカットして塩漬けにしておく。

Kawahagi **38**

釣り時期

5月～10月

11月～4月

カワハギ【皮剥】

ひし形の体型で、オチョボ口
上品な白身と濃厚なキモは、フグにも並ぶ味！

ウキ / **投げ** / サビキ / カゴ / ウキフカセ / ルアー / **その他**

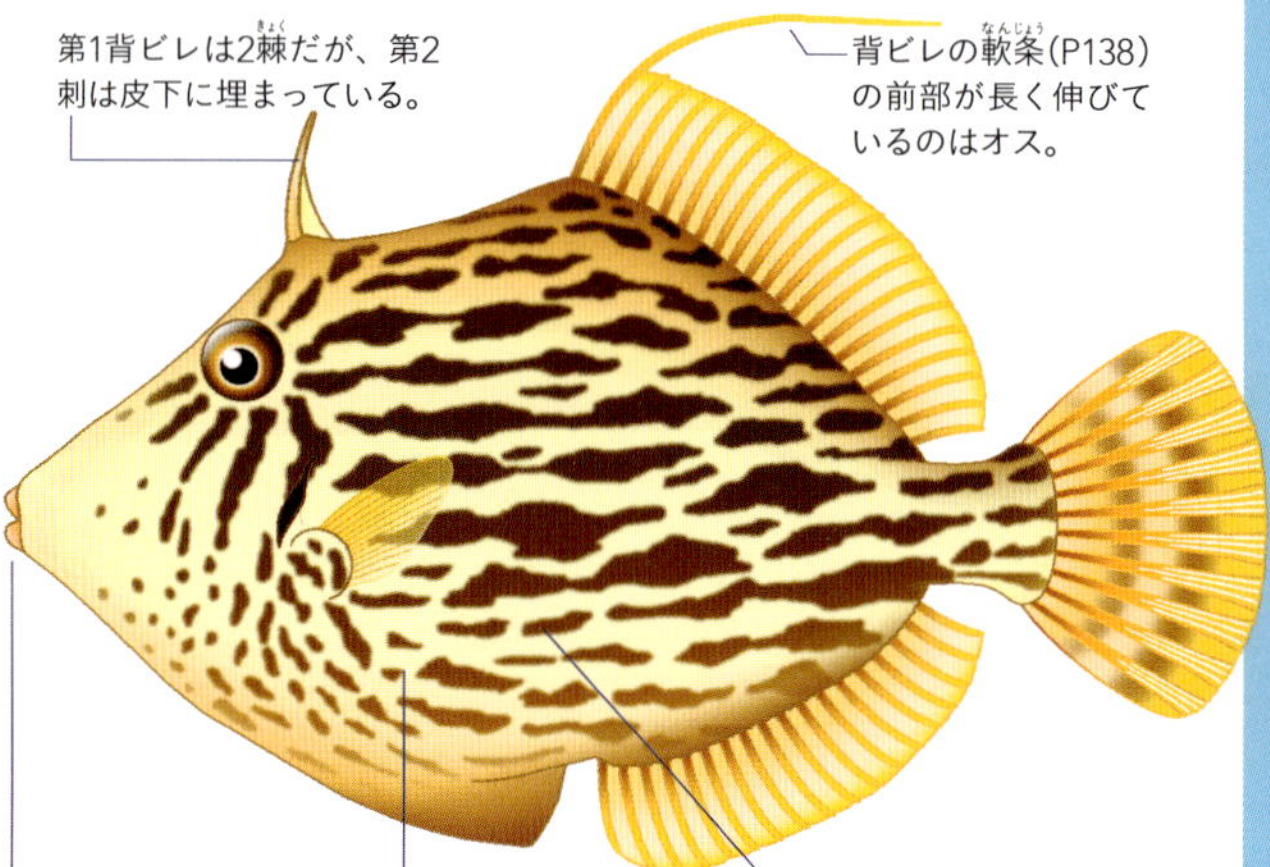
第1背ビレは2棘《きょく》だが、第2刺は皮下に埋まっている。
背ビレの軟条《なんじょう》(P138)の前部が長く伸びているのはオス。
口は小さくとがっている。歯は頑丈。
腹部が膨らんでいるものは肝も大きい。
ウロコは小さくやわらかい。皮ははげやすい。

投げ釣りでもミャク釣りでも仕掛けづくりでは、エサ取り対策が重要！

ひし形に近い平べったい体型と頭上に伸びた棘条《きょくじょう》が特徴的なカワハギ。小さな口には頑丈な歯が並び、少しずつエサをついばむように捕食する。このため釣り人にはなかなかアタリが伝わりにくく、「エサ取り名人」の異名を取るほどだ。

カワハギは船釣りの定番対象魚として知られているが、堤防からの釣りも可能だ。季節的には食味がよくなる秋～冬が狙い目だが、実際に釣りやすいのは岸近くまで接岸してくる初夏～夏。釣り場はゴツゴツした岩礁帯《がんしょうたい》より、砂地に根が点在しているエリアのほうが根掛《ねが》かり（P27）が少なく楽しめる。

釣り方は投げ釣りが定番で、水深のある堤防なら足元狙いのミャク釣りもよい。いずれにしても、カワハギはエサ取りが上手なので、誘いの方法やアワセのタイミングなどを工夫しながらハリ掛かりさせよう。

キモ（肝臓）と醤油を合わせたタレでいただくお造りは絶品。煮付けや塩焼き、鍋物も極上である。

DATA

分　類	フグ目、カワハギ科、カワハギ属
分　布	東北～九州
生　態	沿岸の砂地と岩礁が混じる海底に生息。産卵期は5～8月。主に多毛類や甲殻類を捕食。
サイズ	15～30㎝

調理法

刺身	焼く	煮る
蒸す	天ぷら	フライ・唐揚げ
寿司	汁物・鍋物	干物

棘条《きょくじょう》｜ヒレで骨のようになっている部分。※軟条《なんじょう》(P138)。

投げ釣り

難易度 ★★☆

主な他の対象魚

カレイ(P24)、**アイナメ**(P96)

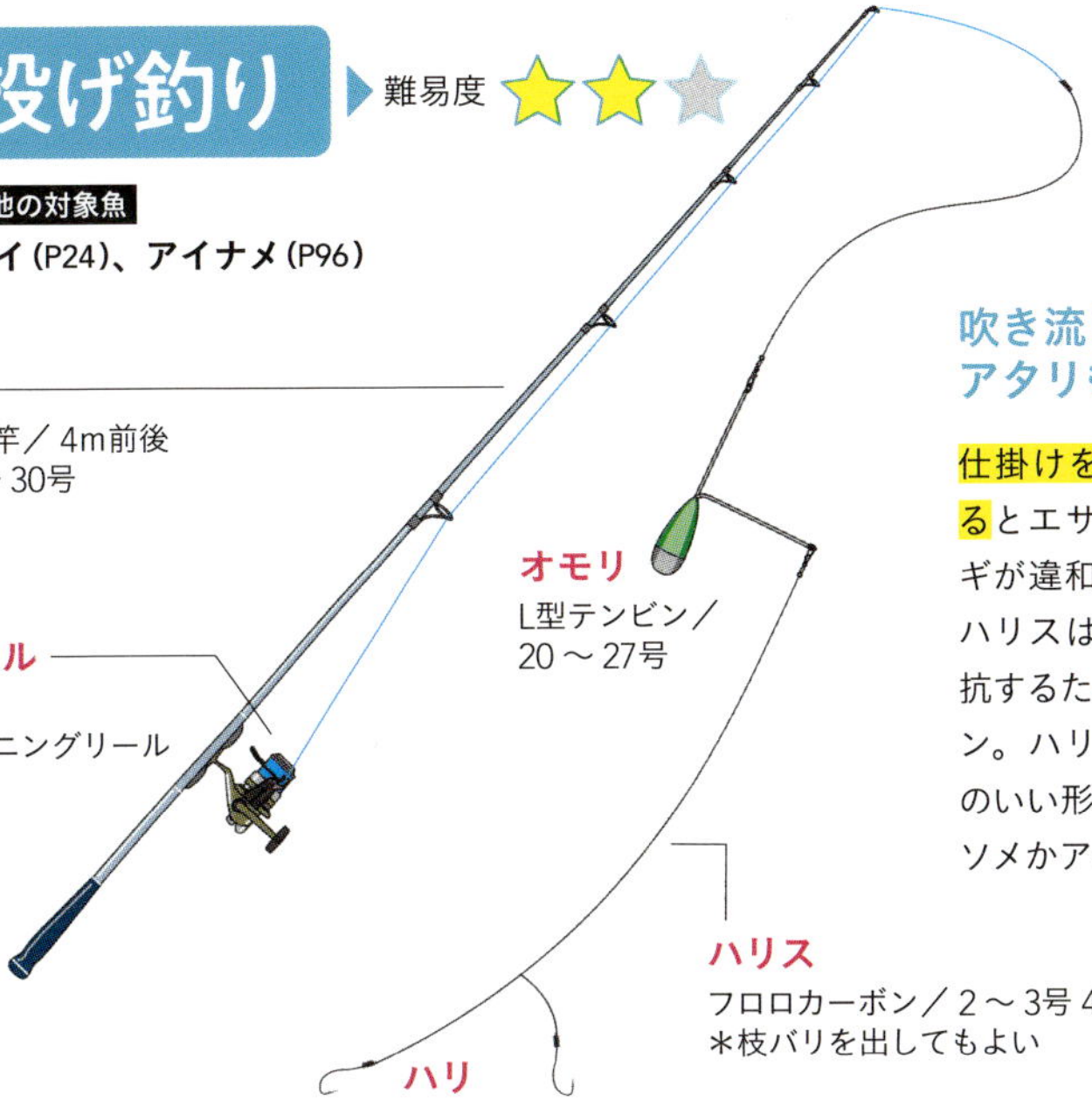
ミチイト
PE／0.8～1号
先端にチカライトを電車結び(P190)などで結節
竿
投げ竿／4m前後
25～30号
オモリ
L型テンビン／
20～27号
リール
中型
スピニングリール
ハリス
フロロカーボン／2～3号 40cm
＊枝バリを出してもよい
ハリ
流線／6～8号

吹き流し仕掛けなら
アタリも出やすい

仕掛けを吹き流し(P79)式にするとエサが底層を漂い、カワハギが違和感なく吸い込みやすい。ハリスはカワハギの鋭い歯に対抗するため、太めのフロロカーボン。ハリは流線などの吸い込みのいい形状のもの。エサはイワイソメかアオイソメを装餌《そうじ》(P26)。

ミャク釣り

難易度 ★★☆

主な他の対象魚

ハタ(P116)、**ムラソイ**(P122)

足元狙いなら
軽量のオモリでOK！

足元狙いのミャク釣りでは、タックル(P65)にカワハギ竿やクロダイ用のイカダ竿などが使える。仕掛けは沖釣り用のものを流用すればいいが、オモリを釣り場の水深や流れの速さに応じて軽めのものにすれば、エサの付け替えから再度投入する一連の流れが楽になる。付けエサはアサリのムキ身のほか、アオイソメも使える。

ミチイト
PE／1～1.5号
先イト
フロロカーボン／
3号 50cm
竿
カワハギ竿
または、
イカダ竿／
1.6～1.8m
幹イト
フロロカーボン／
2.5～3号 70cm
回転ビーズなど
枝ハリス
フロロカーボン／
2号 5cm
＊10～15cm間隔
リール
小型両軸リール
ハリ
丸セイゴ／
6～7号 3本バリ
オモリ
ナス型オモリ／
3～8号

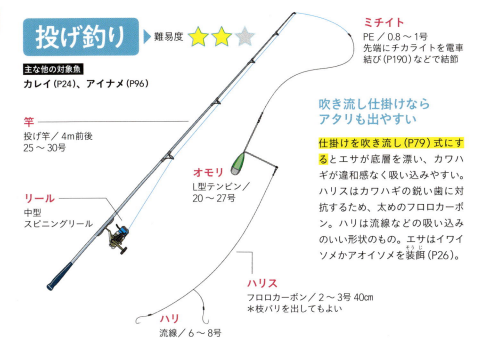

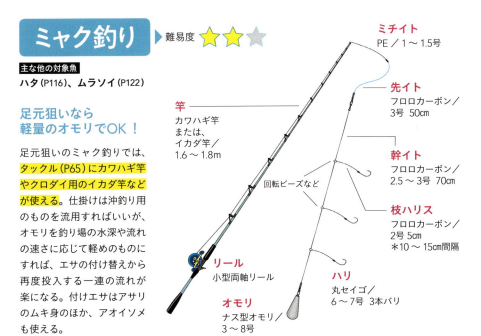

Kandai 39

釣り時期
5月～2月
3月～4月

カンダイ【寒鯛】

標準和名の「コブダイ」の通り、頭上にあるコブ状の突起が特徴的な巨大魚

ウキ / **投げ** / サビキ / カゴ / **ウキフカセ** / ルアー / **その他**

前頭部がコブ状に
張り出している。
背ビレは12棘《きょく》と軟条《なんじょう》
（P138）からなる。
下アゴが著しく厚く
大きく突き出ている。
体色は白っぽい
ピンク～赤色が多い。

相手は強烈なファイターだが、足場のいい堤防からならライトタックルで楽しめる

　最大で体長1ｍにも成長するベラの仲間であるカンダイは、堤防では最大級の魚。標準和名は「コブダイ」で、オスは頭の上にあるコブ状の突起が外見上の大きな特徴だ。食欲旺盛で、サザエやカキ、カニなどを強靭な歯でバリバリと捕食する。ちなみにメスは、オスの半分ほどの大きさでコブはない。

　引きの強い魚だけに、磯からの場合はイシダイ（Ｐ１０２）用のタックル（Ｐ65）や仕掛けを流用することが多いが、足場のいい堤防での釣りなら、よりライトなスタイルを楽しめる。

　カンダイの魚影が濃い瀬戸内海で行われているのが、**カキをエサにするかぶせ釣り**。ヘチ（Ｐ32）竿や**ひとつテンヤ**竿といった繊細な竿で狙うスリリングな釣りだ。また、西日本エリアでは**磯竿を使ったウキフカセ釣りも行われている**。いずれもカンダイがハリ掛かりしたら、素早くリールを巻いて魚を根から離すことが大切だ。

　カンダイの身は、とくに旬の冬場は良質の脂が乗っていておいしい。

DATA［コブダイ］

分　類	スズキ目、ベラ科、コブダイ属
分　布	関東～九州各地
生　態	沿岸域の潮通しのいい岩礁域に生息。肉食性で、主に貝類や甲殻類、魚類どを捕食する。
サイズ	40 ～ 100㎝

調理法

刺身	焼く	煮る
蒸す	天ぷら	フライ・唐揚げ
寿司	汁物・鍋物	干物

ひとつテンヤ｜船からマダイなどを釣る方法。使用する竿が繊細。

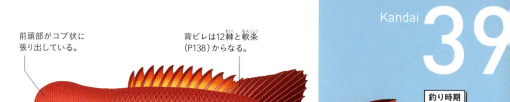

かぶせ釣り

難易度 ★★★

主な他の対象魚

クロダイ（P28）、**イシダイ**（P102）

「柔よく剛を制す」繊細な仕掛けで楽しむ！

柔軟さと強さを兼ね備えたヘチ竿などを使うことで、細いハリスでもカンダイの強烈な引きを凌《しの》げる。エサのカキは内臓を覆っている部分の殻をハンマーで割り、そこにハリを埋め込むように装餌《そうじ》（P26）する。エサを着底させてアタリを待ち、アタリが出たらすぐにアワセて魚を根から引き離そう！

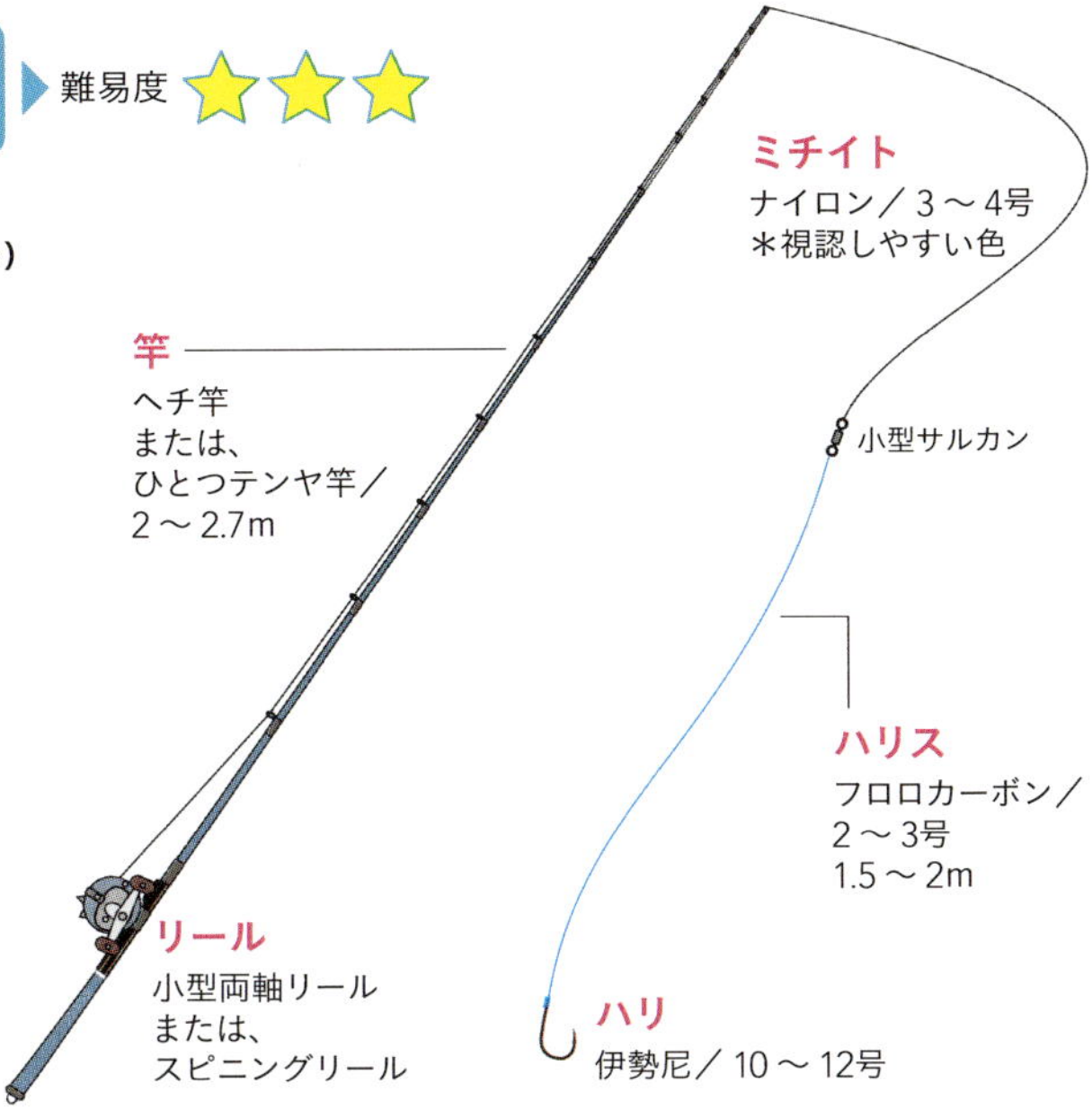

ウキフカセ

難易度 ★★★

主な他の対象魚

クロダイ（P28）、**メジナ**（P46）

強めの磯竿とハリスでカンダイの引きに対応

力勝負で挑むならウキフカセ釣りも楽しい。磯竿は4号が基準で、ハリスは6～8号を使用。ハリは軸が太めの伊勢尼《いせあま》だ。付けエサは太めのアオイソメを数匹房《ふさ》掛《が》け（P63）にする。メジナ（P46）用の寄せエサを効かせながら、じっくりとカンダイを誘い寄せよう。

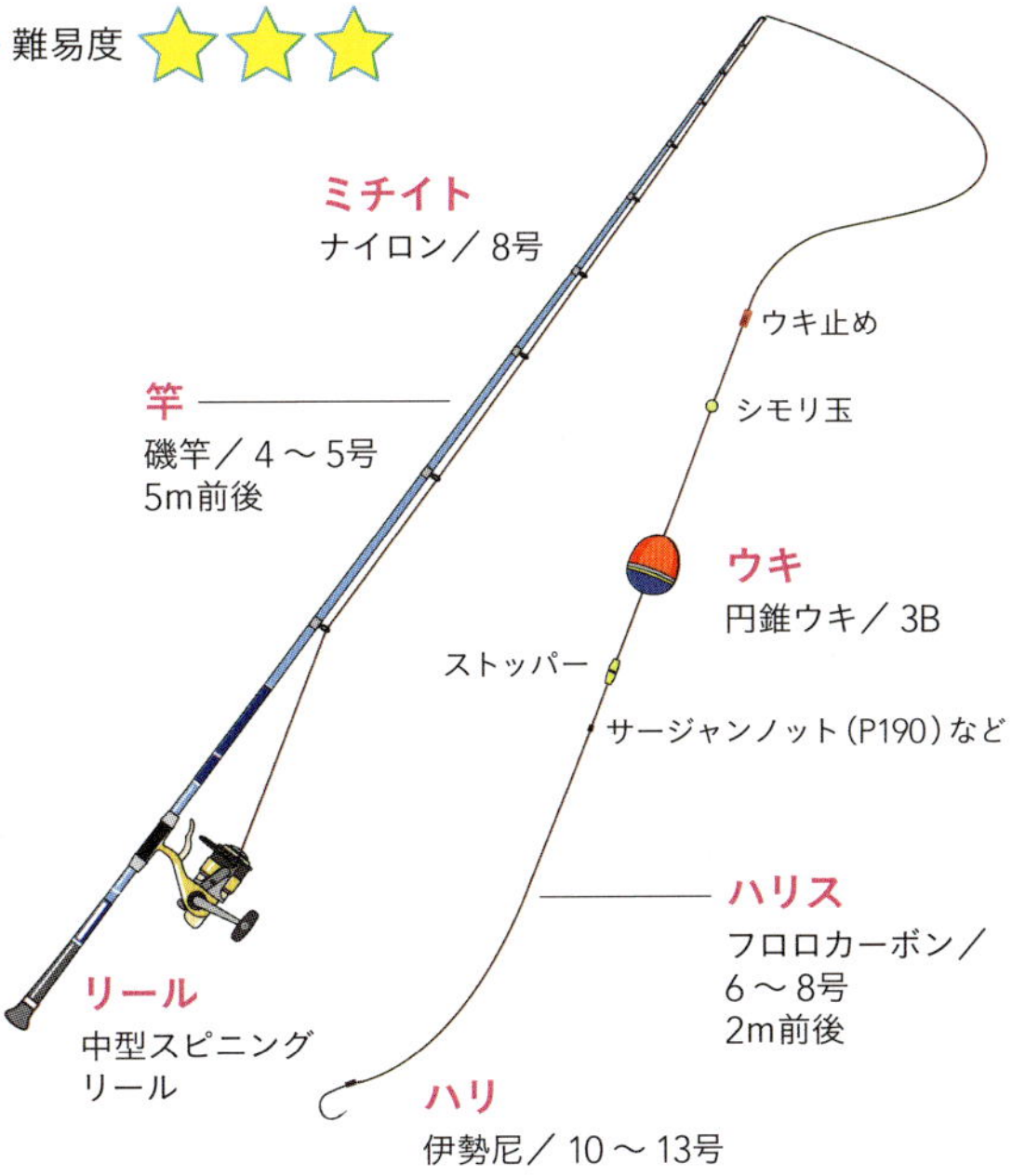

伊勢尼《いせあま》｜四角い形で軸が太く、食い込みのよい釣りバリの一種。

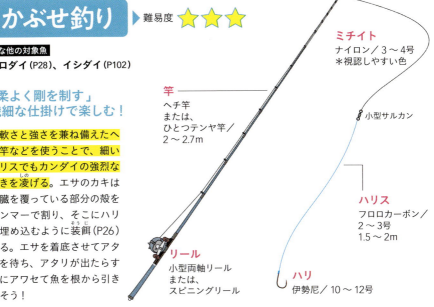

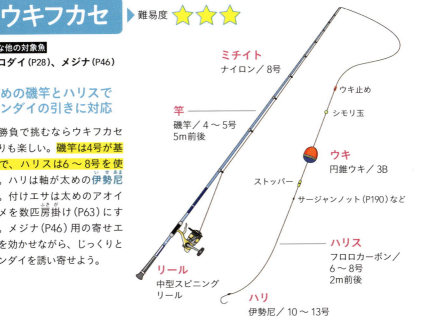

Kyusen **40**

釣り時期
6月〜11月
12月〜5月

キュウセン【求仙】

成長するにしたがって性転換するベラの仲間
西日本では堤防釣りが盛ん

ウキ
投げ
サビキ
カゴ
ウキフカセ
ルアー
その他

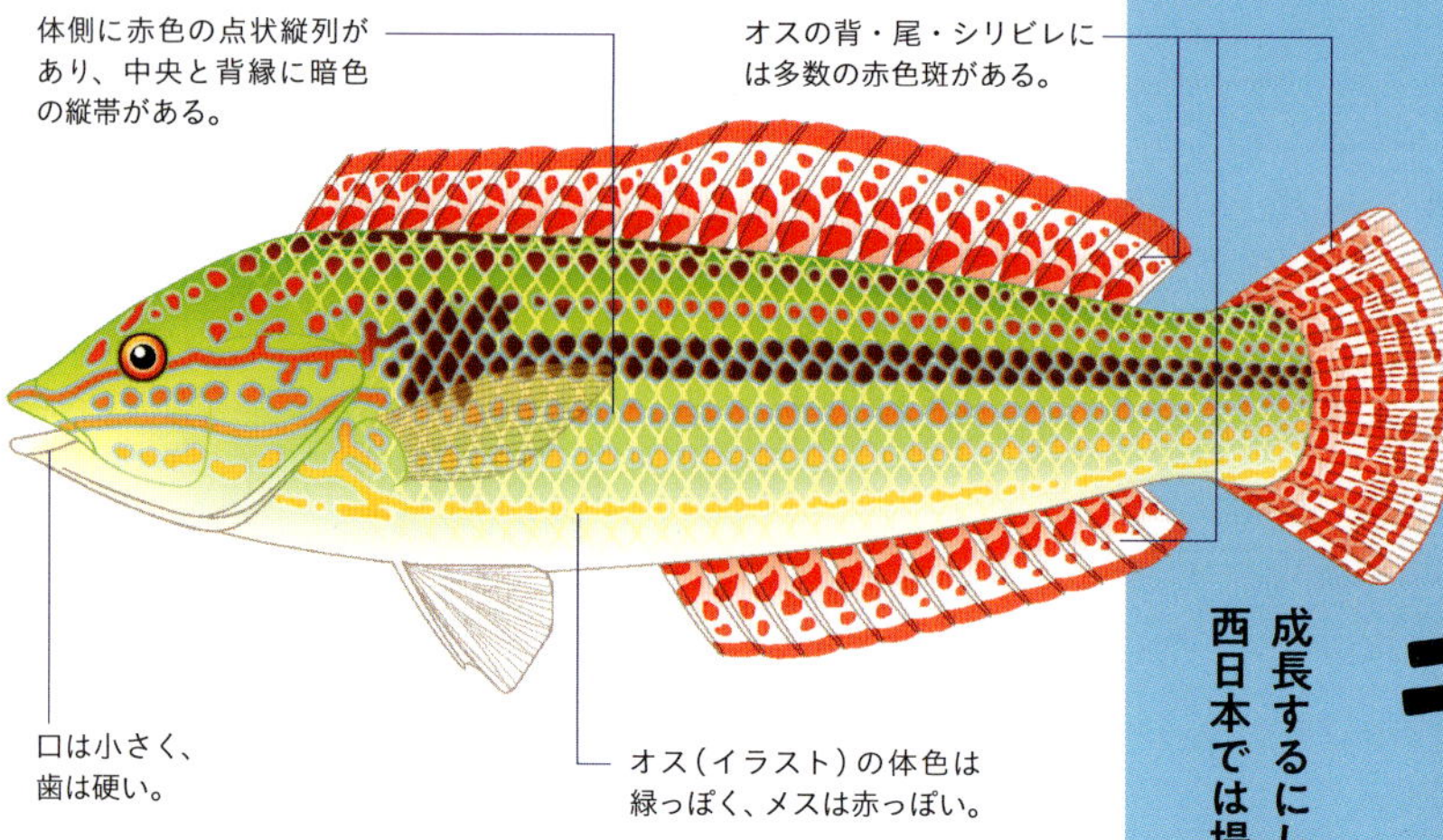
体側に赤色の点状縦列があり、中央と背縁に暗色の縦帯がある。
オスの背・尾・シリビレには多数の赤色斑がある。
口は小さく、歯は硬い。
オス（イラスト）の体色は緑っぽく、メスは赤っぽい。

堤防からの投げ釣りやミャク釣りが定番！根が点在した砂地を攻める

ベラ科の仲間は、日本近海だけでも約１３０種類が生息している。その中でも比較的大型に成長し、食味も優れているキュウセンは、とくに瀬戸内海をはじめとする西日本エリアで定番の対象魚で、専門の釣り大会が開催されるほどだ。

ベラの仲間は性転換することが知られており、キュウセンもメスの一部が成長するにしたがってオスに性転換する。ちなみにキュウセンの名は、メスの体側の縦縞が9本あることに由来しており、漢字で「九線」と書くことがある。

釣り方としては、投げ釣りやウキ釣り、足元狙いのミャク釣りなどが行われている。釣り場によってはウキ釣りも可能だ。いずれの場合も、根の多いポイントを狙うと根掛《ねが》かり（P27）が多発するので、砂地に根が点在したエリアを攻めるとよい。付けエサはイソメ類が万能である。

キュウセンの旬は夏で、刺身や焼き物、揚げ物などがおいしい。

DATA

分類	スズキ目、ベラ科、キュウセン属
分布	北海道南部以南〜九州
生態	沿岸の砂礫底や砂底に生息。昼行性で、甲殻類や多毛類などを捕食する。冬は冬眠する。
サイズ	15〜30㎝

調理法

刺身	焼く	煮る
蒸す	天ぷら	フライ・唐揚げ
寿司	汁物・鍋物	干物

投げ釣り

難易度 ★★☆

主な他の対象魚

アイナメ(P96)、カワハギ(P106)

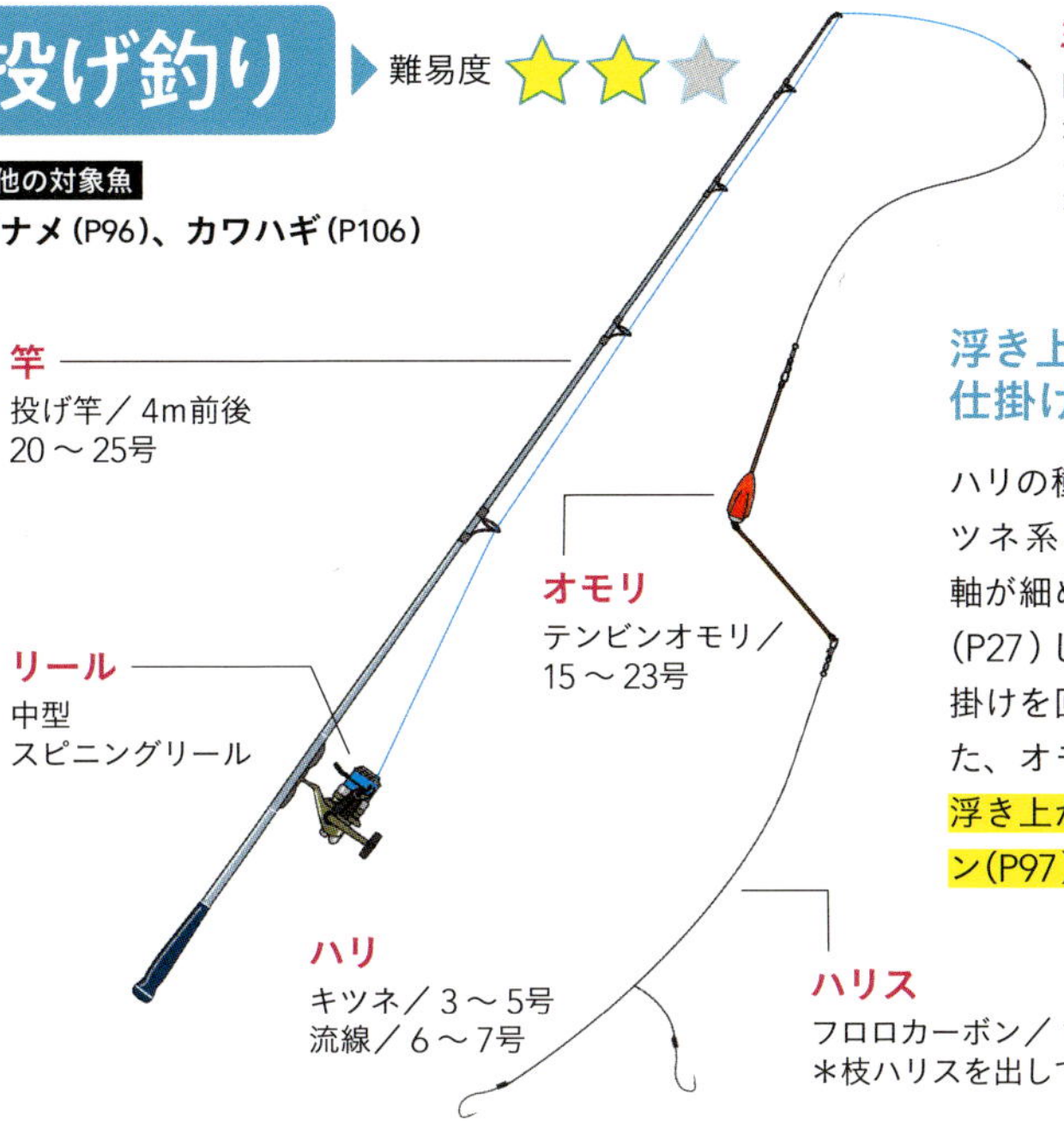
ミチイト
PE／0.8～1号
先端にチカライト
を電車結び(P190)
などで結節
竿
投げ竿／4m前後
20～25号
オモリ
テンビンオモリ／
15～23号
リール
中型
スピニングリール
ハリ
キツネ／3～5号
流線／6～7号
ハリス
フロロカーボン／1.5～2号 40～60cm
＊枝ハリスを出してもよい

浮き上がりのいい仕掛けで根掛かり回避

ハリの種類は、吸い込みのいいキツネ系（スリムな形状）が基本。軸が細めなので、ハリが根掛《ねが》かり(P27)したときにハリが伸びて仕掛けを回収することもできる。また、オモリの根掛《ねが》かりに備えて、浮き上がりのいいジェットテンビン(P97)タイプを使うのも有効だ。

ミャク釣り

難易度 ★☆☆

主な他の対象魚

カワハギ(P106)、ムラソイ(P122)

足元狙いなら胴付き仕掛けでOK！

足元の水深がある堤防や岸壁では、竿下を狙ったミャク釣りも楽しい。タックルは長さ5m程度の磯竿が使いやすいが、足場のいい岸壁なら短めのルアーロッドなども使える。仕掛けは胴付《どうづ》き(P22)仕様が使いやすく、水深や流れの速さに応じてオモリの重さを調整する。

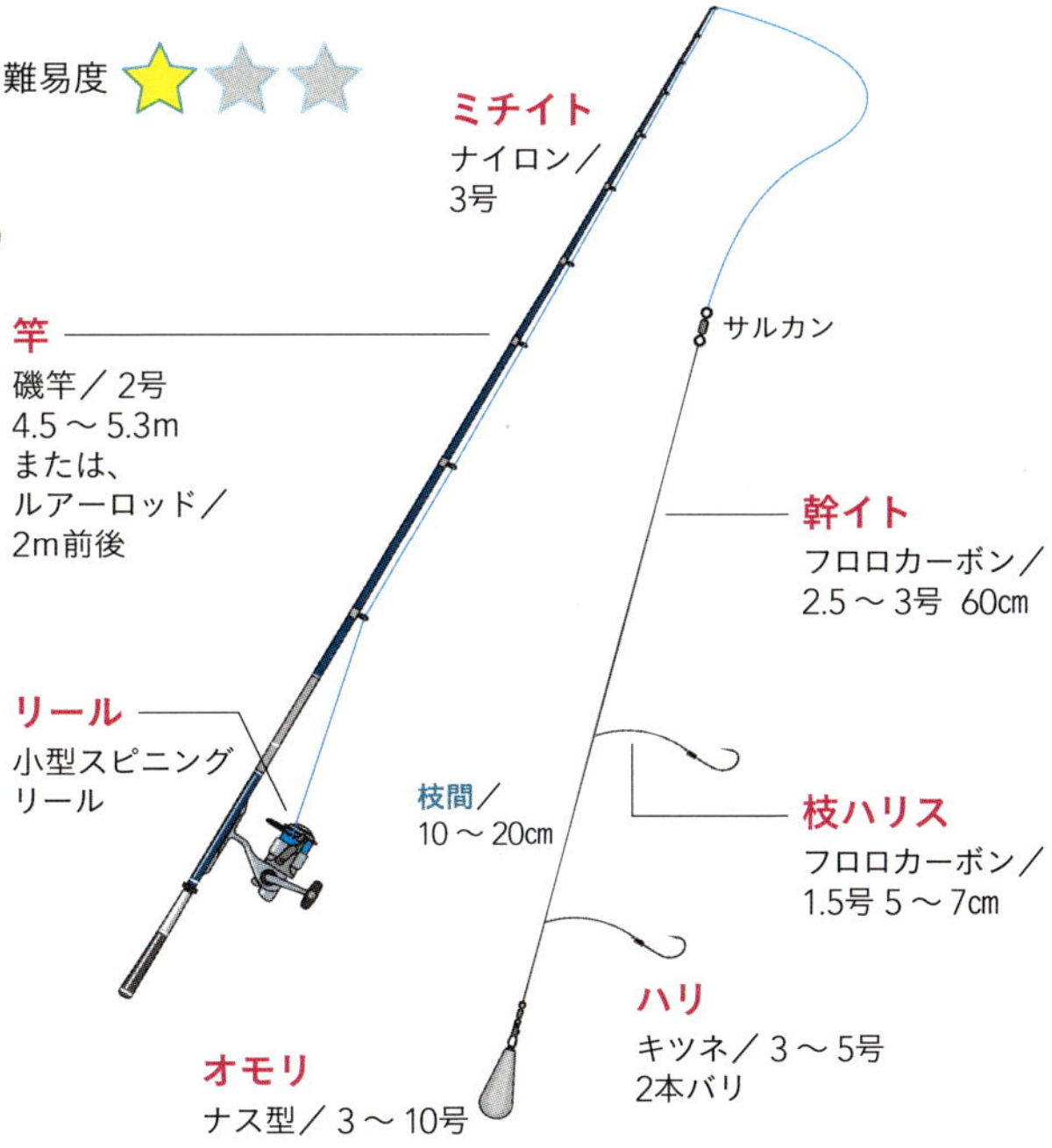
ミチイト
ナイロン／
3号
サルカン
竿
磯竿／2号
4.5～5.3m
または、
ルアーロッド／
2m前後
幹イト
フロロカーボン／
2.5～3号 60cm
リール
小型スピニング
リール
枝間／
10～20cm
枝ハリス
フロロカーボン／
1.5号 5～7cm
ハリ
キツネ／3～5号
2本バリ
オモリ
ナス型／3～10号

枝間《えだま》｜枝ハリスと枝ハリスとの距離のこと。

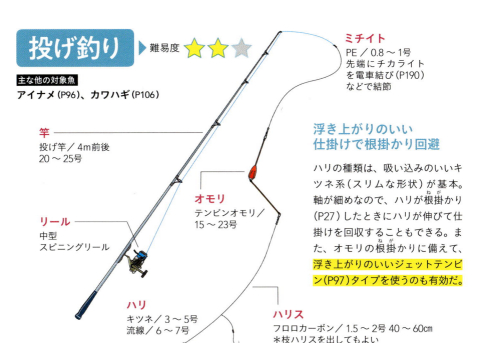

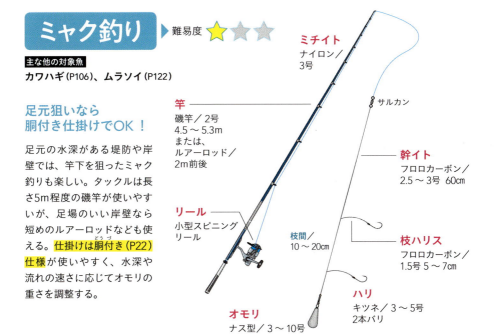

Ginpo

41

釣り時期

5月～10月
11月～4月

ギンポ【銀宝】

見た目は地味なターゲットだが、江戸前の天ぷらダネとしては超高級！

ウキ
投げ
サビキ
カゴ
ウキフカセ
ルアー
その他

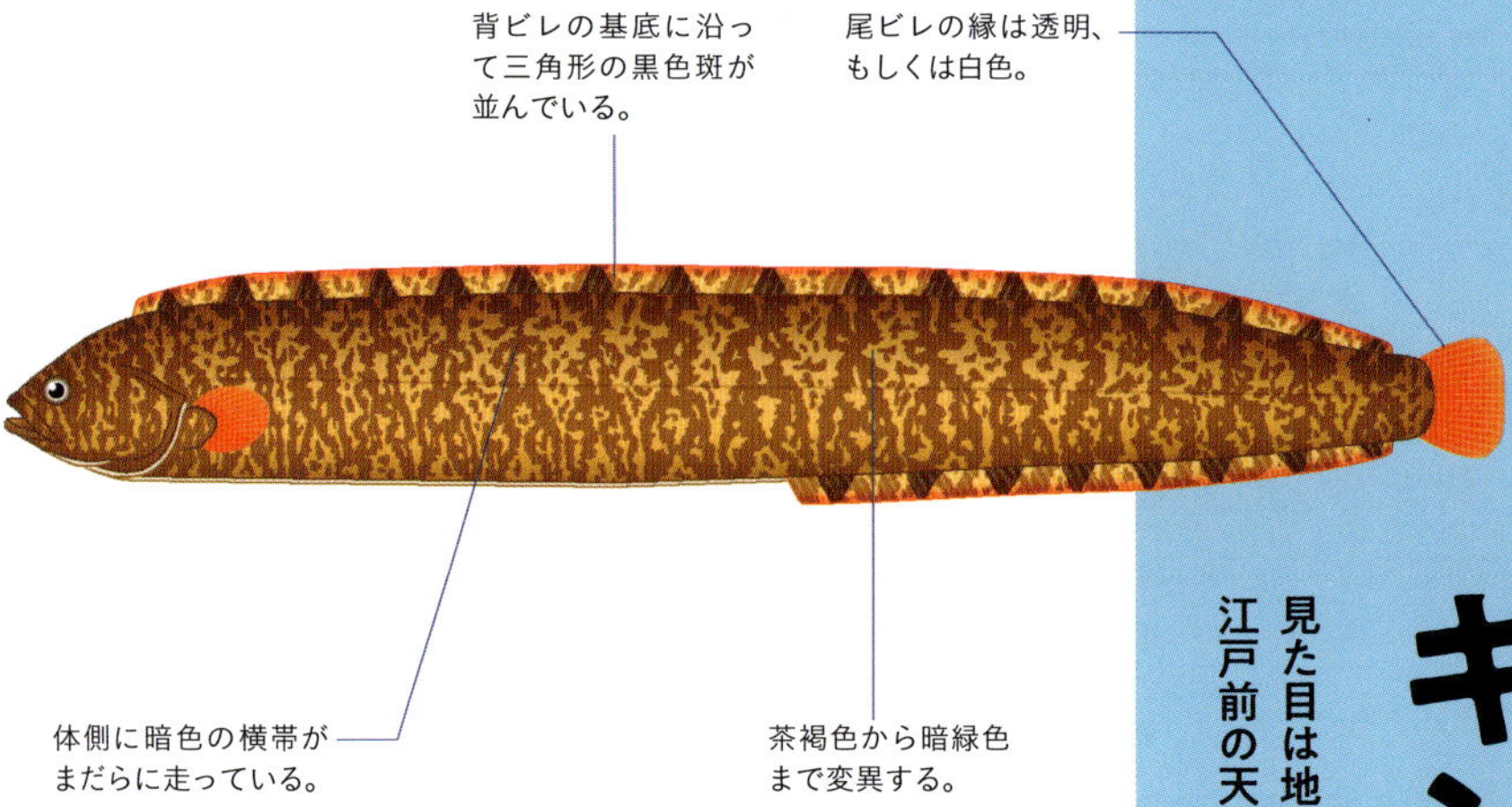

背ビレの基底に沿って三角形の黒色斑が並んでいる。
尾ビレの縁は透明、もしくは白色。
体側に暗色の横帯がまだらに走っている。
茶褐色から暗緑色まで変異する。

短竿とシンプル仕掛けでのゴロタ場の穴釣りが楽しい

茶褐色の細長い体型が特徴のギンポ。よく似たダイナンギンポとともに、ゴロタ場《ば》（P123）や消波《しょうは》ブロック帯などで釣れる。

ブラクリ釣りやミャク釣りも有効だが、ゴロタ場《ば》で試したいのが「穴釣り」。竿は長さ1mほどの小物竿のほか、竹の棒も流用できる。竿の先に短いハリスでハリを結び、付けエサはオキアミを使用。

穴釣り

難易度 ★☆☆

主な他の対象魚

ムラソイ（P122）

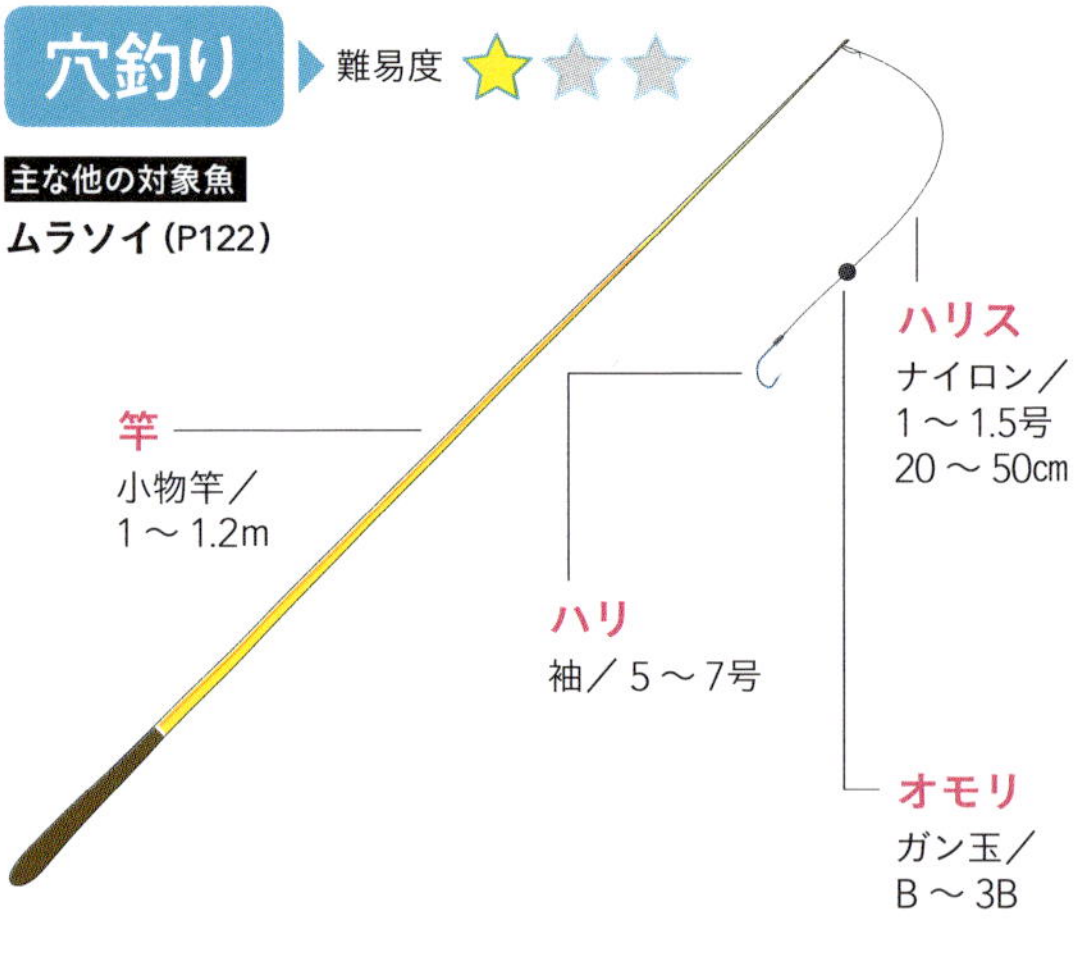

竿
小物竿／
1～1.2m
ハリス
ナイロン／
1～1.5号
20～50㎝
ハリ
袖／5～7号
オモリ
ガン玉／
B～3B

DATA

分　類　スズキ目、ニシキギンポ科、ニシキギンポ属
分　布　北海道南部～九州
生　態　水深の浅い岩礁帯やゴロタ場などに生息。主に甲殻類や多毛類などを捕食する。
サイズ　20～25㎝

調理法

刺身	**焼く**	**煮る**
蒸す	**天ぷら**	**フライ・唐揚げ**
寿司	**汁物・鍋物**	**干物**

Kurosoi

42

釣り時期

5月〜8月
9月〜4月

クロソイ【黒曹以】

全国各地の堤防で釣れる根魚
大型になると、体長50cmにも迫る！

ウキ
投げ
サビキ
カゴ
ウキフカ
ルアー
その他

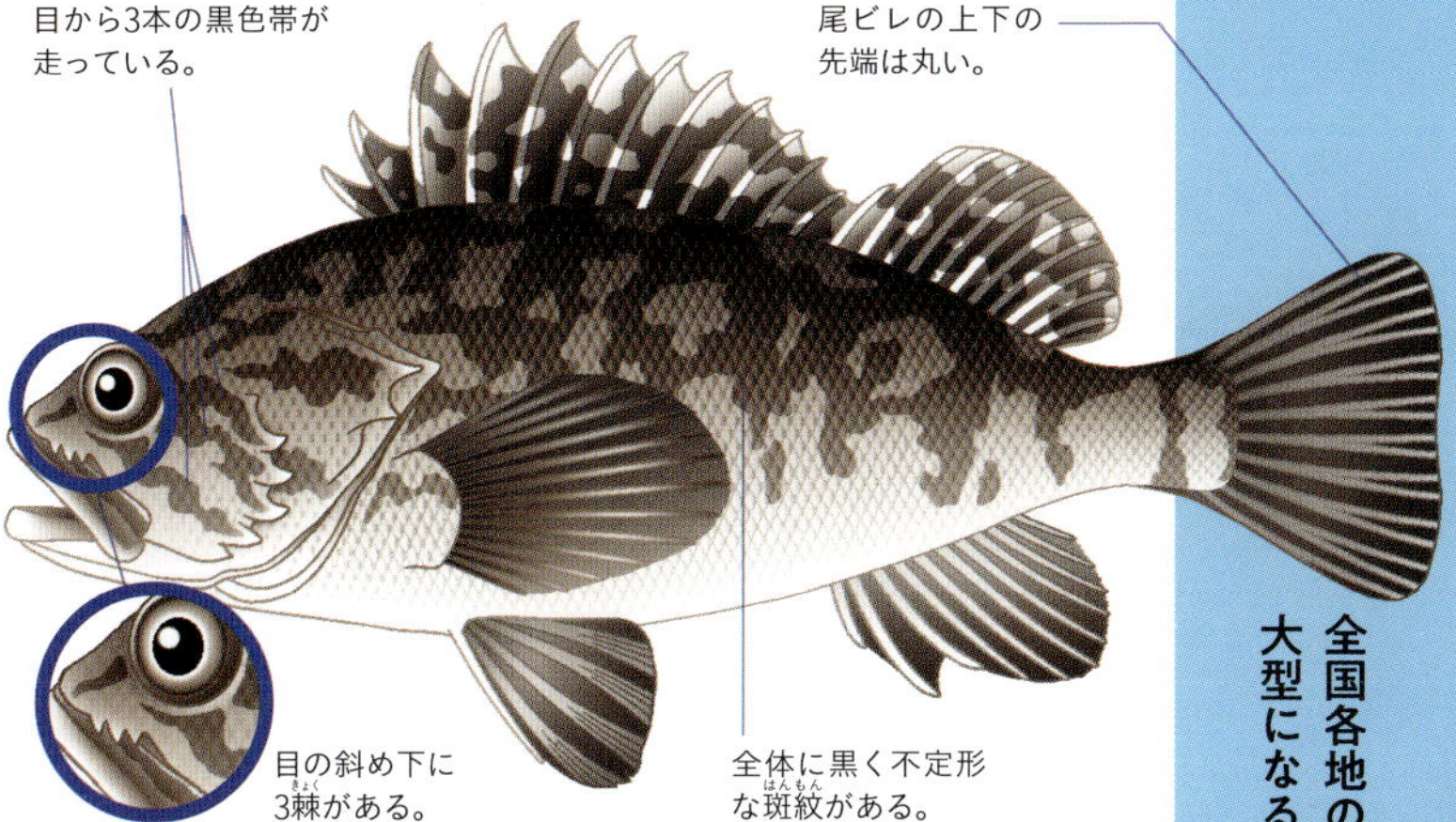
目から3本の黒色帯が走っている。
尾ビレの上下の先端は丸い。
目の斜め下に3棘《きょく》がある。
全体に黒く不定形な斑紋《はんもん》がある。

根掛かりに強い仕掛けで岩礁ポイントを直撃！

クロソイは、ムラソイやキツネメバルによく似ているが、体色の黒みが強い。釣り方は岩礁帯《がんしょうたい》を狙った投げ釣りやミャク釣り、ブラクリ釣り、ルアーフィッシング。

投げ釣りやミャク釣りは、根掛《ねが》かり（P27）を考慮して捨てオモリ式（P102）の胴付《どうづ》き（P22）仕掛けにするのが基本。付けエサは、イワイソメやサンマの切り身。

DATA

分類　カサゴ目、フサカサゴ科、メバル属
分布　日本各地
生態　沿岸の岩礁帯に生息。夜行性で、日没後に魚類や甲殻類、多毛類などを捕食する。
サイズ　20〜50cm

調理法

刺身	焼く	煮る
蒸す	天ぷら	フライ・唐揚げ
寿司	汁物・鍋物	干物

投げ釣り

難易度 ★★☆

主な他の対象魚
カサゴ（P20）、**アイナメ**（P96）

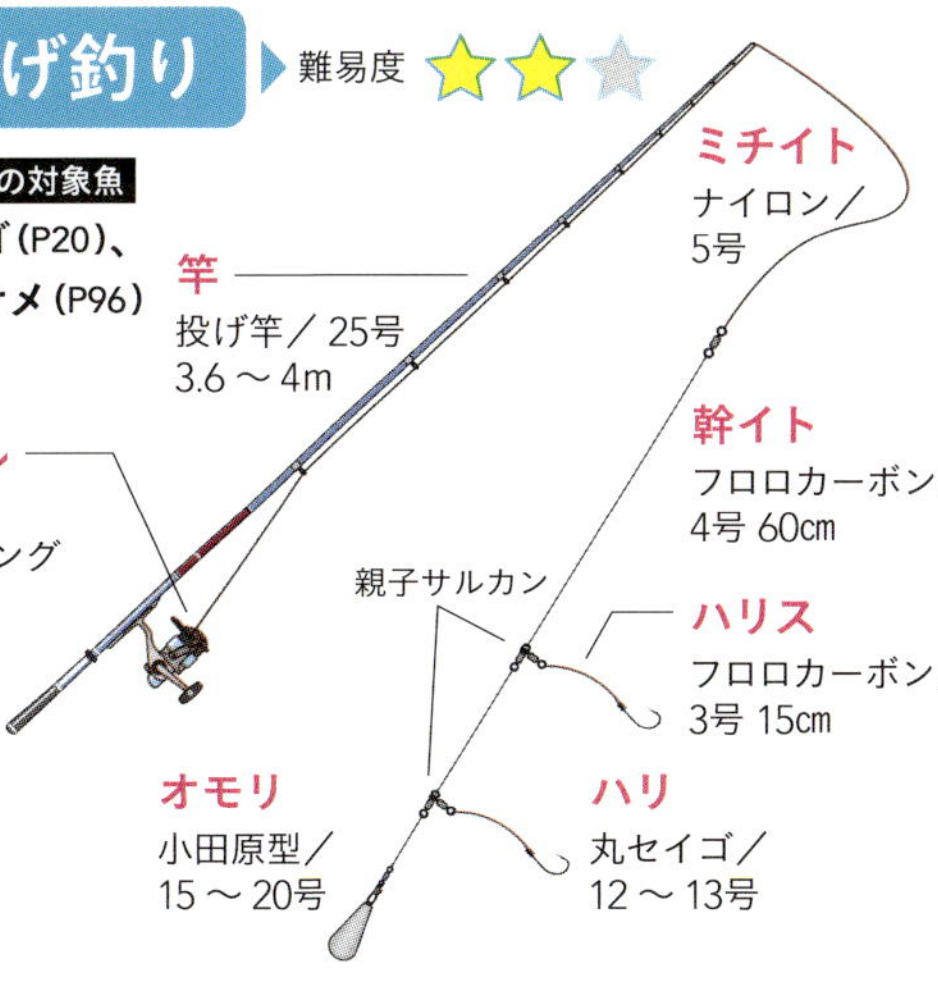
ミチイト
ナイロン／5号
竿
投げ竿／25号
3.6〜4m
リール
中型
スピニング
リール
幹イト
フロロカーボン／4号 60cm
親子サルカン
ハリス
フロロカーボン／3号 15cm
オモリ
小田原型／15〜20号
ハリ
丸セイゴ／12〜13号

43 Gonzui

釣り時期

6月～11月
12月～5月

ゴンズイ【権瑞】

背ビレと胸ビレの毒針には要注意
クセのない上品な白身は天ぷらで絶品！

- ウキ
- **投げ**
- サビキ
- カゴ
- ウキフカセ
- ルアー
- **その他**

背ビレと胸ビレに毒を備えた棘状軟条《きょくじょうなんじょう》（P138）がある。
尾ビレが背中から始まりシリビレにつながっている。
ヒゲは4対ある。
体側に2本の白い縦線がある。不明瞭な場合もある。

手軽に狙うなら、堤防ぎわのブラクリ釣りで

ゴンズイは夜釣りが基本で、根《ね》掛《が》かり（P27）に強いブラクリ釣りがおすすめ。ハリのカエシ（P47）をプライヤーで潰しておくとエサの付け替えがしやすくなる。付けエサはオキアミ。

背ビレと胸ビレには毒トゲがあるので、持ち帰る場合は魚バサミで体をつかみ、ハサミで毒トゲ（根元から）を切り落としておこう。

ブラクリ　難易度 ★☆☆

主な他の対象魚
カサゴ（P20）、**アイナメ**（P96）

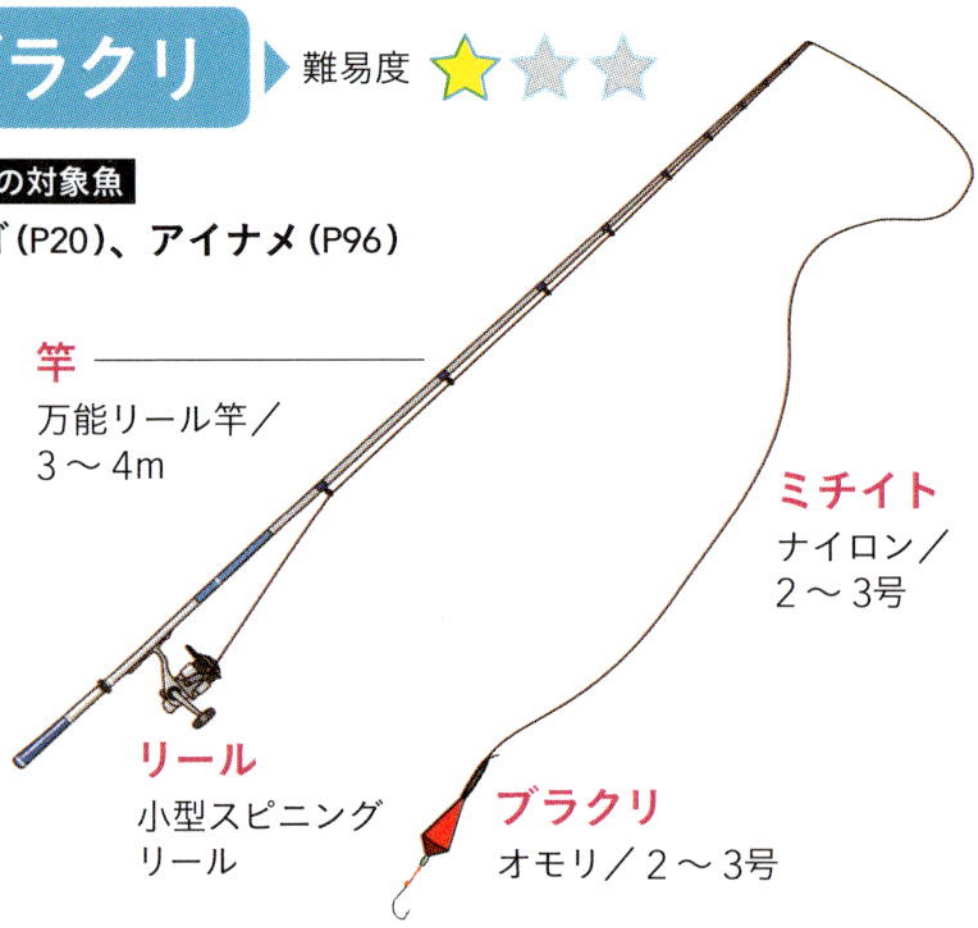

竿
万能リール竿／3～4m
ミチイト
ナイロン／2～3号
リール
小型スピニングリール
ブラクリ
オモリ／2～3号

DATA

分　類	ナマズ目、ゴンズイ科、ゴンズイ属
分　布	関東以南の各地
生　態	夜行性で、昼は浅場の岩礁域や砂底の物陰に潜み、夜になると底生生物を捕食する。
サイズ	15～25㎝

調理法

刺身	焼く	煮る
蒸す	天ぷら	フライ・唐揚げ
寿司	汁物・鍋物	干物

Donko 44

ドンコ【鈍子】

標準和名は「エゾイソアイナメ」
シーズンの晩秋～冬場は、食味も抜群！

ウキ　**投げ**　サビキ　カゴ　ウキフカ　ルアー　**その他**

釣り時期
9月～4月
5月～8月

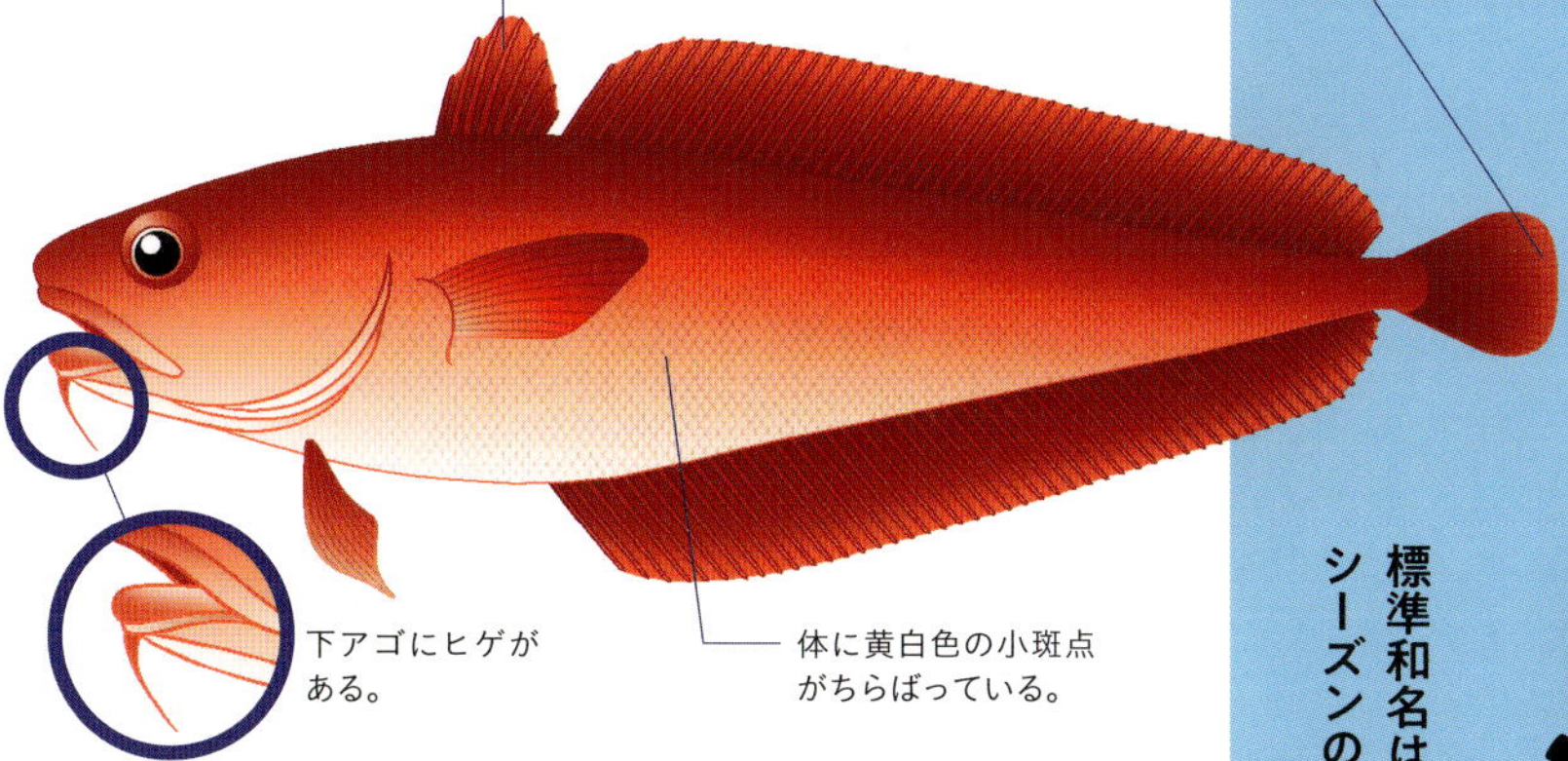
背ビレ前端に黒色斑がある。
尾ビレの後縁《こうえん》は
まっすぐ。
下アゴにヒゲが
ある。
体に黄白色の小斑点
がちらばっている。

短ハリスを使った穴釣りやヘチ釣りが楽しい

房総《ぼうそう》から東北エリアでは、正式名のエゾイソアイナメよりも「ドンコ」の名で知られる根魚《ねざかな》(P21)。ほぼ一年中釣れ、大型が岸に寄ってくる冬は食味の旬とも重なる。

釣り方は、短ハリスを使った穴釣りやヘチ釣りが簡単。付けエサはイソメやオキアミ、魚の切り身など。キモを加えた汁物や鍋物のほか、塩焼きやフライも美味。

DATA（エゾイソアイナメ）

分類	タラ目、チゴダラ科、チゴダラ属
分布	北海道南部～九州
生態	水深10～300mの岩礁帯に生息し、多毛類や甲殻類などを捕食。冬期は浅場に回遊する。
サイズ	20～40㎝

調理法

刺身	焼く	煮る
蒸す	天ぷら	フライ・唐揚げ
寿司	汁物・鍋物	干物

穴釣り

難易度 ★☆☆

主な他の対象魚
カサゴ(P20)、**ムラソイ**(P122)

ミチイト
ナイロン／
3～4号
オモリ
丸型／
5～10号
スナップ
サルカン
竿
穴釣り竿／
2.1～2.4m
ハリス
フロロカーボン／
2号 10～15㎝
リール
小型両軸リール
ハリ
丸セイゴ／8～12号

Hata

45

釣り時期

6月～9月

10月～5月

ハタ【羽太】

**大きな口と発達した背ビレが特徴
透明感のある上品な白身が美味！**

ウキ
投げ
サビキ
カゴ
ウキフカセ
ルアー
その他

全身に鮮やかな橙色の斑点がある。
背中に薄い斑紋《はんもん》点が1つある。
体側にやや斜めになった太い横帯がある。
尾ビレの端が丸くなっている。

投げ釣りや穴釣り、ルアーいずれも根掛かり対策を講じ、岩礁帯を積極的に攻めたい

ハタ科ハタ亜科には26属あり、その中でもマハタ属に分類されるキジハタ、アカハタ、マハタ、オオモンハタ、カンモンハタなどが定番の釣魚。いずれも、丸みを帯びた楕円形の体型をしており、大きな口と棘条《きょくじょう》（P106）の発達した背ビレを持つ。

ハタ類の魚も岩礁《がんしょう》エリアに好んで生息するため、どんな釣り方においても根掛《ねが》かり（P27）対策を講じる必要がある。投げ釣りの場合は、捨てオモリ（P102）式の胴付《どうづ》き（P22）仕様が一般的。ルアーで狙うときも、テキサスリグ（P96）などで根掛《ねが》かりを軽減したい。また、アタリを感じたら魚が根の中に戻る前に素早くアワセを入れ、根から引き離すのも有効だ。なお、ハタ類の多くは夜行性の傾向があるため、夜釣りが有利となる。

ハタ類の魚は上質な白身で、刺身や塩焼き、煮付け、ムニエル、鍋物、蒸し物など料理方法を選ばない。ただし、南方で釣れるバラハタなどはシガテラ毒を持つ場合があるので注意。

DATA（キジハタ）

分類	スズキ目、ハタ科、マハタ属
分布	本州以南の各地
生態	沿岸の岩礁帯に生息。主に甲殻類を好むが、成長するにしたがって魚類も捕食する。
サイズ	25～50㎝

調理法

刺身	焼く	煮る
蒸す	天ぷら	フライ・唐揚げ
寿司	汁物・鍋物	干物

投げ釣り

難易度 ★★☆

主な他の対象魚

カサゴ(P20)、**クロソイ**(P113)

付けエサはサンマやイカ、冷凍エビ

沖の岩礁帯《がんしょうたい》を広範囲に狙う場合は、捨てオモリ(P102)式の胴付《どうづ》き(P22)仕掛けによる投げ釣りが有利。イラストは大物狙いの仕掛けで、ハリスも太めになっている。捨てイトには、幹《みき》イトよりも細めのラインを使用。付けエサは、サンマやイカの**短冊《たんざく》**が基本で、食いが渋いときには冷凍エビも効果的だ。

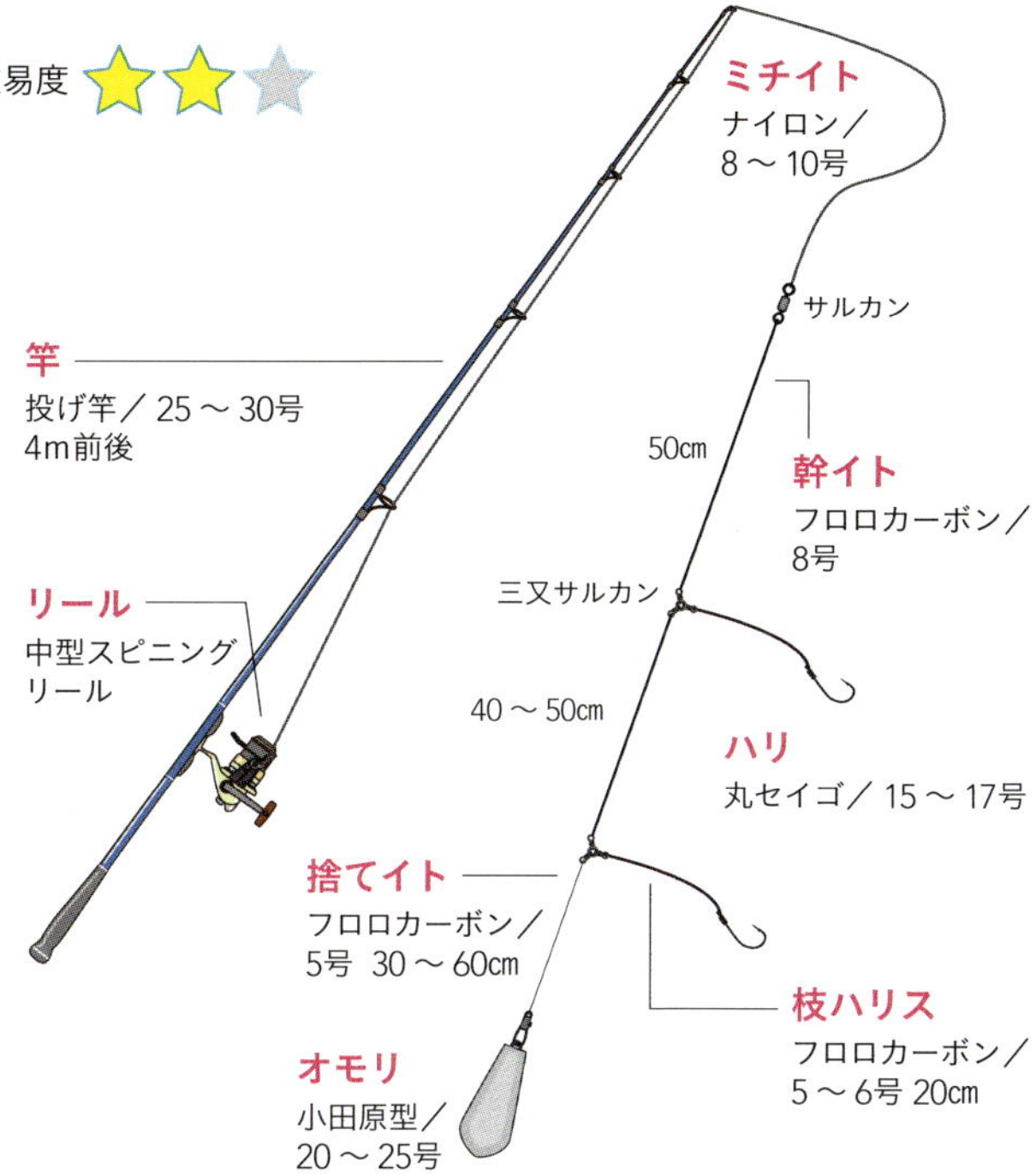
ミチイト
ナイロン／8～10号
サルカン
竿
投げ竿／25～30号
4m前後
50cm
幹イト
フロロカーボン／8号
三又サルカン
リール
中型スピニングリール
40～50cm
ハリ
丸セイゴ／15～17号
捨てイト
フロロカーボン／5号 30～60cm
枝ハリス
フロロカーボン／5～6号 20cm
オモリ
小田原型／20～25号

ルアー

難易度 ★★☆

主な他の対象魚

ムラソイ(P122)

エビや小魚を模したルアーで底層を探る

ルアーで狙う場合は、甲殻《こうかく》類《るい》を模したワーム(P15)を使うのが一般的だ。これをセットする仕掛けは、ミチイトにオモリとビーズを通してからワームフックを直結させた、根掛《ねが》かり(P27)に強いテキサスリグ(P96)が基本。フックをワームにセットしてハリ先をワームに少し埋め込むと、さらに根掛《ねが》かりしにくくなる。

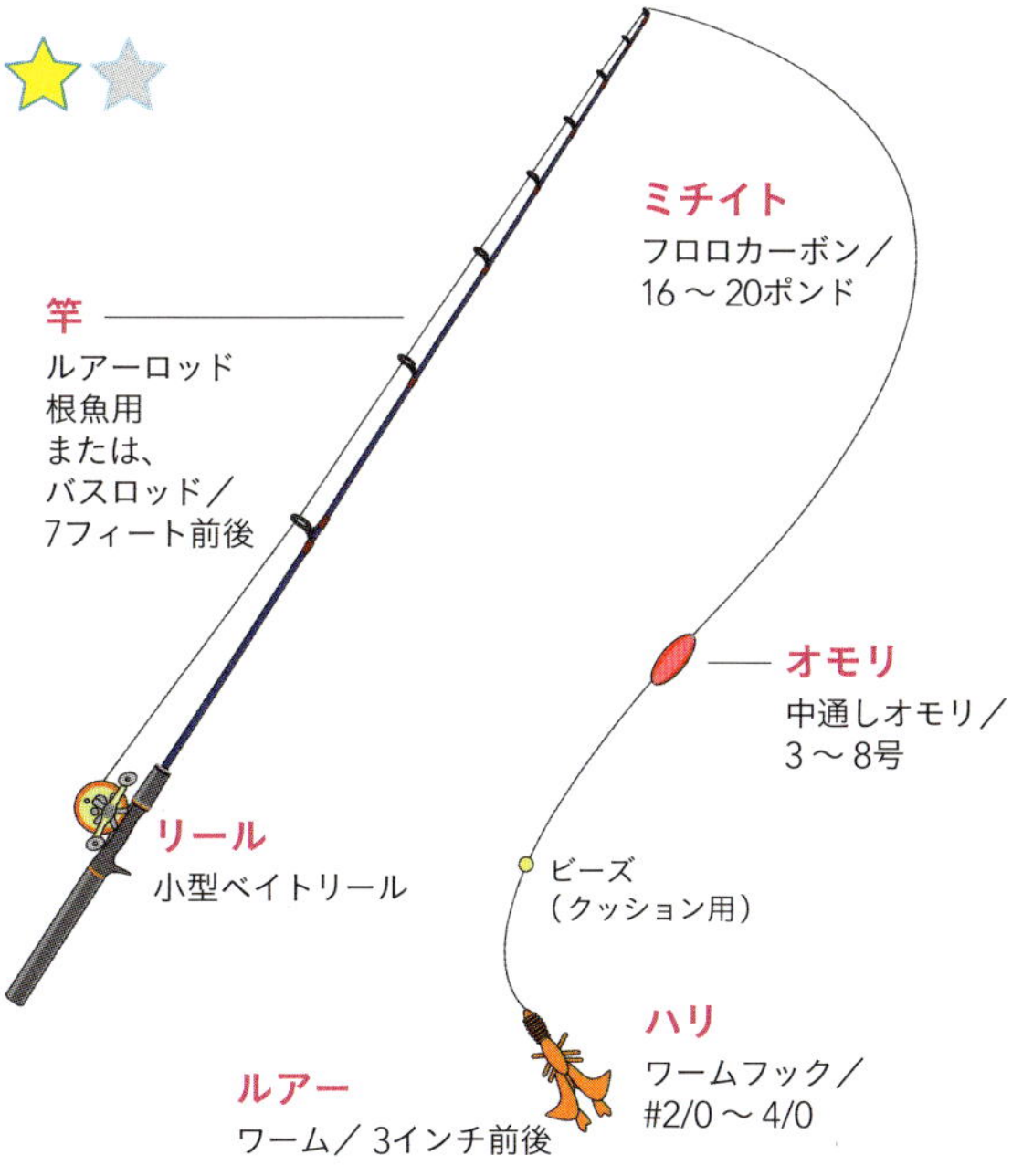
ミチイト
フロロカーボン／16～20ポンド
竿
ルアーロッド
根魚用
または、
バスロッド／
7フィート前後
オモリ
中通しオモリ／3～8号
リール
小型ベイトリール
ビーズ
(クッション用)
ハリ
ワームフック／#2/0～4/0
ルアー
ワーム／3インチ前後

短冊《たんざく》 | 魚やイカなどを7～20mmほどの幅に細長くカットした切り身のこと。

Hamafuefuki

46

釣り時期

5月～9月

10月～4月

ハマフエフキ【浜笛吹】

強烈なファイトで釣り人を虜にする見た目も美しい好敵手！

- ウキ
- **投げ**
- サビキ
- カゴ
- ウキフカセ
- **ルアー**
- **その他**

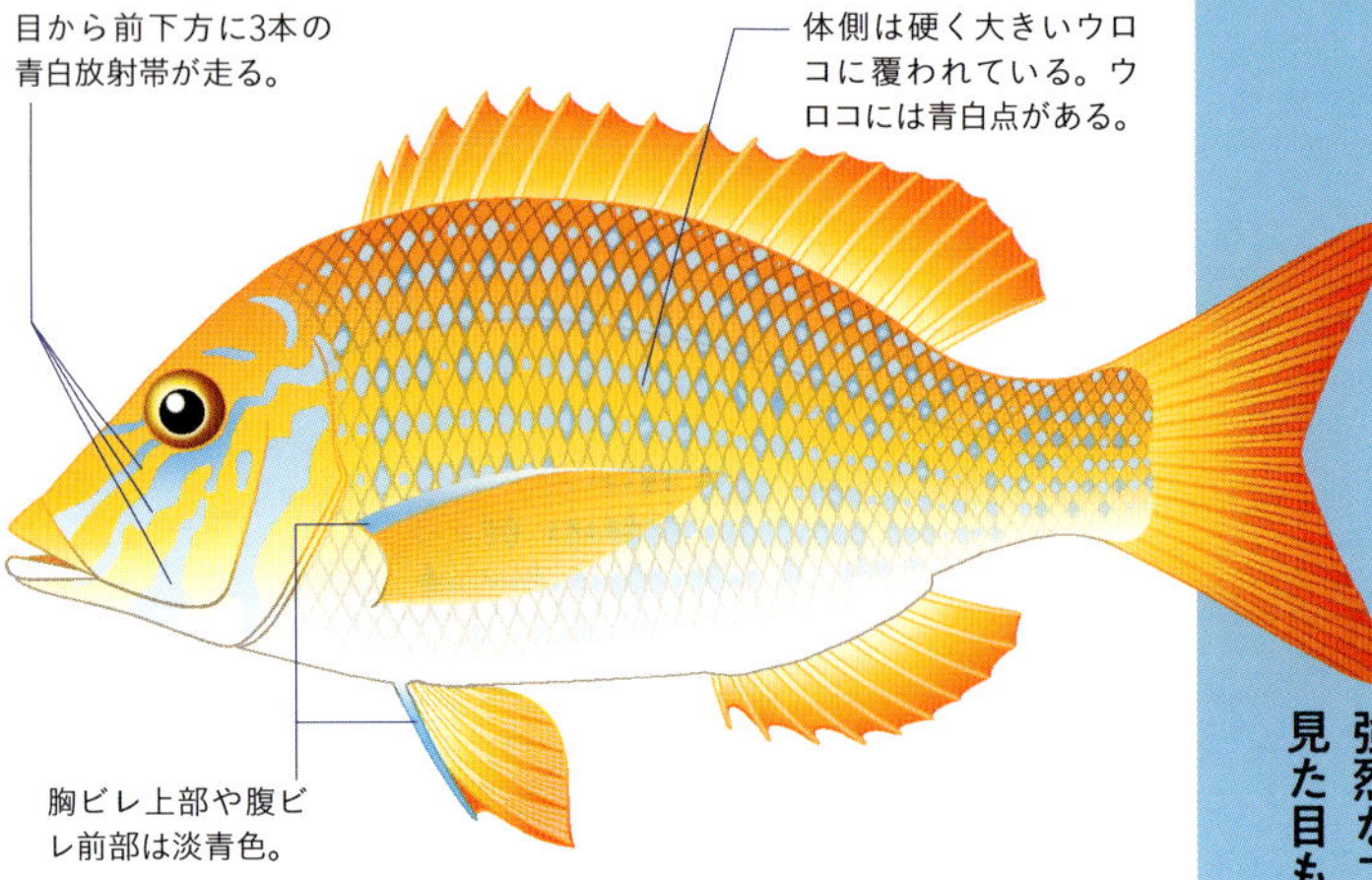

目から前下方に3本の青白放射帯が走る。
体側は硬く大きいウロコに覆われている。ウロコには青白点がある。
胸ビレ上部や腹ビレ前部は淡青色。

食わせやすさと強靭さを兼ね備えた仕掛けで勝負！

引きが強烈で、見た目が美しいハマフエフキは千葉県以南、とくに沖縄に多く生息しており、「タマン」の名で知られている。

夜釣りが有利で、テンビン仕掛けを使った投げ釣りが定番だ。エサはアオリイカの短冊《たんざく》（P117）、カツオの腹身、小型のタコやボラなど。じっくり食わせ、竿が強く引き込まれてからアワせる！

投げ釣り

難易度 ★★★

主な他の対象魚

ハタ（P116）

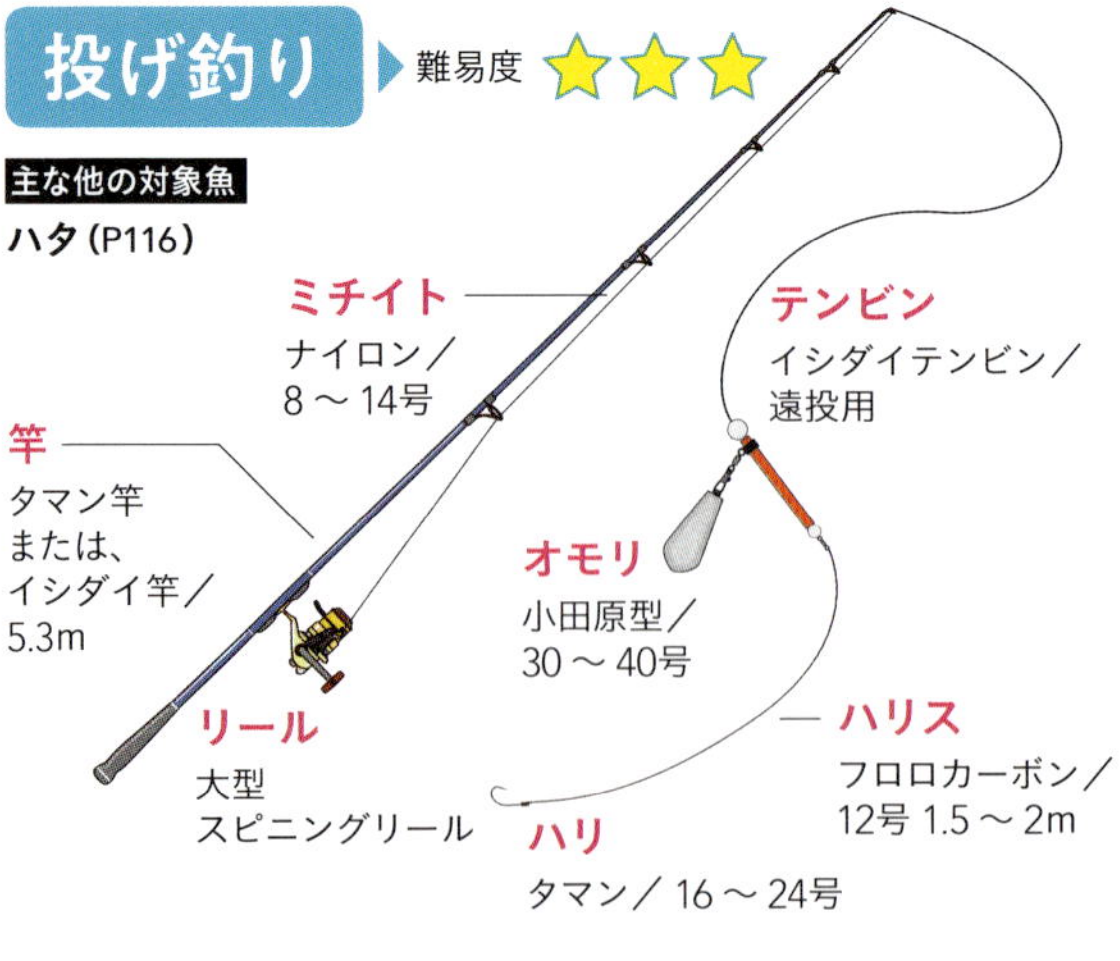

ミチイト
ナイロン／8～14号
テンビン
イシダイテンビン／遠投用
竿
タマン竿または、イシダイ竿／5.3m
オモリ
小田原型／30～40号
リール
大型スピニングリール
ハリス
フロロカーボン／12号 1.5～2m
ハリ
タマン／16～24号

DATA

分類	スズキ目、フエフキダイ科、フエフキダイ属
分布	千葉県以南の各地
生態	岩礁や砂礫底、サンゴ礁などの浅場～水深70m以上の深場に生息。魚類や甲殻類を捕食。
サイズ	40～80㎝

調理法

刺身	焼く	煮る
蒸す	天ぷら	フライ・唐揚げ
寿司	汁物・鍋物	干物

Budai

47

釣り時期
11月～3月
4月～10月

ウキ
投げ
サビキ
カゴ
ウキフカ
ルアー
その他

ブダイ【舞鯛】

体を覆う無骨なウロコが特徴的
とくに冬期の食味は抜群！

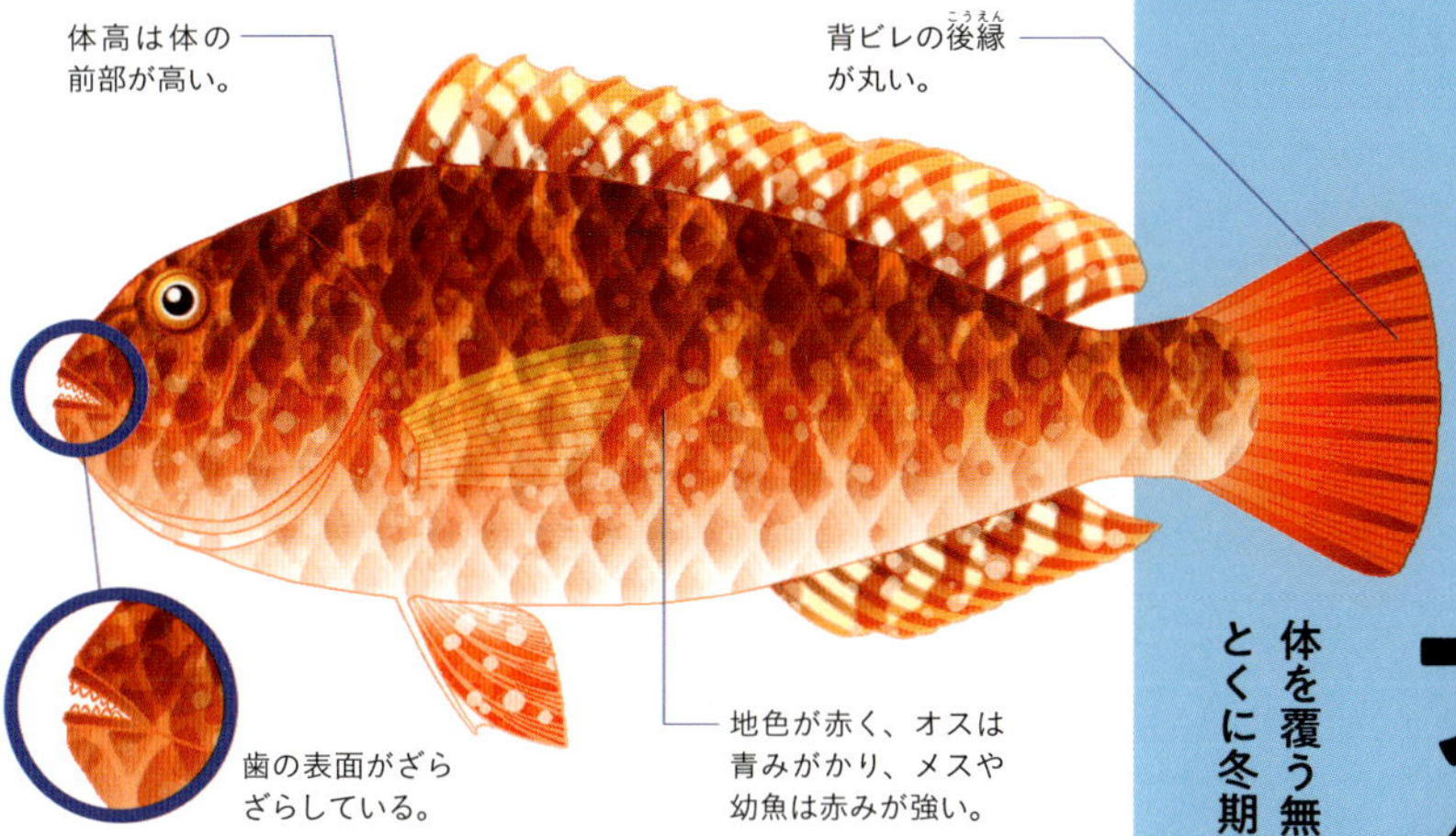
体高は体の前部が高い。
背ビレの後縁《こうえん》が丸い。
歯の表面がざらざらしている。
地色が赤く、オスは青みがかり、メスや幼魚は赤みが強い。

初夏と秋はカニエサの投げ釣り、冬は海藻をエサにしたウキ釣りがメイン！

ブダイはマダイなどよりもやや体高が低く、大きなウロコに覆われた姿が特徴的。このウロコが戦国武士のヨロイに見えることから「武鯛《ぶだい》」の字を当てることもある。また、丈夫なアゴと歯を持ち、エビやカニなどの硬いエサをバリバリとかみ砕いて捕食する。その反面、冬になるとヒジキやホンダワラ、ハバノリなどの海藻《かいそう》を主食とする雑食魚でもある。

こうした習性から、ブダイの釣り方は大きく二分される。

ひとつは、ハバノリやヒジキなどをエサに使うウキ釣り。通称、「ノリブダイ釣り」と呼ばれ、海藻《かいそう》が繁茂する11～3月がベストシーズンとなる。海藻《かいそう》が少なくなる5月以降や秋には、「カニブダイ釣り」と呼ばれる投げ釣りが主流。その名の通り、活きたカニをエサにするスタイルだ。

食味の旬は、海藻《かいそう》を主食とする冬期。身の磯臭さが消えて、クセのない上品な味を楽しめる。刺身はもちろん、ヅケや煮付け、揚げ物にも向く。

▶次ページに続く

DATA

分　類　スズキ目、ブダイ科、ブダイ属
分　布　関東以南の日本各地
生　態　潮通しのいい沿岸の岩礁帯に生息。昼行性で、カニなどの甲殻類や海藻などを捕食する。
サイズ　30～50㎝

調理法

刺身	焼く	煮る
蒸す	天ぷら	フライ・唐揚げ
寿司	汁物・鍋物	干物

ウキ釣り

難易度 ★★☆

主な他の対象魚

メジナ（P46）、イスズミ（P60）

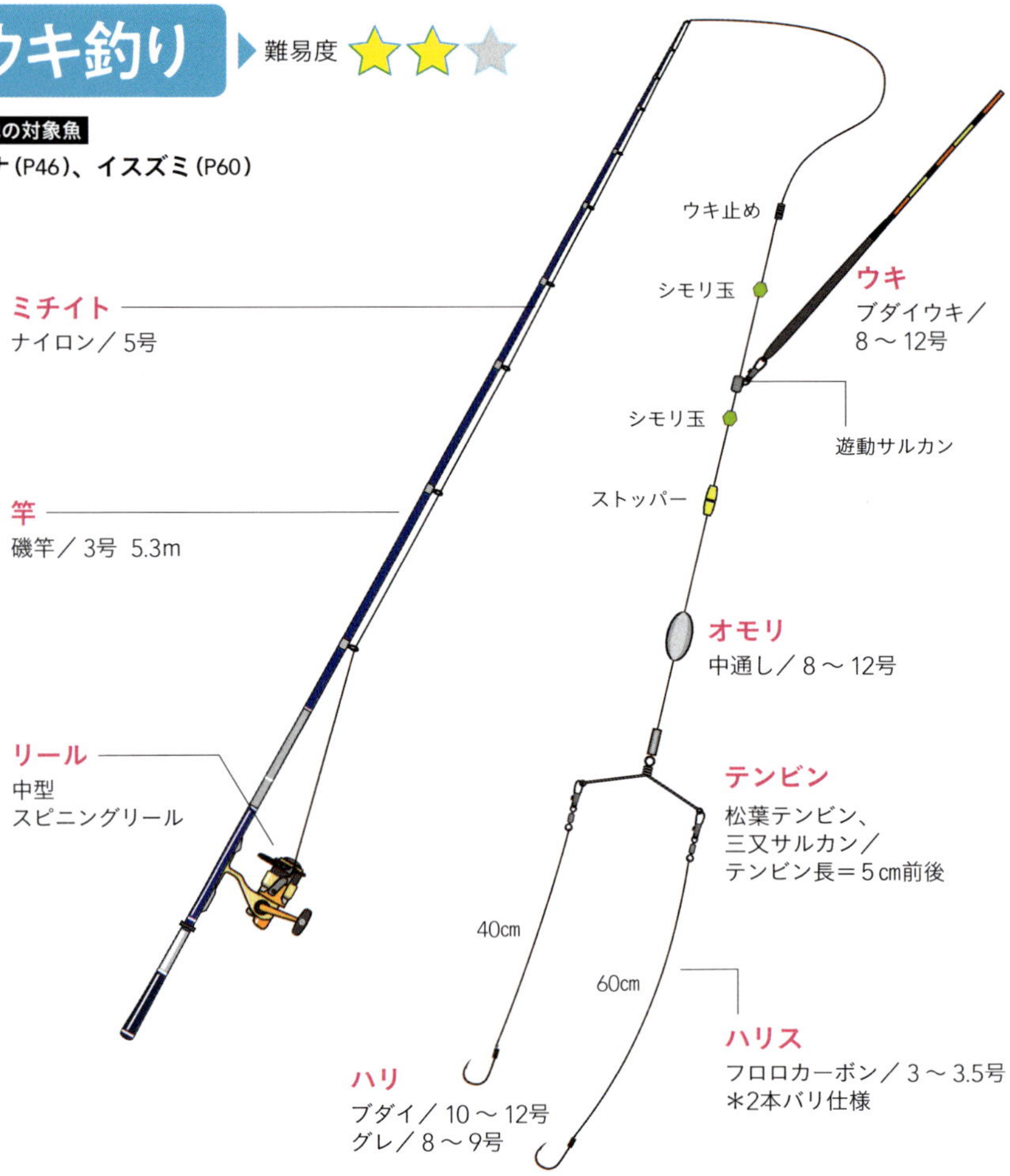

ミチイト
ナイロン／5号
竿
磯竿／3号 5.3m
リール
中型
スピニングリール
ウキ止め
シモリ玉
ウキ
ブダイウキ／
8～12号
シモリ玉
遊動サルカン
ストッパー
オモリ
中通し／8～12号
テンビン
松葉テンビン、
三又サルカン／
テンビン長＝5㎝前後
40㎝
60㎝
ハリス
フロロカーボン／3～3.5号
＊2本バリ仕様
ハリ
ブダイ／10～12号
グレ／8～9号

2本バリ仕様のウキ釣りでエサを底ダナに漂わせる

ノリエサを使うウキ釣り仕掛けでは、松葉テンビンを利用して2本バリにするのが主流。ハリの段差《だんさ》で底ダナ（P12）を幅広く攻める作戦だ。ブダイの繊細なアタリをキャッチするために、ウキは専用タイプを使うのがおすすめ。エサのハバノリ（P60）は数枚まとめてハリに縫い刺しにする。付けエサが底層を漂うように、ウキ下を調整しよう。

CLOSE UP ITEM

ブダイウキ

ブダイ釣りが盛んな伊豆の釣具店では専用のウキが売られている。長さは60～100㎝ほどで、遠投性能と感度のよさを兼ね備える。

ノリ | 釣り用語で、カジメやホンダワラ、ハバノリのほか、海藻《かいそう》の総称。

投げ釣り

難易度 ★★☆

主な他の対象魚

カサゴ（P20）、**ハタ**（P116）

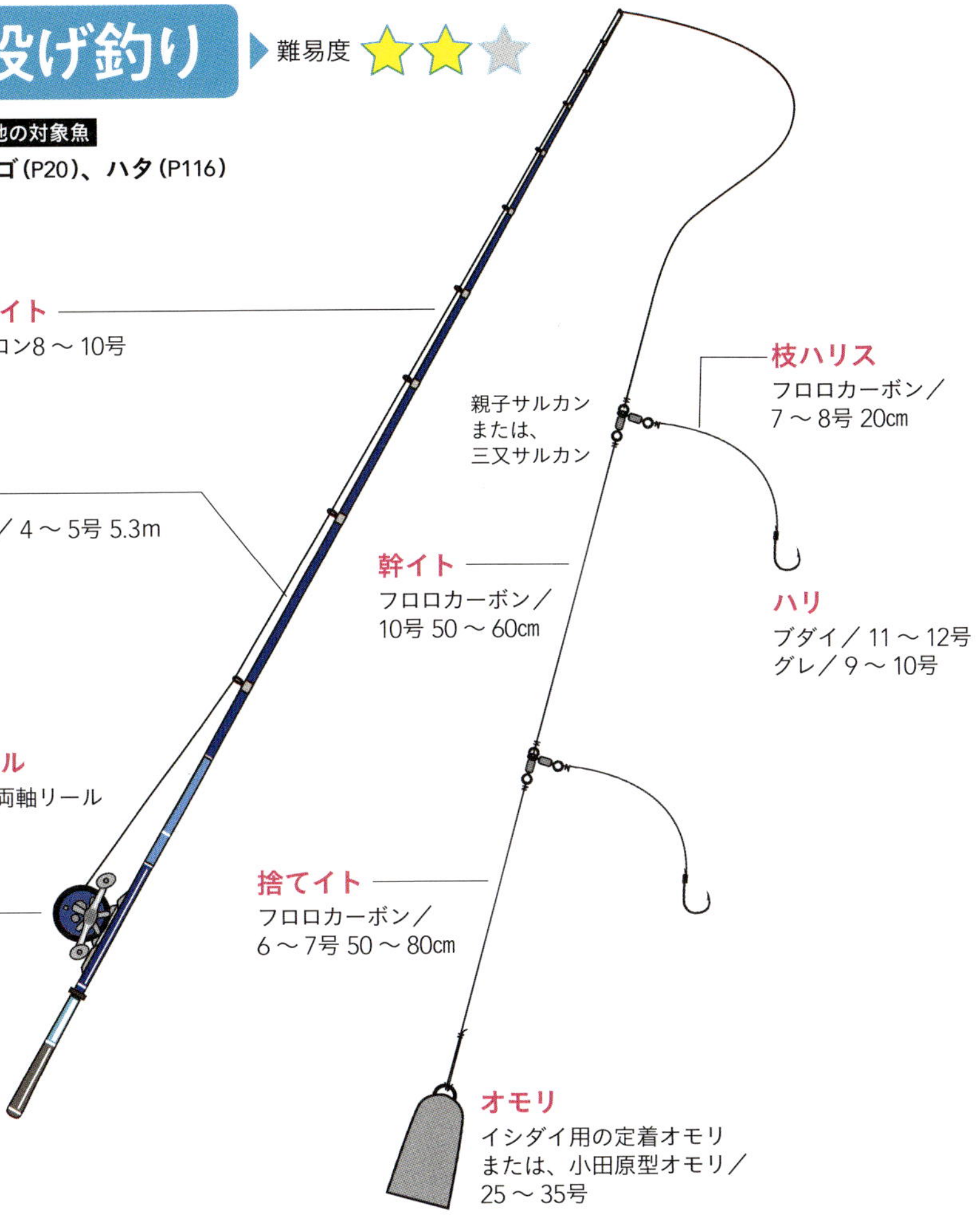
ミチイト
ナイロン8～10号
竿
磯竿／4～5号 5.3m
リール
中型両軸リール
親子サルカン
または、
三叉サルカン
枝ハリス
フロロカーボン／
7～8号 20㎝
幹イト
フロロカーボン／
10号 50～60㎝
ハリ
ブダイ／11～12号
グレ／9～10号
捨てイト
フロロカーボン／
6～7号 50～80㎝
オモリ
イシダイ用の定着オモリ
または、小田原型オモリ／
25～35号

捨てオモリ式の胴付き仕掛け
エサはショウジンガニが最高！

シーズンは海藻が少なくなる5月以降。とくに、秋は**石物《いしもの》**も同時に狙える絶好機だ。仕掛けは**捨てオモリ（P102）式の胴《どう》付《づ》き（P22）タイプ**。捨てイトの長さを変えることで、探るタナ（P12）を調整できる。エサとなるカニは爪や脚を取り去って、脚の切り口からハリを刺し通せばよい。なお、冬場はノリエサ（P120）を利用しての投げ釣りも楽しめる。

CLOSE UP ITEM

カニエサ

エサとなるカニは現地調達するのが基本。種類はイソガニ（写真）やイワガニ、ショウジンガニなどの食いがいい。

石物《いしもの》｜イシダイやイシガキダイなどのイシダイ科の魚の総称。

Murasoi

48

釣り時期

5月〜7月

8月〜4月

ムラソイ【斑曹以】

見た目がカサゴによく似た根魚
目の前に落ちてきたエサへの反応が抜群！

ウキ / **投げ** / サビキ / カゴ / ウキフカセ / **ルアー** / **その他**

背ビレや尾ビレなどの各ヒレに黒点がある。
尾ビレの端が丸みを帯びている。カサゴは角ばっている。
目が大きく突き出ている。
腹側に黒い斑紋《はんもん》がある。
体側に不定形の暗色の横帯がある。

アグレッシブな習性を利用したブラクリ釣りやルアーが◎ 超浅場も見逃さずに攻めよう！

根魚《ねざかな》（**ロックフィッシュ**ともいう）の一種であるムラソイは、大きな口と発達した背ビレが特徴でカサゴ（P20）にそっくりだ。カサゴの体色が赤っぽいのに対しムラソイは黒っぽく、カサゴの尾ビレに見られる白い斑点はない。また、ヨロイメバルとも混同されやすいが、こちらは体色や各ヒレが赤っぽく、体側の斑《まだ》模《も》様《よう》がムラソイよりも複雑なのが特徴だ。

ムラソイは**ゴロタ場《ば》**（P123）や岩礁帯《がんしょうたい》などを好むため、堤防釣りでは足元の捨て石帯や消波ブロックの穴などを狙うのがセオリー。釣り方は、根《ね》掛《が》かり（P27）しにくいブラクリ釣りや穴釣りが基本だ。アイナメ（P96）やカサゴなどと違い、干潮時には干上がってしまうような浅場にもエサを求めて回遊してくるため、水深が30㎝ほどのスポットも狙ってみる価値がある。

付けエサは、イソメ類やオキアミでOK。ルアーで狙う場合は、軽量なジグヘッド（P183）と小型ワーム（P15）の組み合わせが使いやすい。

DATA

分類	カサゴ目、フサカサゴ科、メバル属
分布	北海道南部以南の各地
生態	沿岸の浅い岩礁帯に好んで生息し、甲殻類や多毛類、小型の魚類などを捕食する。
サイズ	15〜30㎝

調理法

刺身	焼く	煮る
蒸す	天ぷら	フライ・唐揚げ
寿司	汁物・鍋物	干物

ロックフィッシュ | ムラソイやカサゴなどの根魚《ねざかな》のこと。

ブラクリ

難易度 ★☆☆

主な他の対象魚

カサゴ(P20)、**ドンコ**(P115)

短めの竿を使って足元を攻略！

ムラソイが潜む堤防ぎわやブロックの穴をダイレクトに攻めるための仕掛け。竿は短めのほうが操作しやすいだろう。根ズレ（根でラインがすれること）対策として、ミチイト先端にはフロロカーボンの先イトを結んでおく。付けエサは、オキアミやイソメでよい。

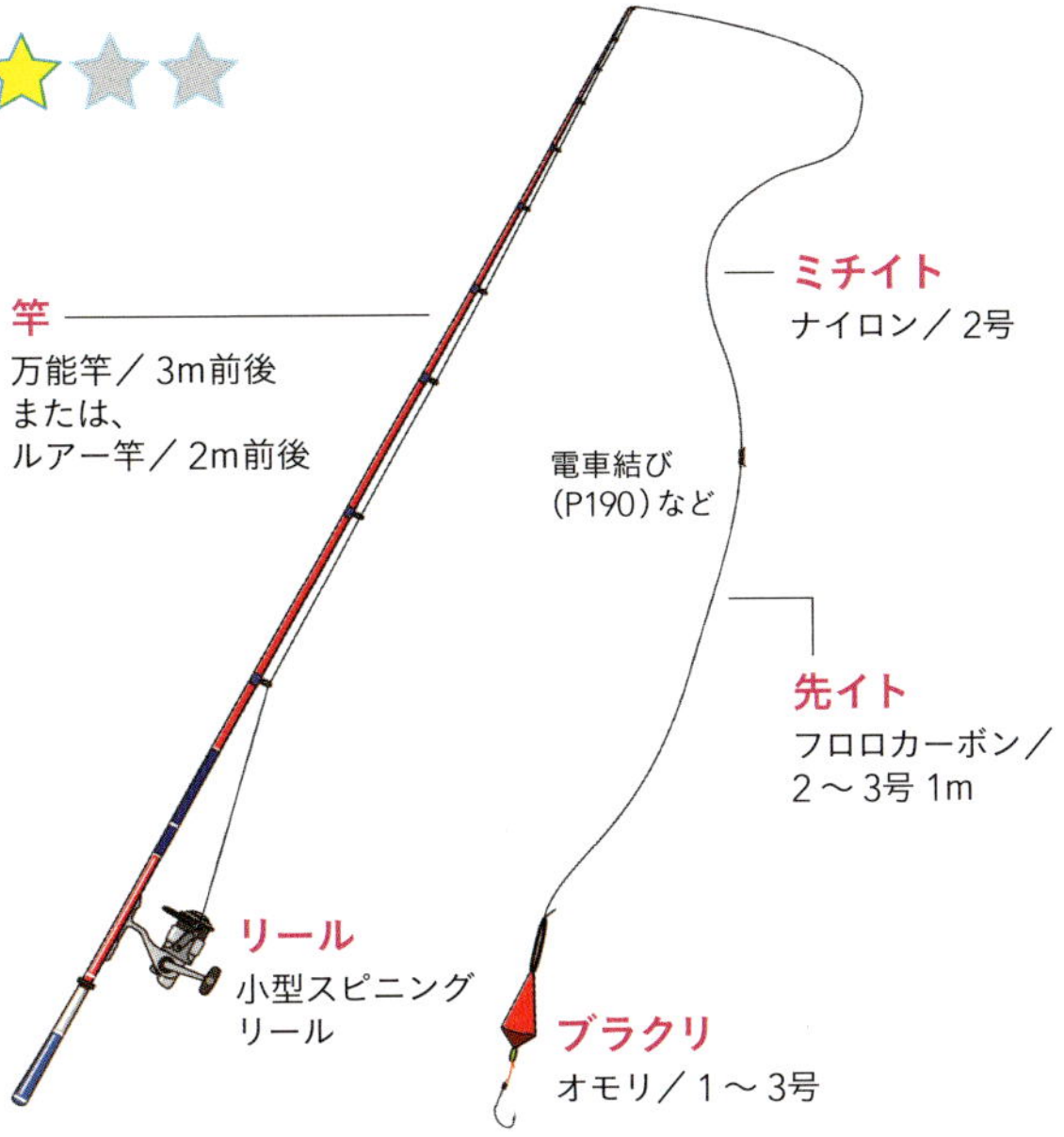
竿
万能竿／ 3m前後
または、
ルアー竿／ 2m前後
ミチイト
ナイロン／ 2号
電車結び
(P190)など
先イト
フロロカーボン／
2～3号 1m
リール
小型スピニング
リール
ブラクリ
オモリ／ 1～3号

ルアー

難易度 ★☆☆

主な他の対象魚

カサゴ(P20)、**メバル**(P50)

ワームが手堅いがミノーも楽しい

ルアーで狙う場合は、小型のワーム(P15)を使うのが確実。ただし、ハイシーズンとなる5～7月には、ミノー(P65)にも反応がよくなる。ミノーは水に浮くフローティングタイプで、長さ6～8cmぐらいの小型がおすすめだ。

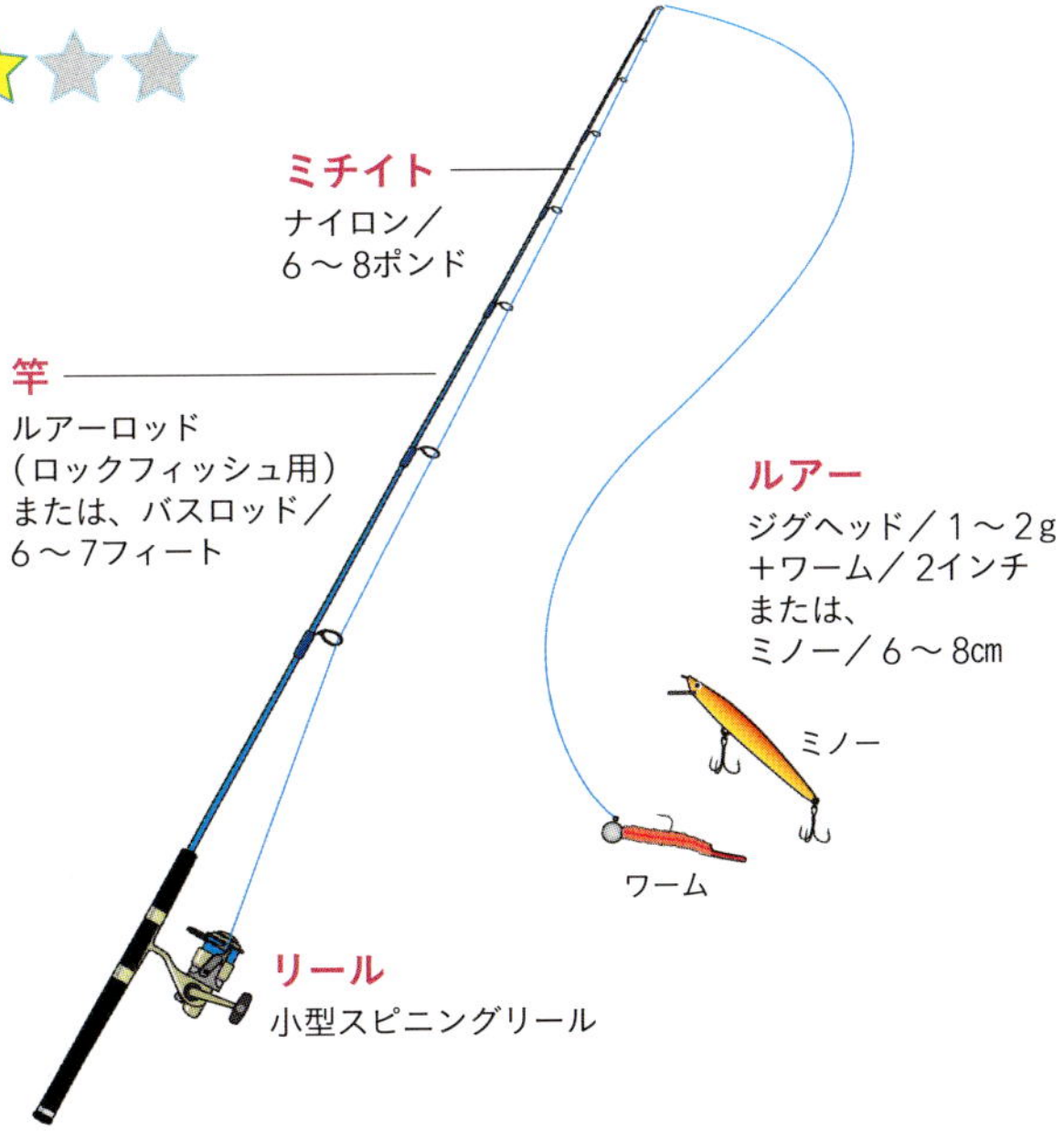
ミチイト
ナイロン／
6～8ポンド
竿
ルアーロッド
（ロックフィッシュ用）
または、バスロッド／
6～7フィート
ルアー
ジグヘッド／ 1～2g
＋ワーム／ 2インチ
または、
ミノー／ 6～8cm
ミノー
ワーム
リール
小型スピニングリール

ゴロタ場《ば》 | 海岸に多くの石や岩が転がっているエリア。

ベイト
主にルアーフィッシングで使われる用語で、小魚や甲殻類など魚がエサにする生物のこと。対象の魚が何を補食しているかを見極めるために、数種のルアーをローテーションして探る。
シシャモ
メッキ
タカベ
北太平洋などで成長したカラフトマスが、8～9月に北海道の河川などに遡上する。
カラフトマス
サケ
サケ釣りは規制エリアを確認すること。
夜間、エサを求めて接岸してくる。
タチウオ

5章

回遊性の23魚種

広い範囲のほぼ一定の経路を移動する回遊魚。しかも多くの魚種が群れで回遊しており、釣り人としてはテンションが高まる。魚種にもよるが、水温が高くなる夏～秋は回遊魚を狙う絶好のチャンスだ。

対象魚

イワシ	カマス
カラフトマス	カンパチ
キビナゴ	コノシロ
サケ	サッパ
サバ	サワラ
サンマ	シイラ
シシャモ	シマアジ
ソウダガツオ	タカベ
タチウオ	ハタハタ
ヒラマサ	ブリ
ムロアジ	メッキ
ロウニンアジ	

サバやサッパは、全国の堤防や海釣り公園で釣れ、サビキ釣りが定番。
イワシやハタハタ、サンマ、キビナゴ、コノシロなど小型の魚は、水面下までの距離が近い堤防で数釣りを楽しめる。
サッパ
イワシ
サバ
ハタハタ
コノシロ
イワシ
キビナゴ
サンマ
カマス
ムロアジ
ナブラ
イワシなどの小魚が大型の回遊魚に追われ、海面で逃げ惑ってザワついている様子をナブラという。この状態が大型の回遊魚を狙うサインとなる。
ソウダガツオ
ロウニンアジ
シマアジ
シイラ
カンパチ
潮通し(P35)のよい堤防からライトな仕掛けで狙える。
ヒラマサ
海底の起伏があるところやカケアガリ(P39)を狙うのがコツ。
ブリ
潮《しお》目《め》
ふたつの潮流がぶつかる場所や、温度差ができた場所を潮目という。エサが溜まりやすいので、絶好ポイントとなる。水面の色が異なっていたり、波立ったりするように見える。
サワラ

Iwashi **49**

釣り時期

4月～11月
12月～3月

ウキ / 投げ / サビキ / カゴ / ウキフカセ / ルアー / その他

イワシ【鰯】

大きな群れで回遊している数釣りにはもってこいの定番魚

体側に7つ以上の黒点が1列か2列並んでいる。
背ビレに棘条《きょくじょう》（P106）はない。
骨質の条線《じょうせん》（放射状の隆起線）がある。
背中は青緑色、体側から腹にかけて銀白色をしている。

ノベ竿でのサビキ釣りが初心者におすすめ！

堤防から狙えるイワシには、マイワシ、カタクチイワシ、ウルメイワシなどがいる。いずれも大きな群れで回遊し、比較的簡単に数釣りを楽しめることから、初心者向きの対象魚として人気だ。

釣り方は「サビキ釣り」がメイン。水面までの距離が近く、足元が安全な釣り場ならシンプルなノベ竿（P52）を使える。サビキ仕掛けは市販品を利用すればよい。

DATA［マイワシ］

分類	ニシン目、ニシン科、マイワシ属
分布	日本各地
生態	潮通しのよい海域の上～中層を泳ぐ回遊魚。群れで移動しながらプランクトンを捕食する。
サイズ	10～25㎝

調理法

刺身	焼く	煮る
蒸す	天ぷら	フライ・唐揚げ
寿司	汁物・鍋物	干物

サビキ

難易度 ★☆☆

主な他の対象魚
アジ（P10）、サッパ（P138）

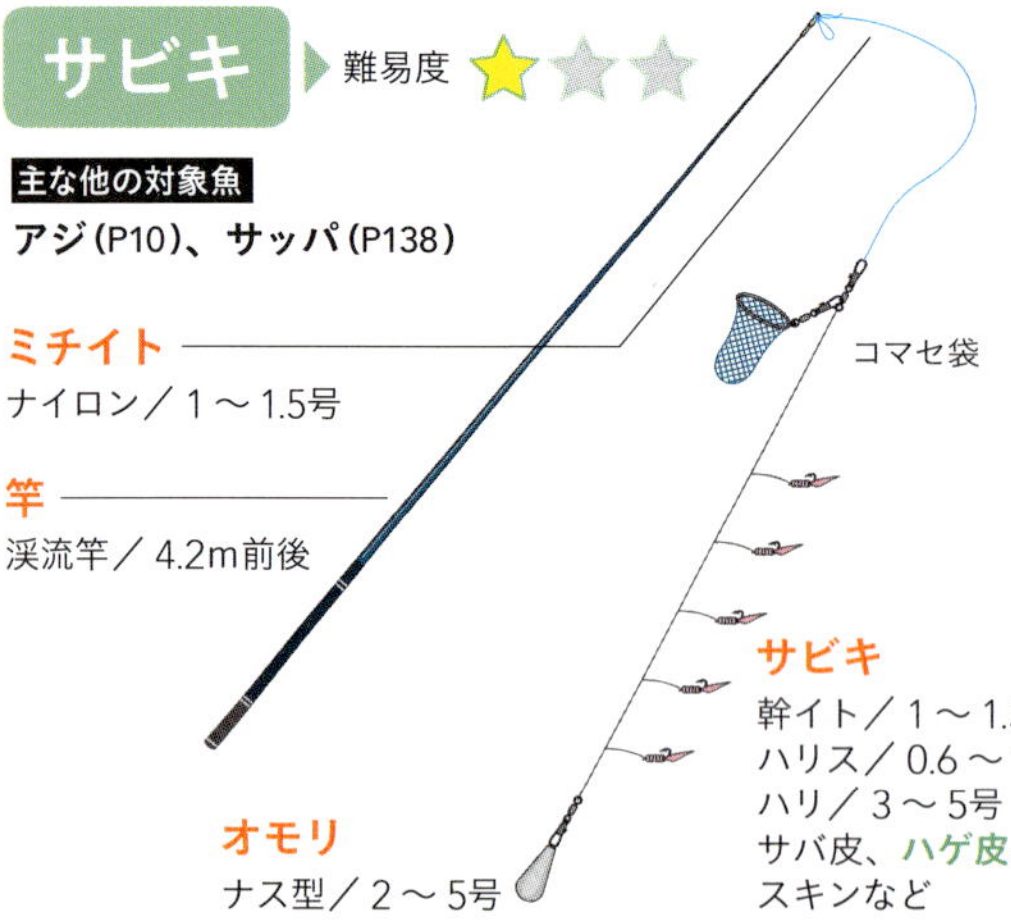

ミチイト
ナイロン／1～1.5号
竿
渓流竿／4.2m前後
コマセ袋
サビキ
幹イト／1～1.5号
ハリス／0.6～1号
ハリ／3～5号
サバ皮、ハゲ皮、スキンなど
オモリ
ナス型／2～5号

ハゲ皮 | カワハギの皮を使ったサビキ。

Kamasu 50

釣り時期
5月〜10月
11月〜12月
3月〜4月

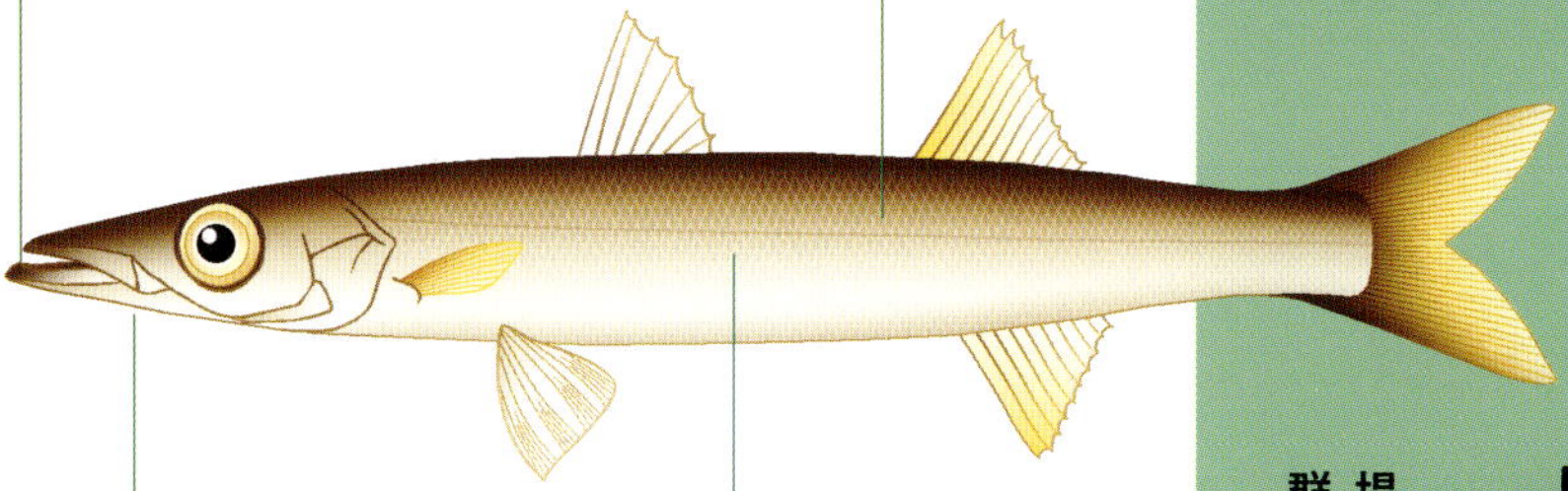
歯が鋭い。
体側のウロコは大きい。
アゴの後端は目の前縁より前方にある。
体側に1本の暗色縦帯がある。

カマス【魳】

堤防からは2種類のカマスが狙える 群れが回遊していれば、入れ食いのチャンス！

ウキ / 投げ / サビキ / カゴ / ウキフカ / ルアー / その他

投げサビキやルアー釣り、身エサを使ったウキ釣りが手軽に楽しめる

カマス科の魚は多いが、主に堤防からの釣りで狙えるのは、アカカマスとヤマトカマス。前者は本カマスとも呼ばれ、体長50㎝ほどにも成長する。後者は水カマスなどと呼ばれ、体長は最大で30㎝ほど。背中側の体色がアカカマスが赤みを帯びた黄褐色なのに対し、ヤマトカマスは灰褐色であることから区別できる。

釣り方は共通していて、主に魚の切り身をエサにしたウキ釣り、サビキ仕掛けを使った投げサビキ釣り、ルアーフィッシングがある。

カマスは群れで回遊しているため、活性《かっせい》の高い状況なら投げサビキやルアーなどで効率よく釣れる。低活性時《ていかっせいじ》にはウキ釣りでじっくり狙うほうが釣果に結びつきやすい。いずれの釣り方でも、カマスが泳ぐタナ（P12）を狙うことが重要。朝と夕方に活発にエサを追う傾向があることも覚えておこう。

アカカマスのほうがおいしいとされるが、新鮮なものならヤマトカマスも引けを取らない味わいだ。

▶次ページに続く

活性《かっせい》｜魚の食い気や活動力のこと。

DATA［アカカマス］

分類	スズキ目、カマス科、カマス属
分布	北海道南部以南〜各地
生態	沿岸の表層〜中層を群れで回遊する。魚食性でイワシやキビナゴなどの小魚を捕食する。
サイズ	20〜50㎝

調理法

刺身	焼く	煮る
蒸す	天ぷら	フライ・唐揚げ
寿司	汁物・鍋物	干物

ウキフカセ

難易度 ★★☆

主な他の対象魚

サバ（P139）、**タチウオ**（P151）

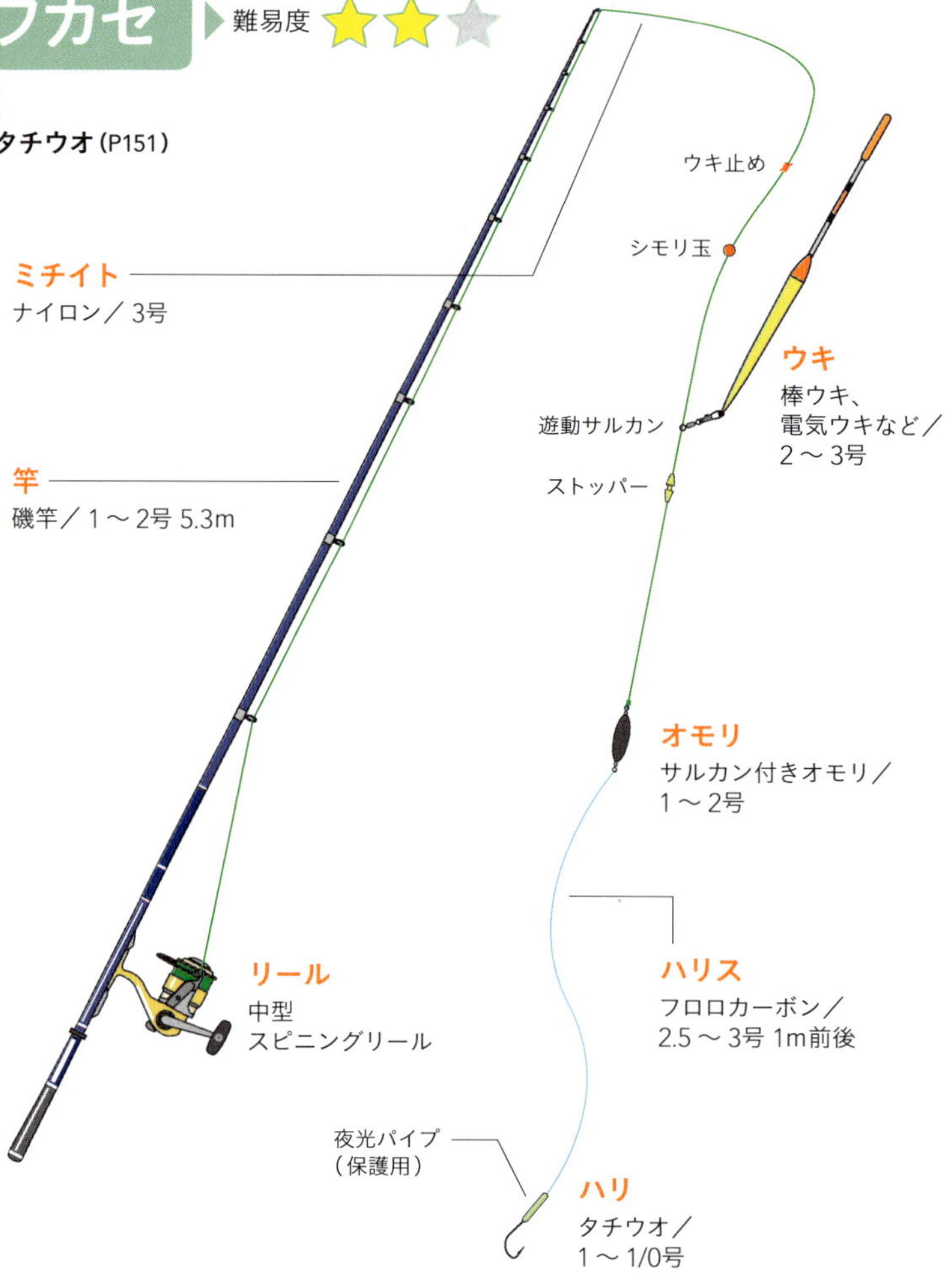
ミチイト
ナイロン／3号
竿
磯竿／1～2号 5.3m
リール
中型
スピニングリール
ウキ止め
シモリ玉
ウキ
棒ウキ、
電気ウキなど／
2～3号
遊動サルカン
ストッパー
オモリ
サルカン付きオモリ／
1～2号
ハリス
フロロカーボン／
2.5～3号 1m前後
夜光パイプ
（保護用）
ハリ
タチウオ／
1～1/0号

カマスが泳ぐタナに合わせて ウキ下をマメに調整する

ウキは視認性に優れた棒ウキを使用し、夜釣りの場合は電気ウキ（P51）に交換する。鋭い歯への対策として、ハリスとハリの間にワイヤーハリスを装着する方法があるが、夜光パイプで保護する方法でもOKだ。付けエサは冷凍キビナゴやサバの切り身などを使用。泳層は上がったり下がったりどんどん変化するので、ウキ下の長さはマメに調整しよう。

CLOSE UP ITEM

ハリ先

キビナゴ

エサのキビナゴは、目からハリを刺し、ハリ先を返して腹から背側に抜く「縫い刺し」に装《そう》餌《じ》（P26）する。ハリ先は少しだけ出しておく。

夜光パイプ | 光で魚をおびき寄せるパイプ状のアイテム。

投げサビキ

難易度 ★☆☆

主な他の対象魚
アジ（P10）

投げて引いてくるだけの簡単テクニック！

投げサビキの場合、投入時のイト切れを防ぐため、幹《みき》イトが3号以上の仕掛けを選ぶとよい。カマス専用の仕掛けも売られているが、アジ用の魚《ぎょ》皮《ひ》サビキ（P145）でも釣れる。ウキ釣り同様に、カマスが回遊しているタナ（P12）に仕掛けを投入し、引いてくるのがポイントだ。

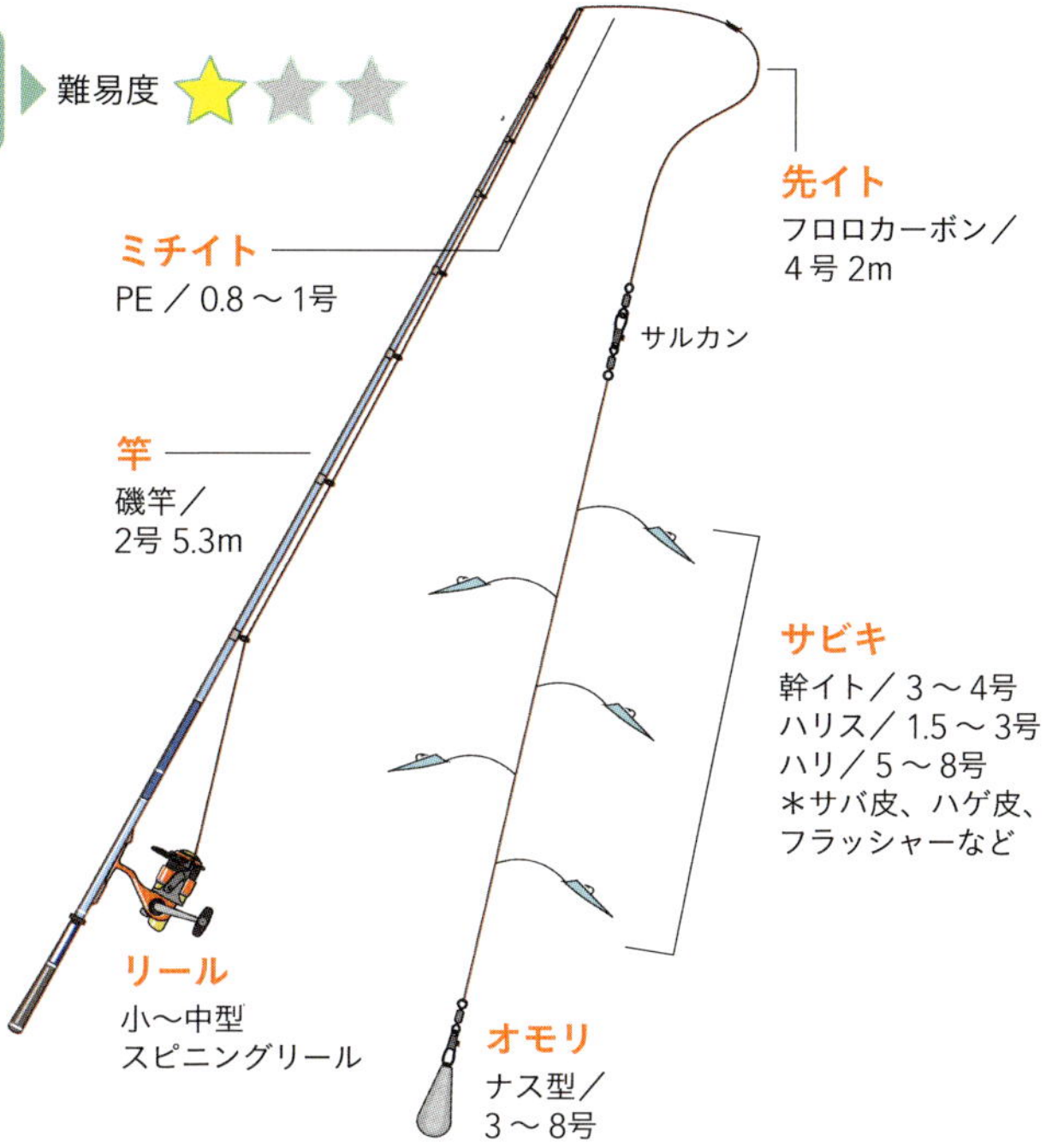
先イト
フロロカーボン／
4号 2m
ミチイト
PE／0.8～1号
サルカン
竿
磯竿／
2号 5.3m
サビキ
幹イト／3～4号
ハリス／1.5～3号
ハリ／5～8号
＊サバ皮、ハゲ皮、
フラッシャーなど
リール
小～中型
スピニングリール
オモリ
ナス型／
3～8号

ルアー

難易度 ★☆☆

主な他の対象魚
アジ（P10）、サバ（P139）

アジやメバル用が流用できる！

使用するタックルは、メバル（P50）やアジ（P10）狙いと同様のものでよい。ただし、カマスの鋭い歯に備えて、ミチイトの先端にはフロロカーボンのリーダーを結び合わせておくと安心だ。ルアーはジグヘッド（P183）＆ワーム（P15）のほか、小型のミノー（P65）やメタルジグ（P132）、スプーン（P131）などを使ってみても楽しい。

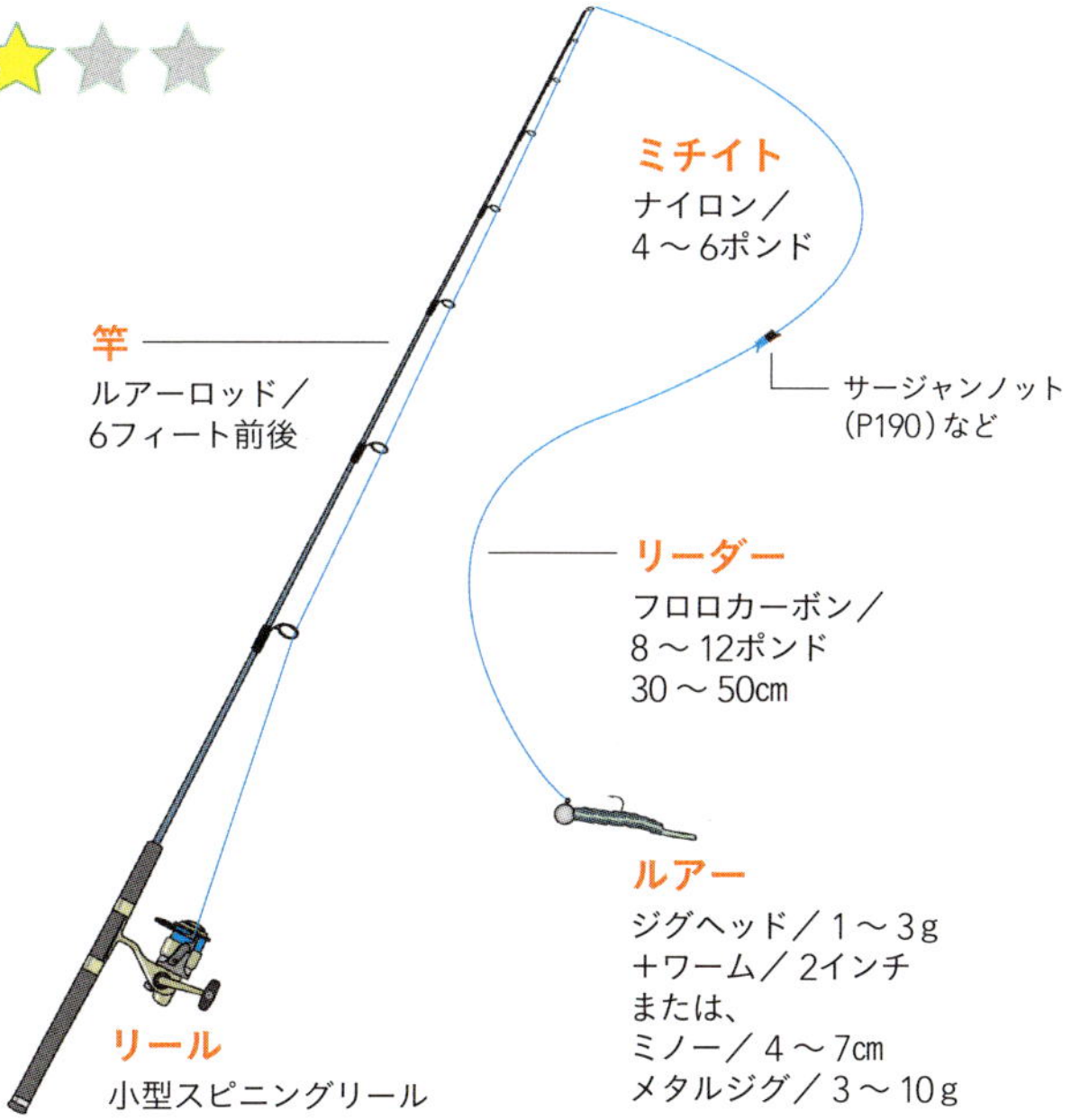
ミチイト
ナイロン／
4～6ポンド
竿
ルアーロッド／
6フィート前後
サージャンノット
（P190）など
リーダー
フロロカーボン／
8～12ポンド
30～50㎝
ルアー
ジグヘッド／1～3g
＋ワーム／2インチ
または、
ミノー／4～7㎝
メタルジグ／3～10g
リール
小型スピニングリール

Karafutomasu 51

釣り時期

8月～9月

7月、10月

カラフトマス【樺太鱒】

産卵期のオスの「背っ張り」が特徴的な北の海ならではのターゲット！

ウキ / 投げ / サビキ / カゴ / ウキフカセ / ルアー / その他

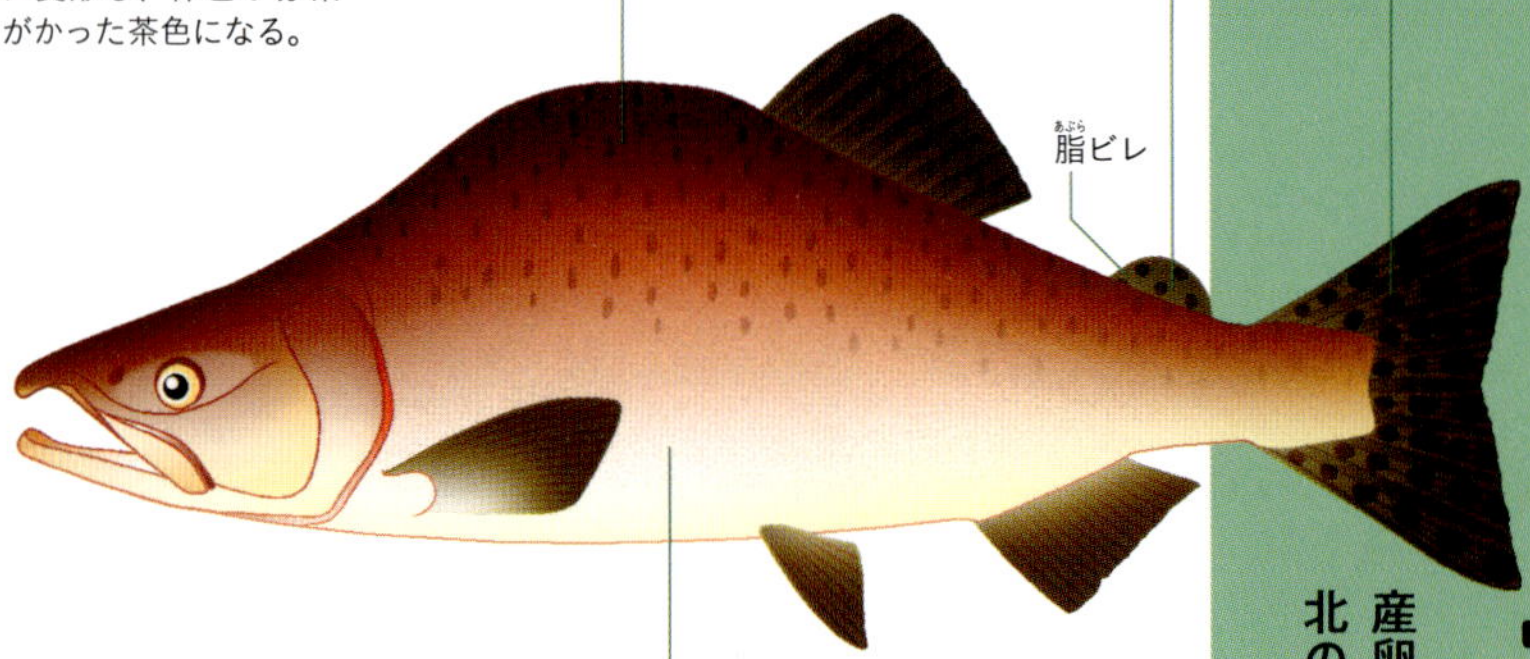

繁殖期のオス（イラスト）は背中が突き出た形に変形し、体色が赤紫がかった茶色になる。
尾ビレと脂《あぶら》ビレに黒い斑点がある。
脂《あぶら》ビレ
背部は青緑色、体側から腹にかけて銀白色。

夏、北海道に接岸する「ピンクサーモン」をウキ釣りやルアーで狙う！

サケの仲間であるカラフトマスは、全長が最大で60㎝ほどの小型種。秋の繁殖期になると、オスの背中が突起状に大きく変形するのが特徴だ。

河川で孵化《ふか》したカラフトマスは、数日で降海して北太平洋などで成長し、2年後の夏に北海道などの河川に再び遡上《そじょう》する。したがって、釣りのシーズンは8～9月がピークとなる。ただし、河口付近はサケ・マス類が釣り禁止になっているエリアが多いので、あらかじめ確認が必要だ。また、河川内での釣りも規制されているが、北海道・忠《ちゅう》類川《るいがわ》のように「サケ・マス有効利用調査」の名目で釣りが可能な河川もある。

堤防での釣り方としては、赤く染められたイカの短冊《たんざく》（P117）などをエサにしたウキ釣り、スプーン（P131）をメインに使用するルアーフィッシング。ルアーの場合、ウキを併用したウキルアーという釣り方もある。

カラフトマスの身は栄養価が高く、ムニエルや塩焼き、フライ、鍋物などがおいしい。

DATA

分類	サケ目、サケ科、サケ属
分布	北海道～東北の一部
生態	河川で産卵・孵化し、降海してアミ類や小魚などを食べて育ち、産卵時に再び河川に戻ってくる「遡河回遊魚」。
サイズ	50～60㎝

調理法

刺身	焼く	煮る
蒸す	天ぷら	フライ・唐揚げ
寿司	汁物・鍋物	干物

ウキ釣り

難易度 ★★☆

主な他の対象魚

サケ（P136）

市販品を利用すれば、仕掛けづくりは超簡単！

竿やリールはルアー用のものを使い、**ミチイトの先端に市販のウキ仕掛けをセット**するだけで準備完了。エサは食紅で染めたイカの短冊《たんざく》（P117）をハリに**チョン掛け**する。本物のエサを使うだけに、ルアーよりも釣れる確率は高くなる。

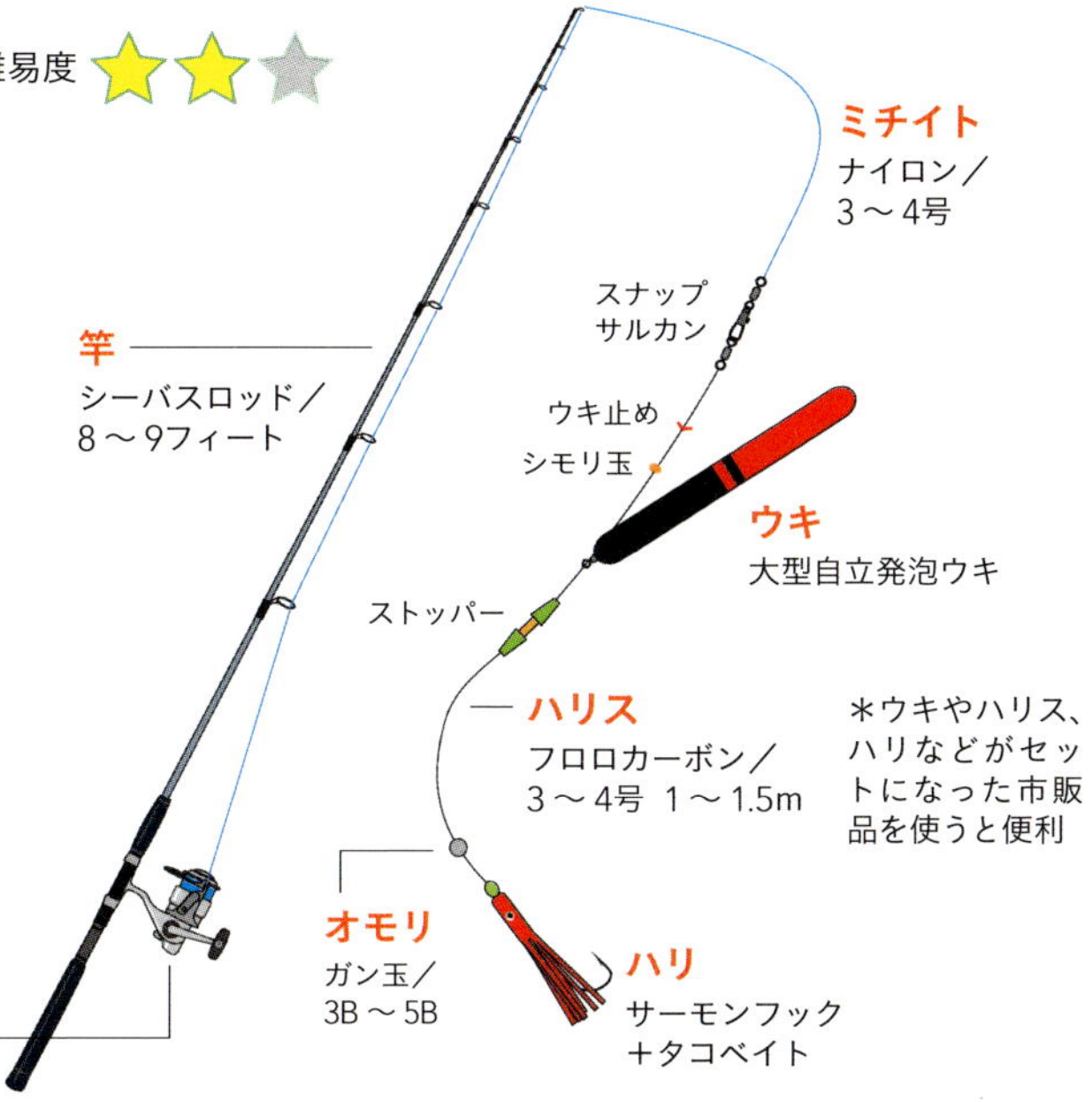

ミチイト
ナイロン／3～4号
スナップサルカン
竿
シーバスロッド／8～9フィート
ウキ止め
シモリ玉
ウキ
大型自立発泡ウキ
ストッパー
ハリス
フロロカーボン／3～4号 1～1.5m
＊ウキやハリス、ハリなどがセットになった市販品を使うと便利
オモリ
ガン玉／3B～5B
ハリ
サーモンフック＋タコベイト
リール
中型スピニングリール

ルアー

難易度 ★☆☆

主な他の対象魚

サケ（P136）

シーバス用タックルで十分に対応可能

カラフトマスの引きは強烈だが、**シーバス用のロッドやラインで十分に対応できる**。釣り方はルアーをゆっくり引いてくるスローリトリーブ（P50）が基本だ。

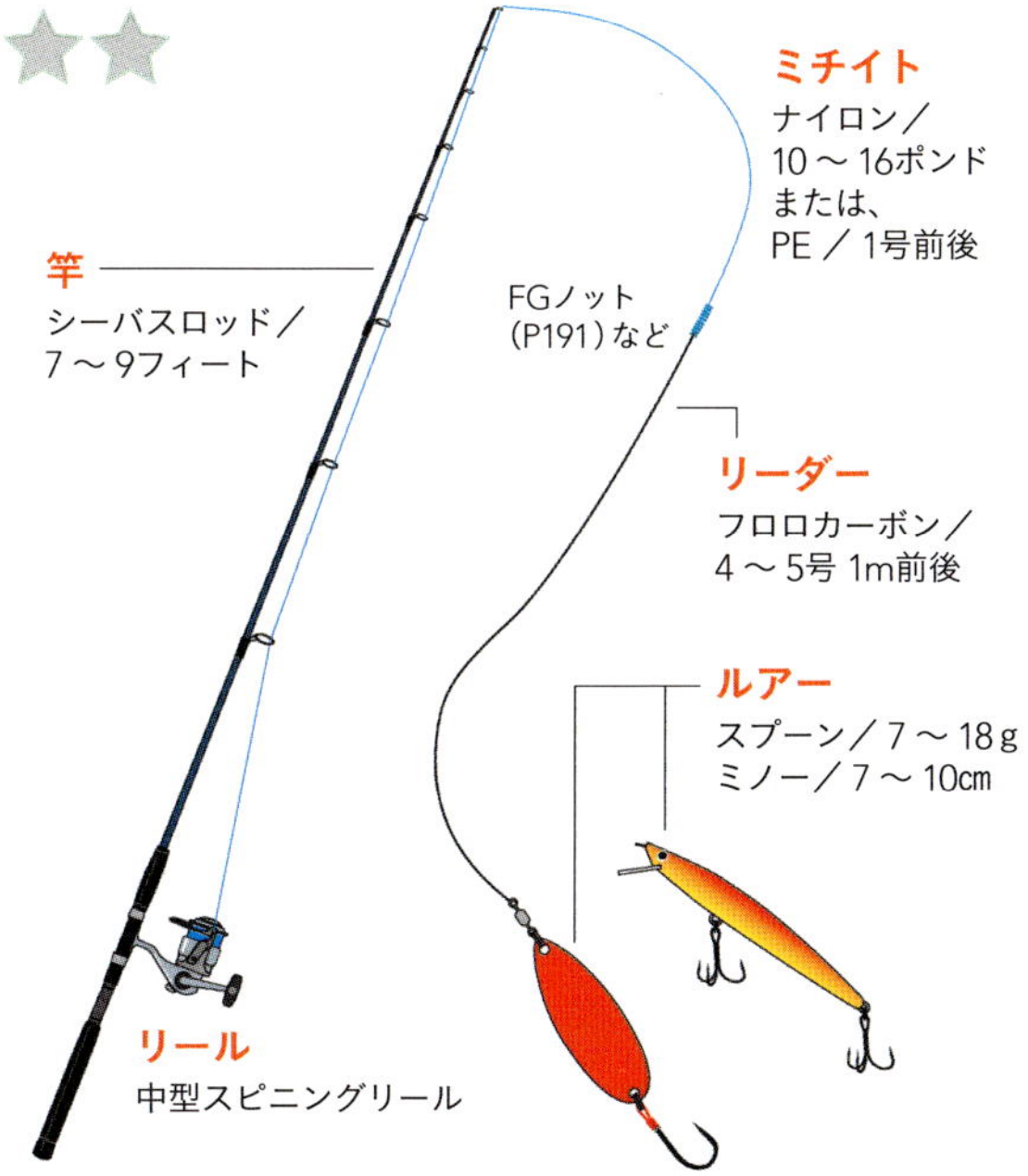

ミチイト
ナイロン／10～16ポンドまたは、PE／1号前後
竿
シーバスロッド／7～9フィート
FGノット（P191）など
リーダー
フロロカーボン／4～5号 1m前後
ルアー
スプーン／7～18g
ミノー／7～10㎝
リール
中型スピニングリール

CLOSE UP ITEM

スプーン
赤やオレンジ系統のスプーンに魚の反応がよい。

チョン掛け | エサの上端部にハリ先を刺すだけのシンプルな装餌《そうじ》（P26）方法。

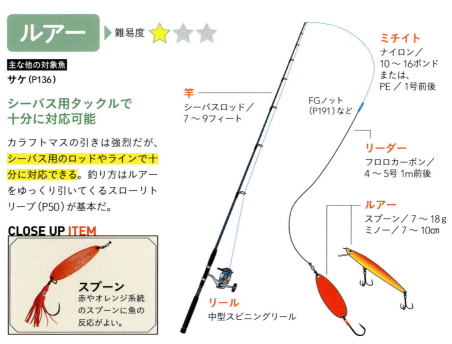

Kanpachi 52

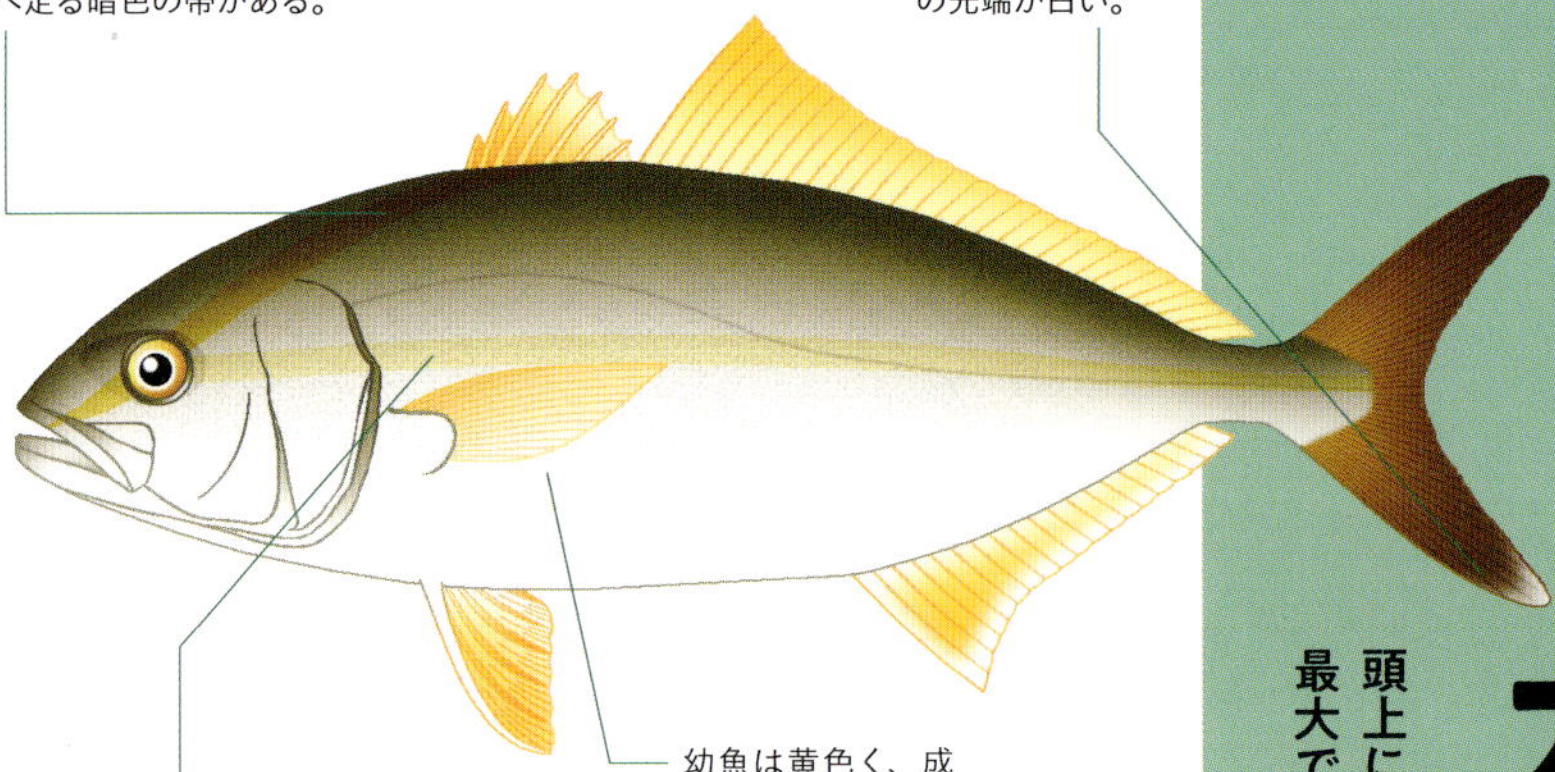

目を通り、斜め後ろ上方へ走る暗色の帯がある。
シリビレの下側の先端が白い。
幼魚は黄色く、成魚は銀色、老成して赤っぽくなる。
黄色い縦帯がある。

釣り時期

8月～10月
11月～12月
5月～7月

カンパチ【間八】

頭上に伸びる「八の字」の帯が名の由来
最大で体長2mにも迫る、ブリ属の最大種

ウキ
投げ
サビキ
カゴ
ウキフカセ
ルアー
その他

小型の「ショゴ」は、ルアーで遊ぶのが楽しい大物狙いなら泳がせ釣りで！

出世魚のカンパチは、同じ仲間のブリ（P156）やヒラマサ（P155）と同様の流線型の体つきで、外洋を群れで回遊する。頭上に斜めに伸びる2本の帯を上から見たときに「八」の字に見えることが魚名の由来だ。

最大で体長2mにも迫るブリ属の最大魚だが、体長30～40㎝ほどの「ショゴ」と呼ばれる若魚なら堤防から手軽に狙える。釣り方は、**メタルジグ**を使った**ショアジギング**が人気。小型とはいえ、ライトタックル（P65）を使えばスリリングなファイトを楽しめる。

潮通し（P35）がよく、足元から水深のある堤防なら、3kgオーバーが回遊している可能性があり、これらには**生きたアジやサバなどをエサにした泳がせ釣り**がいいだろう。エサは、サビキ釣りなどで現地調達すればよい。

いずれの釣り方でも、カンパチが潜む海底の起伏やカケアガリ（P39）付近を狙うのがコツとなる。

食の旬は夏～秋。大型のものは冷蔵庫で数日寝かせるとよい。

DATA

分類	スズキ目、アジ科、ブリ属
分布	関東以南の各地
生態	水深20～70mほどの沿岸から外洋に生息。魚食性で、アジやサバ、ムロアジなどを捕食。
サイズ	30～60㎝

調理法

刺身	焼く	煮る
蒸す	天ぷら	フライ・唐揚げ
寿司	汁物・鍋物	干物

メタルジグ | 金属性で重量のあるルアー（P183）。

ルアー

難易度 ★★☆

主な他の対象魚

ソウダガツオ(P147)、イナダ(P156)

ライトショアジギングでショゴを狙う

堤防からショゴサイズを狙う場合は、1オンス(28g)以下のメタルジグ(P132)を使ったライトジギングが楽しい。タックル(P65)はシーバス用を流用する。カンパチは上から落ちてくるルアーを見ているので、着底後すぐにリトリーブ(P50)するのがコツ。

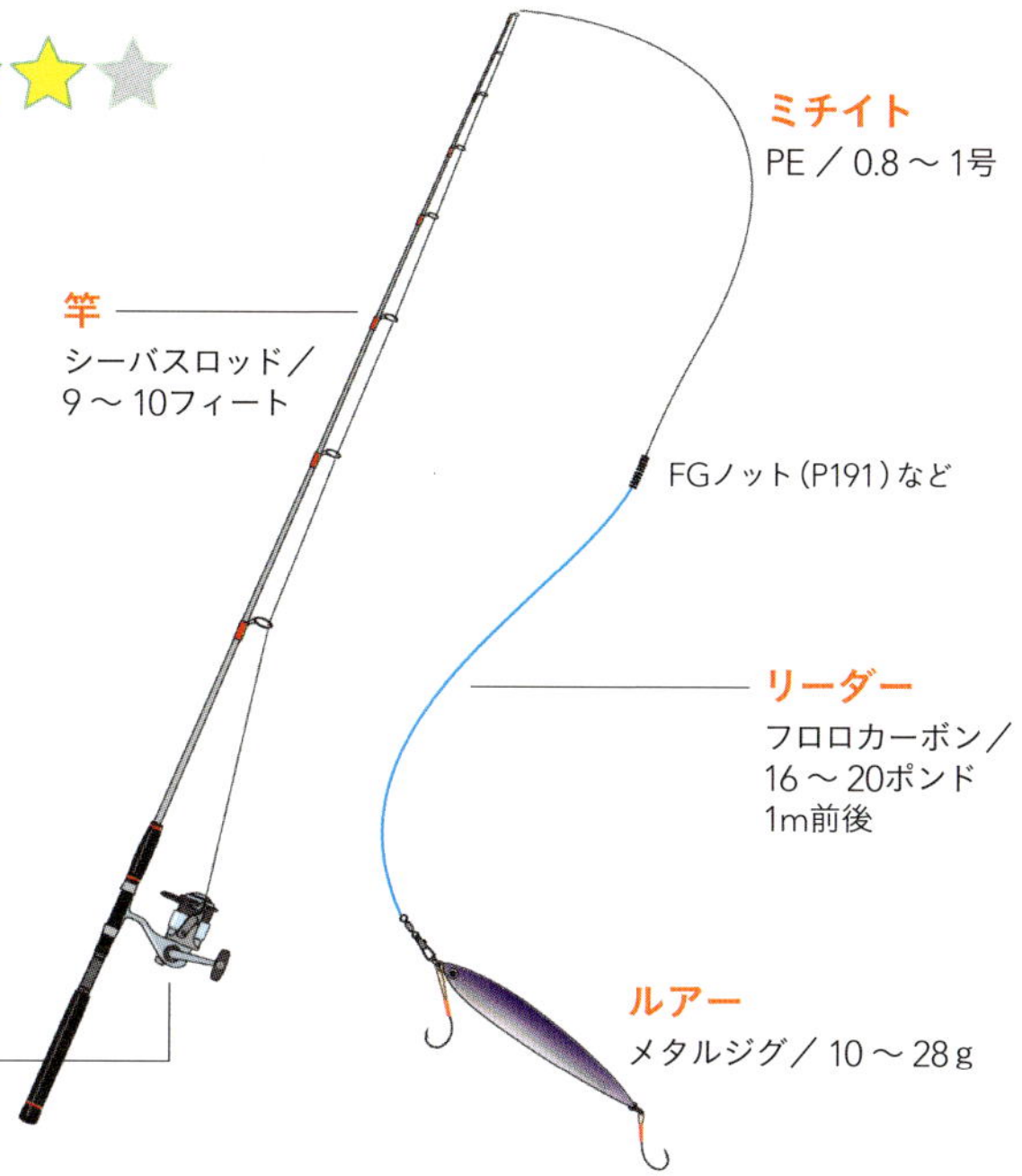

ミチイト
PE／0.8～1号
竿
シーバスロッド／9～10フィート
FGノット(P191)など
リーダー
フロロカーボン／16～20ポンド 1m前後
ルアー
メタルジグ／10～28g
リール
中型スピニングリール

泳がせ釣り

難易度 ★★☆

主な他の対象魚

スズキ(P62)、ヒラマサ(P155)

状況に応じてウキを脱着する

イラストは2kg級のカンパチを狙う仕掛け。さらに大型を狙う場合は、ワンランク丈夫な仕掛けを使いたい。足元から水深があって、障害物が少ない釣り場では、ウキを外したシンプルな仕掛けが使える。付けエサとなる小魚は、背中か上アゴにハリをセットする。

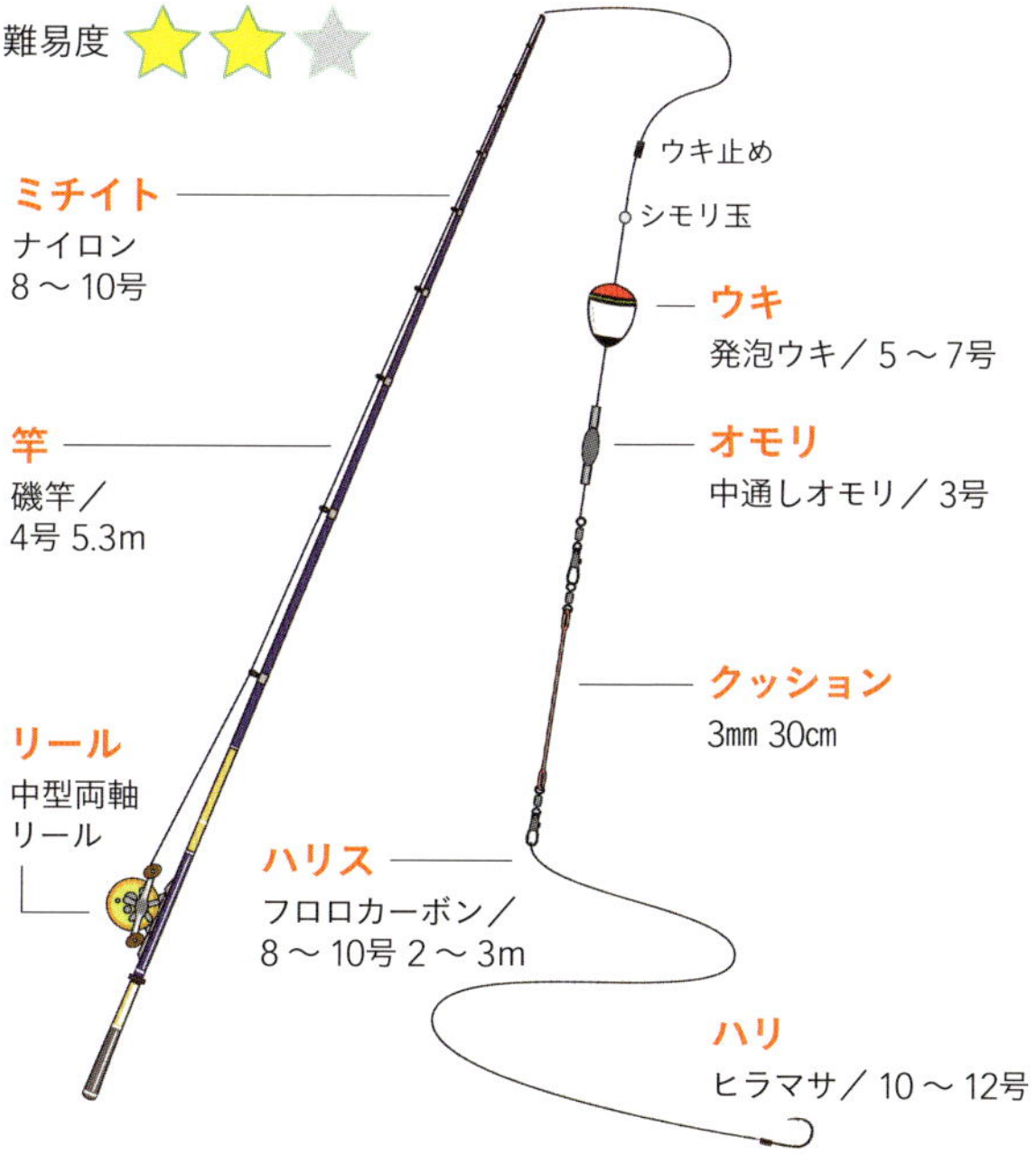

ミチイト
ナイロン 8～10号
ウキ止め
シモリ玉
ウキ
発泡ウキ／5～7号
竿
磯竿／4号 5.3m
オモリ
中通しオモリ／3号
クッション
3mm 30cm
リール
中型両軸リール
ハリス
フロロカーボン／8～10号 2～3m
ハリ
ヒラマサ／10～12号

ショアジギング | 主にメタルジグを使って、岸(ショア)から楽しむルアー釣りのスタイルのこと。

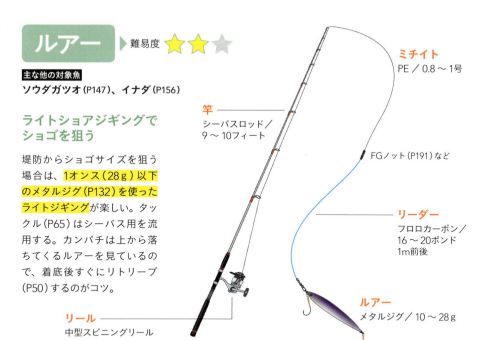

Kibinago

53

釣り時期

6月～10月
11月～5月

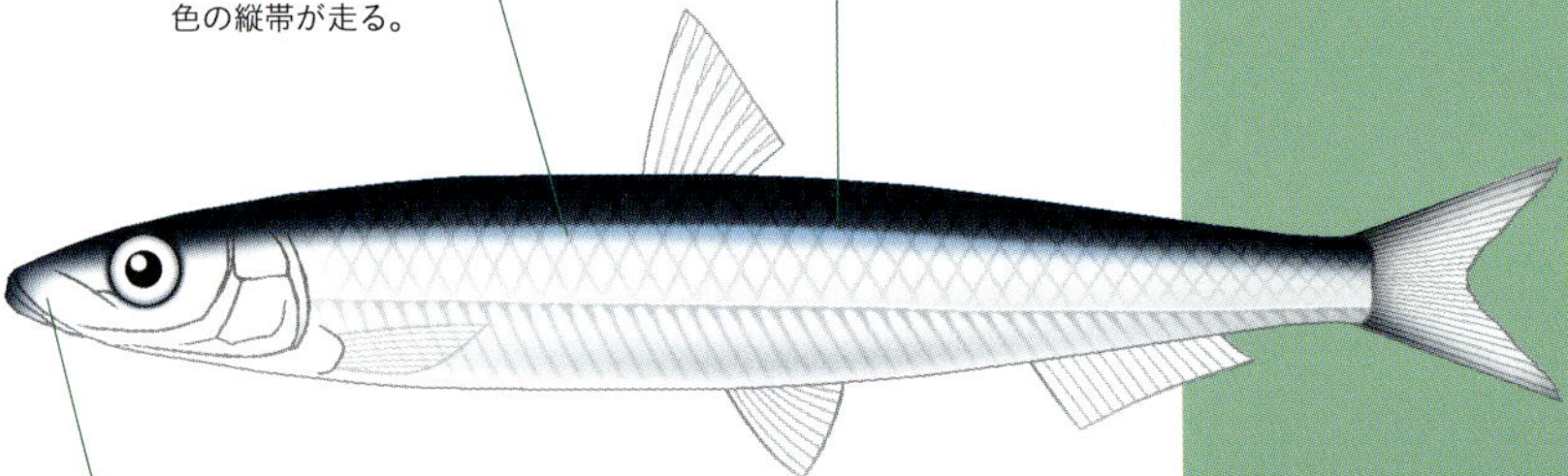

体側に幅広い銀白色の縦帯が走る。
細長い体型。
吻《ふん》（P196）が長い。

イワシをもっとスリムにした小魚
釣りたての新鮮なものは絶品

キビナゴ
【黍魚子】

ウキ
投げ
サビキ
カゴ
ウキフカセ
ルアー
その他

晴天、澄み潮の条件では小バリのサビキが◎

イワシ（P126）などと同様にサビキ仕掛けで狙うのが基本。ただし、キビナゴはとても目がいいので、晴天で潮が澄んでいる状況ではサビキを見破られやすい。そんな場合は、ハリのサイズが3号程度の極小サビキが効果的だ。

釣り方は、足元にアミコマセ（P13）を撒《ま》き、集まってきたキビナゴの群れに仕掛けを落とすだけ。誘いは基本的に無用だ。

サビキ 難易度 ★☆☆

主な他の対象魚
アジ（P10）、**イワシ**（P126）

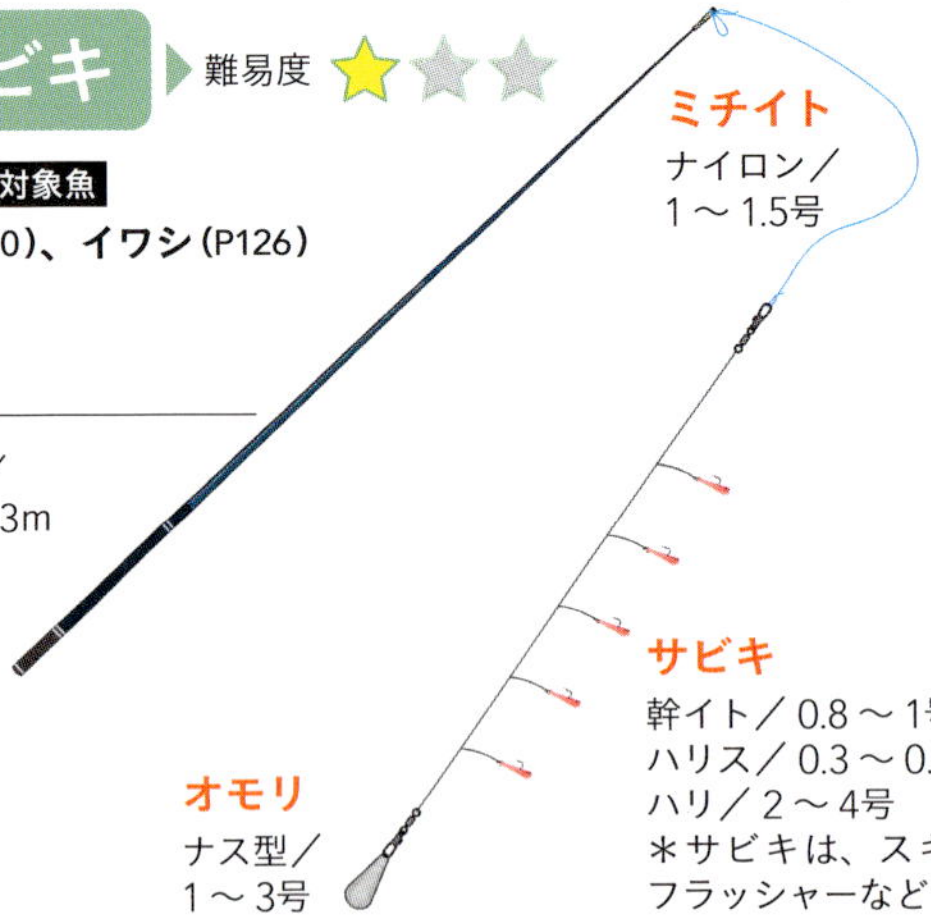

ミチイト
ナイロン／1～1.5号
竿
渓流竿／4.2～5.3m
サビキ
幹イト／0.8～1号
ハリス／0.3～0.5号
ハリ／2～4号
＊サビキは、スキン、フラッシャーなど
オモリ
ナス型／1～3号

DATA

分類	ニシン目、ニシン科、キビナゴ属
分布	房総～九州・沖縄
生態	潮通しのいい外洋に面した沿岸域を群れで回遊する。主にプランクトンを食べる。
サイズ	10cm前後

調理法

刺身	焼く	煮る
蒸す	天ぷら	フライ・唐揚げ
寿司	汁物・鍋物	干物

Konoshiro 54

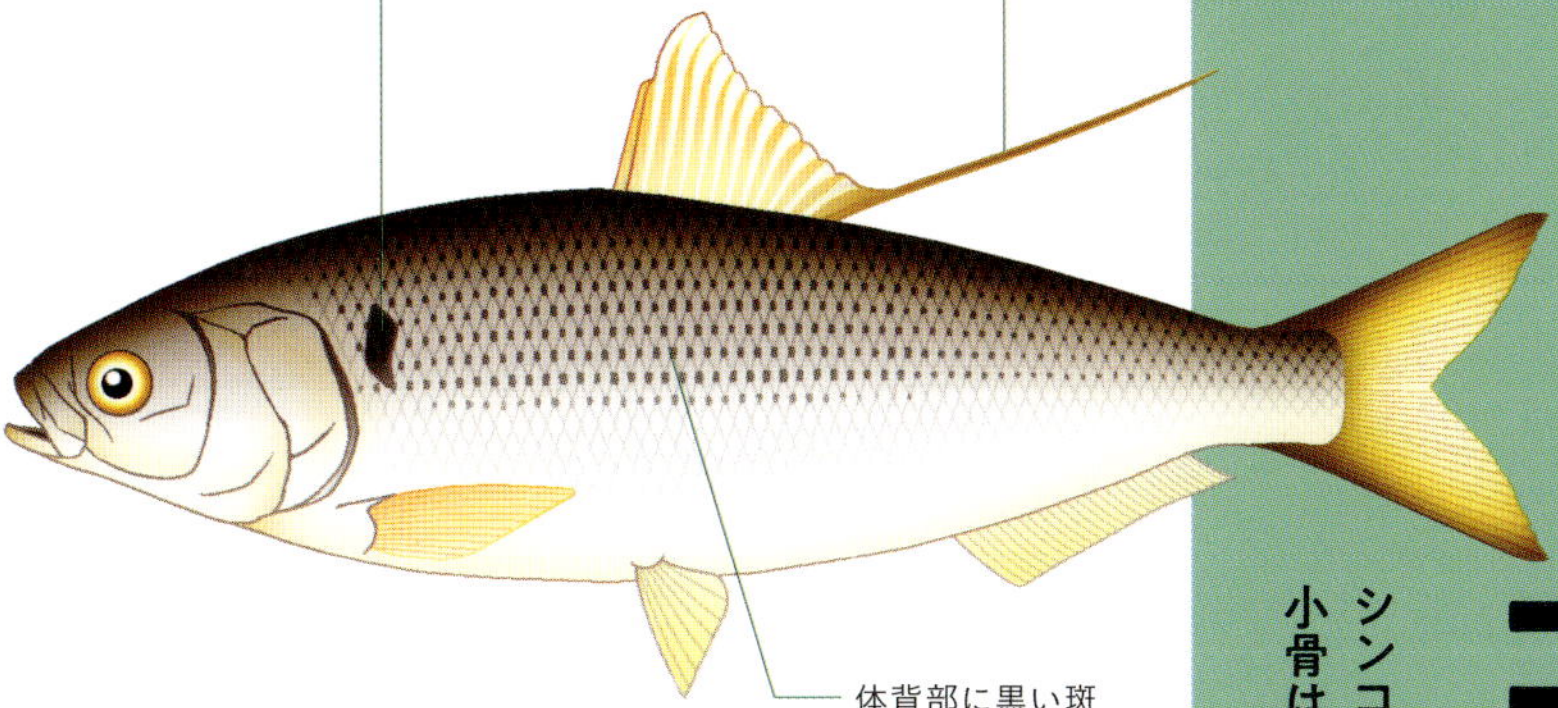
エラ蓋の後方あたりに大きな黒斑がある。
背ビレの最後の軟条《なんじょう》(P138)は糸状に伸びている。
体背部に黒い斑点が点線上に並んでいる。

コノシロ【鰶】

シンコ→コハダ→コノシロと名が変わる出世魚
小骨は多いが、酢締めなどで美味

釣り時期
9月～6月
7月～8月

ウキ
投げ
サビキ
カゴ
ウキフカ・
ルアー
その他

大型のコノシロは想像以上に引きが強烈!

寿司ネタとして知られる体長10㎝前後のコハダは、コノシロの幼魚。20㎝を超えてコノシロ級になると小骨が多くなるので、骨切りや酢締めなどをして食す。

釣り方はサビキ釣りが定番で、アジ(P10)用の仕掛けを流用する。大型のコノシロは引きが強いので、ハリスは1号以上あったほうが安心だ。沖を狙う場合は、ミチイトにウキをセットするとよい。

DATA

分類	ニシン目、ニシン科、コノシロ属
分布	東北～九州・沖縄
生態	水深15m以内の沿岸や汽水域を広く回遊する。プランクトン、藻類などを捕食する。
サイズ	10～30㎝

調理法

刺身	焼く	煮る
蒸す	天ぷら	フライ・唐揚げ
寿司	汁物・鍋物	干物

サビキ

難易度 ★☆☆

主な他の対象魚
アジ(P10)、イワシ(P126)

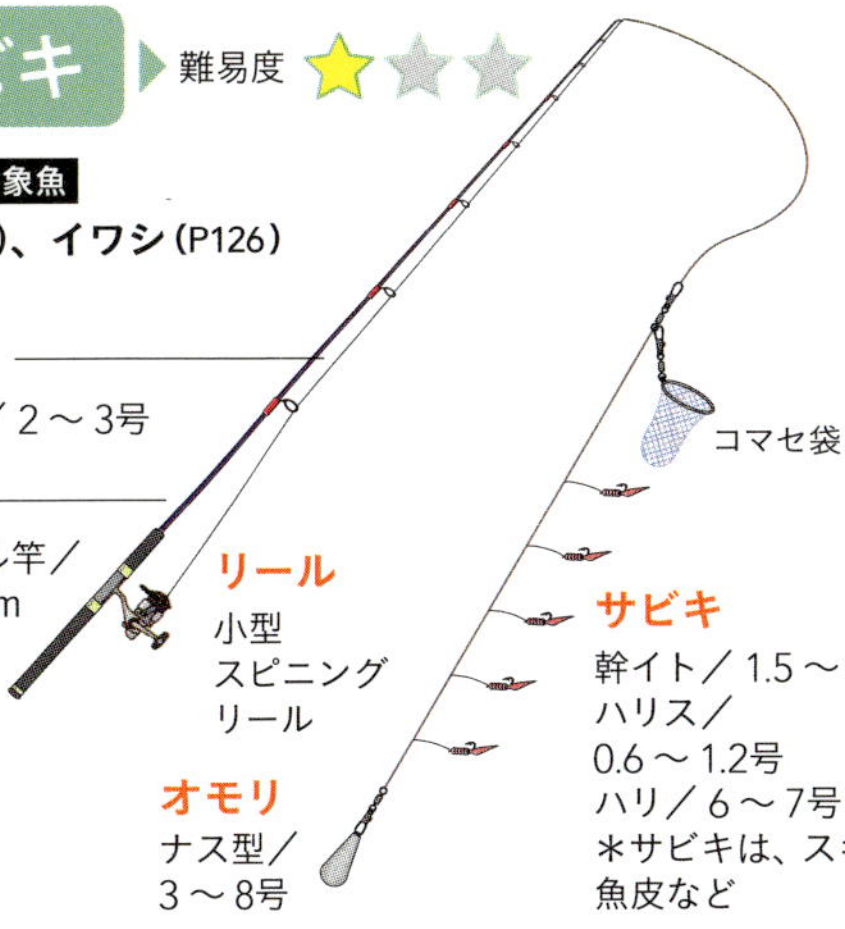
ミチイト
ナイロン/2～3号
竿
万能リール竿/2.4～4.5m
リール
小型スピニングリール
オモリ
ナス型/3～8号
コマセ袋
サビキ
幹イト/1.5～2号
ハリス/0.6～1.2号
ハリ/6～7号
*サビキは、スキン、魚皮など

Sake 55

釣り時期
9月～11月
8月、12月

サケ【鮭】

北海道の海を回遊するターゲットは、ルイベやムニエル、鍋物で美味！

ウキ
投げ
サビキ
カゴ
ウキフカセ
ルアー
その他

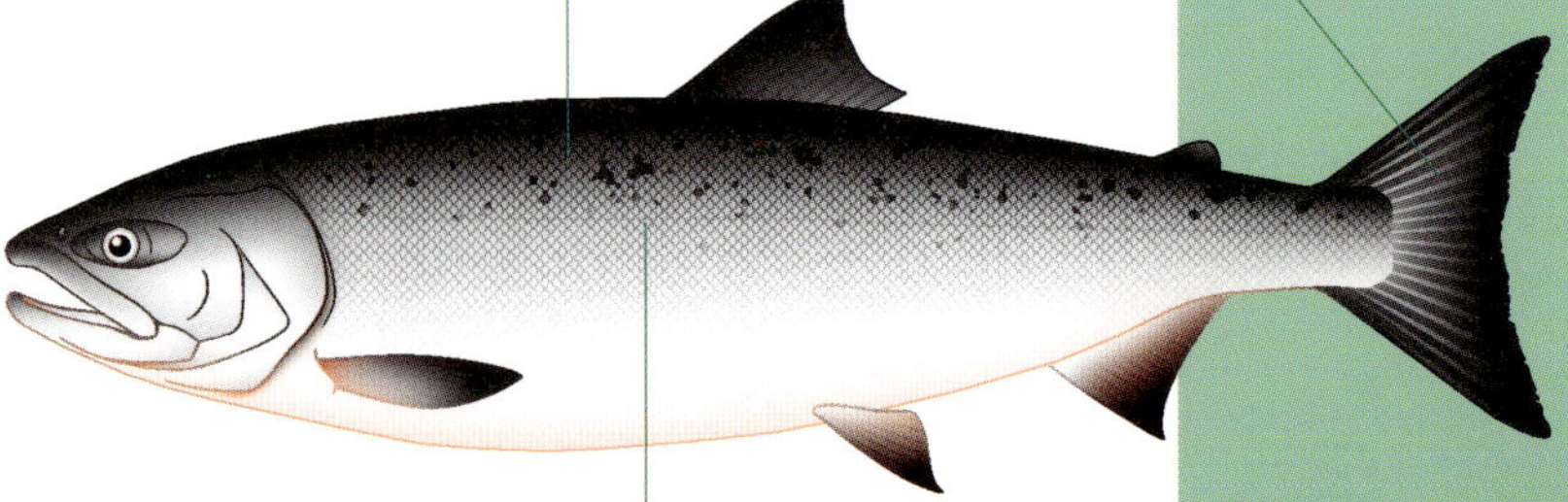
体側は銀白色で黒色斑はない。
尾ビレは黒く、銀白色の放射帯がある。
メスの場合、産卵で遡《そ》上《じょう》するときにまだらの模様になる。

北海道で考案されたウキルアー釣りは魚の切り身をエサにする

食卓でもおなじみのサケは、堤防から釣ることも可能だ。実際、北海道エリアでは回遊が多く、サケは最高のファイトを楽しませてくれる。

ただし、サケは漁業者にとって貴重な資源でもあることから、内水面（河川）での釣りは一部を除いて全国的に禁止になっている。また、海においても規制エリアが広く、とくに本州では増殖事業を行う地元団体との無用なトラブルを防ぐため、規制区域外においても沿岸でのサケ釣りは自粛したいところだ。したがって、堤防でサケ釣りを体験するなら、北海道に出掛けることをおすすめする。

釣り方はウキルアーや投げ釣りが定番。いずれも、サンマやカツオなどの切り身をエサに使うのが北海道流だ。仕掛けのアイテムは地元の釣具店で購入できる。

サケは身や卵（イクラ）はもちろん、内臓やアラなどもおいしく食べられる。新鮮なものなら、生身を冷凍して半解凍でいただくルイベが絶品だ。

DATA

分類	サケ目、サケ科、サケ属
分布	千葉県、山陰以北から北海道の各地
生態	川で孵化し、降海して小魚などを食べて育ち、産卵時に河川に戻ってくる「遡河回遊魚」。
サイズ	50～90㎝

調理法

刺身	焼く	煮る
蒸す	天ぷら	フライ・唐揚げ
寿司	汁物・鍋物	干物

ウキルアー

難易度 ★★☆

主な他の対象魚

カラフトマス(P130)

ウキをセットしてスローに誘う

重いスプーン(P131)を表層でゆっくり引いてくるために考案されたのが「ウキルアー」。北海道スタイルでは、さらにルアーはシングルフック(ハリが1本)のものにし、そこにサンマやカツオなどの切り身をチョン掛け(P131)して釣るのが主流だ。

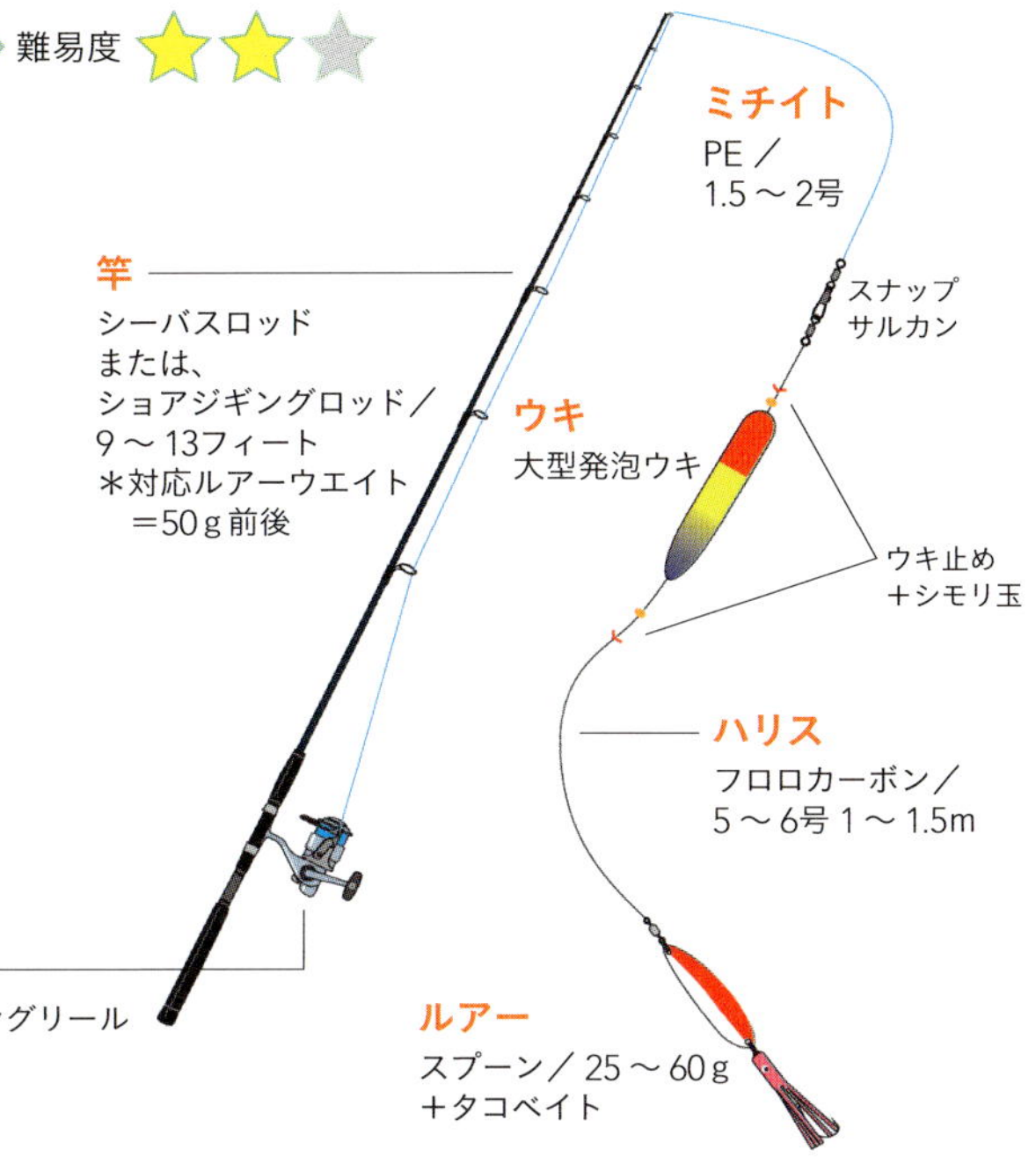
ミチイト
PE／1.5～2号
竿
シーバスロッドまたは、ショアジギングロッド／9～13フィート
＊対応ルアーウエイト＝50g前後
スナップサルカン
ウキ
大型発泡ウキ
ウキ止め＋シモリ玉
ハリス
フロロカーボン／5～6号 1～1.5m
リール
中型スピニングリール
ルアー
スプーン／25～60g＋タコベイト

投げ釣り

難易度 ★★☆

主な他の対象魚

カレイ(P24)、カジカ(P104)

底層を回遊するサケをじっくり狙う

底層を泳ぐサケを攻略するには、ぶっ込み(P100)スタイルの投げ釣りが有効だ。北海道の釣具店では、ハリにタコベイト(P71)やフロートなどを装飾した専用仕掛けが売られている。付けエサは、サンマやカツオの切り身、紅イカの短《たん》冊《ざく》(P117)などを使用する。取り込み用に大型の玉網《たまあみ》(P195)を用意しておこう。

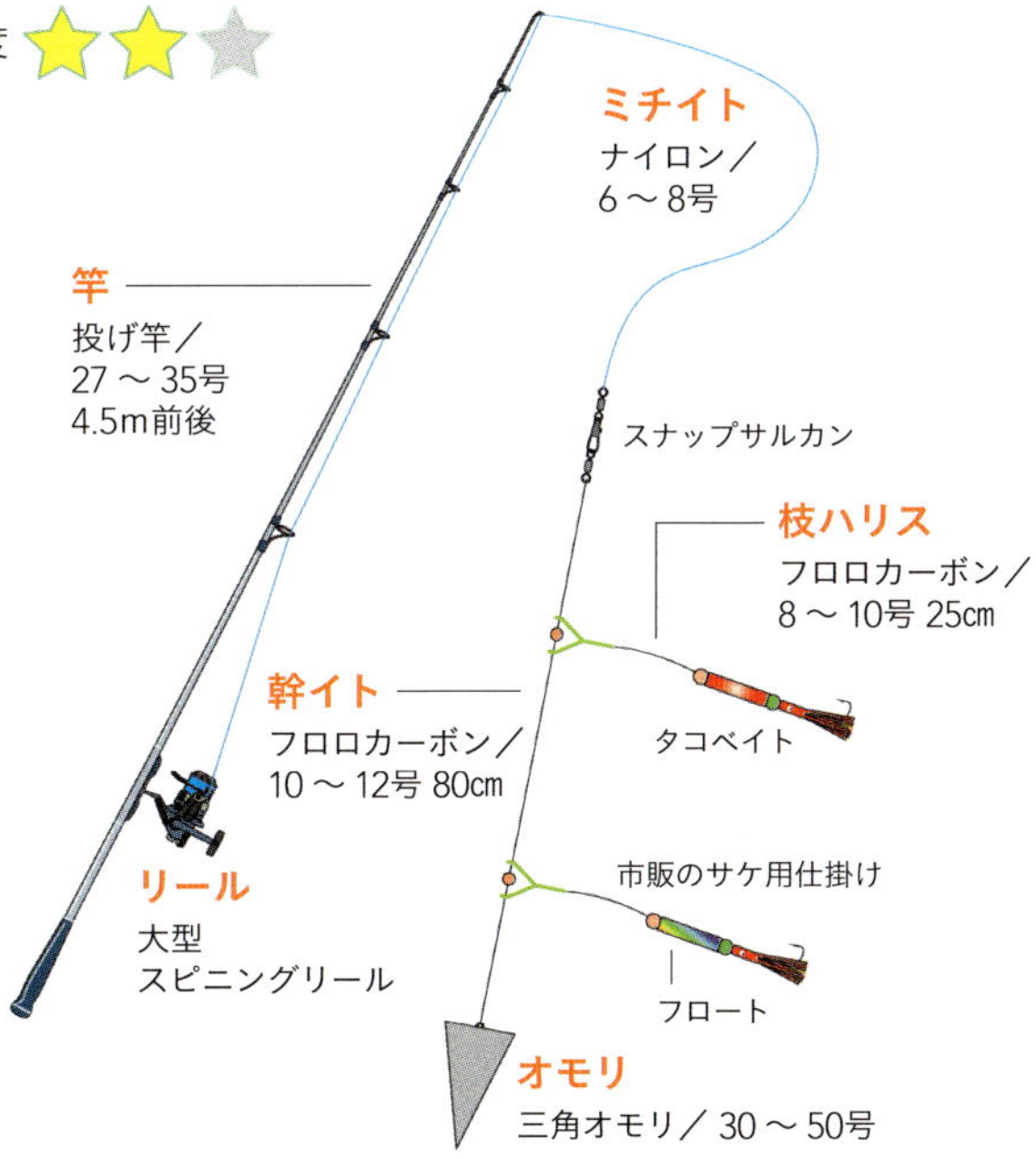
ミチイト
ナイロン／6～8号
竿
投げ竿／27～35号 4.5m前後
スナップサルカン
枝ハリス
フロロカーボン／8～10号 25cm
幹イト
フロロカーボン／10～12号 80cm
タコベイト
リール
大型スピニングリール
市販のサケ用仕掛け
フロート
オモリ
三角オモリ／30～50号

Sappa 56

釣り時期

4月～11月

12月～3月

サッパ【拶双魚】

コノシロに似た平べったい魚
岡山名物の「ママカリ」でよく知られる

- **ウキ**
- 投げ
- **サビキ**
- **カゴ**
- ウキフカセ
- ルアー
- **その他**

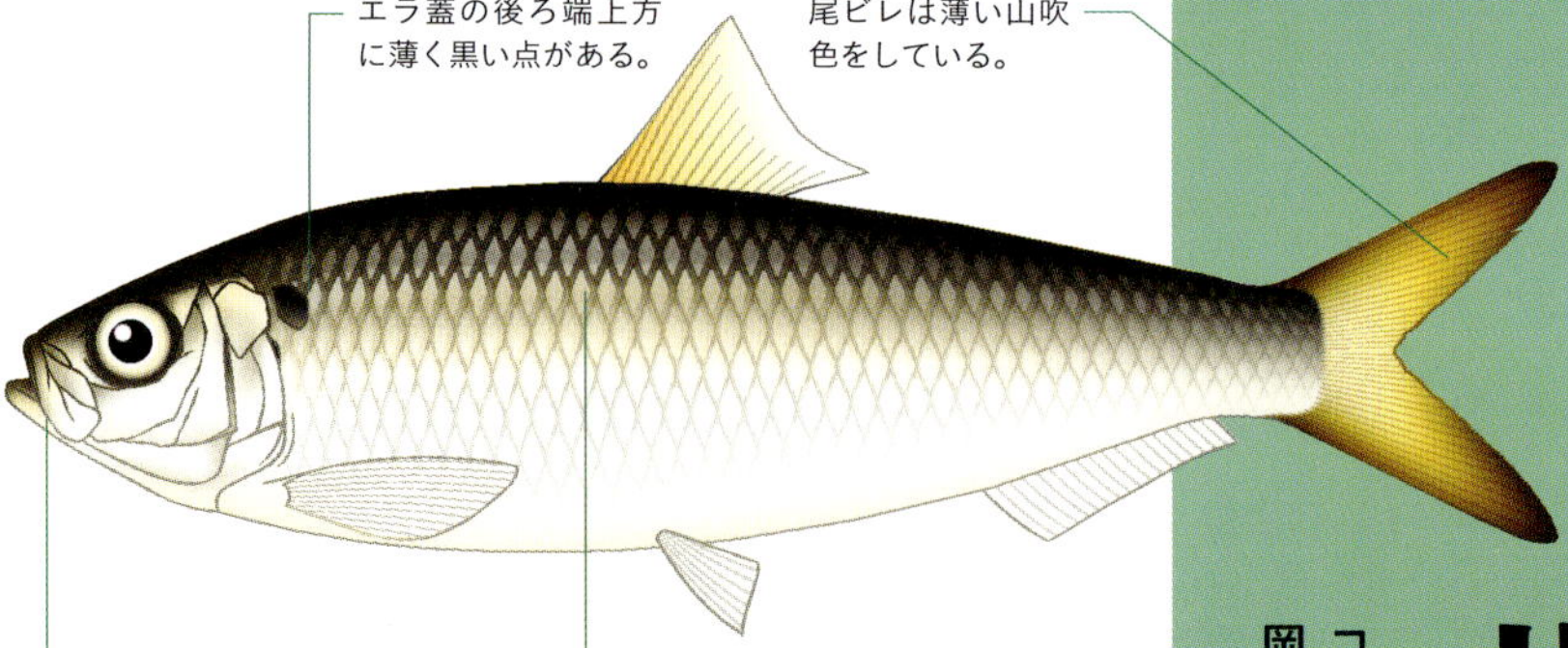

エラ蓋の後ろ端上方に薄く黒い点がある。
尾ビレは薄い山吹色をしている。
下アゴは上アゴより突出している。
体背部に黒斑点はない。

群れが回遊してくれれば、初心者でも爆釣を楽しめる

一見するとコノシロ（P135）に似たサッパは、背ビレの後端に長く伸びる**軟条《なんじょう》**がない。

全国各地の堤防や海釣り公園（P11）などで狙える魚で、**サビキ釣りが主流**だ。大きな群れが回遊してくれれば、初心者でも入れ食い（P143）を堪能できる。

岡山県の郷土料理である「ママカリ」は、サッパの酢締めのこと。塩焼きや唐揚げもおいしい。

DATA

分類　ニシン目、ニシン科、サッパ属

分布　全国各地

生態　内湾の浅場に群れで生息し、主に動物性プランクトンを捕食する。産卵期は初夏。

サイズ　10～15㎝

調理法

刺身	焼く	煮る
蒸す	天ぷら	フライ・唐揚げ
寿司	汁物・鍋物	干物

サビキ

難易度 ★☆☆

主な他の対象魚

アジ（P10）、**イワシ**（P126）

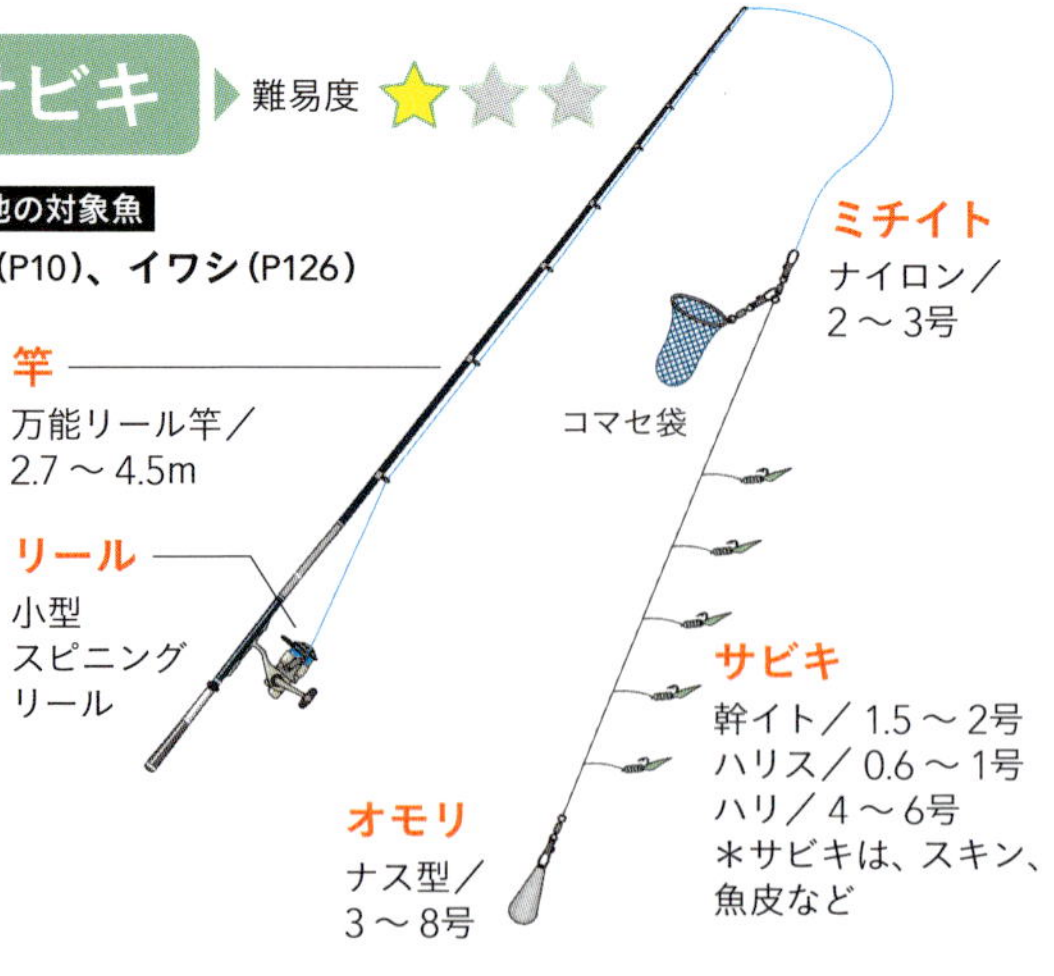

竿
万能リール竿／2.7～4.5m
リール
小型スピニングリール
ミチイト
ナイロン／2～3号
コマセ袋
サビキ
幹イト／1.5～2号
ハリス／0.6～1号
ハリ／4～6号
＊サビキは、スキン、魚皮など
オモリ
ナス型／3～8号

軟条《なんじょう》｜ヒレにある軟らかい筋のこと。※棘条《きょくじょう》（P106）。

Saba 57

釣り時期
5月～11月
12月～4月

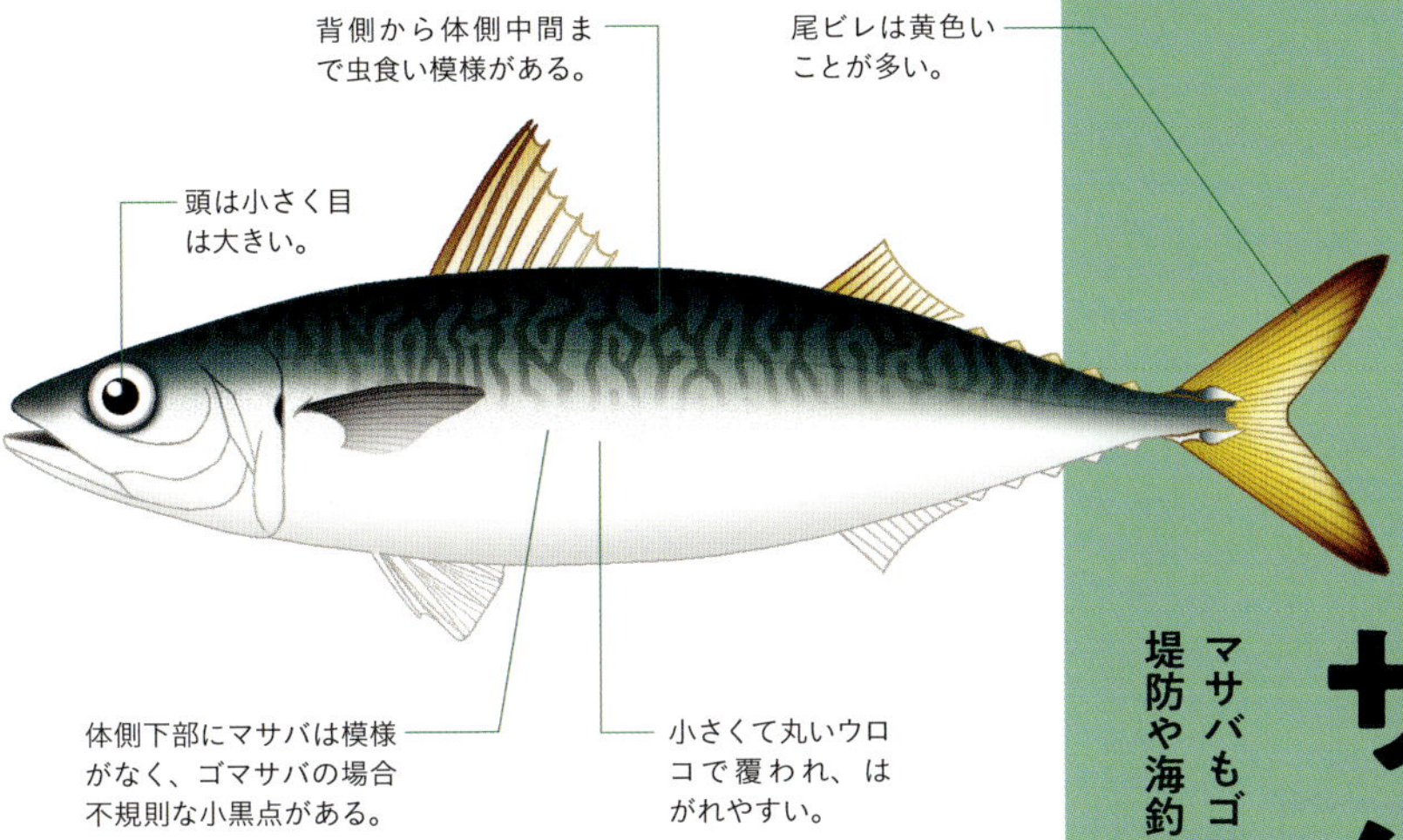
背側から体側中間まで虫食い模様がある。
尾ビレは黄色いことが多い。
頭は小さく目は大きい。
体側下部にマサバは模様がなく、ゴマサバの場合不規則な小黒点がある。
小さくて丸いウロコで覆われ、はがれやすい。

サバ【鯖】

マサバもゴマサバも強烈な引きが味わえる、堤防や海釣り公園の暴れん坊！

ウキ　投げ　サビキ　カゴ　ウキフカ　ルアー　その他

釣れるサバのサイズに応じてサビキやルアー、カゴ釣りを使い分けて挑む

堤防から釣れるサバには、マサバとゴマサバの2種類がいる。いずれも細長く筒状の体型をしており、断面はマサバが楕円形、ゴマサバは円形に近い。背面部には不規則な青黒色の波状紋があり、腹部はマサバは銀白色、ゴマサバには小さな黒点が散らばっていることなどで区別が可能だ。どちらも堤防や海釣り公園（P11）での定番ターゲットで、初心者でも釣りやすい。

体長20㎝前後までの小サバは、イワシ（P126）などと同様のサビキ釣りで狙うのが手軽だ。ハリ掛かりしたサバは勢いよく横走りするので、仕掛け絡みを防ぐために一尾一尾ていねいに釣るのがコツ。**20㎝以上のサバは、ルアー**にも果敢に食ってくる。メタルジグ（P132）の**高速引き**のほか、ミノー（P65）やペンシルベイト（水面に垂直に立つ形のルアー）を使おう。**沖を回遊する大型のサバを狙うなら、遠投できるカゴ釣り**もおすすめ。

鮮度のいいものは締めサバ。ほかに味噌煮、竜田揚げ、ホイル焼きが美味。

▼次ページに続く

DATA（マサバ）

分　類	スズキ目、サバ科、サバ属
分　布	北海道南部以南の各地
生　態	沿岸部を群れで回遊し、春に北上、秋に南下という季節的回遊をする。肉食性。
サイズ	15～50㎝

調理法

刺身	焼く	煮る
蒸す	天ぷら	フライ・唐揚げ
寿司	汁物・鍋物	干物

高速引き｜リールを速く巻くことでルアーを高速で泳がせること。

サビキ釣り

難易度 ★☆☆

主な他の対象魚

アジ（P10）、イワシ（P126）

水面までの距離に応じて竿を使い分ける

イラストは足場から水面までの距離が近い堤防での仕掛けで、竿は渓流竿を使用する。足場の高い堤防や海釣り公園（P11）などでは、リールをセットした万能竿が使いやすいだろう。サビキ仕掛けは、市販のアジ用のものを使えばよい。コマセ（P13）袋には、解凍したアミコマセを充填する。

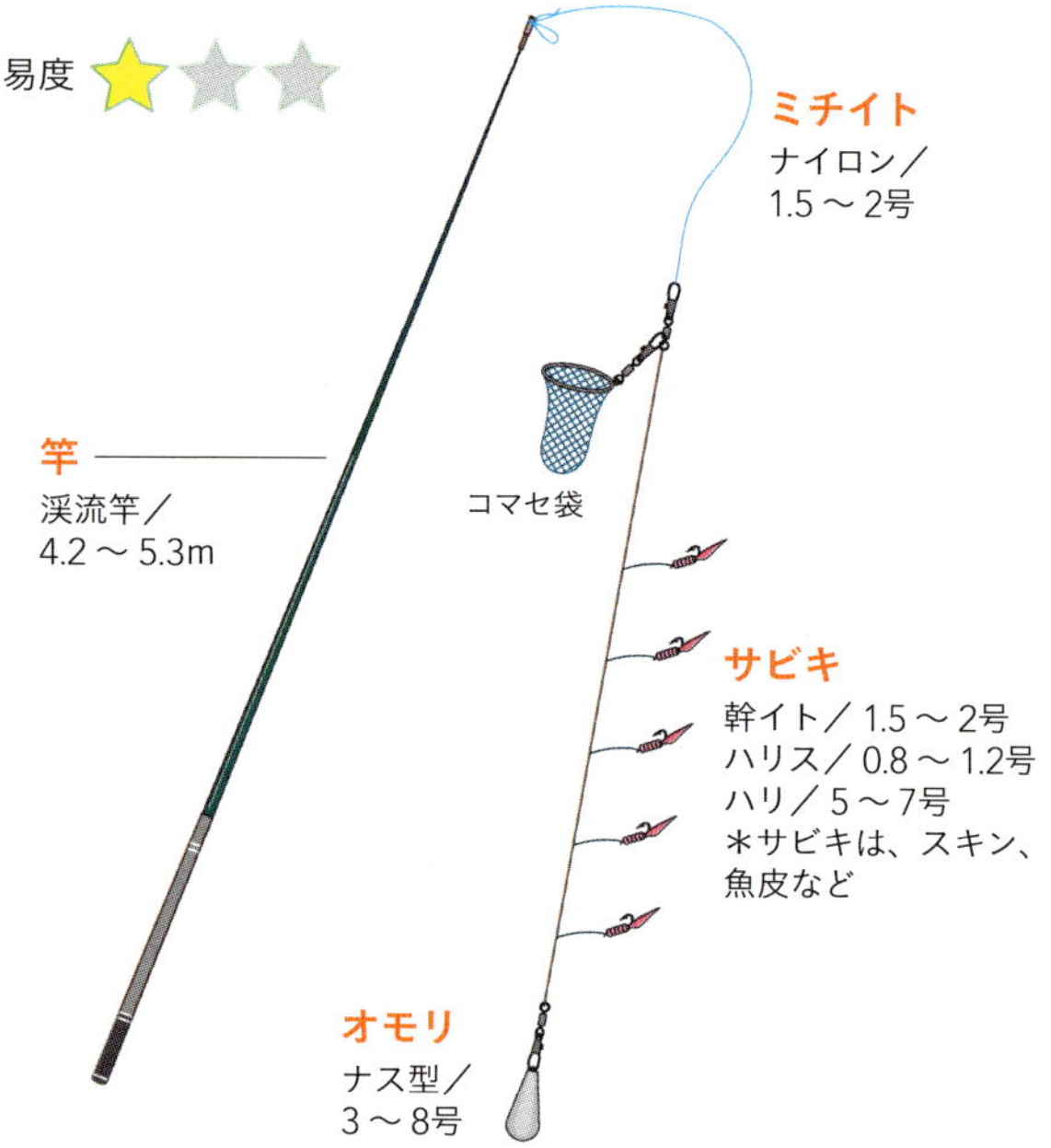

ミチイト
ナイロン／
1.5～2号
竿
渓流竿／
4.2～5.3m
コマセ袋
サビキ
幹イト／1.5～2号
ハリス／0.8～1.2号
ハリ／5～7号
＊サビキは、スキン、
魚皮など
オモリ
ナス型／
3～8号

ルアー

難易度 ★☆☆

主な他の対象魚

ソウダガツオ（P147）、イナダ（P156）

メタルジグが基本だが水面の攻略も楽しい

竿はシーバス用のほか、足元の低い堤防なら短めのバスロッドも使える。ルアーは小型のメタルジグ（P132）が基本で、キャスト後に高速で引いてくる。また、水面でサバが小魚を捕食しているような状況では、ミノー（P65）やペンシルベイト（水面に浮くルアー）などを使って水面～水面直下を攻めるとよい。

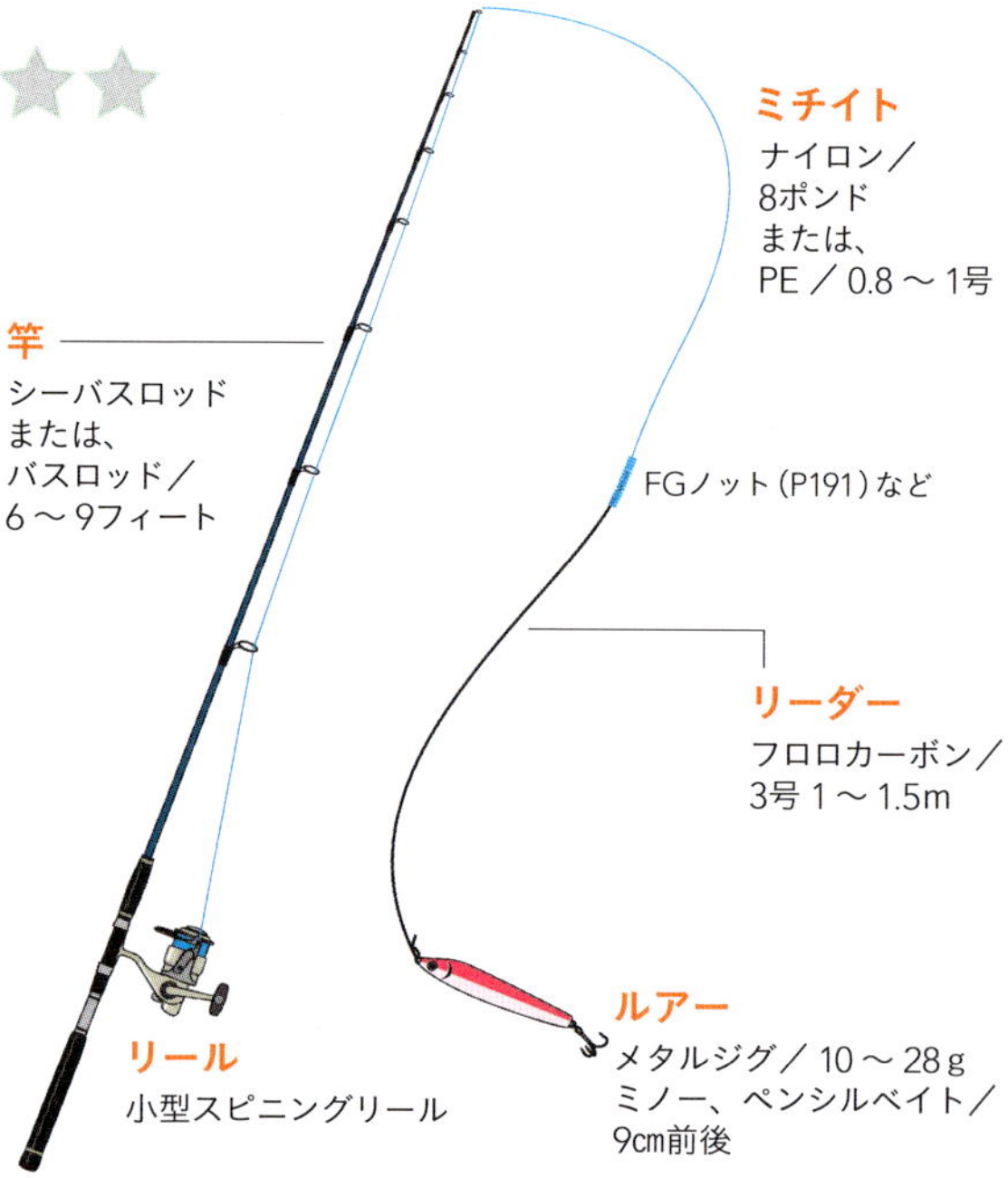

ミチイト
ナイロン／
8ポンド
または、
PE／0.8～1号
竿
シーバスロッド
または、
バスロッド／
6～9フィート
FGノット（P191）など
リーダー
フロロカーボン／
3号 1～1.5m
ルアー
メタルジグ／10～28g
ミノー、ペンシルベイト／
9㎝前後
リール
小型スピニングリール

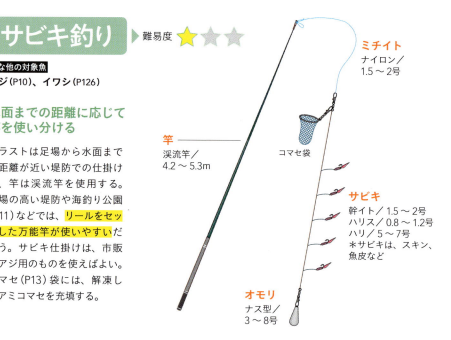

カゴ釣り

難易度 ★★☆

主な他の対象魚

ソウダガツオ（P147）、**イナダ**（P156）

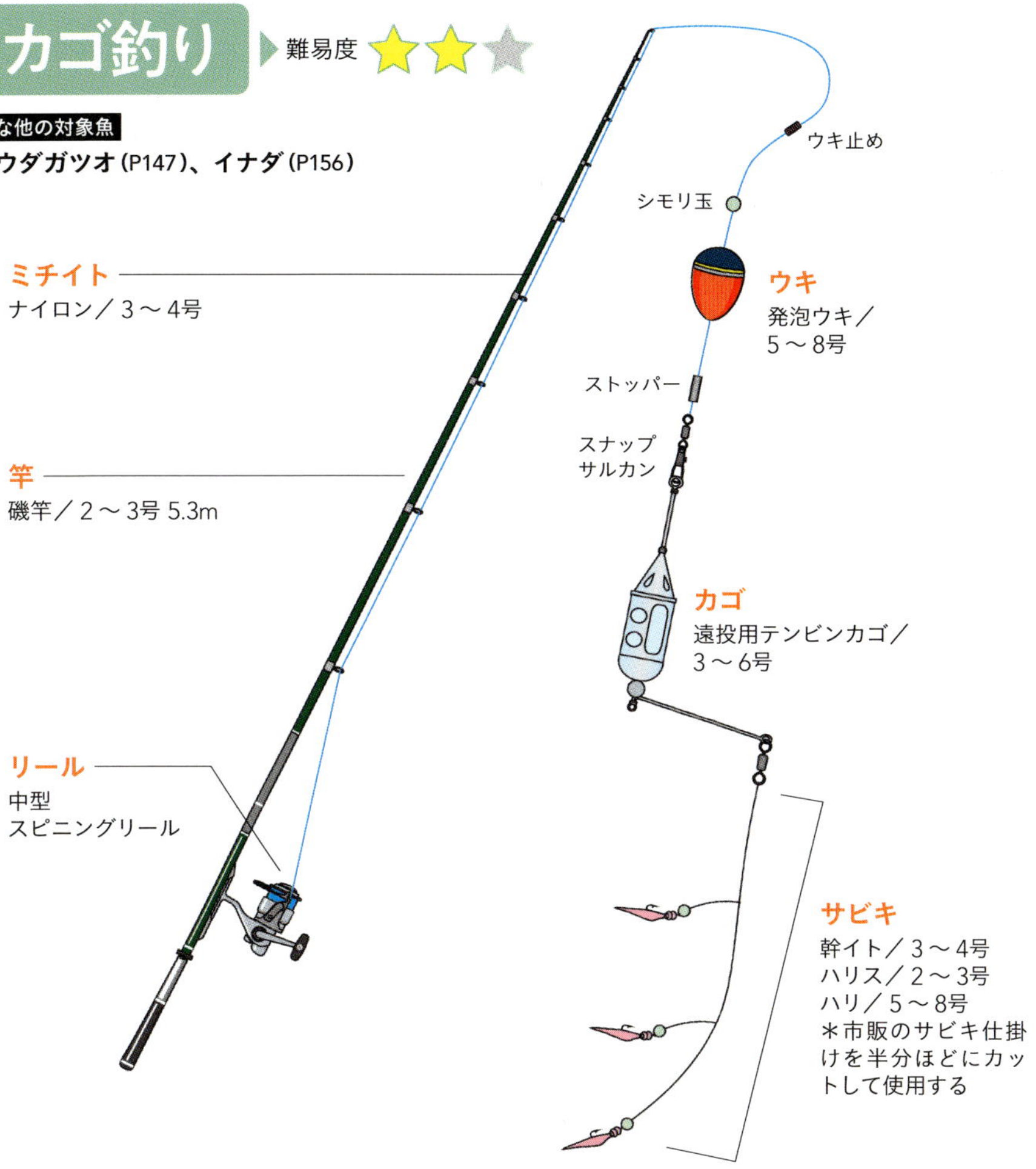
ミチイト
ナイロン／3～4号
竿
磯竿／2～3号 5.3m
リール
中型
スピニングリール
ウキ止め
シモリ玉
ウキ
発泡ウキ／
5～8号
ストッパー
スナップ
サルカン
カゴ
遠投用テンビンカゴ／
3～6号
サビキ
幹イト／3～4号
ハリス／2～3号
ハリ／5～8号
＊市販のサビキ仕掛けを半分ほどにカットして使用する

テンビン一体型のカゴで仕掛け絡みを回避！

カゴ釣り用の仕掛けには無数のバリエーションがある。イラストは、仕掛け絡みのトラブルが少ないオモリが内蔵されているテンビンカゴに、市販のサビキ仕掛けを吹き流し（P79）にセットした標準的仕様だ。ほかに、サビキ仕掛けの代わりにシンプルな1本バリをセットし、付けエサとしてサンマなどの切り身を装《そう》餌《じ》（P26）する方法もある。

CLOSE UP ITEM

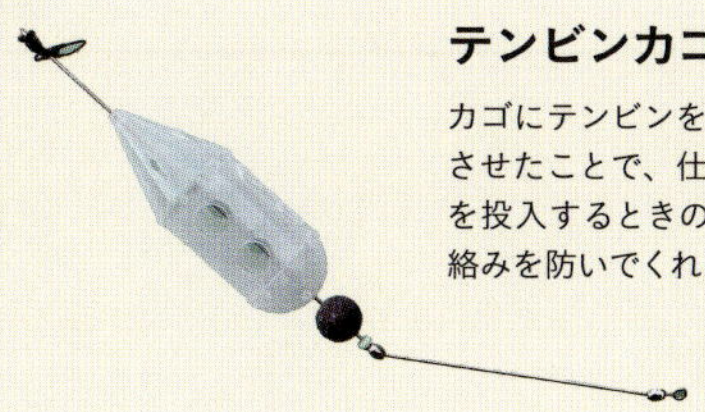

テンビンカゴ

カゴにテンビンを合体させたことで、仕掛けを投入するときのイト絡みを防いでくれる。

Sawara 58

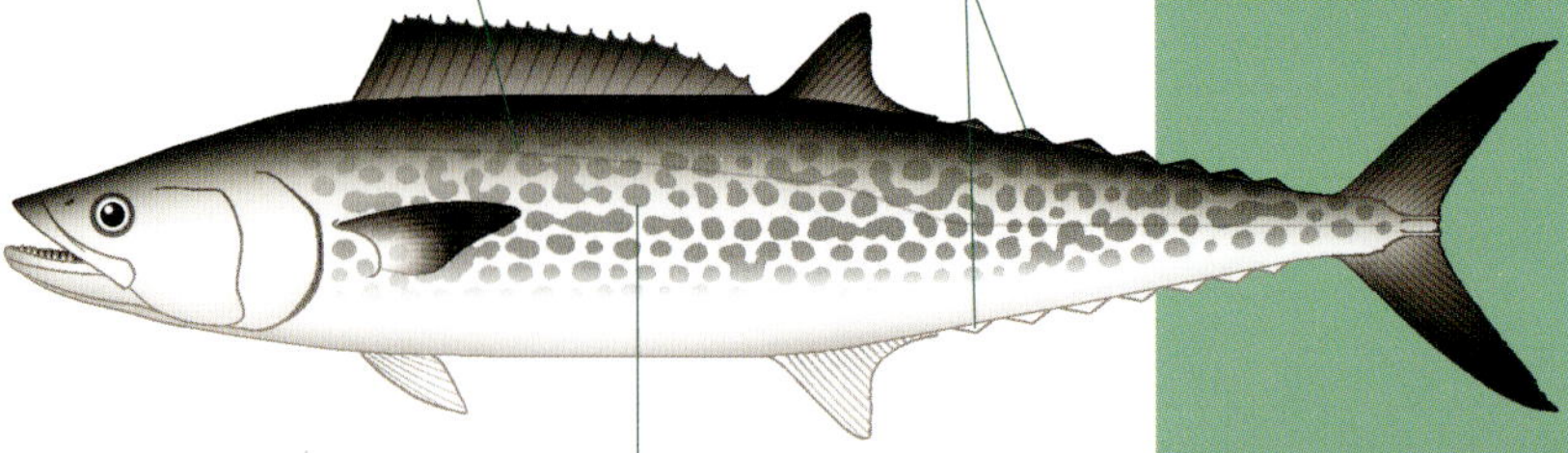

側線は波状で、後部は下降している。
背ビレから尾ビレ基部、シリビレから尾ビレ基部に小《しょう》離《り》鰭《き》（P10）が並んでいる。
体側に多数の暗色小班が並んでいる。

釣り時期
8月～10月
11月～12月

サワラ【鰆】

細長くも分厚い体と鋭い歯が特徴の大型魚
夏～秋に接岸してくる群れを狙いたい

ウキ
投げ
サビキ
カゴ
ウキフカセ
ルアー
その他

メタルジグの高速引きやバイブレーションが◎

食卓でも定番のサワラは、船から狙うことが多いが、とくに日本海側の沿岸では夏～秋になると大きな群れが接岸してくるため、堤防からも釣ることができる。

ルアーフィッシングが人気で、メタルジグ（P132）を遠投しての高速引き（P139）のほか、バイブレーションプラグ（P92）の**リフト&フォール**などで誘うのも効果的だ。

ルアー 難易度 ★★☆

主な他の対象魚
スズキ（P62）、**サバ**（P139）

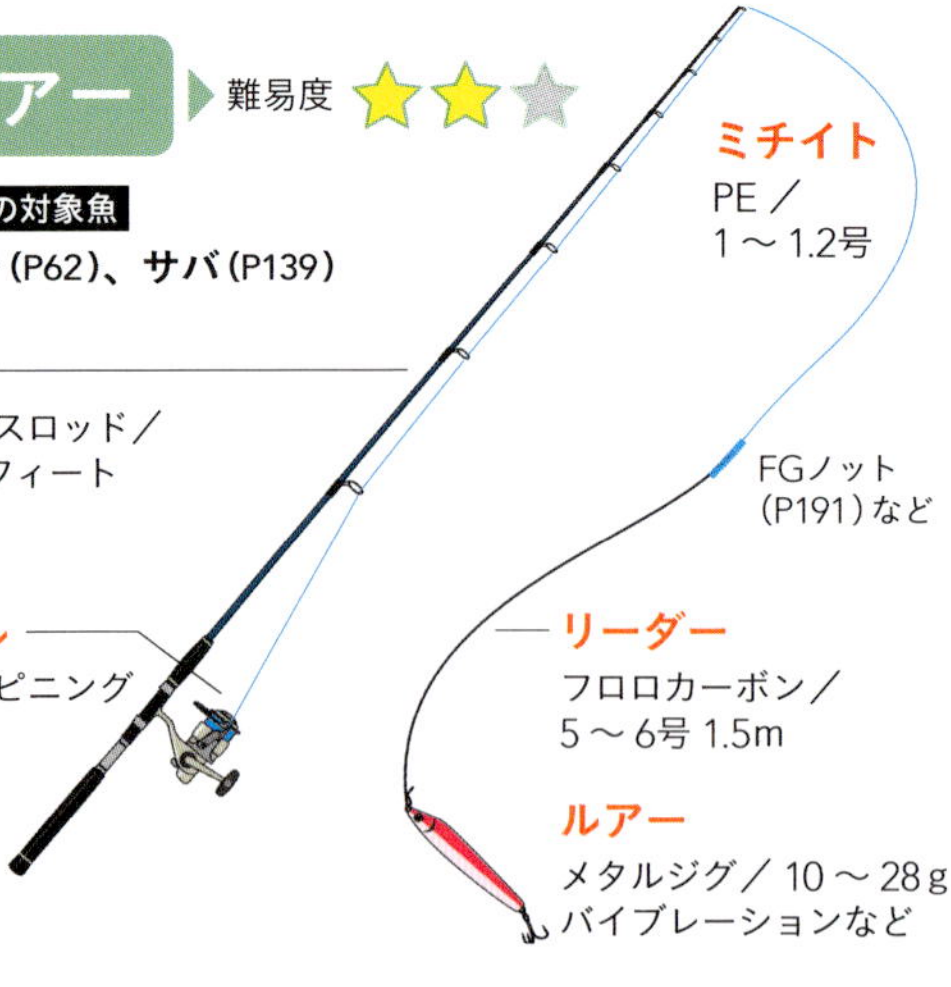

竿
シーバスロッド／8～9フィート
リール
中型スピニングリール
ミチイト
PE／1～1.2号
FGノット（P191）など
リーダー
フロロカーボン／5～6号 1.5m
ルアー
メタルジグ／10～28g
バイブレーションなど

DATA

分類	スズキ目、サバ科、サワラ属
分布	北海道南部以南の各地
生態	春～秋は沿岸の表層を回遊し、冬は深場で過ごす。肉食性で小魚や甲殻類を捕食する。
サイズ	50～100㎝

調理法

刺身	焼く	煮る
蒸す	天ぷら	フライ・唐揚げ
寿司	汁物・鍋物	干物

リフト&フォール｜竿の上げ下げを繰り返し、ルアーを動かすこと。

Sanma 59

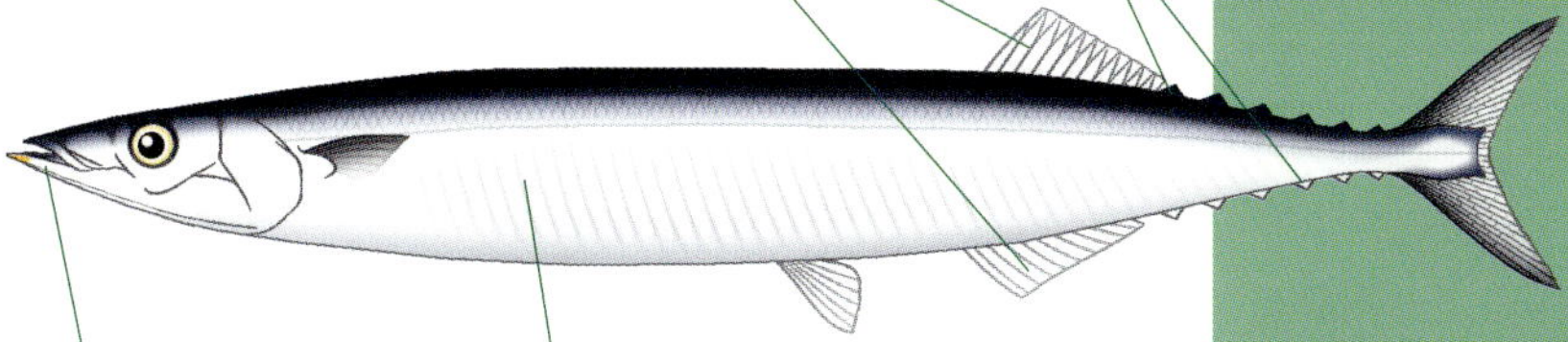
背ビレ・腹ビレは著しく体の後方にある。
尾ビレとシリビレの後方に数個の小《しょう》離《り》鰭《き》（P10）がある。
下アゴが上アゴより突き出ている。下アゴの先端は黄色い。
体側の中央を境に背側は青黒く、腹側は白い。

釣り時期

8月～10月
7月
11月～12月

サンマ【秋刀魚】

夏～秋に接岸してくる大きな群れを狙う とくに北海道の堤防では、期待度大！

ウキ / 投げ / サビキ / カゴ / ウキフカセ / ルアー / その他

コマセを使わずに仕掛けを投入するだけ！

秋の味覚の代表でもある「サンマ」は、基本的に外洋を回遊しているため堤防釣りの対象にはならない。しかし、夏～秋にかけて北海道などの堤防に回遊してくることがあり、そのタイミングに遭遇できれば、**入れ食い**状態で楽しむことができる。

釣り方は**シンプルなサビキ釣り**。コマセ（P13）は無用で、群れに仕掛けを投入するだけだ。

サビキ
難易度 ★☆☆

主な他の対象魚
アジ（P10）、イワシ（P126）

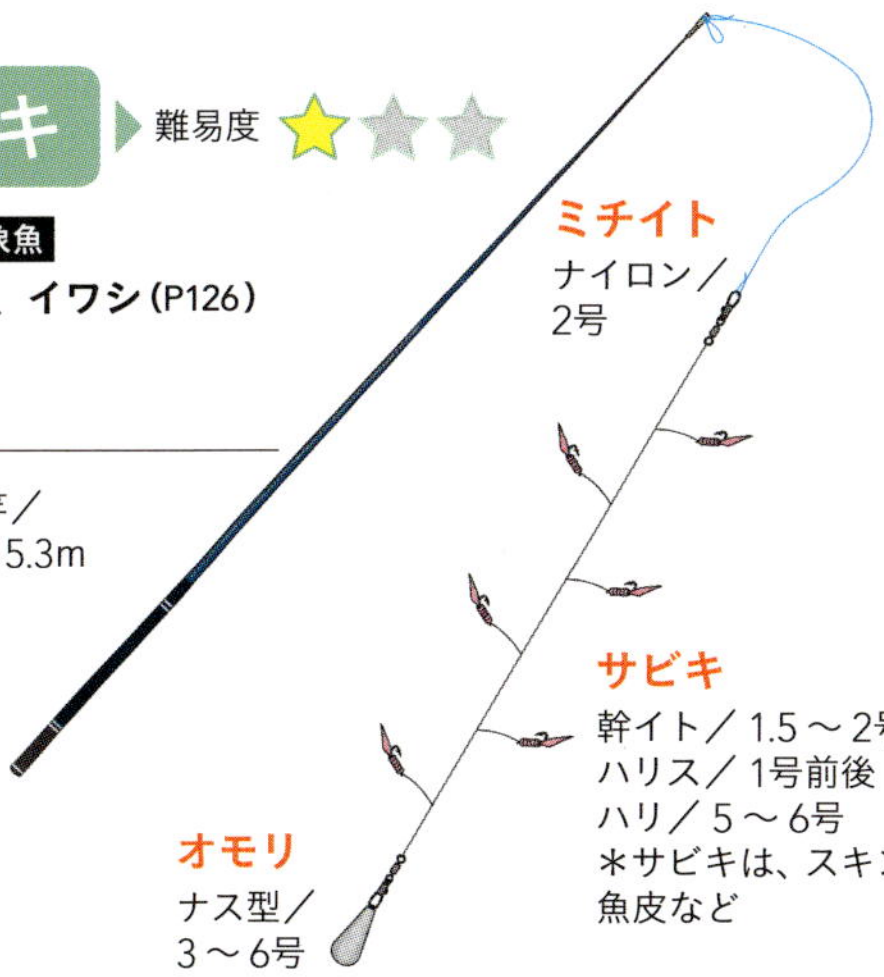
ミチイト
ナイロン／2号
竿
渓流竿／4.2～5.3m
サビキ
幹イト／1.5～2号
ハリス／1号前後
ハリ／5～6号
＊サビキは、スキン、魚皮など
オモリ
ナス型／3～6号

DATA

分類	ダツ目、サンマ科、サンマ属
分布	北海道～九州各地
生態	潮通しのいい外洋の海面近くを大きな群れで回遊し、プランクトンを捕食する。
サイズ	20～40㎝

調理法

刺身	焼く	煮る
蒸す	天ぷら	フライ・唐揚げ
寿司	汁物・鍋物	干物

入れ食い｜仕掛けを投入するとすぐに魚が掛かること。

Shiira

60

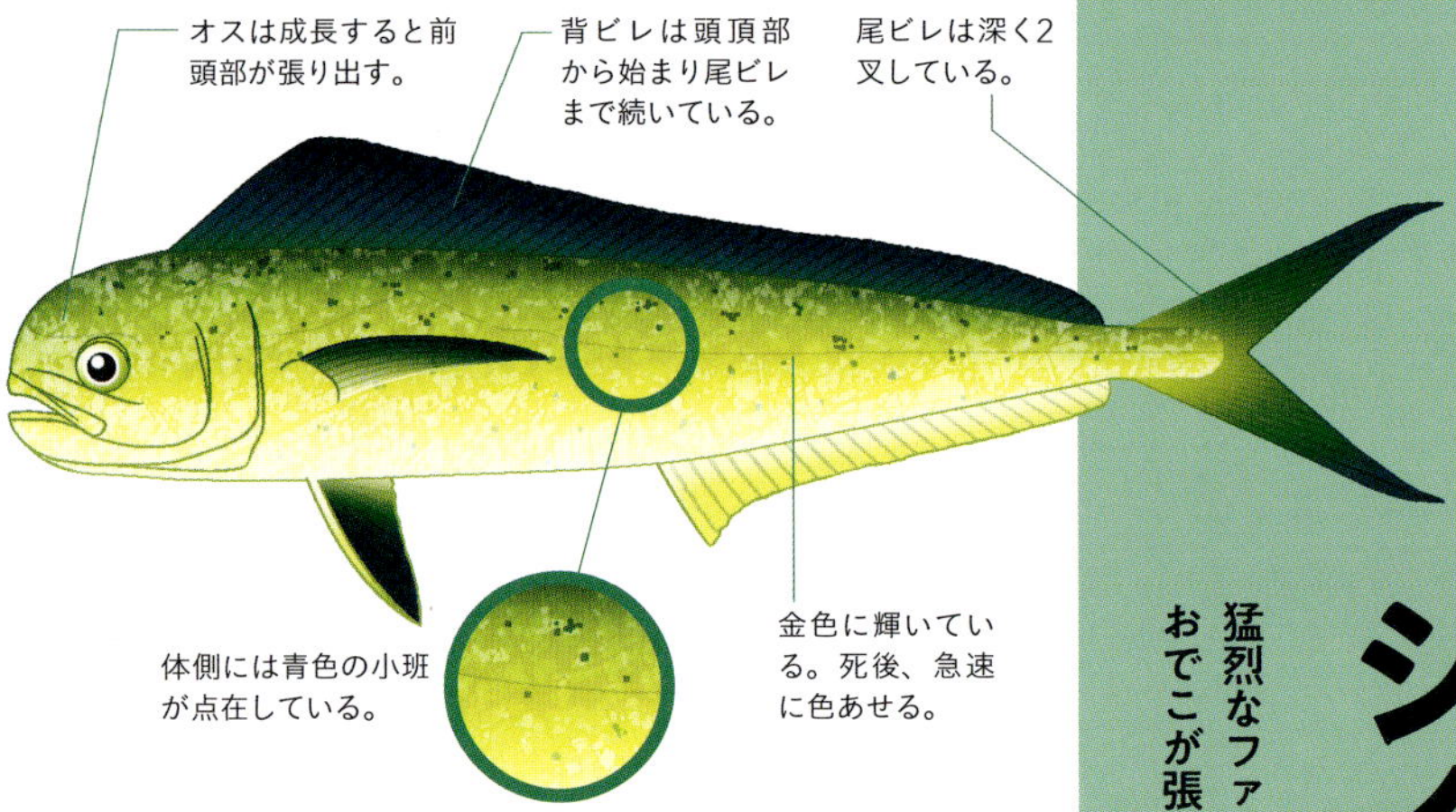

オスは成長すると前頭部が張り出す。
背ビレは頭頂部から始まり尾ビレまで続いている。
尾ビレは深く2叉している。
体側には青色の小班が点在している。
金色に輝いている。死後、急速に色あせる。

釣り時期

8月～9月
7月、10月

シイラ【鱰】

猛烈なファイトが魅力的な黒潮の使者は、おでこが張り出した体型がユニーク

- ウキ
- 投げ
- サビキ
- **カゴ**
- ウキフカセ
- **ルアー**
- **その他**

最強レベルのタックルで挑む至高のルアーゲーム

おでこが出っ張っているオスのシイラの体長は優に1mを超え、強烈な引きが魅力だ。堤防から狙う場合は**ルアー釣りが定番で、タックル（P65）は最強レベルのもの**を使用。最初に**トップウォータープラグ**で水面を誘い、反応を見ながらミノー（P65）やシンキングペンシル（沈むタイプの棒状のルアー）、メタルジグ（P132）などで水面下～中層を探る。

ルアー

難易度 ★★★

主な他の対象魚

ヒラマサ（P155）、**ワラサ**（P156）

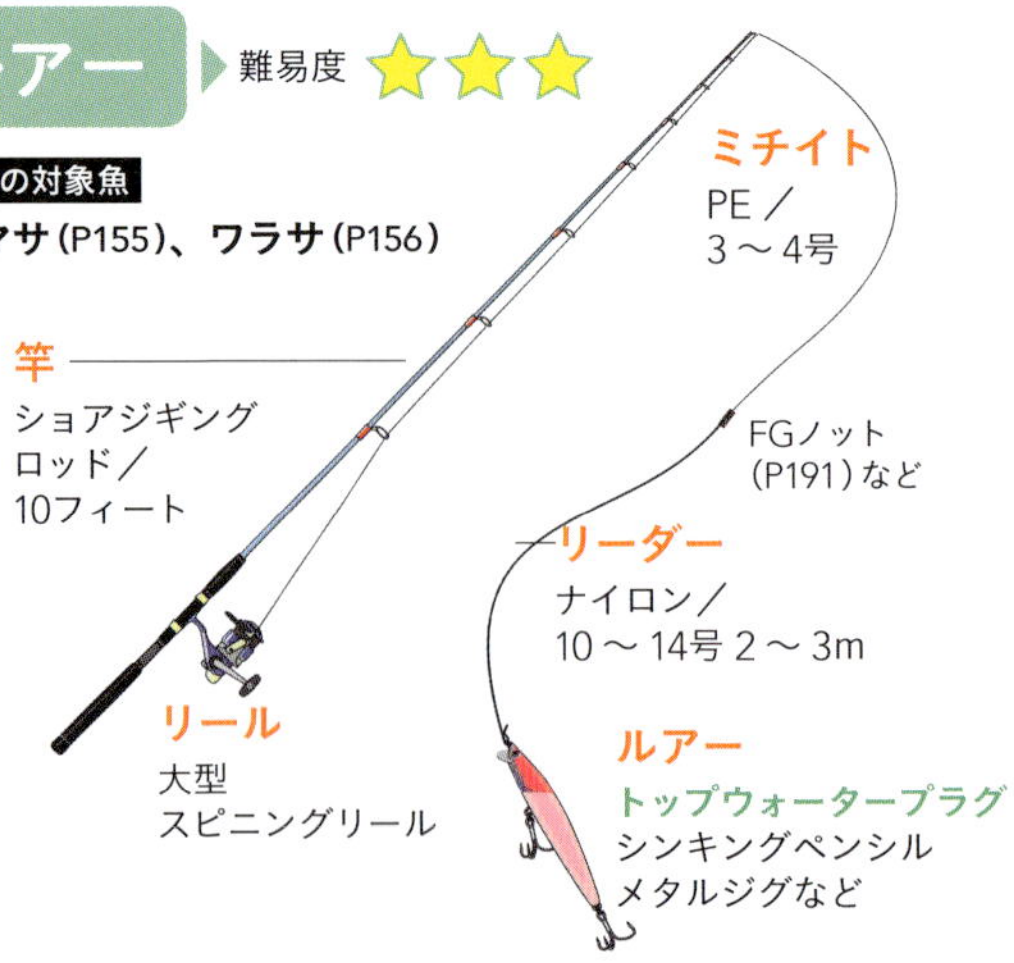

ミチイト
PE／3～4号
竿
ショアジギングロッド／10フィート
FGノット（P191）など
リーダー
ナイロン／10～14号 2～3m
リール
大型スピニングリール
ルアー
トップウォータープラグ
シンキングペンシル
メタルジグなど

トップウォータープラグ | 水面に浮くタイプのルアー。

DATA

分類	スズキ目、シイラ科、シイラ属
分布	全国各地
生態	潮通しのいい外洋の水深20mより浅いところを回遊。イワシやトビウオなどを捕食する。
サイズ	60～120㎝

調理法

刺身	焼く	煮る
蒸す	天ぷら	フライ・唐揚げ
寿司	汁物・鍋物	干物

釣り時期
10月～11月
9月

ウキ / 投げ / サビキ / カゴ / ウキフカ / ルアー / その他

シシャモ

【柳葉魚】

秋の北海道の堤防だけで楽しめる
おいしくも貴重なターゲット

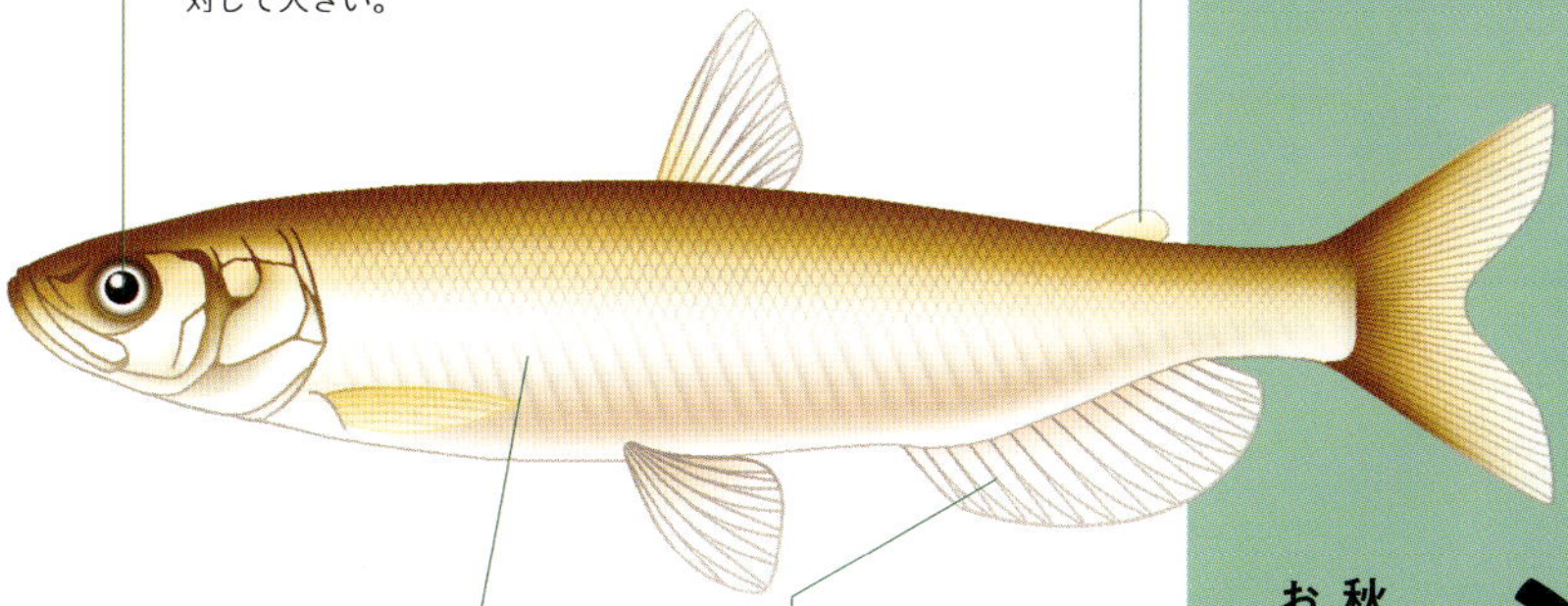
目は体の大きさに
対して大きい。
脂《あぶら》ビレがある。
銀白色で産卵期
に黒ずむ。
シリビレの外縁
が丸く、大きい。

水中で目立つタイプのサビキ仕掛けで狙う

スーパーなどで売られているシシャモの多くは、輸入されたカラフトシシャモなどだ。しかし、北海道の道東エリアでは、秋になるとシシャモの群れが回遊してきてサビキ仕掛けなどで釣れる。

仕掛けはハゲ皮やサバ皮などの魚皮《ぎょひ》サビキで、水中でキラキラ光るタイプのものに反応がよい。夜釣りが有利だが、状況によっては日中でもチャンスはある。

サビキ 難易度 ★☆☆

主な他の対象魚
イワシ（P126）

ミチイト
ナイロン／3号
竿
磯竿／2号
3～5.3m
リール
小型
スピニングリール
コマセ袋
サビキ
幹イト／3号
ハリス／2～2.5号
ハリ／5～7号
＊サビキは魚皮など
オモリ
ナス型／
3～8号

DATA

分類	キュウリウオ目、キュウリウオ科、シシャモ属
分布	北海道の太平洋岸
生態	産卵時に河川を遡上し、孵化後に海に下って成長。生後2年で成熟し、秋に再び川を遡る。
サイズ	15㎝前後

調理法

刺身	焼く	煮る
蒸す	天ぷら	フライ・唐揚げ
寿司	汁物・鍋物	干物

魚皮《ぎょひ》サビキ ｜ 魚の皮を使ったサビキで、ハゲ皮やサバ皮などがある。

釣り時期

8月〜10月
7月
11月〜12月

ウキ / 投げ / サビキ / カゴ / ウキフカセ / ルアー / その他

シマアジ【縞鯵】

風格、釣り味、食味のすばらしさから、「アジの王様」とも呼ばれる釣り人憧れの魚

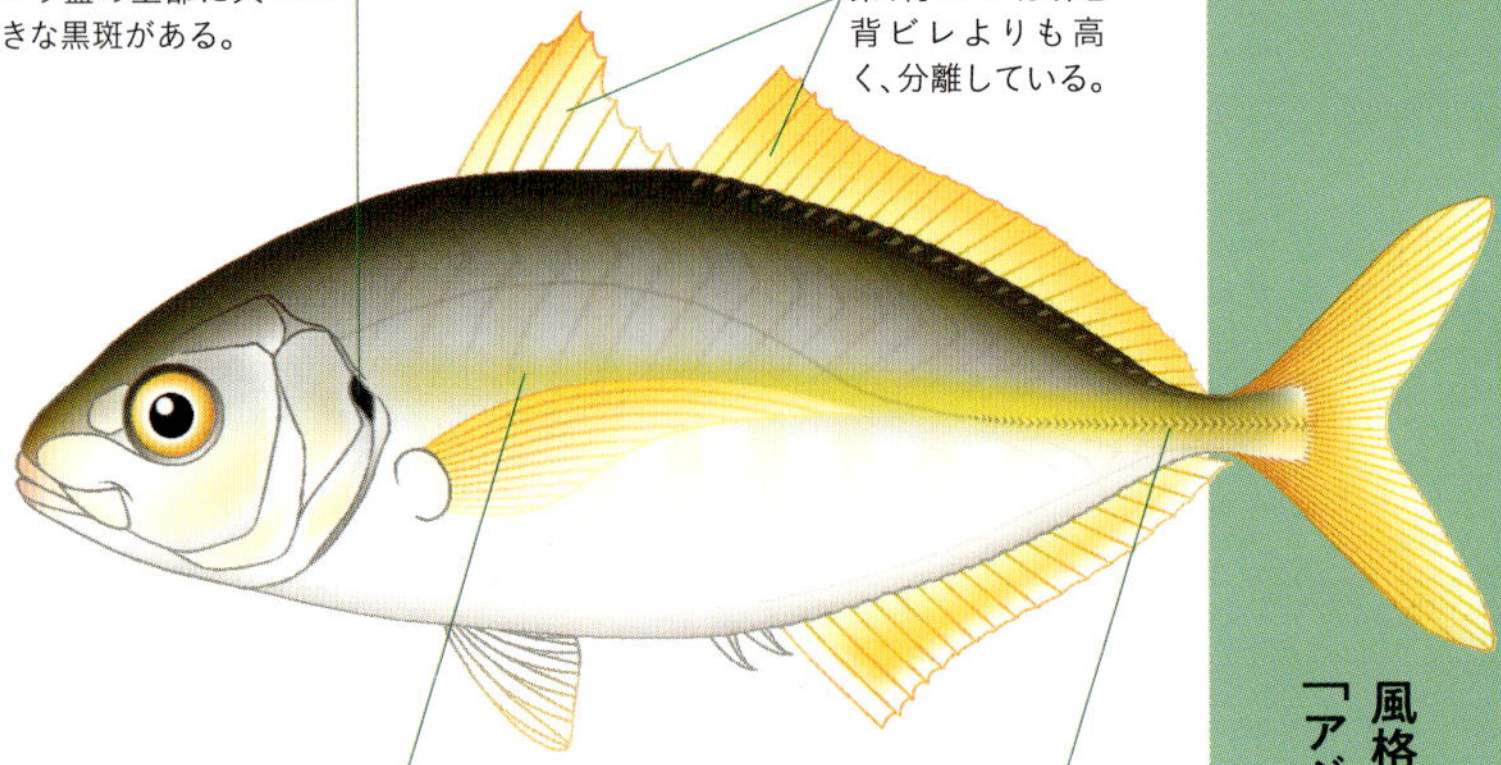
エラ蓋の上部に大きな黒斑がある。
第1背ビレは第2背ビレよりも高く、分離している。
体側中央に黄色い縦帯が走っている。
ゼイゴ（P195）がある。

潮通しのいいポイントで2kg級を迎え撃つ!

アジ（P10）の仲間であるシマアジは、最大で1m超に成長する。とはいえ、堤防に回遊してくる2kgほどまでのサイズなら、比較的ライトな竿と仕掛けで釣れる。カゴ釣りが定番で、付けエサはオキアミ、コマセ（P13）は解凍したアミエビが基本。ハリスは短めにし、コマセと同調させるのがポイント。ウキ下は3〜10mを目安に、状況に応じて調整する。

カゴ釣り

難易度 ★☆☆

主な他の対象魚
マダイ（P72）、ヒラマサ（P155）

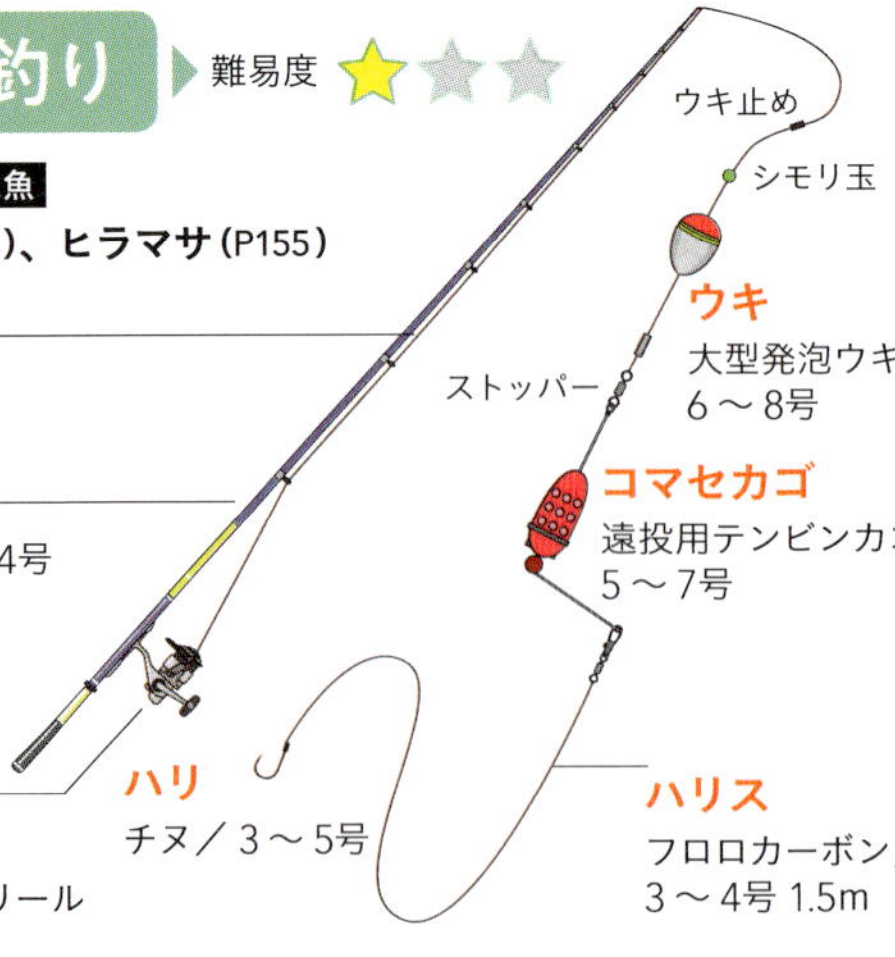
ウキ止め
シモリ玉
ミチイト
PE／3号
ウキ
大型発泡ウキ／6〜8号
ストッパー
竿
磯竿／3〜4号 5.3m
コマセカゴ
遠投用テンビンカゴ／5〜7号
リール
中型スピニングリール
ハリ
チヌ／3〜5号
ハリス
フロロカーボン／3〜4号 1.5m

DATA

分類	スズキ目、アジ科、シマアジ属
分布	東北以南の各地
生態	やや暖かい海域の沿岸から沖合水深200mまでのエリアに生息。主に小魚を捕食する。
サイズ	30〜60㎝

調理法

刺身	焼く	煮る
蒸す	天ぷら	フライ・唐揚げ
寿司	汁物・鍋物	干物

同調｜ハリに付いたエサがコマセなどにまぎれ込んでいる状態。

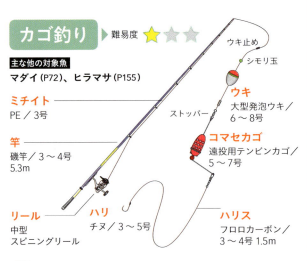

Soudagatsuo

63

ソウダガツオ【宗太鰹】

カツオによく似た夏～秋限定のターゲットは、ヒラソウダとマルソウダの2種類

釣り時期

8月～9月
6月～7月
10月～11月

ウキ
投げ
サビキ
カゴ
ウキフカ
ルアー
その他

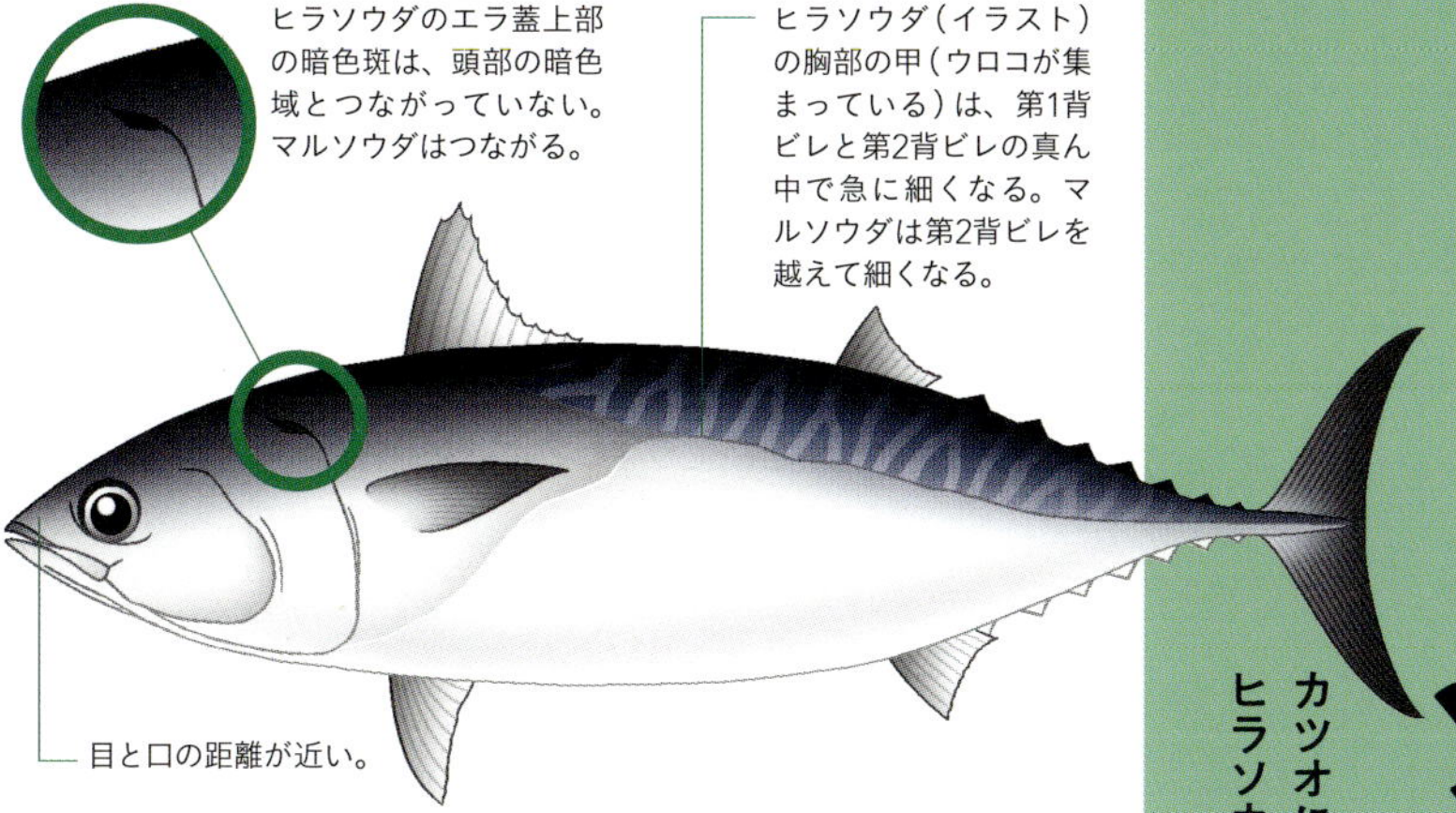
ヒラソウダのエラ蓋上部の暗色斑は、頭部の暗色域とつながっていない。マルソウダはつながる。
ヒラソウダ（イラスト）の胸部の甲（ウロコが集まっている）は、第1背ビレと第2背ビレの真ん中で急に細くなる。マルソウダは第2背ビレを越えて細くなる。
目と口の距離が近い。

カゴ釣りやルアー釣りのほか、日本伝統の「弓ヅノ」を使ったサーフトローリングも楽しい

ソウダガツオは、ヒラソウダとマルソウダの2種類を総称した呼び名。どちらもカツオのような砲弾型の体型は共通しており、ヒラソウダのほうがマルソウダに比べて体高があり、平たい体型だ。どちらも夏を迎えて水温が上昇してくると、各地の堤防や海岸に接岸してくる。

釣り方で定番なのがウキサビキ釣り。アミコマセでソウダガツオの群れを寄せ、サビキに食わせる釣り方だ。

ソウダガツオがイワシなどの小魚を捕食している状況では、メタルジグ（P132）を使ったルアーフィッシングも楽しい。ただし、捕食している小魚が数cm程度のサイズだと食いが極端に悪くなる。そんな状況で威力を発揮するのが「弓ヅノ」。ジェットテンビン（P97）などと併用して高速引き（P139）することで魚が思わず口にしてしまう。

鮮度の落ちやすい魚だが、とくにヒラソウダの新鮮なものはカツオ以上においしいとされる。

DATA（ヒラソウダ）

分類 スズキ目、サバ科、ソウダガツオ属
分布 北海道南部以南の各地
生態 暖流に乗って群れで移動する回遊魚。主にイワシやアジなどの小魚、甲殻類などを捕食。
サイズ 30～50cm

調理法

刺身	焼く	煮る
蒸す	天ぷら	フライ・唐揚げ
寿司	汁物・鍋物	干物

次ページに続く

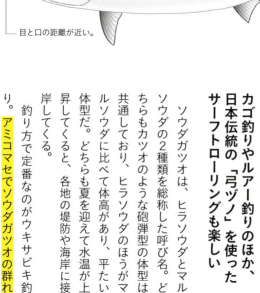

ウキサビキ

難易度 ★☆☆

主な他の対象魚

サバ（P139）、**ワカシ**（P156）

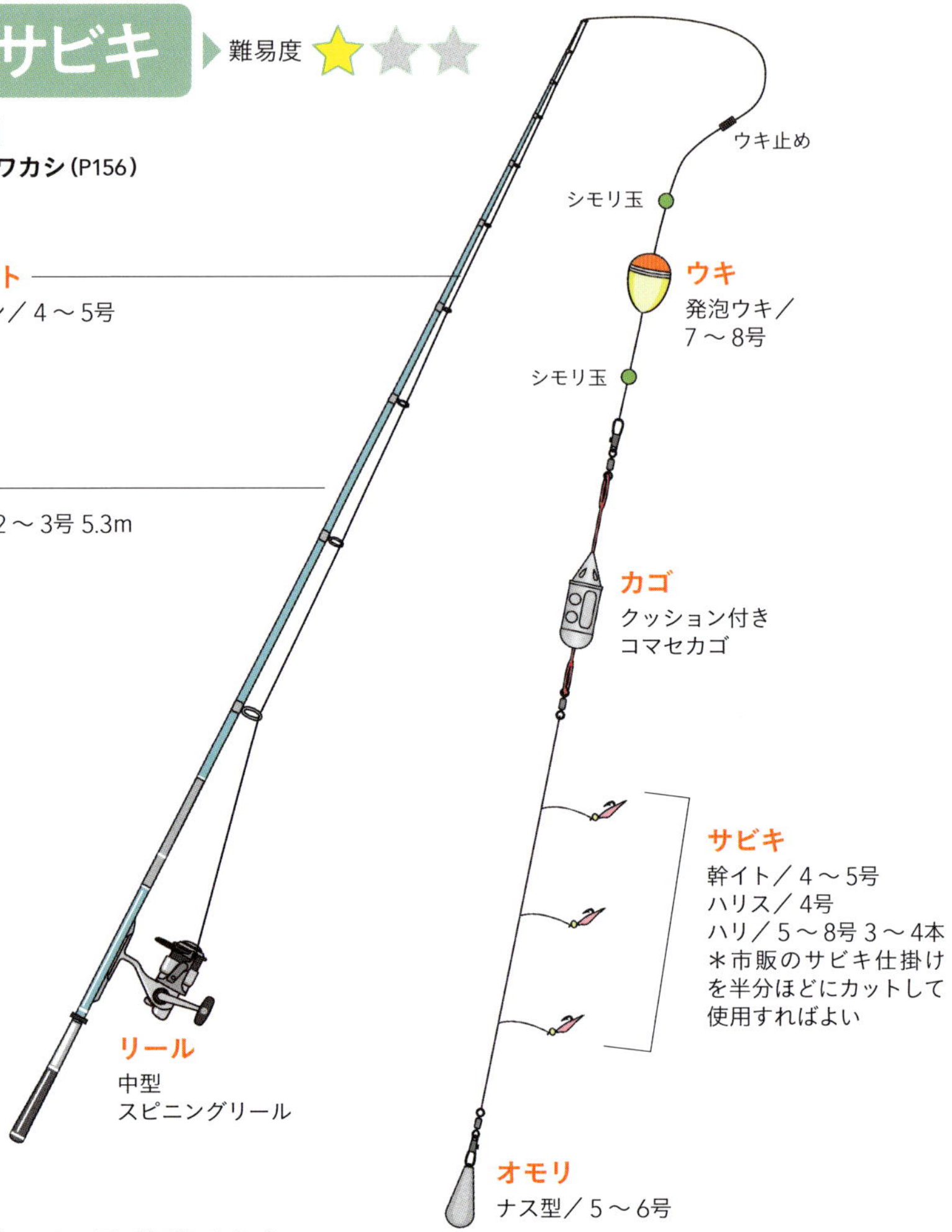
ウキ止め
シモリ玉
ウキ
発泡ウキ／7～8号
シモリ玉
ミチイト
ナイロン／4～5号
竿
磯竿／2～3号 5.3m
カゴ
クッション付き
コマセカゴ
サビキ
幹イト／4～5号
ハリス／4号
ハリ／5～8号 3～4本
＊市販のサビキ仕掛けを半分ほどにカットして使用すればよい
リール
中型
スピニングリール
オモリ
ナス型／5～6号

胴付き仕様のサビキ仕掛けならライントラブルが激減！

カゴ釣りの場合は吹き流し式の仕掛けが普通だが、ウキサビキ釣りでは下オモリ式の胴《どう》付《づ》き（P22）仕様にするのが基本。多少、遠投しにくいものの、イト絡みが少ないのがメリットだ。イラストのオモリは、ウキにコマセ（P13）の重量がかかるため、本来使うものより軽くしている。ウキ下（ウキからカゴまで）の長さは0.5～3mが目安。コマセは冷凍アミを使用する。

CLOSE UP ITEM

発泡ウキ

高浮力の発泡材を使ったウキ。写真は中通しタイプで、仕掛けを投入するときのイト絡みが少ない。

ルアー

難易度 ★☆☆

主な他の対象魚

サバ(P139)、ワカシ(P156)

メタルジグの高速引きで攻める

ソウダガツオはルアーの好ターゲットでもある。基本テクニックは、メタルジグ(P132)の高速引き(P139)。表層で食ってくることが多いが、反応がない場合は仕掛けを投入した後に沈めてから探っていくとよい。海面でナブラが出ていたら、その周囲の表層を攻めるとよい。

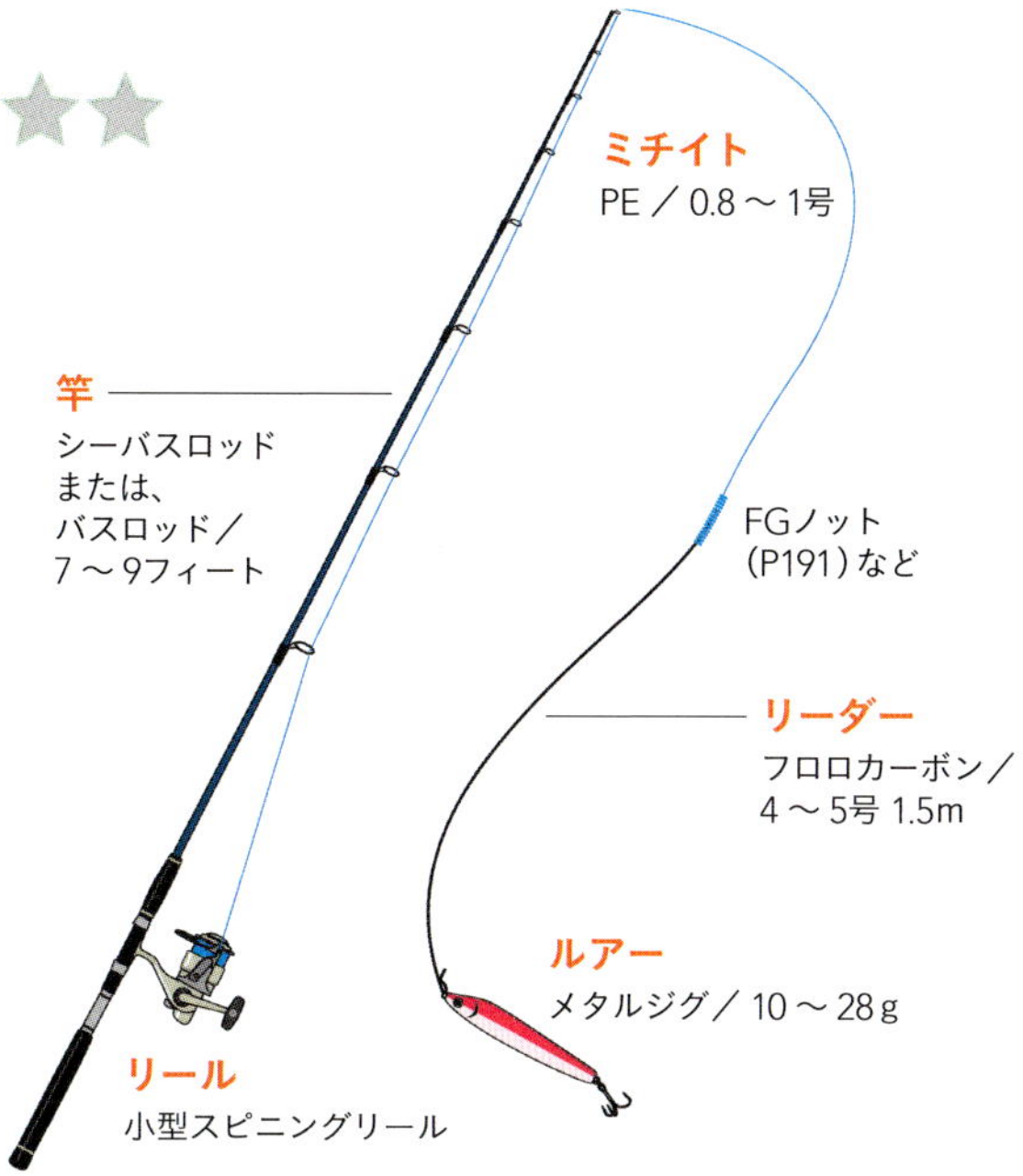
ミチイト
PE／0.8～1号
竿
シーバスロッド
または、
バスロッド／
7～9フィート
FGノット
(P191)など
リーダー
フロロカーボン／
4～5号 1.5m
ルアー
メタルジグ／10～28g
リール
小型スピニングリール

弓ヅノ

難易度 ★☆☆

主な他の対象魚

サバ(P139)、ワカシ(P156)

テンビンオモリや飛ばしウキでキャスト！

「弓ヅノ」は日本伝統の擬《ぎ》餌《じ》バリで、水中をクルクルと回転しながら魚にアピールする。軽量なので単体では投げられないため、表層狙いでは飛ばしウキ(仕掛けを遠くへ飛ばす)、中～底層狙いではジェットテンビン(P97)などと併用して使うのが基本。また、弓ヅノは青、ピンク、白、黒、透明などの各色を用意して、アタリが出るまでローテーションする。

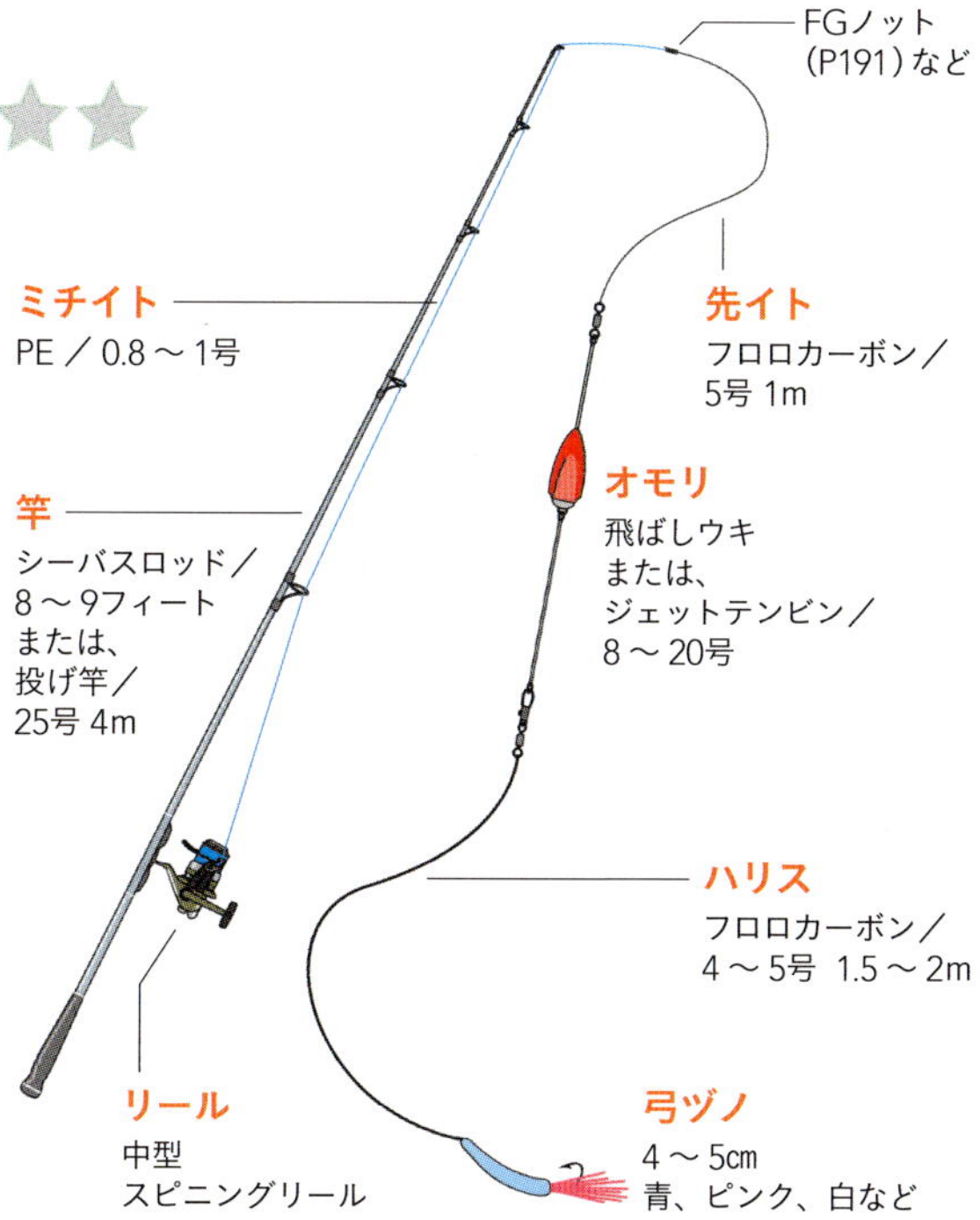
FGノット
(P191)など
ミチイト
PE／0.8～1号
先イト
フロロカーボン／
5号 1m
オモリ
飛ばしウキ
または、
ジェットテンビン／
8～20号
竿
シーバスロッド／
8～9フィート
または、
投げ竿／
25号 4m
ハリス
フロロカーボン／
4～5号 1.5～2m
リール
中型
スピニングリール
弓ヅノ
4～5cm
青、ピンク、白など

次ページに続く

ナブラ｜イワシなどの小魚が大型の回遊魚に追われ、海面で逃げ惑ってザワついている様子。

Takabe
64

釣り時期
6月〜7月
8月〜12月

タカベ【鰖】

鮮やかな青緑と銀、黄の体色が特徴の小魚
旬の夏は、塩焼きや刺身、たたきなどが絶品！

ウキ
投げ
サビキ
カゴ
ウキフカセ
ルアー
その他

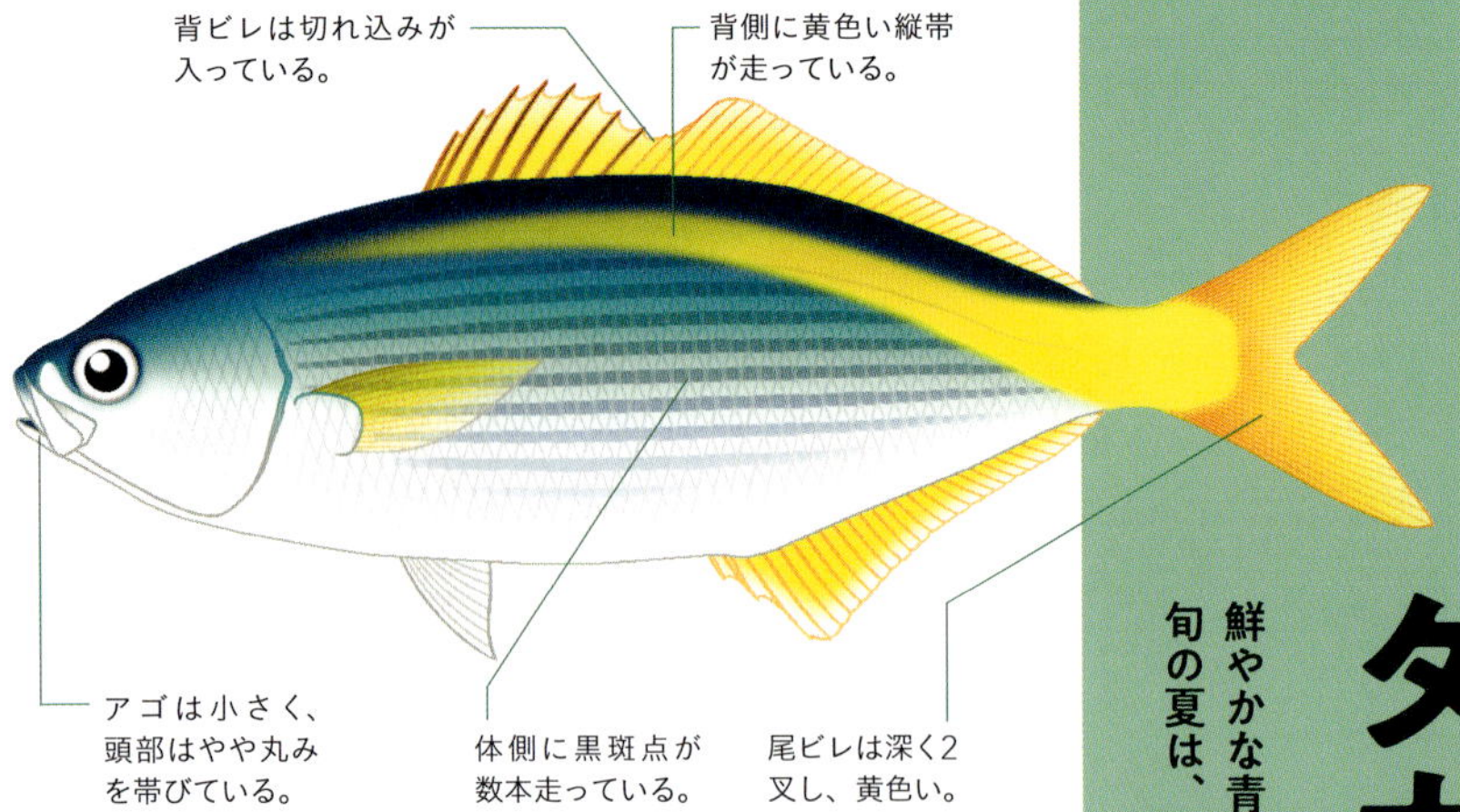

背ビレは切れ込みが入っている。
背側に黄色い縦帯が走っている。
アゴは小さく、頭部はやや丸みを帯びている。
体側に黒斑点が数本走っている。
尾ビレは深く2叉し、黄色い。

ノベ竿でのウキ釣りで小気味よい引きを楽しむ

伊豆《いず》半島《はんとう》や伊豆《いず》諸島《しょとう》などに多いタカベは、食味がとてもよいことから専門に狙う釣り人がいる。リールを使ったサビキ釣りが主流だが、足場の低い堤防ならノベ竿（P52）でのウキ釣りも小気味よい引きを感じられる。付けエサは、食わせ用のアミエビを数尾、ハリに房掛《ふさが》け（P63）にする。ウキ下は1〜1・5m。アミコマセ（P13）を効かせながらアタリを取る。

ウキ釣り

難易度 ★☆☆

主な他の対象魚
アジ（P10）、メジナ（P46）

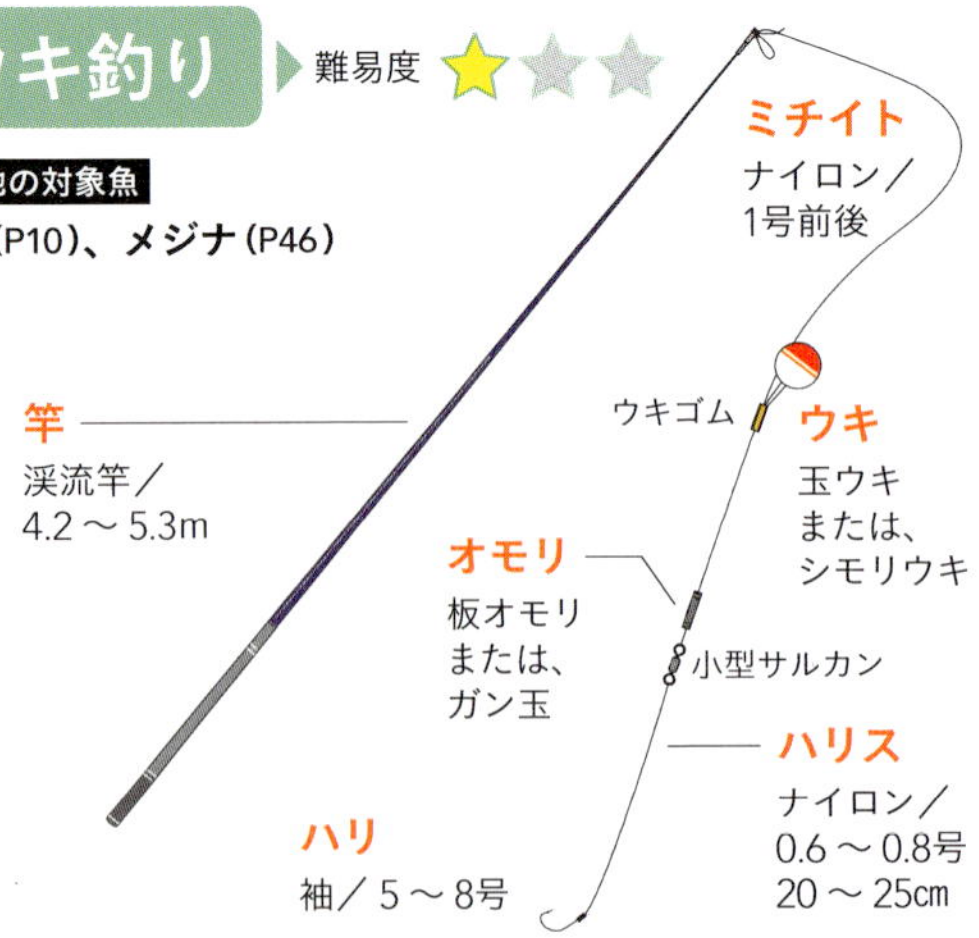

ミチイト
ナイロン／1号前後
竿
渓流竿／4.2〜5.3m
ウキゴム
ウキ
玉ウキまたは、シモリウキ
オモリ
板オモリまたは、ガン玉
小型サルカン
ハリス
ナイロン／0.6〜0.8号 20〜25cm
ハリ
袖／5〜8号

DATA

分類 スズキ目、イスズミ科、タカベ属
分布 房総〜九州の太平洋岸
生態 潮通しのいい外洋の岩礁帯の中層に生息し、主にプランクトンを採餌する。食の旬は夏。
サイズ 15〜25cm

調理法

刺身	焼く	煮る
蒸す	天ぷら	フライ・唐揚げ
寿司	汁物・鍋物	干物

食わせ用｜ハリに付けて魚に食わせるエサ。食わせエサともいう。

Tachiuo
65

釣り時期
10月〜12月
7月〜9月
1月

ウキ
投げ
サビキ
カゴ
ウキフカ・
ルアー
その他

タチウオ【太刀魚】

刀のようなシャープな体型が特徴
歯が鋭いので、釣り上げた後は要注意！

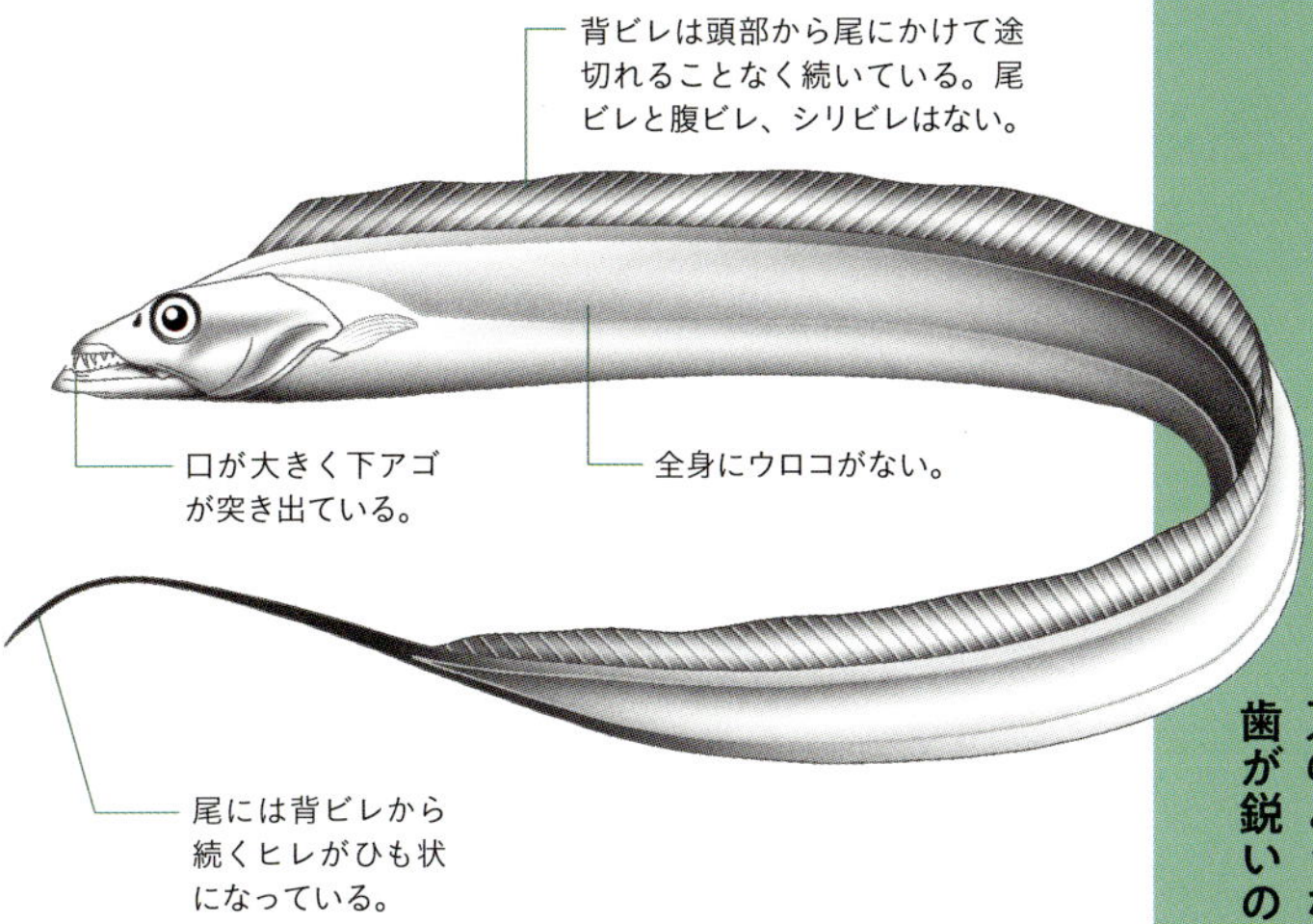
背ビレは頭部から尾にかけて途切れることなく続いている。尾ビレと腹ビレ、シリビレはない。
口が大きく下アゴが突き出ている。
全身にウロコがない。
尾には背ビレから続くヒレがひも状になっている。

ウキ釣りが手堅いが、活性に応じてテンヤ釣りやルアーを試してみるのも◎

銀色の細長い体型から「サーベルフィッシュ」とも呼ばれるタチウオ。日中は深場に生息しているが、夏〜秋の夜間はエサを求めて接岸してくるため堤防から狙える。とくに関西エリアで行われているのが、ウキ釣り。仕掛けを潮に乗せつつ、じっくりとアタリを待てるため釣果を得られやすい。

一方、タチウオならではのユニークな釣り方が、テンヤ釣り。オモリ付きの専用のハリに冷凍キビナゴなどを装餌《そうじ》（P26）し、ルアーのように誘いながら食わせる方法で高活性《こうかっせい》（P127）時に有効だ。

朝夕の時合《じあ》いで効率よく釣るならルアーが有利。ミノー（P65）やスピンテール（ブレードが付いているルアー）、バイブレーション（P92）、メタルジグ（P132）、ワーム（P15）などを使い分ける。なお、歯が鋭いので、釣り上げた後の扱いは慎重に！

クセのない上品な白身で、刺身やあぶり、ムニエル、煮付け、塩焼きなどでとてもおいしく食べられる。

▶次ページに続く

DATA

分類 スズキ目、タチウオ科、タチウオ属
分布 関東〜九州各地
生態 沿岸部の浅場から水深100m前後までの砂泥底に群れで生息。主に小魚や甲殻類を捕食。
サイズ 70〜100㎝

調理法

刺身	焼く	煮る
蒸す	天ぷら	フライ・唐揚げ
寿司	汁物・鍋物	干物

時合《じあ》い｜潮回り、天候などの条件が重なり魚が活動的な時間帯。

ウキ釣り

難易度 ★★☆

主な他の対象魚

スズキ（P62）

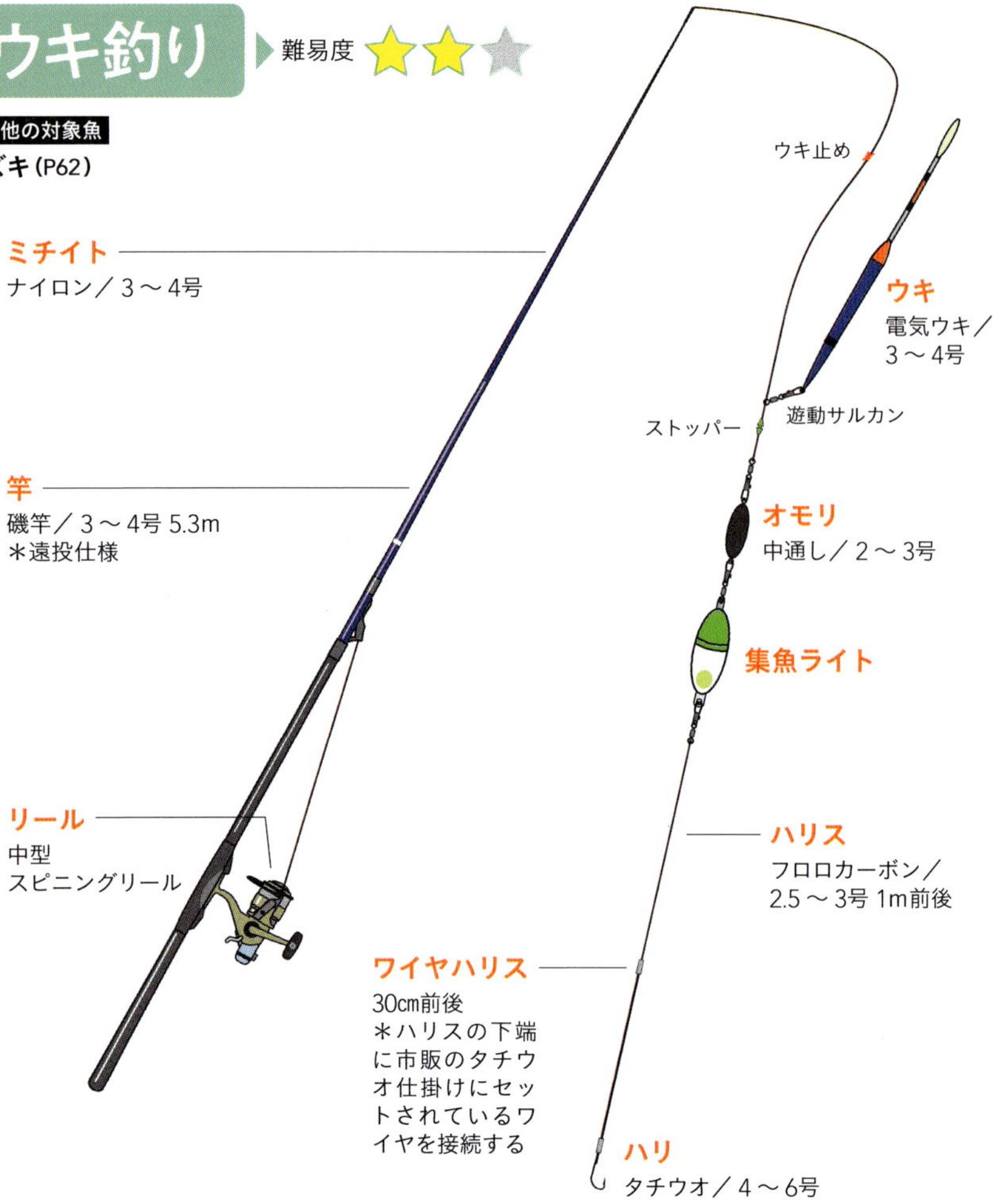
ミチイト
ナイロン／3～4号
竿
磯竿／3～4号 5.3m
＊遠投仕様
リール
中型
スピニングリール
ウキ止め
ウキ
電気ウキ／
3～4号
ストッパー
遊動サルカン
オモリ
中通し／2～3号
集魚ライト
ハリス
フロロカーボン／
2.5～3号 1m前後
ワイヤハリス
30cm前後
＊ハリスの下端
に市販のタチウ
オ仕掛けにセッ
トされているワ
イヤを接続する
ハリ
タチウオ／4～6号

確実な釣果を目指すなら夜のウキ釣りが吉！

基本的に日没後以降の釣りとなるため、ウキは夜間でも視認できる電気ウキ（P51）を使用する。付けエサは、釣具店で入手できる冷凍キビナゴを目からハリを刺し、胴体からハリ先を抜くように装餌《そうじ》（P26）するとよい。ウキ下は2m程度から開始し、アタリが出るまで1.5～3mまでの間で調整する。ウキが完全に消し込むアタリでアワセよう！

CLOSE UP ITEM

集魚《しゅうぎょ》ライト

集魚ライトには、電池式と化学発光体式がある。発光色は、白や青などがタチウオ釣りでは効果的。

テンヤ

難易度 ★★☆

主な他の対象魚

スズキ（P62）

専用のテンヤバリに冷凍エサをセットする

テンヤ釣りでは、専用のオモリ付きハリを使用。また、タチウオの鋭い歯に対応するため、**テンヤに付属しているワイヤリーダー（P73）をラインの先端に結ぶ**。付けエサは冷凍キビナゴやイワシで、ハリ軸にまっすぐに刺し、付属の針金でエサをぐるぐる巻いて固定する。これをポイントに投入し、タダ巻き、あるいは軽くシャクリ（P163）ながら誘う。

ミチイト
PE／1.2～1.5号
＊磯竿の場合は、
ナイロン／3号を
通しで使用する
竿
シーバスロッド／
9～10フィート
または、
磯竿／3号 4.5m
先イト
フロロカーボン／
4号 1.5m
発光体（ケミホタルなど）
リーダー
タチウオ用
ワイヤリーダー／
30～40cm
リール
中型
スピニングリール
テンヤ
タチウオ用／
20～30g

ルアー

難易度 ★★☆

主な他の対象魚

スズキ（P62）

リーダーの先端は太めのラインで補強！

タックル（P65）やラインシステムはシーバス釣りと同様でよいが、**リーダー（P73）の先端にはさらに太めのラインを結んで補強しておきたい**。ただし、ワイヤリーダーを使うとルアーの泳ぎに影響を与えて食いが悪くなることがある。ルアーは各種そろえて、その日の状況に応じて使い分けよう。

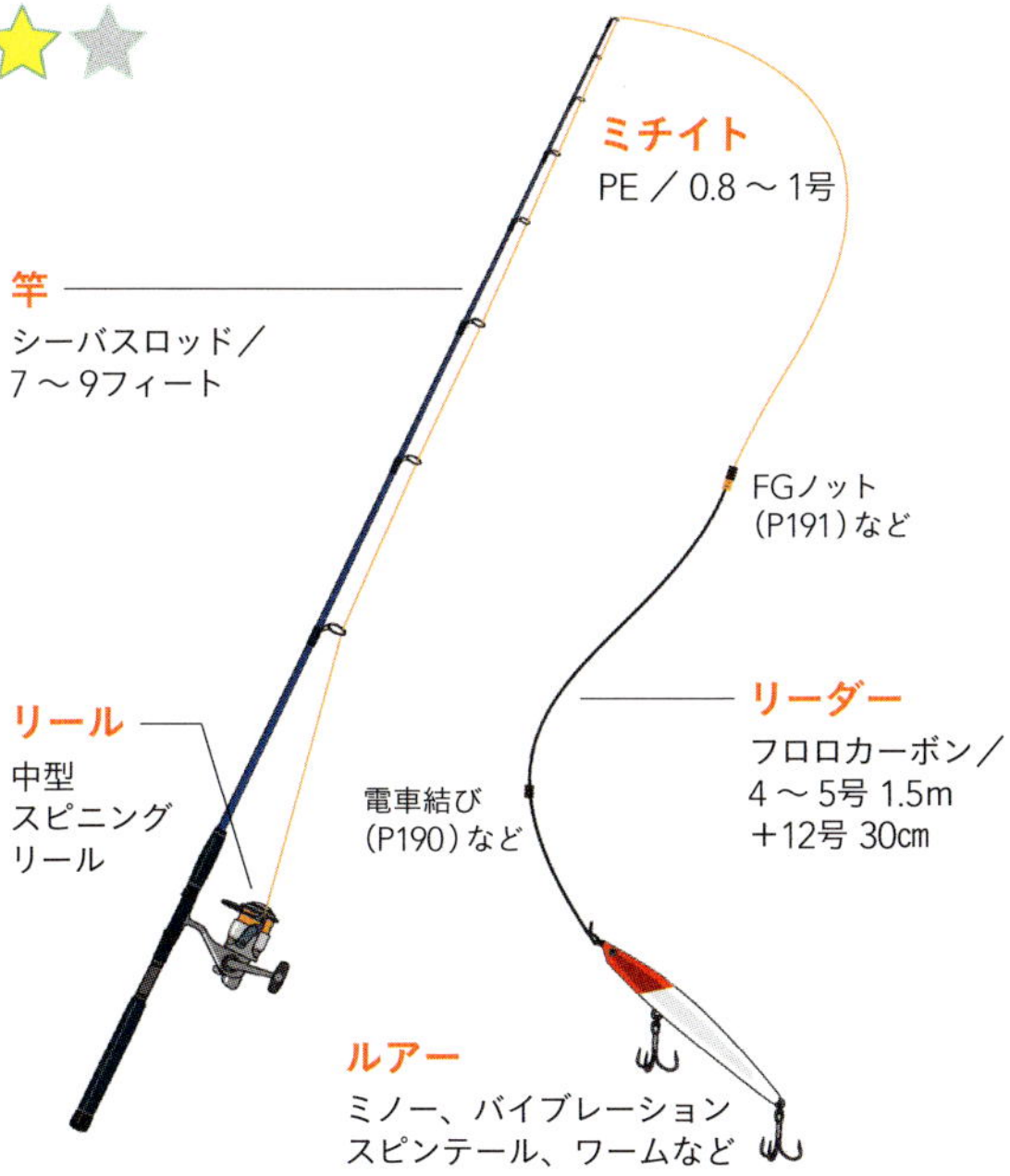
ミチイト
PE／0.8～1号
竿
シーバスロッド／
7～9フィート
FGノット
（P191）など
リール
中型
スピニング
リール
リーダー
フロロカーボン／
4～5号 1.5m
＋12号 30cm
電車結び
（P190）など
ルアー
ミノー、バイブレーション
スピンテール、ワームなど

タダ巻き｜仕掛けに誘いを入れることなく、一定の速度でリールを巻いてくるもっとも基本的なテクニック。

釣り時期
12月～1月

ハタハタ【鰰】

魚醤「しょっつる」の原料として知られる小魚
東北の堤防の季節限定のターゲット

ウキ / 投げ / **サビキ** / カゴ / ウキフカセ / ルアー / **その他**

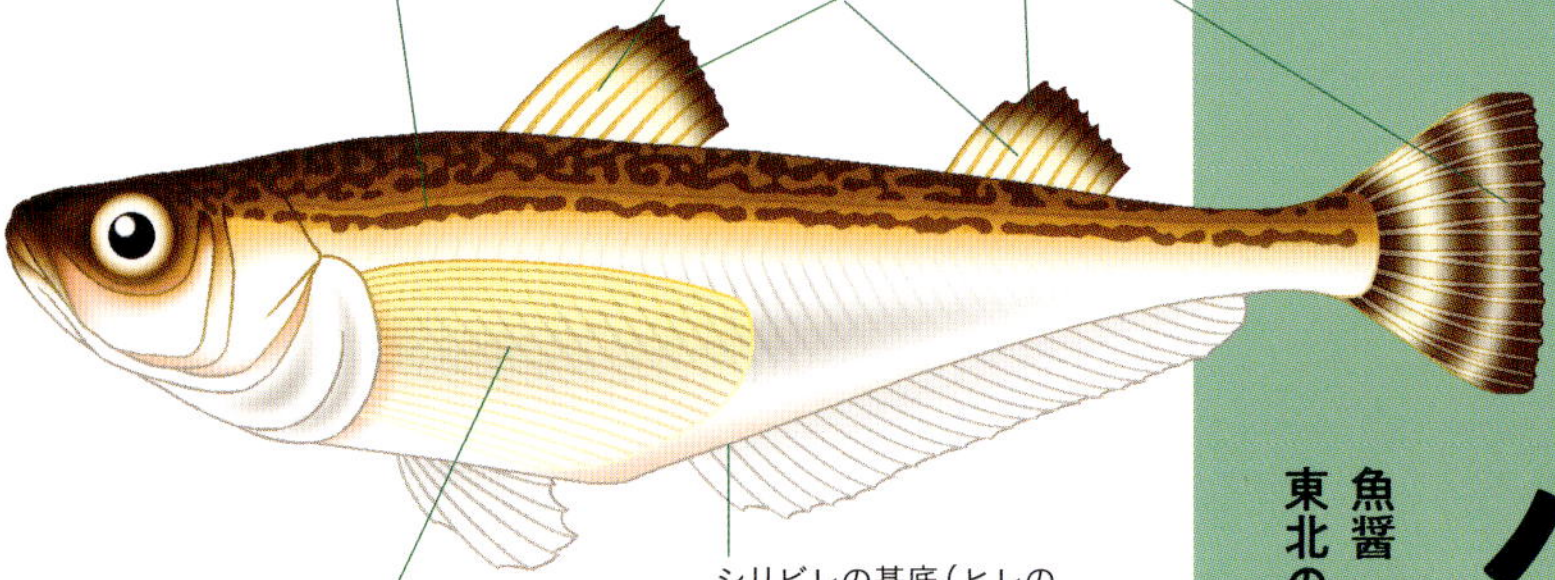
体に側線がない。
背ビレは2基あり、離れている。
背ビレと尾ビレの縁辺が黒い。
体の大きさに対して胸ビレが大きい。
シリビレの基底（ヒレのもとの部分）は体の後半を占めるほど長い。

冬の堤防に接岸する群れをご当地サビキで迎え撃つ！

水深400mほどの深場に生息するハタハタは、冬の産卵期になると大挙して接岸。この期間だけ、秋田県や山形県の堤防で釣ることが可能だ。釣り方は、**夕方以降のサビキ釣りがメイン**。ハリにカエシ（P47）がなく、擬《ぎ》餌《じ》が付いたハタハタ専用のものにすれば、エサの付け替えが不要。コマセ（P13）も無用で、群れに仕掛けを投入するだけで次々と釣れる。

サビキ

難易度 ★☆☆

主な他の対象魚
イワシ（P126）

ミチイト
ナイロン／4～6号
竿
投げ竿／20～30号
3～4m
リール
中型スピニングリール
オモリ
ナス型／8～20号
夜釣りでは発光体を装着する
サビキ
＊市販の専用仕掛け
幹イト／6号
ハリス／3号 2cm
ハリ／8号 5本

DATA

分　類	スズキ目、ハタハタ科、ハタハタ属
分　布	山陰、東北以北の各地
生　態	アミ類を捕食する夜行性の魚。冬が産卵期。地域によって仔魚の捕獲は禁止されている。
サイズ	15～30cm

調理法

刺身	焼く	煮る
蒸す	天ぷら	フライ・唐揚げ
寿司	汁物・鍋物	干物

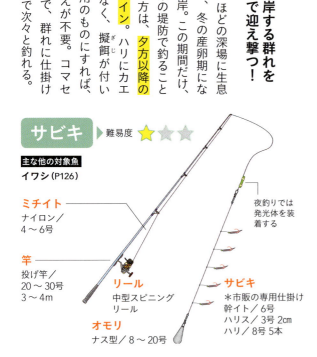

Hiramasa 67

釣り時期

5月～6月
10月～11月
12月～4月
7月～9月

ヒラマサ【平政】

ブリにそっくりの大型魚は外洋を高速で回遊するスプリンター

ウキ
投げ
サビキ
カゴ
ウキフカ
ルアー
その他

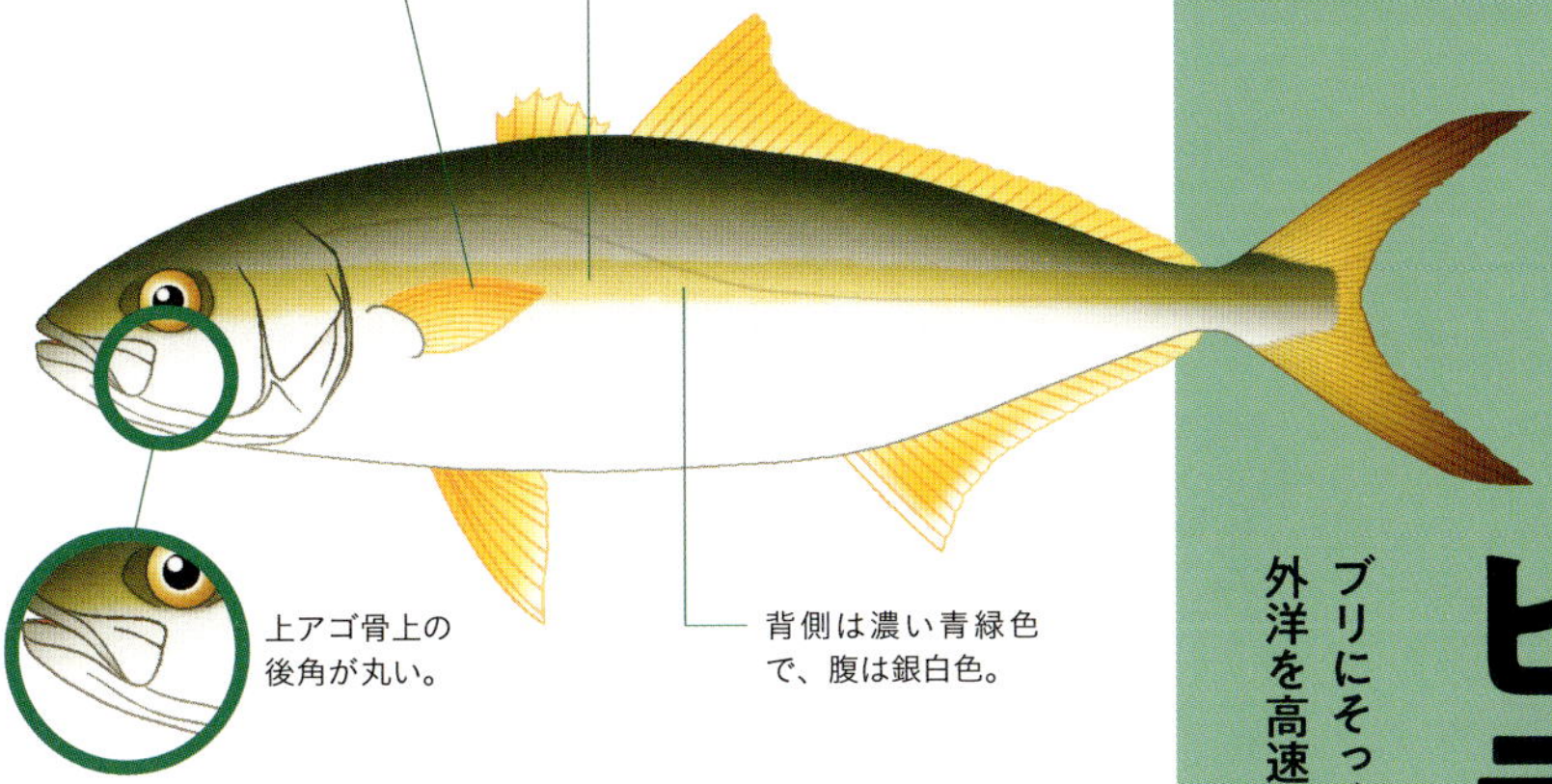
胸ビレは腹ビレより短い。
体側の黄色い縦帯はブリよりも鮮明で、胸ビレの基底（ヒレのもとの部分）上端とつながっている。
上アゴ骨上の後角が丸い。
背側は濃い青緑色で、腹は銀白色。

強靭なタックルでパワフルな引きに備える！

堤防からヒラマサを狙う方法に、マダイ（P72）やブリ（P156）などと同様のカゴ釣りがある。**大型のヒラマサは引きが強烈なので、ミチイトやハリスは強めのものに。**竿は4号以上の磯竿で、イシダイ竿を使う人もいる。リールは両軸タイプが安心だ。コマセ（P13）はオキアミをカゴに詰め、付けエサは**抱き合わせ**にしたオキアミやヒイカをハリに装餌《そうじ》（P26）する。

DATA

分 類	スズキ目、アジ科、ブリ属
分 布	北海道南部以南～各地
生 態	沿岸や沖合の岩礁帯の中層を群れで回遊する。魚食性でイワシやアジなどを補食する。
サイズ	50～100㎝

調理法

刺身	焼く	煮る
蒸す	天ぷら	フライ・唐揚げ
寿司	汁物・鍋物	干物

カゴ釣り

難易度 ★★★

主な他の対象魚
マダイ（P72）

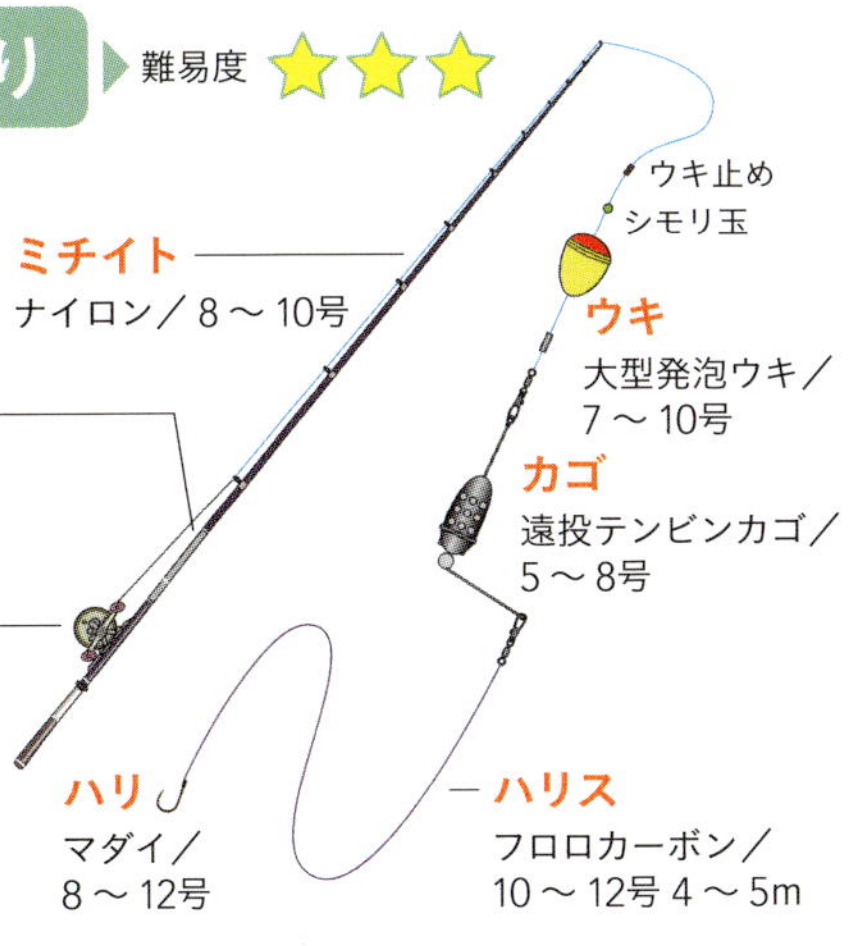
ウキ止め
シモリ玉
ミチイト
ナイロン／8～10号
ウキ
大型発泡ウキ／7～10号
竿
磯竿／4～5号
5.3m
カゴ
遠投テンビンカゴ／5～8号
リール
大型両軸リール
ハリ
マダイ／8～12号
ハリス
フロロカーボン／10～12号 4～5m

抱き合わせ｜2匹のエサを腹合わせにしてハリに付けること。

Buri

68

釣り時期

8月～11月
12月～7月

ブリ（ワカシ、イナダ）【鰤】

ワカシ→イナダ→ワラサ→ブリと成長にしたがって名前を変える出世魚

ウキ / 投げ / サビキ / **カゴ** / ウキフカセ / **ルアー** / **その他**

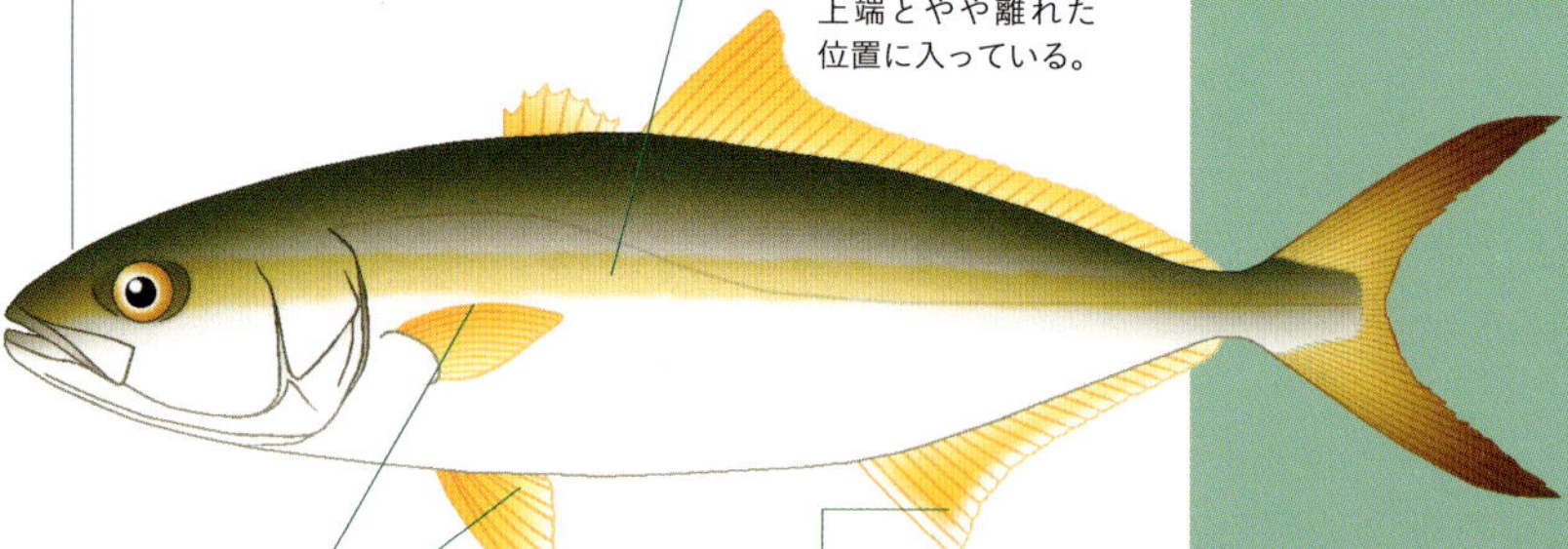

上アゴ骨上の後角は鋭く角ばっている。
体側に黄色い縦帯が胸ビレの基底（ヒレのもとの部分）の上端とやや離れた位置に入っている。
胸ビレと腹ビレはほぼ同じ長さ。
各ヒレは黄色いことが多い。

ライトショアジギングで若魚を数釣りする

ヒラマサ（P155）に迫る強烈な引きのブリは、全長30㎝ほどがワカシ、40~50㎝でイナダと名前を変える出世魚。大型を狙うならカゴ釣りや泳がせ釣りがメイン。若魚を狙うなら**ライトタックル（P65）を使ったショアジギング（P133）が数釣りできる。**ルアーはメタルジグ（P132）のほか、水面で気配があるときは**ペンシルベイト**などが有効だ。

ルアー

難易度 ★★☆

主な他の対象魚

サバ（P139）、
ソウダガツオ（P147）

竿
ショアジギングロッドまたは、シーバスロッド／8～10フィート
ミチイト
PE／1～1.5号
FGノット（P191）など
リーダー
フロロカーボン／4～6号
リール
中型スピニングリール
ルアー
メタルジグ／10～35g
ペンシルベイト／12㎝前後

DATA

分類	スズキ目、アジ科、ブリ属
分布	北海道～九州
生態	沿岸部から沖合の水深100m程度の中層から底層を回遊。イカ類や小魚などを捕食する。
サイズ	30～100㎝

調理法

刺身	焼く	煮る
蒸す	天ぷら	フライ・唐揚げ
寿司	汁物・鍋物	干物

ペンシルベイト｜水面に浮くタイプのルアー。

Muroaji 69

釣り時期
5月～7月
8月～4月

ムロアジ【室鯵】

マアジよりも体高が低い円筒形で、尾ビレ前方に小離鰭があるのが特徴

ウキ
投げ
サビキ
カゴ
ウキフカ
ルアー
その他

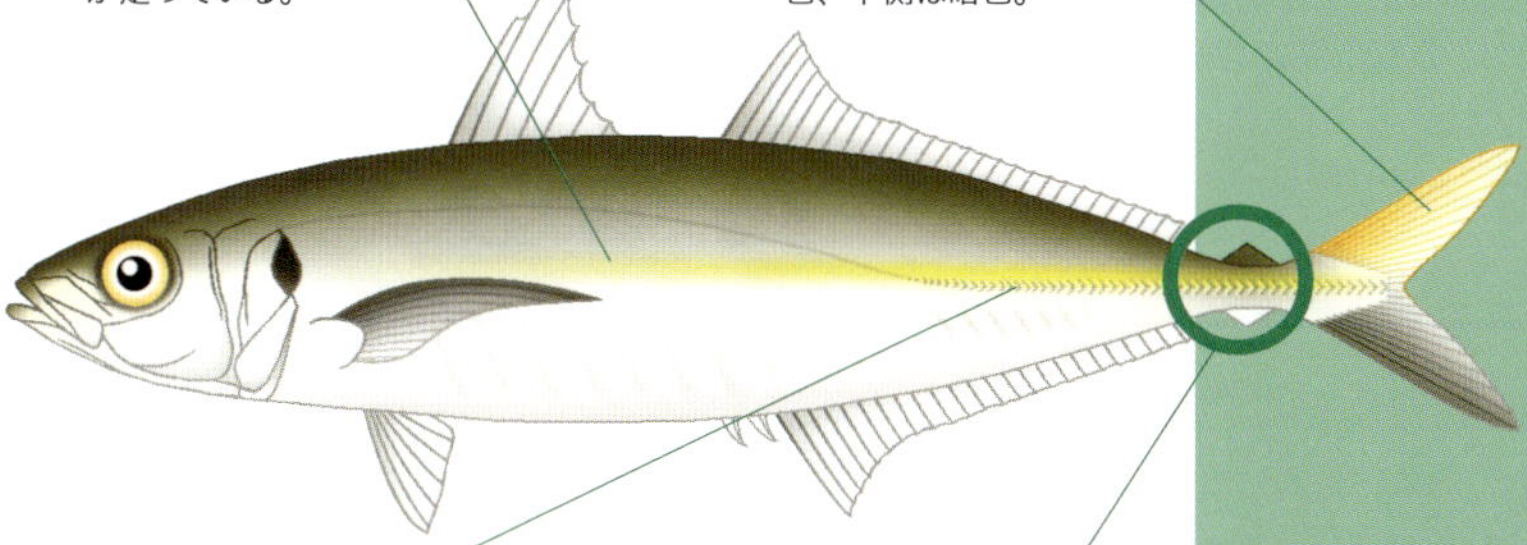
体側に黄色い縦帯が走っている。
尾ビレの上側は黄色、下側は暗色。
ゼイゴ(P195)があり、側線直走部の3/4を覆う。
背ビレとシリビレの後方に小離鰭《しょうりき》(P10)がある。

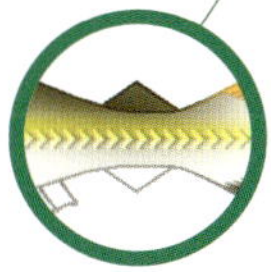

多少強めのサビキ仕掛けで入れ食いを目指そう！

アジ（P10）の仲間であるムロアジは、やや細長い体型をしており、小離鰭《しょうりき》(P10)を持つのが特徴。釣り場は、伊豆諸島《いずしょとう》や南西諸島《なんせいしょとう》などの暖かい海域がメインとなる。

アジと同様のサビキ釣りが定番だが、**体長40㎝級の大型が回遊してくる釣り場では、ある程度強めの仕掛けを使いたい**。ハリスは2号程度、竿は3号を使えば大型が一荷《いっか》で掛かっても対応できる。

ウキサビキ

難易度 ★☆☆

主な他の対象魚
アジ(P10)、サバ(P139)

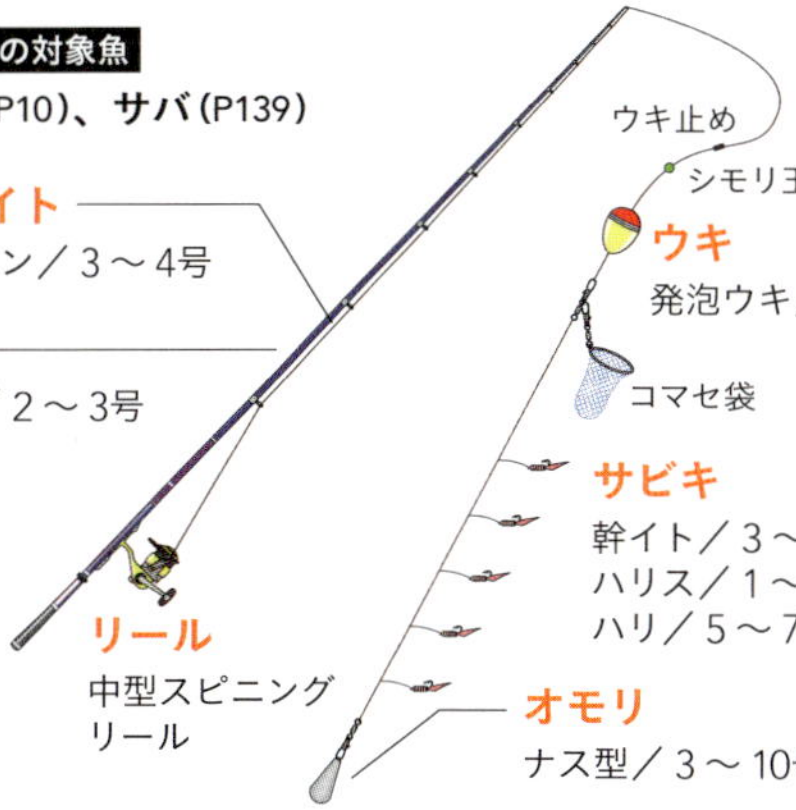
ミチイト
ナイロン／3～4号
竿
磯竿／2～3号
5.3m
リール
中型スピニング
リール
ウキ止め
シモリ玉
ウキ
発泡ウキ／5～12号
コマセ袋
サビキ
幹イト／3～4号
ハリス／1～2号
ハリ／5～7号
オモリ
ナス型／3～10号

DATA

分　類 スズキ目、アジ科、ムロアジ属
分　布 本州南部～南西諸島
生　態 外洋に面した沿岸部に生息。動物性プランクトンのほか、成長すると小魚も捕食する。
サイズ 20～50㎝

調理法

刺身	焼く	煮る
蒸す	天ぷら	フライ・唐揚げ
寿司	汁物・鍋物	干物

一荷《いっか》｜ひとつの仕掛けに複数尾の魚がハリ掛かりすること。

Mekki 70

メッキ

黒潮に乗って本州エリアにやってくる、ギンガメアジやロウニンアジの幼魚たち

釣り時期

10月～12月
8月～9月
1月

ウキ
投げ
サビキ
カゴ
ウキフカセ
ルアー
その他

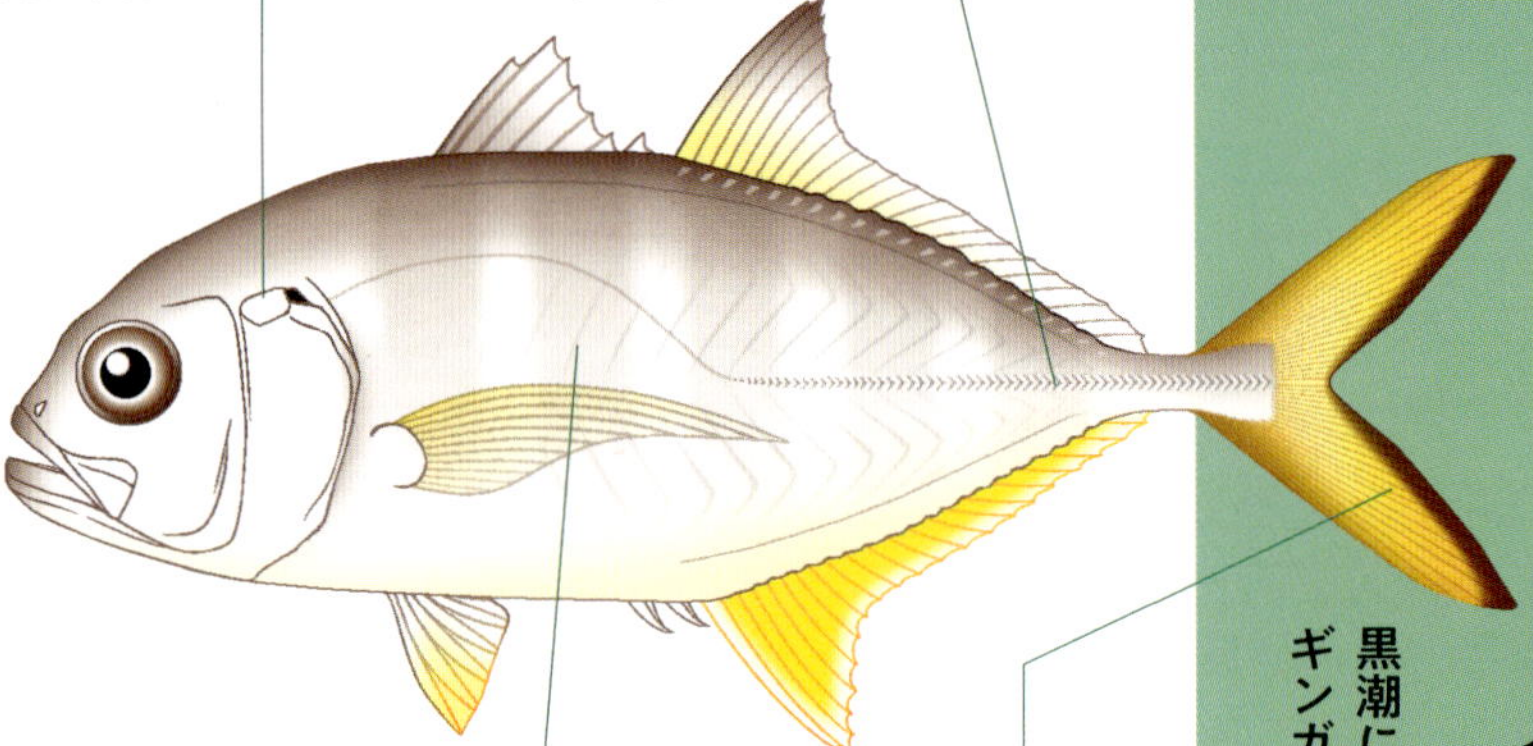

エラ蓋上部に黒小斑がある。
側線直走部のゼイゴ（P195）は暗色。
体側に尾のあたりを除いて5本の横帯がある。
尾ビレの後縁《こうえん》が黒い。

ライトタックルを使った ルアーフィッシングで大興奮

「メッキ」というのはギンガメアジやロウニンアジ（P159）などの幼魚が、黒潮に乗って本州にたどり着いた個体を釣り人が総称して呼んでいるもの。

サビキ釣りやウキ釣りでも釣れるが、より手軽にチャレンジできるのは、ルアーフィッシング。小型でも親譲りの引きの強さでタックル（P65）は限界まで引き絞られる。ルアーはローテーションしよう。

ルアー

難易度 ★☆☆

主な他の対象魚

カマス（P127）、**サバ**（P139）

竿
ライトゲーム用
ルアーロッド／
6～7フィート
リール
小型
スピニングリール
ミチイト
ナイロン／
3～4ポンド
ルアー
ミノー
ペンシルベイト
ポッパー／
4～7cm
ワーム＋ジグヘッド

DATA（ギンガメアジ）

分　類	スズキ目、アジ科、ギンガメアジ属
分　布	関東以南の各地
生　態	成魚は南海のサンゴ礁域に生息。幼魚の一部は流れ藻などに乗って本州に漂着する。
サイズ	20～30cm

調理法

刺身	焼く	煮る
蒸す	天ぷら	フライ・唐揚げ
寿司	汁物・鍋物	干物

Rouninaji 7

釣り時期
3月～11月
12月～2月

ロウニンアジ【浪人鰺】

強大なパワーと風格で釣り人を圧倒する、日本国内におけるゲームフィッシュの最高峰！

ウキ
投げ
サビキ
カゴ
ウキフカセ
ルアー
その他

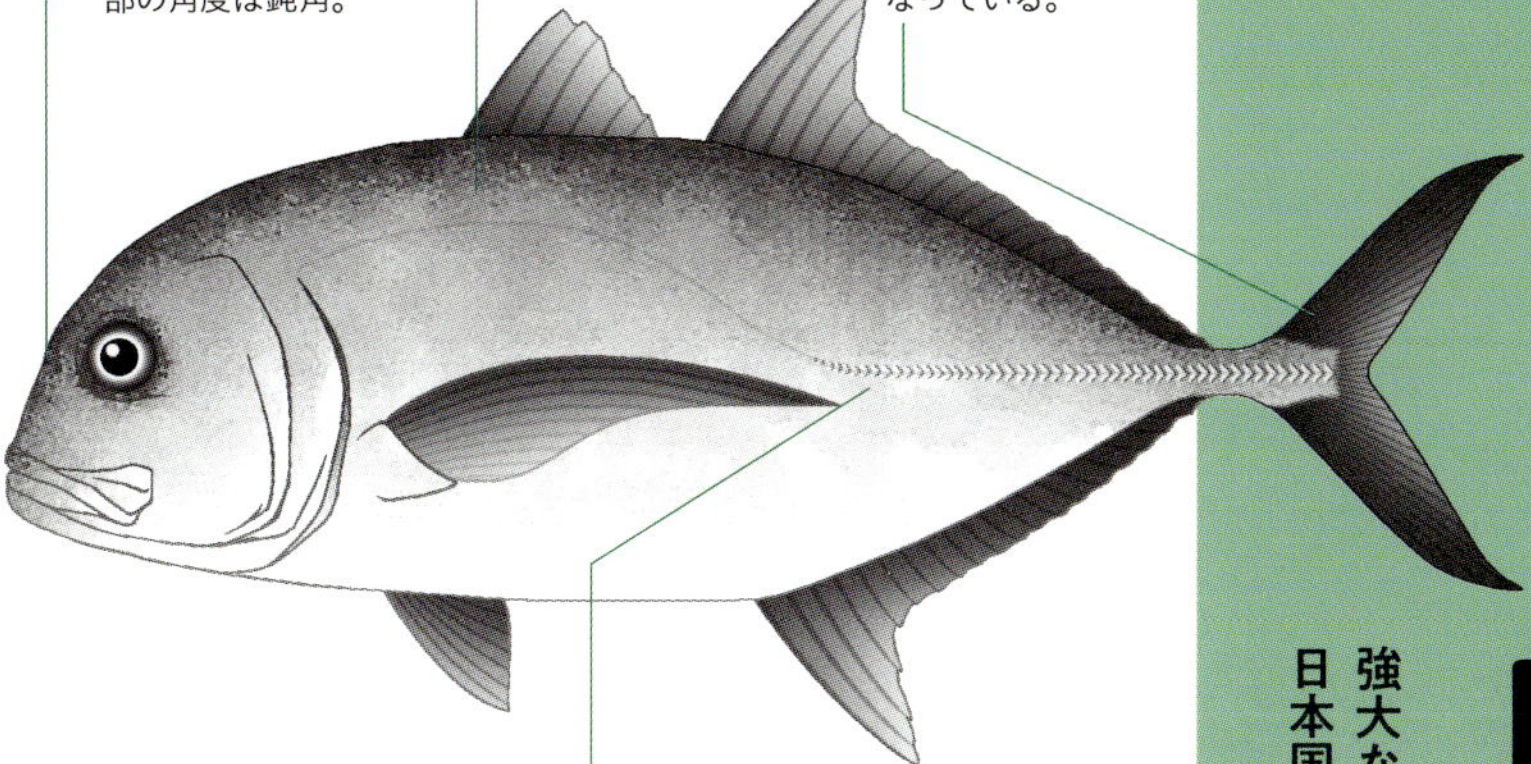
吻《ふん》（P196）の背縁部の角度は鈍角。
体高が高い。
尾ビレは暗色になっている。
側線は尾ビレまで直走していて、発達したゼイゴ（P195）がある。

国内最強のターゲットに最強の仕掛けで挑む

最大で体重50kg以上にもなるロウニンアジは、その堂々たる風格と絶大なパワーで数多くの釣り人を虜《とりこ》にしている国内最強クラスのファイターだ。釣り場は南西諸《なんせいしょ》島《とう》や小笠原諸島《おがさわらしょとう》などに限られる。

釣り方は、ルアーフィッシングや泳がせ釣りがメイン。泳がせの場合、エサは生きたムロアジなどを使う。ウキ下は水深の7割ほどの長さが目安だ。

DATA

分　類	スズキ目、アジ科、ギンガメアジ属
分　布	南日本～南西諸島
生　態	成魚は外洋に面した水深100mまでの浅海に生息。魚食性でムロアジやグルクンを捕食。
サイズ	60～150㎝

調理法

刺身	焼く	煮る
蒸す	天ぷら	フライ・唐揚げ
寿司	汁物・鍋物	干物

泳がせ釣り

難易度 ★★★

主な他の対象魚
ヒラマサ（P155）

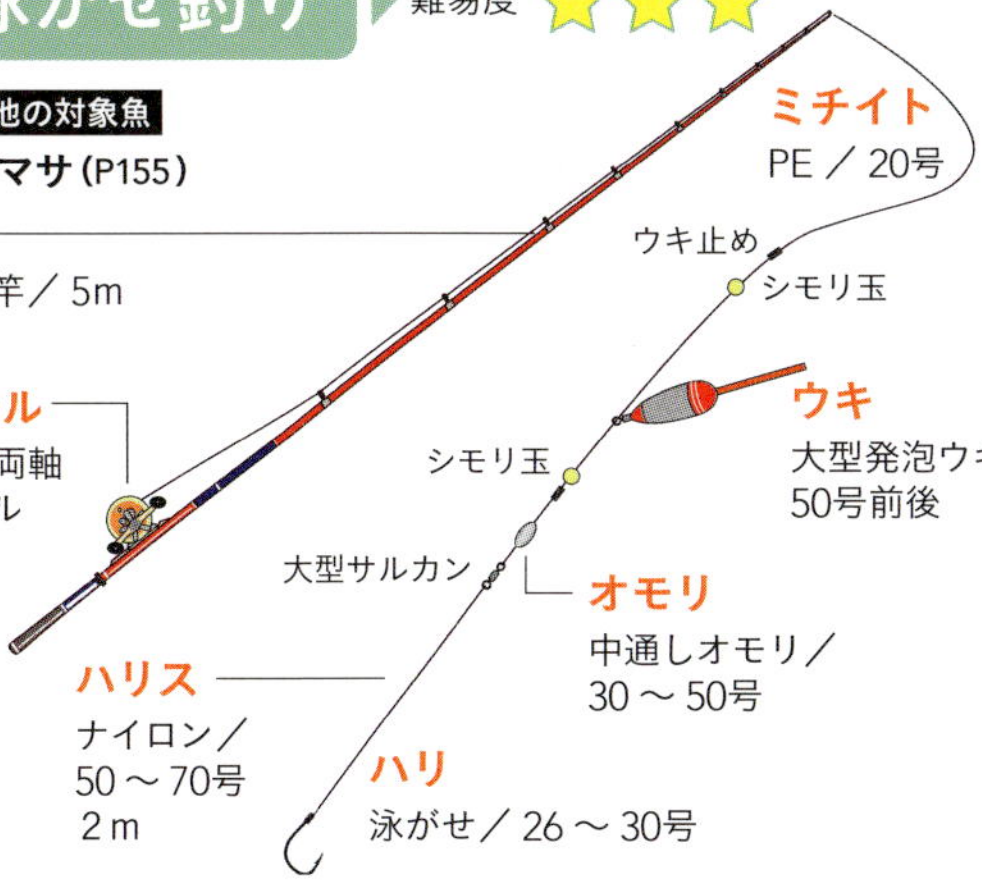
ミチイト
PE／20号
竿
クエ竿／5m
ウキ止め
シモリ玉
リール
大型両軸リール
ウキ
大型発泡ウキ／50号前後
シモリ玉
大型サルカン
オモリ
中通しオモリ／30～50号
ハリス
ナイロン／50～70号 2m
ハリ
泳がせ／26～30号

内湾の波の静かなエリアで、狙いのタナや足元を狙う。
堤防まわりも狙い目。
ヒイカ
マダコ
擬《ぎ》餌《じ》バリを使った仕掛けで、海底をゆっくり引いて誘う。
イイダコ
根が点在したところも好ポイント。
アオリイカ

6章

軟体・甲殻類の7魚種

エギやスッテなどを仕掛けにした専用の釣りを楽しめる。釣り方によって釣果に差が出るが、それも釣りの醍醐味。根が点在する場所、砂や泥の底など、ターゲットによって狙うポイントも変わる。

対象魚

アオリイカ　コウイカ
ツツイカ　ヒイカ
イイダコ　マダコ
ワタリガニ

砂泥底《さでいぞこ》を好むほか、内湾の波の静かなエリアで釣れる。
コウイカ
浅場の石が点在したところを狙う。
イイダコ
潮通し(P35)のよい場所を好む。
アオリイカ
テーラー仕掛けを使用したウキ釣りもできる。
ツツイカ
コウイカ
根まわりに付きやすい。
潮が動いていないエリアや港内もチャンスあり。
潮の動き
堤防などにぶつかって潮の流れが変化することがある。水面がモヤモヤしている場所で流れが変化している。
マダコ
堤防まわりの砂泥地に生息しており、カニ網を投入して釣る。
ワタリガニ
ツツイカ
沖の潮目《しおめ》(P169)が好ポイント。

Aoriika 72

釣り時期

4月～6月
9月～11月
12月～3月
7月～8月

アオリイカ【障泥烏賊】

長く幅の広いエンペラが特徴的な大型のイカ
ねっとりした甘い身が絶品！

ウキ
投げ
サビキ
カゴ
ウキフカセ
ルアー
その他

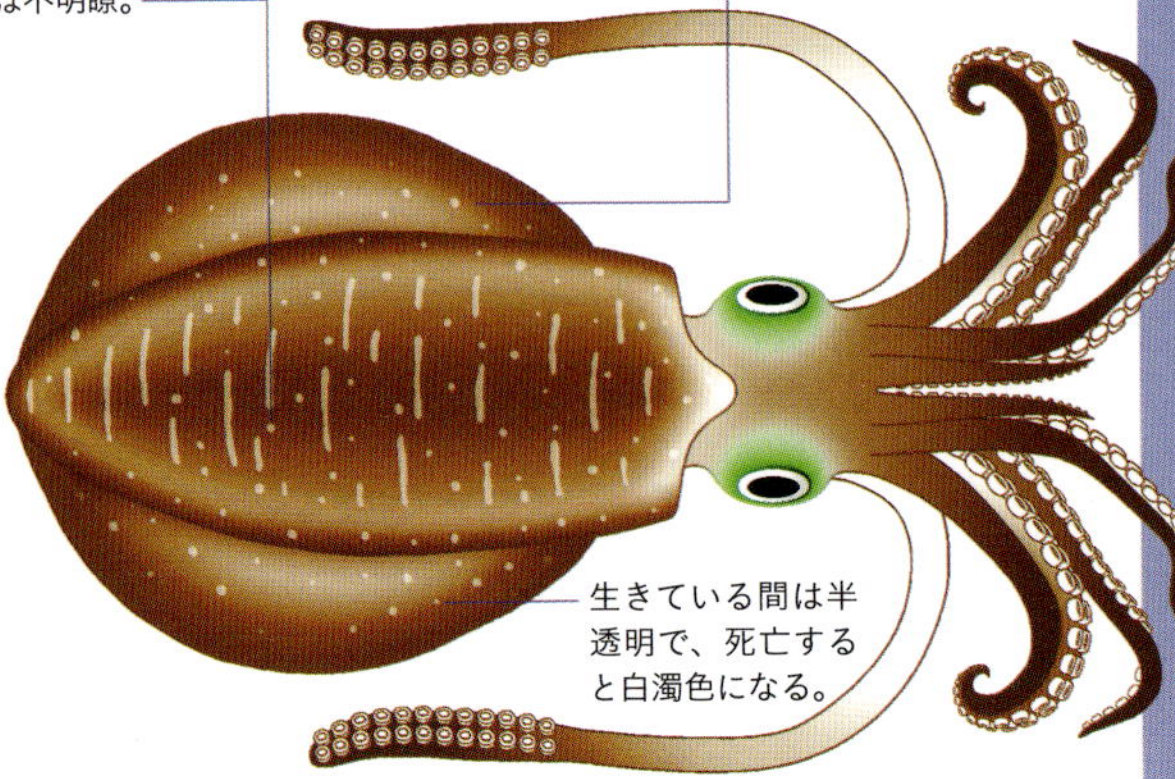

背側は、オスは連続した白い帯があり、メスは不明瞭。
ヒレは大きく、胴の全長と同じ長さ。
生きている間は半透明で、死亡すると白濁色になる。

定番のエギングのほか、生きた小魚をエサにしたウキ釣りやヤエン釣りも楽しい

アオリイカは、その釣趣《ちょうしゅ》のおもしろさと食味のよさから、堤防釣りでも定番のターゲットだ。

外見上の特徴は、**外套膜《がいとうまく》**のほぼ全長に大きく広がったヒレ＝エンペラ（Ｐ１６８）があること。スルメイカのようなひし形のエンペラとは大きくイメージが異なる。コウイカ（Ｐ１６６）類も同様の長いヒレを持つが、アオリイカはコウイカのような石灰質の硬い殻を持たないことから容易に区別できる。堤防で釣れるサイズは体重０・５～１kg前後が多いが、最大では６kg、全長１ｍを超えるサイズにまで成長する。

釣り方で代表的なのが、アオリイカが好むエビを模した擬餌《ぎじ》バリ＝エギを使ったエギング（Ｐ１９２）。また、アオリイカはアジやイワシなども捕食することから、生きた小魚をエサにしたウキ釣りやヤエン釣りもおすすめだ。

ねっとりとした甘みのある身は、刺身やルイベ、醤油焼き、揚げ物などさまざまな料理で楽しめる。

DATA

分　類	ツツイカ目、ヤリイカ科、アオリイカ属
分　布	北海道南部以南の各地
生　態	水深20～100ｍほどの岩礁帯に生息し、春～夏に産卵で接岸する。小魚やエビ類を捕食。
サイズ	15～40㎝（＝外套長）

調理法

刺身	焼く	煮る
蒸す	天ぷら	フライ・唐揚げ
寿司	汁物・鍋物	干物

外套膜《がいとうまく》｜イカの胴体部分のこと。目のある部分がイカの頭だ。

エギング

難易度 ★☆☆

主な他の対象魚

コウイカ（P166）、**ツツイカ**（P168）

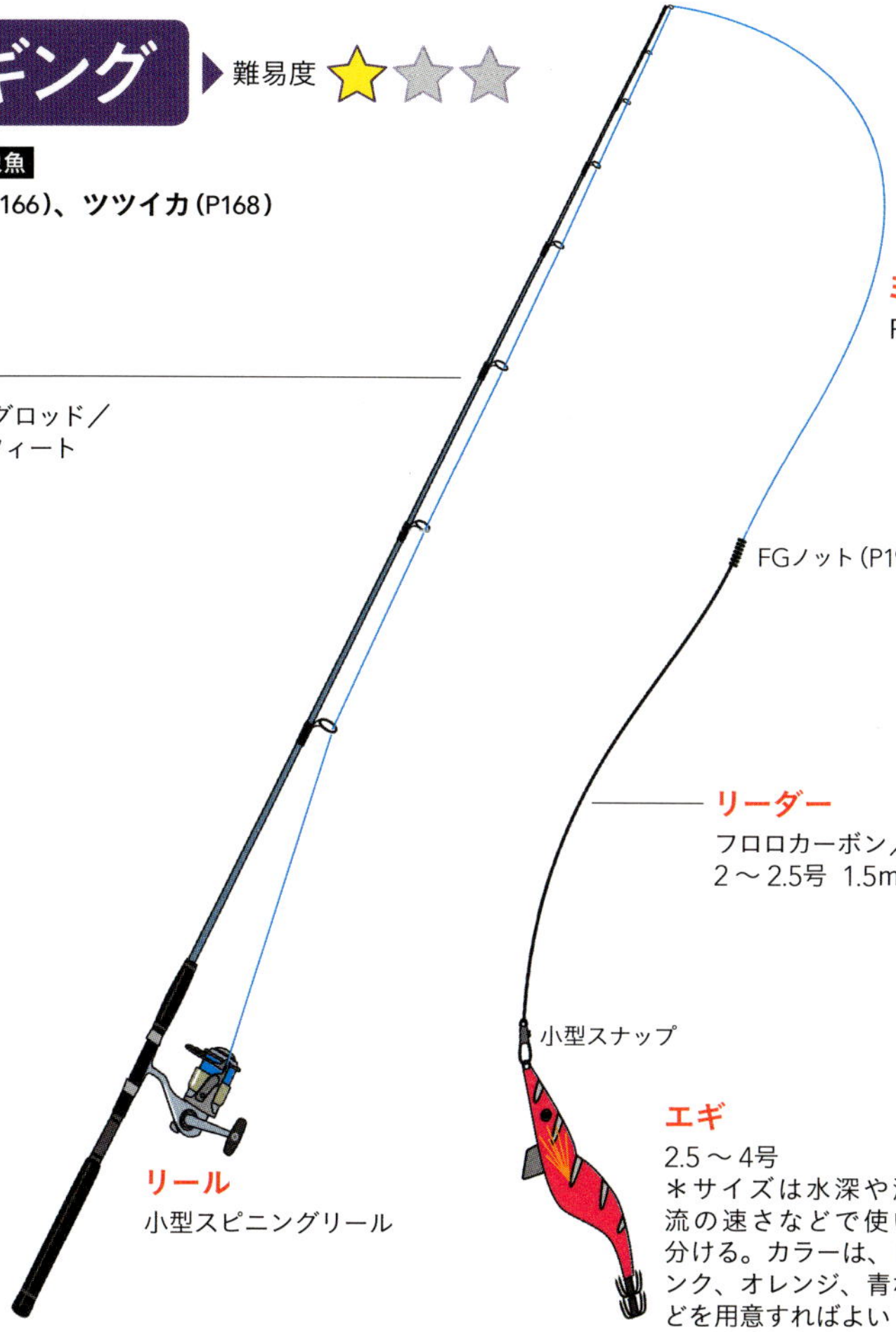
竿
エギングロッド／
7～9フィート
ミチイト
PE／0.6～0.8号
FGノット（P191）など
リーダー
フロロカーボン／
2～2.5号 1.5m前後
小型スナップ
エギ
2.5～4号
＊サイズは水深や潮流の速さなどで使い分ける。カラーは、ピンク、オレンジ、青などを用意すればよい
リール
小型スピニングリール

日本伝統の擬餌バリで手軽にイカ釣りを楽しむ

日本古来の擬《ぎ》餌《じ》バリであるエギを使って現代風の釣りにアレンジしたエギングは、シンプルなタックル（P65）で楽しめるのがメリットだ。仕掛けも、極細のPEラインにリーダー（P73）を結び、その先端にエギをセットするだけ。釣り方は、エギをポイントに投入後、着底させてから**シャクリ**やタダ巻き（P153）などで誘う。

CLOSE UP ITEM

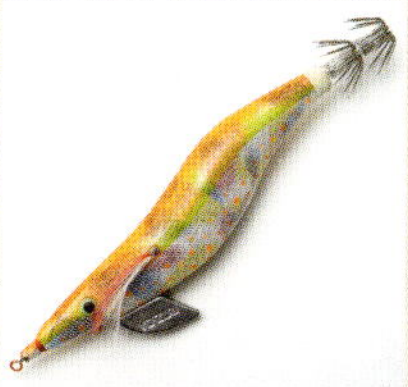

エギ

エギのボディ下部にはオモリ、後端にカンナバリが付いている。竿でシャクリを入れることで、エビが逃げる様を演出できる。

シャクる（シャクリ） | 竿をあおってルアーやエギを本物のように見せかける動作。

ウキ釣り

難易度 ★★☆

主な他の対象魚

コウイカ(P166)、ツツイカ(P168)

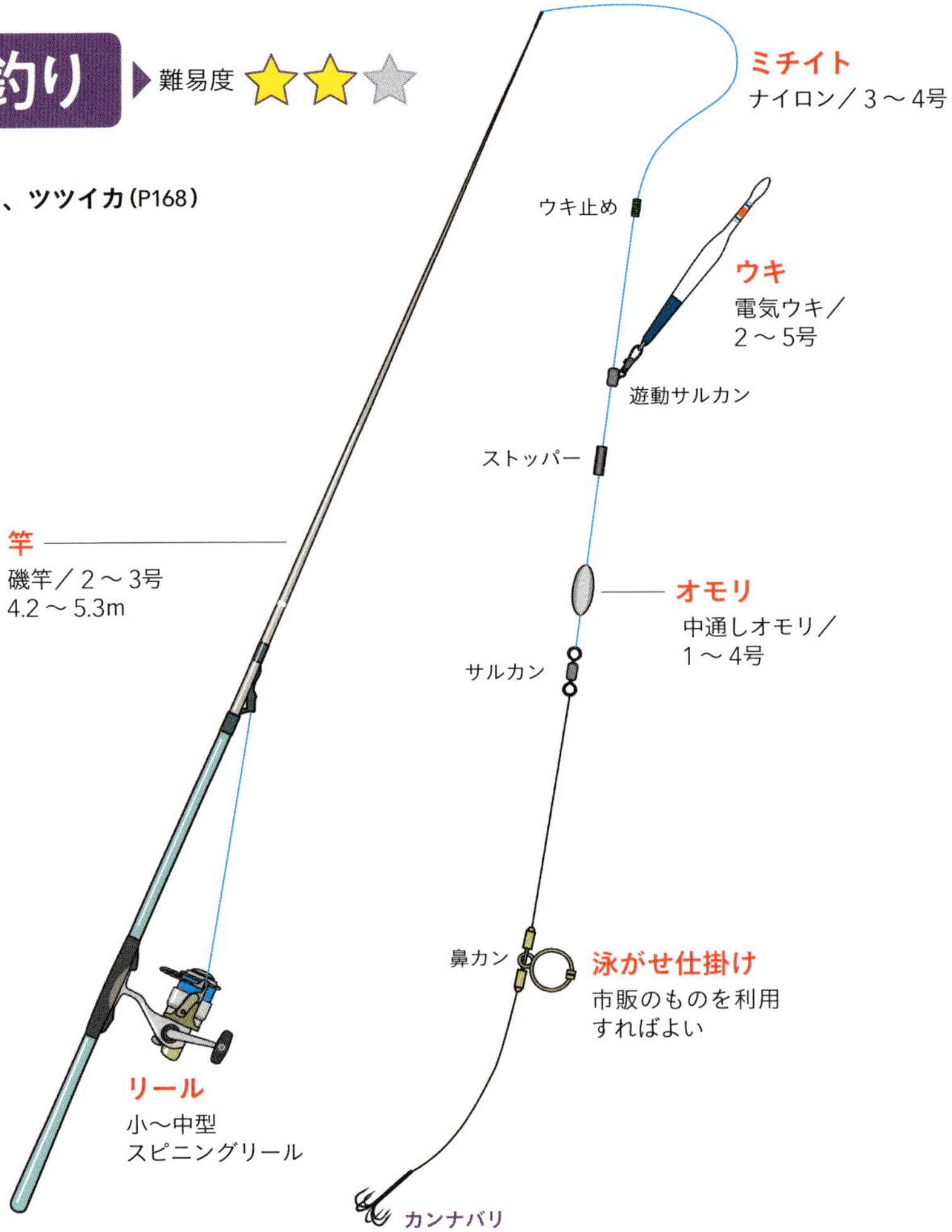
ミチイト
ナイロン／3～4号
ウキ止め
ウキ
電気ウキ／
2～5号
遊動サルカン
ストッパー
竿
磯竿／2～3号
4.2～5.3m
オモリ
中通しオモリ／
1～4号
サルカン
鼻カン
泳がせ仕掛け
市販のものを利用
すればよい
リール
小～中型
スピニングリール
カンナバリ

生きエサはアジやサバ、ボラ じっくり食わせてアワセたい

泳がせ釣りでは夜釣りが有利なので、ウキは電気ウキ(P51)をセットする。仕掛けは、釣具店で販売されているものを使えばOKだ。生きエサには小型のアジやサバ、ボラなどが使える。この釣りでは、早アワセは禁物。ウキが沈んでから数十秒待ち、竿先にイカの重みを感じてからゆっくり大きくアワセを入れるのがコツだ。

CLOSE UP ITEM

生きアジのセット方法

鼻カンを通す

鼻カンからカンナバリまでの長さが小魚の全長と同じになるように調整してから、鼻カンを小魚の鼻に通す。

カンナバリ | エギやスッテなどのイカ釣りに使われるハリ。カエシがなく、非常に刺さりがよくなっている。

ヤエン釣り

難易度 ★★★

主な他の対象魚

ツツイカ（P168）

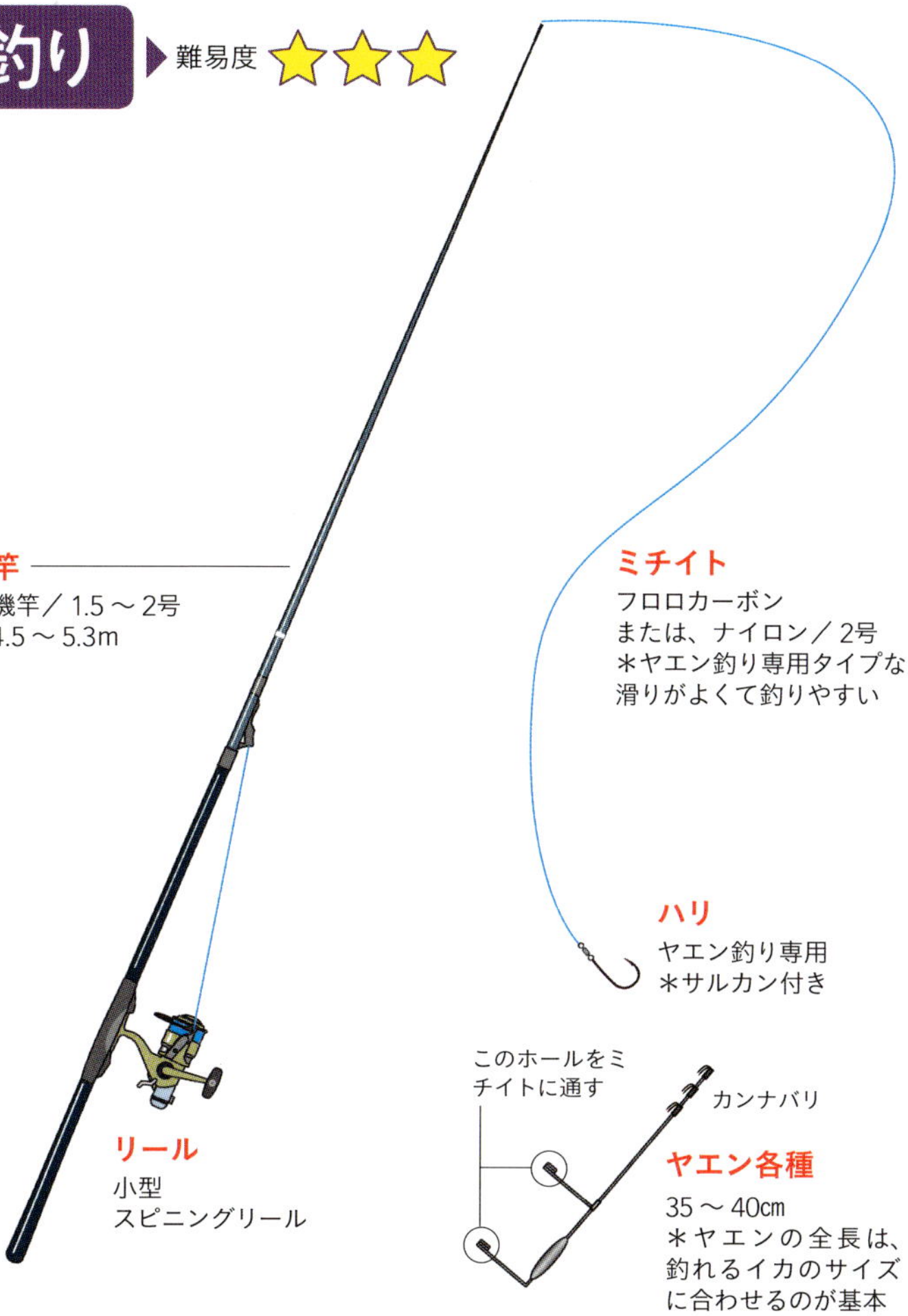
竿
磯竿／1.5～2号
4.5～5.3m
ミチイト
フロロカーボン
または、ナイロン／2号
＊ヤエン釣り専用タイプなら
滑りがよくて釣りやすい
ハリ
ヤエン釣り専用
＊サルカン付き
リール
小型
スピニングリール
このホールをミ
チイトに通す
カンナバリ
ヤエン各種
35～40㎝
＊ヤエンの全長は、
釣れるイカのサイズ
に合わせるのが基本

ヤエンを投入する加減がカギ その駆け引きが楽しい！

ヤエン釣りは、生きた小魚（アジなど）をミチイト先端のハリに装着して自由に泳がせ、アオリイカが小魚に食いついてきたら、ミチイトにセットしていた専用の掛けバリ＝ヤエンをミチイトを伝ってアオリイカに到達させることでハリ掛かりさせる釣法。小魚を十分に食わせてからのタイミングでヤエンを投入するのがポイントだ。

CLOSE UP ITEM

ヤエン

ヤエンのホールにミチイトを通して竿を寝かせておき、投入するときは竿を立てて水中へ下ろす。最初はシンプルなストレートタイプが◎。

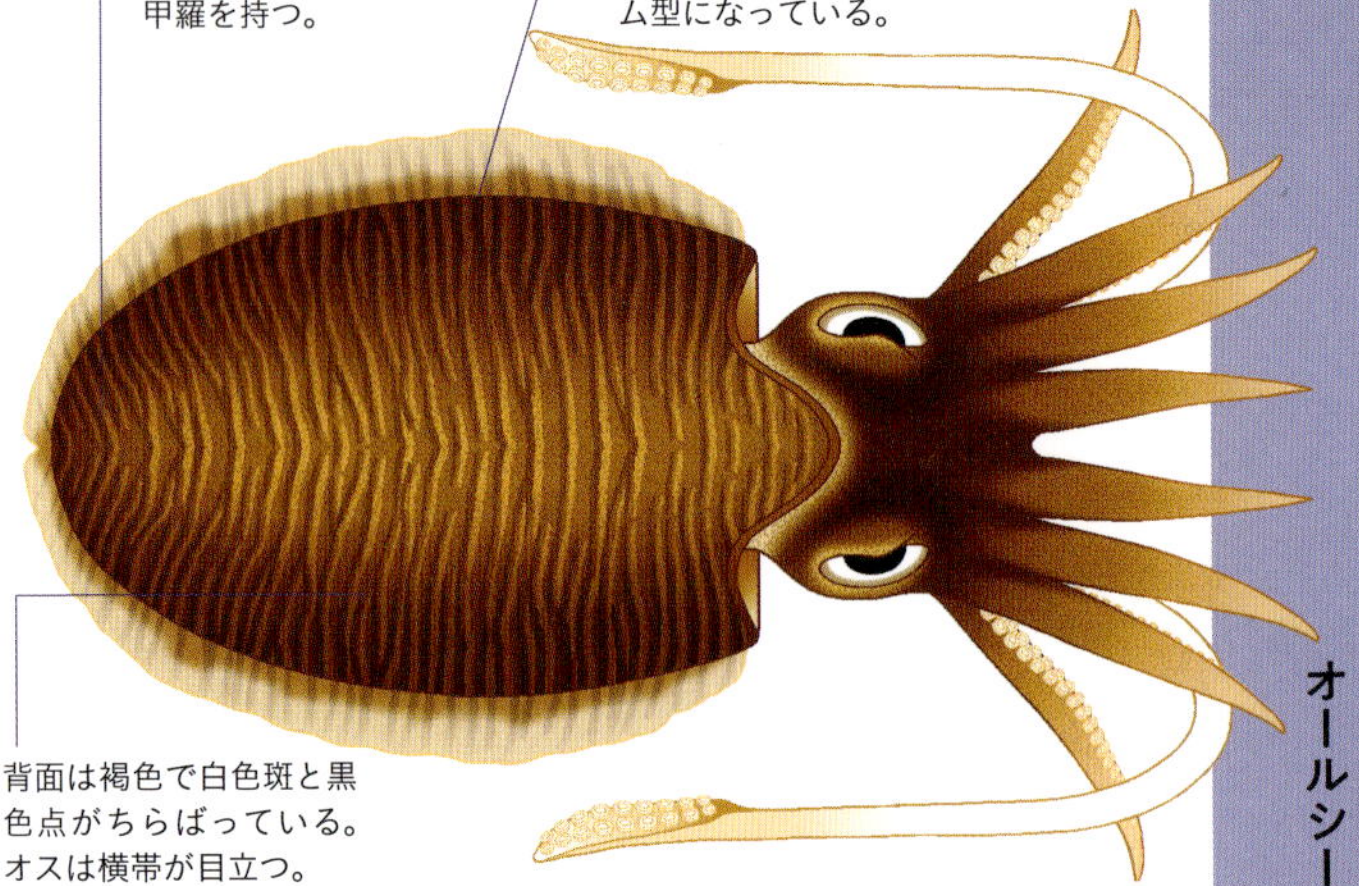

体内に石灰質の甲羅を持つ。
外套膜《がいとうまく》(P162)がドーム型になっている。
背面は褐色で白色斑と黒色点がちらばっている。オスは横帯が目立つ。

釣り時期

4月～6月
10月～11月
2月～3月
7月～9月

コウイカ

【甲烏賊】

海底付近を群れで移動
オールシーズン、堤防から狙える

- ウキ
- 投げ
- サビキ
- カゴ
- ウキフカセ
- ルアー
- その他

エギングで狙えるほか、スッテ仕掛けを使った釣りも一杯釣れたら数を期待！

「コウイカ」というのはスミイカの標準和名で、同じコウイカ科であるカミナリイカやシリヤケイカなども同様に「コウイカ」と呼ぶこともある。コウイカ（スミイカ）の外套膜《がいとうまく》（P162）の外周が白色なのに対し、カミナリイカは鮮やかなグリーン色であること、シリヤケイカは外套膜の表面全体に白点が散らばっていて、先端から褐色の液を出していることで区別できる。

釣り方は共通していて、アオリイカ（P162）同様のエギング（P192）のほか、小魚をエサにした探り釣り、スッテと呼ばれる魚型の擬餌《ぎじ》バリを使ったスタイルなど。釣り場は、砂地底に根がポツポツと点在しているエリアがメイン。アオリイカと違い、それほど潮が動いていないエリアや港内の奥などでも釣れることが多い。まとまった群れで移動しているので、一杯釣れたら、集中狙いで数を伸ばせる。

コウイカ類の身は、肉厚ながらも歯切れがよく、上品な甘みがある。

DATA

分　類	コウイカ目、コウイカ科、コウイカ属
分　布	関東以南～九州
生　態	主に沿岸部の砂泥底に生息し、甲殻類や小魚、底生生物を捕食する。夜行性の傾向がある。
サイズ	15～20㎝（外套長）

調理法

刺身	焼く	煮る
蒸す	天ぷら	フライ・唐揚げ
寿司	汁物・鍋物	干物

一杯｜イカの匹数は、一杯、二杯と数えることが多い。

エギング

難易度 ★☆☆

主な他の対象魚
アオリイカ（P162）

「鼻オモリ」を付けて海底を確実に探る

コウイカは砂地に潜む底生生《ていせいせい》物《ぶつ》を捕食しているので、エギングでも海底付近を誘うことが基本になる。そこで、水深の深い釣り場では、**底取り《そこど》**がしやすいようにエギの鼻先のスナップにナス型オモリをセットしておくとよい。海底をズル引きして、ときおり竿でシャク（P163）ってエギの存在をアピールさせよう！

ミチイト
PE／0.6～1号
竿
エギングロッド／
7～9フィート
FGノット（P191）など
リール
小型
スピニング
リール
リーダー
フロロカーボン／
2.5～3号 1.5m前後
小型
スナップ
オモリ
ナス型／
2～3号
※必要に応じて脱着する
エギ
2.5～3.5号
＊カラーは、ピンクやオレンジでOK

スッテ

難易度 ★☆☆

主な他の対象魚
アオリイカ（P162）

竿先のわずかな動きで電撃のアワセを入れる！

水深のある岸壁などでは、コウイカが足元まで寄っていることも多いので、胴付《どうづ》き（P22）仕掛けにスッテを装着したスタイルで狙うのも楽しい。仕掛けを着底させたら、ときどき誘いを入れてアタリを待つのが基本。スッテにコウイカが乗ると竿先がわずかに動くので、そのアタリですかさずアワセを入れる。この駆け引きが、なかなか奥深い。

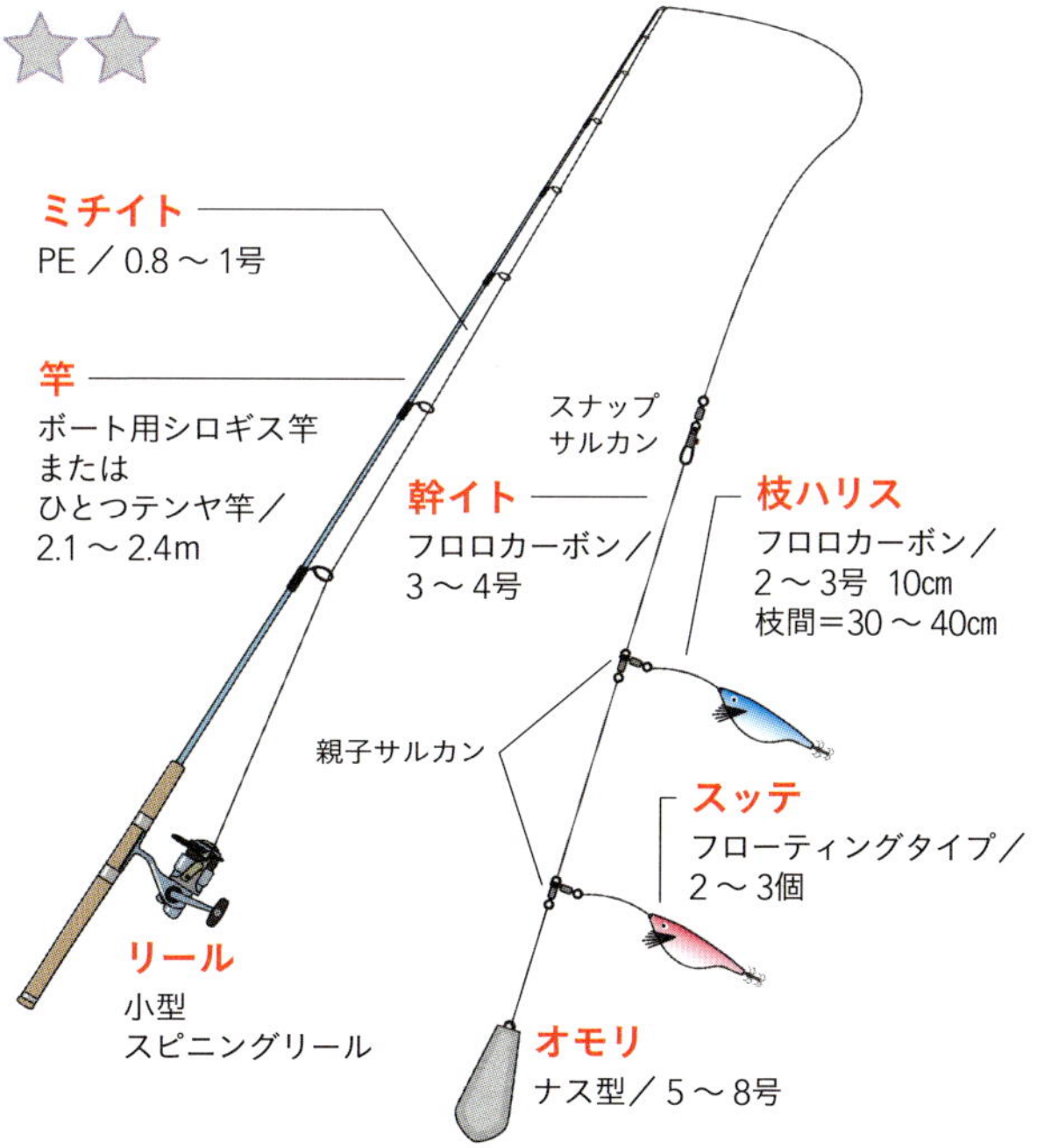
ミチイト
PE／0.8～1号
竿
ボート用シロギス竿
または
ひとつテンヤ竿／
2.1～2.4m
スナップ
サルカン
幹イト
フロロカーボン／
3～4号
枝ハリス
フロロカーボン／
2～3号 10cm
枝間＝30～40cm
親子サルカン
スッテ
フローティングタイプ／
2～3個
リール
小型
スピニングリール
オモリ
ナス型／5～8号

底取り《そこど》 | 仕掛けが海底に到着したことをミチイトを張るなどして確認すること。

Tsutsuika **74**

釣り時期

1月～2月
3月～12月

ツツイカ【筒烏賊】

筒状の胴体が細長い系のイカ3種
全国各地、フルシーズンで楽しめる！

ウキ
投げ
サビキ
カゴ
ウキフカセ
ルアー
その他

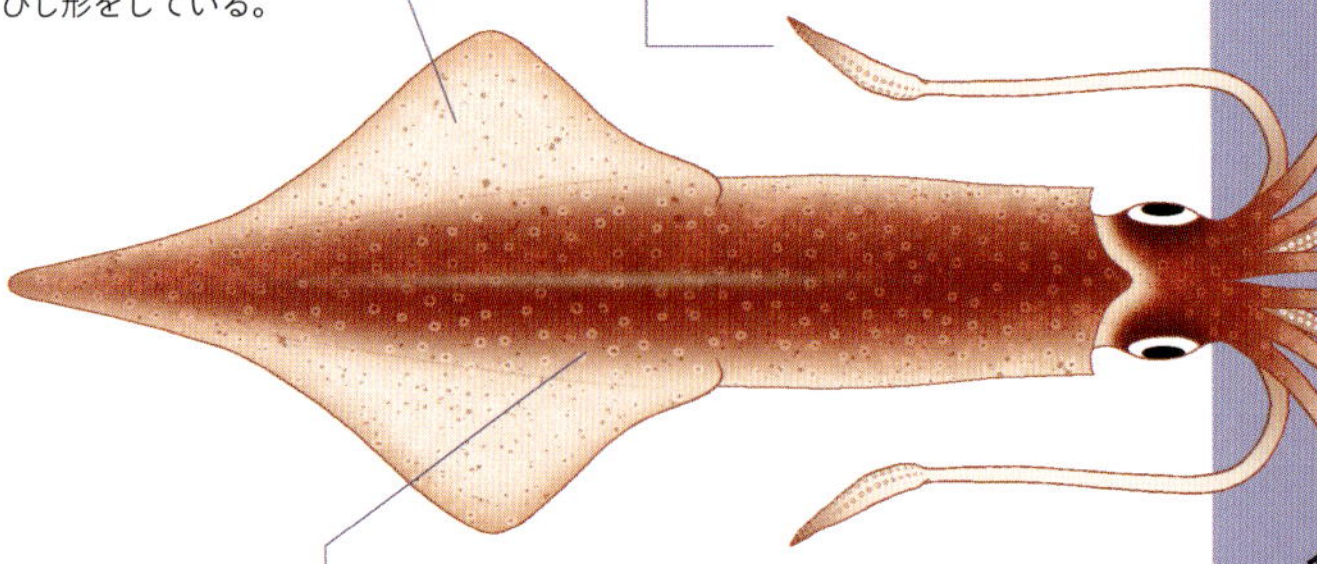
ヤリイカやケンサキイカのヒレは細長いひし形をしている。
ヤリイカ（イラスト）は触腕が短く細い（ケンサキイカは太く長い）。吸盤は極めて小さい。
ヤリイカの胴は細い（ケンサキイカは太い）。

お手軽なのはエギング より確実に釣りたいなら ササミエサのウキ釣りが◎

外套膜《がいとうまく》（Ｐ１６２）が細長いツツイカの仲間にはケンサキイカ、ヤリイカ、スルメイカなどがいて、いずれも外套長は30～40㎝ほどに成長する。

外見上で見分けやすいのが**エンペラ**の形状だ。ひし形で短めのエンペラを持つのがスルメイカで、ヤリイカはその名の通りに槍《やり》のように長く鋭い形状になっている。また、ケンサキイカはヤリイカに比べて胴がややずんぐりしていて、脚も太めであることから区別できる。

いずれも、エギング（Ｐ１９２）やメタルスッテを使った釣り方のほか、テーラーと呼ばれる仕掛けに鶏のササミやキビナゴなどをセットしたウキ釣りをする人もいる。

ツツイカの種類や季節、釣り場などによっては釣れるサイズが小さいことも少なくない。そんな場合は、ヒイカ（Ｐ１７０）と同様のライトエギングで狙ってみるとよい。

ケンサキイカは春～夏、ヤリイカは冬、スルメイカは夏がおいしくなる。

エンペラ | イカのヒレで上部のひし形の部分。

DATA（ヤリイカ）

分類	ツツイカ目、ヤリイカ科、ヤリイカ属
分布	北海道南部以南の各地
生態	水深30～100mに生息し、冬～春の産卵期になると接岸してくる。小魚や甲殻類を捕食。
サイズ	30～40㎝（外套長）

調理法

刺身	焼く	煮る
蒸す	天ぷら	フライ・唐揚げ
寿司	汁物・鍋物	干物

エギング

▶難易度 ★☆☆

主な他の対象魚

アオリイカ(P162)

メタルスッテなら シーバスタックルも◎

通常のエギング(P192)でもよいが、沖の**潮目**《しおめ》を直撃するなら**遠投しやすいメタルスッテを使うのもおもしろい**。タダ巻き(P153)でOKの釣りなので、タックル(P65)はシーバス用でも問題ない。ときおりシャクリ(P163)を交えて誘ってみよう。メタルスッテの代わりに、メタルジグ(P132)のフックをイカ用のカンナ(P164)に交換したものでも楽しめる。

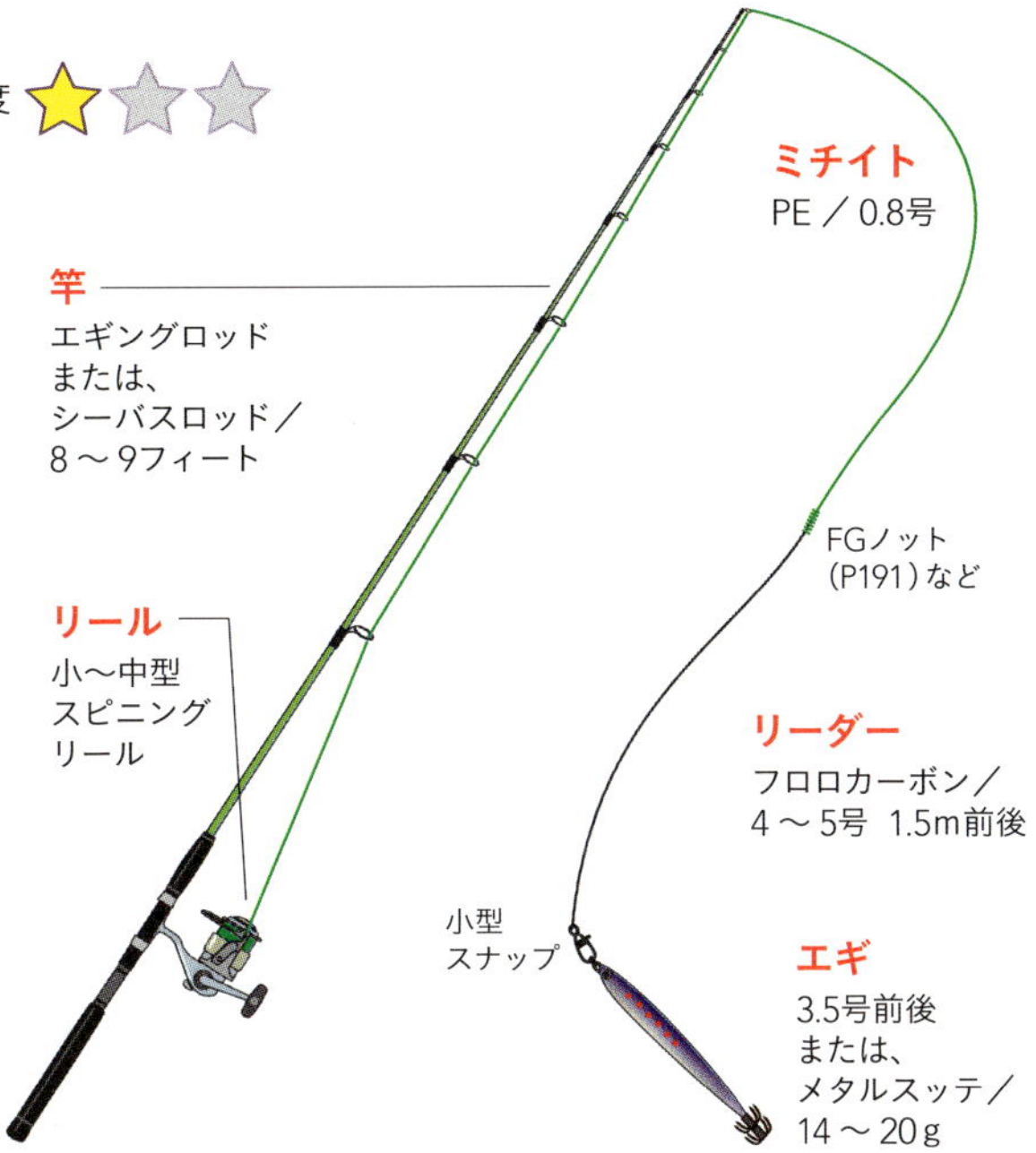

ミチイト
PE／0.8号
竿
エギングロッド
または、
シーバスロッド／
8～9フィート
FGノット
(P191)など
リール
小～中型
スピニング
リール
リーダー
フロロカーボン／
4～5号 1.5m前後
小型
スナップ
エギ
3.5号前後
または、
メタルスッテ／
14～20g

ウキ釣り

▶難易度 ★★☆

主な他の対象魚

アオリイカ(P162)

テーラー仕掛けに ササミをセット！

ウキ釣りでは、エサを装着するためのテーラー仕掛けを使用する。**エサの鶏のササミはテーラーの大きさに合わせてカットし、テーラーに乗せて付属の針金をぐるぐると巻き付けて固定**。ウキ下は3～4mからスタートして、徐々に深くしながらアタリを出していく。ウキにアタリが出たら、じっくりと食わせてからしっかりアワセを入れよう。

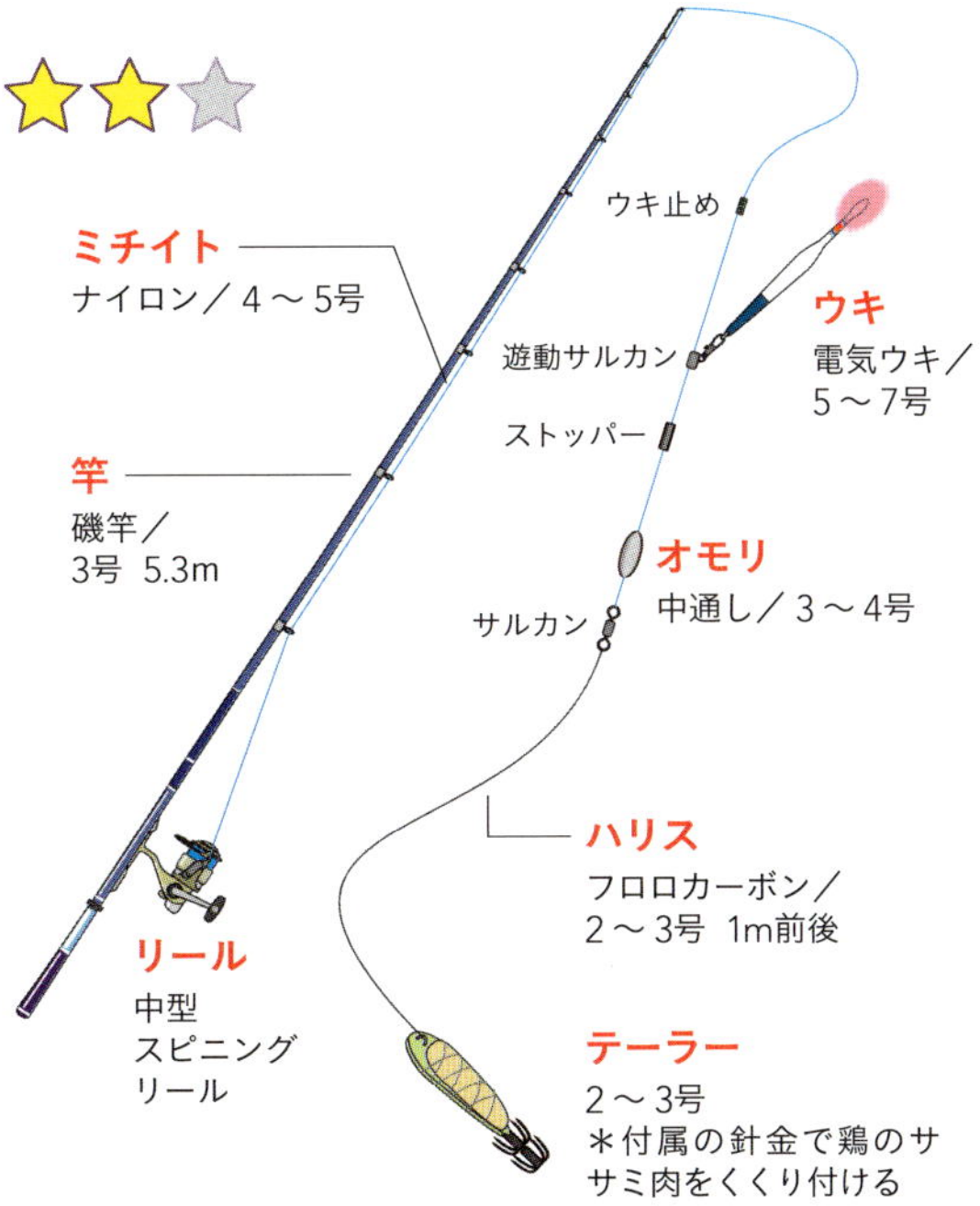

ウキ止め
ミチイト
ナイロン／4～5号
ウキ
電気ウキ／
5～7号
遊動サルカン
ストッパー
竿
磯竿／
3号 5.3m
オモリ
中通し／3～4号
サルカン
ハリス
フロロカーボン／
2～3号 1m前後
リール
中型
スピニング
リール
テーラー
2～3号
＊付属の針金で鶏のササミ肉をくくり付ける

潮目《しおめ》 | ふたつの潮流がぶつかる場所や、温度差ができた場所。

釣り時期

11月～2月
7月～8月
3月～4月
9月～10月

ヒイカ【火鳥賊】

愛らしいイカの正式名称は「ジンドウイカ」関東では冬、西日本では夏が好シーズン！

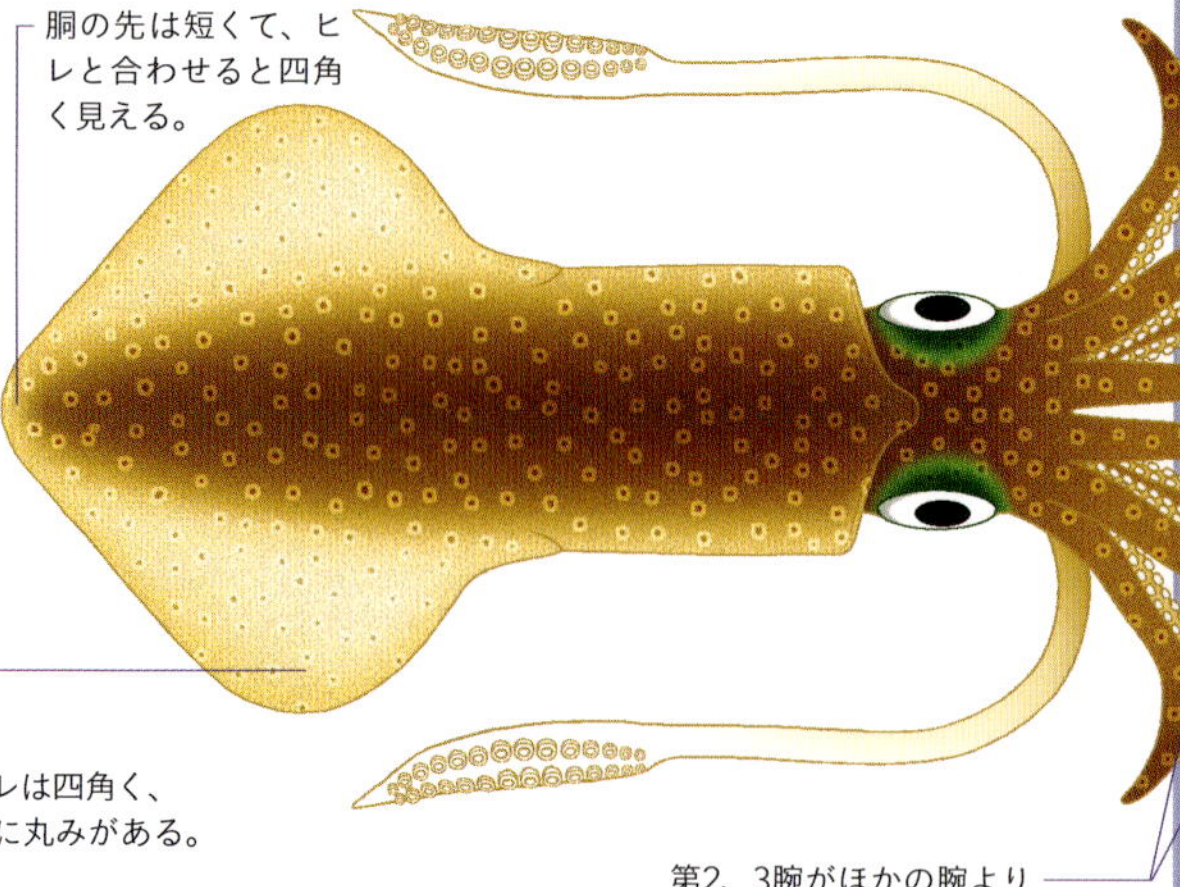

胴の先は短くて、ヒレと合わせると四角く見える。
ヒレは四角く、角に丸みがある。
第2、3腕がほかの腕よりやや太く、吸盤が大きい。

超ライトなタックルでエギングを楽しむ

最大でも全長が20㎝ほどのヒイカは、アタリが非常にデリケートなため、タックル（P65）は、**感度に優れるアジング用を流用する**。ラインは極細のPEを、エギはヒイカ用の極小サイズを使う。

釣り方は、エギを軽く投げてから**狙いのタナ（P12）でシャクリ（P163）ながら、または足元に投入してゆっくり上下させて誘う**。

エギング

難易度 ★☆☆

主な他の対象魚
ツツイカ（P168）

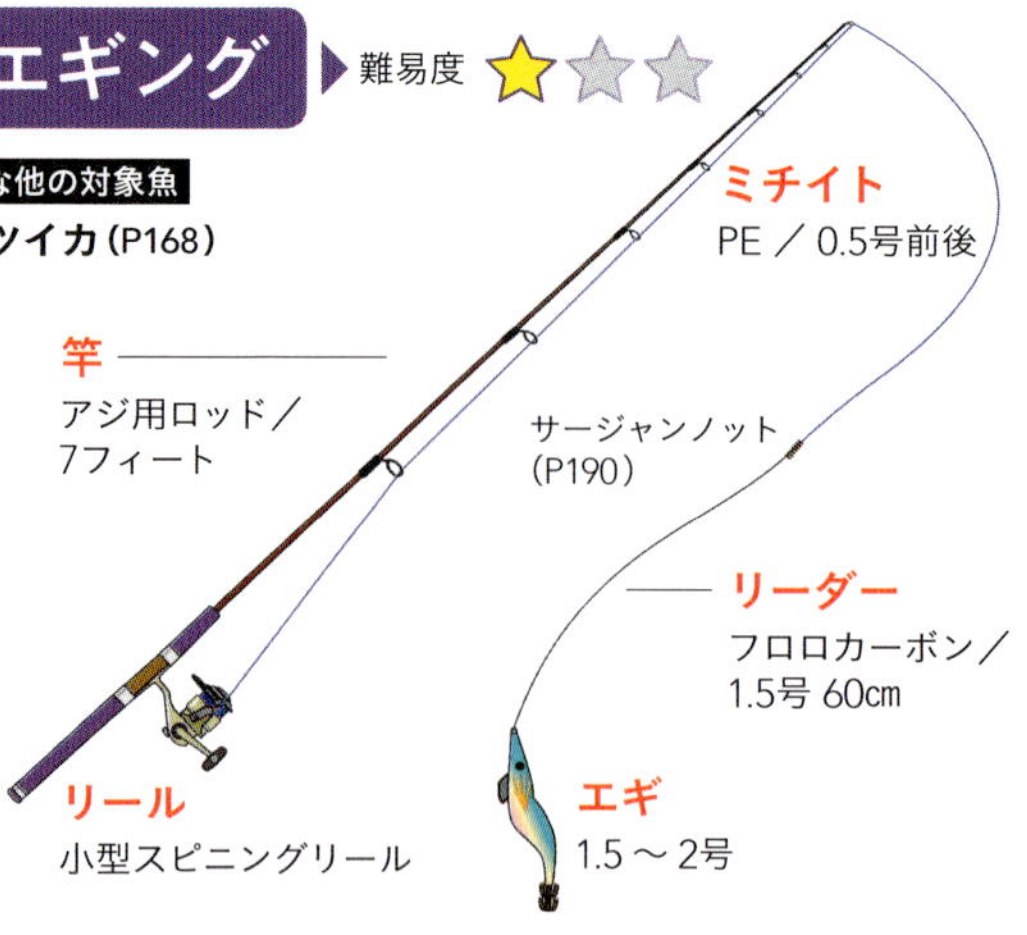

ミチイト
PE／0.5号前後
竿
アジ用ロッド／7フィート
サージャンノット（P190）
リーダー
フロロカーボン／1.5号 60㎝
リール
小型スピニングリール
エギ
1.5～2号

DATA（ジンドウイカ）

分類	ツツイカ目、ヤリイカ科、ジンドウイカ属
分布	北海道南部以南の各地
生態	穏やかな内湾に生息。主にシラスやイワシなどの小魚、甲殻類やプランクトンを捕食。
サイズ	12㎝（＝外套長）

調理法

刺身	焼く	煮る
蒸す	天ぷら	フライ・唐揚げ
寿司	汁物・鍋物	干物

アジング ｜ アジをルアーで釣ること。

Iidako 76

釣り時期

10月～11月
9月
12月～1月

イイダコ【飯蛸】

見た目はマダコに似るが、サイズはミニ 脚の付け根にある金色の斑紋で区別できる

ウキ
投げ
サビキ
カゴ
ウキフカセ
ルアー
その他

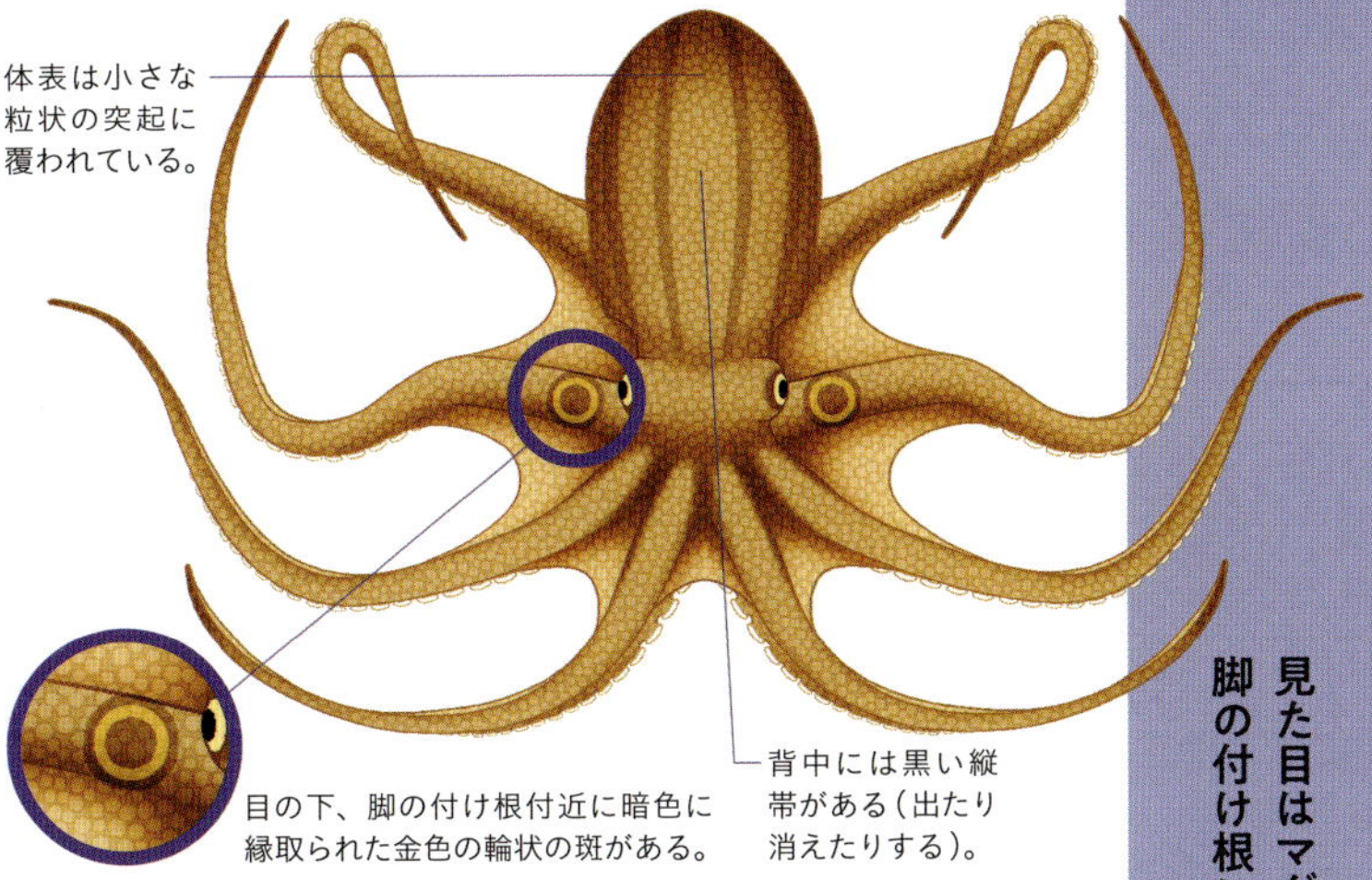
体表は小さな粒状の突起に覆われている。
背中には黒い縦帯がある（出たり消えたりする）。
目の下、脚の付け根付近に暗色に縁取られた金色の輪状の斑がある。

テンヤやスッテを使った投げ釣りで狙ってみよう！

イイダコはマダコ（P172）に似ているが、頭（胴）の大きさがピンポン球程度であること、脚の付け根に見える金色の斑紋《はんもん》で区別できる。

堤防からは、イイダコ専用のテンヤ（P195）を使った投げ釣りが定番。イラストはテンヤよりも軽量なスッテを使った仕掛けで、微細なアタリを取りやすい。海底をゆっくり引いて誘おう。

投げ釣り

難易度 ★☆☆

主な他の対象魚
コウイカ（P166）

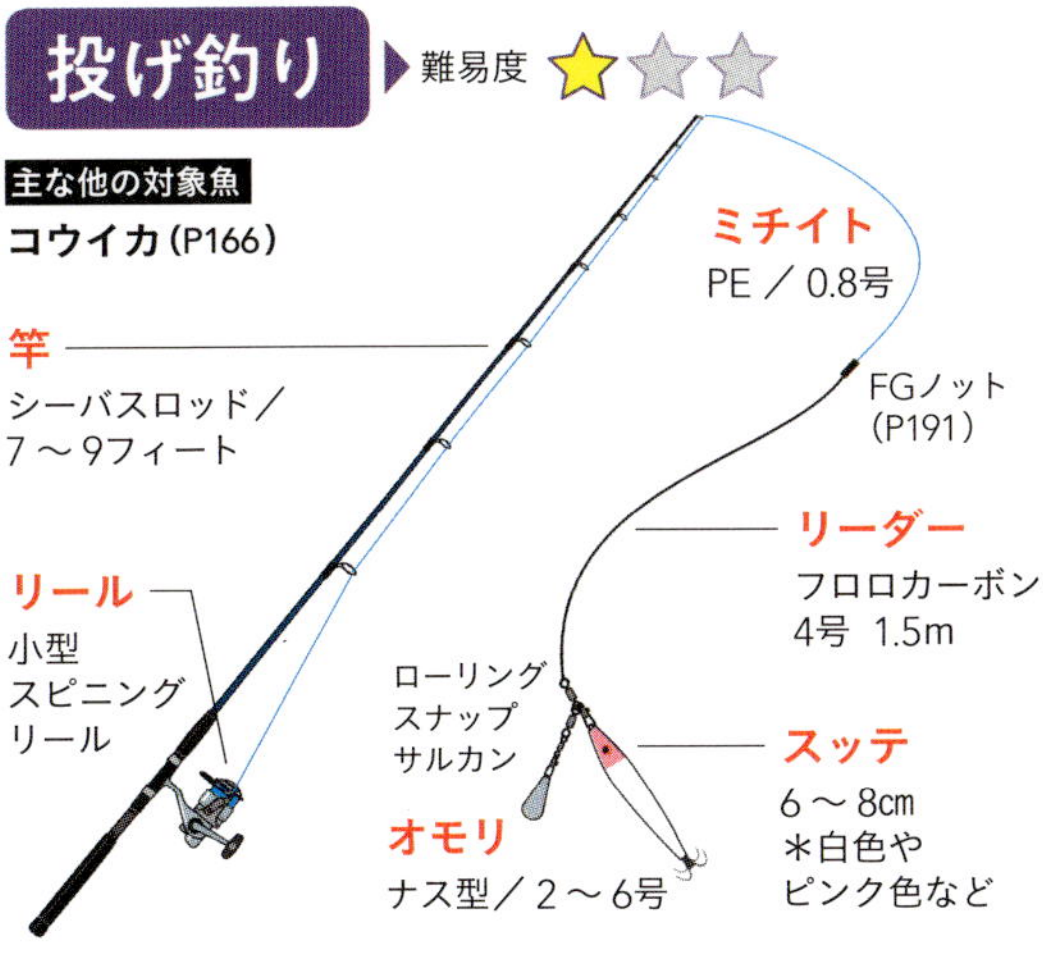
ミチイト
PE／0.8号
竿
シーバスロッド／7～9フィート
FGノット（P191）
リーダー
フロロカーボン／4号 1.5m
リール
小型スピニングリール
ローリングスナップサルカン
スッテ
6～8cm
＊白色やピンク色など
オモリ
ナス型／2～6号

DATA

分類	タコ（八腕形）目、マダコ科、マダコ属
分布	北海道南部以南の各地
生態	浅海の岩礁帯や石が点在する砂泥底に生息。主に甲殻類や多毛類、貝類を捕食する。
サイズ	10～15cm

調理法

刺身	焼く	煮る
蒸す	天ぷら	フライ・唐揚げ
寿司	汁物・鍋物	干物

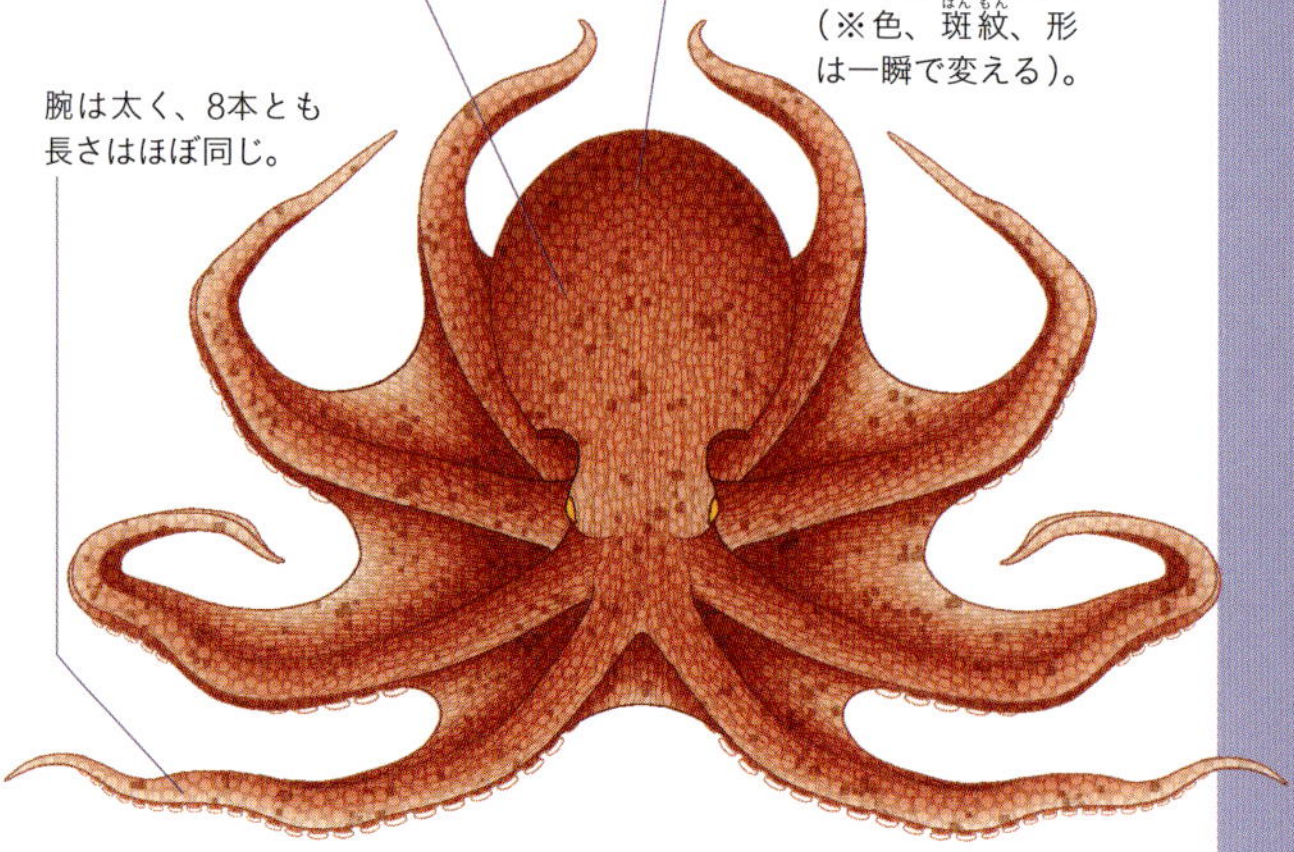
胴は卵形。
体表は網目模様で、体色は黄褐色（※色、斑紋《はんもん》、形は一瞬で変える）。
腕は太く、8本とも長さはほぼ同じ。

ライトなエギング仕掛けで足元を誘ってみる

カニエサを使ったテンヤ（P195）釣りが定番だが、マダコ用のエギを使ったエギング（P192）もおすすめだ。

イラストは、ライトエギングの仕掛け。エギの鼻先にスナップサルカンを介してオモリを装着することで着底がわかりやすく、エギの動きもよくなる。エギを足元に投入し、軽く竿を揺すりながら誘おう。

エギング

難易度 ★☆☆

主な他の対象魚

コウイカ（P166）

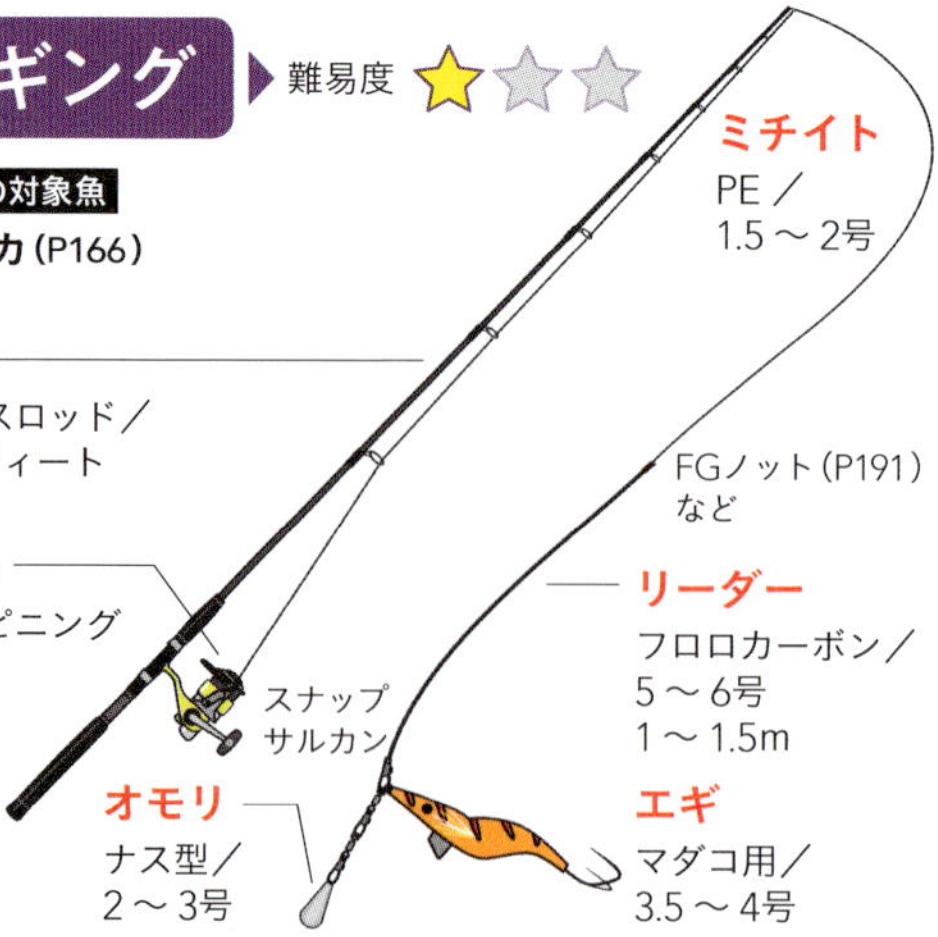
ミチイト
PE／
1.5～2号
竿
シーバスロッド／
8～9フィート
FGノット（P191）
など
リール
中型スピニング
リール
リーダー
フロロカーボン／
5～6号
1～1.5m
スナップ
サルカン
オモリ
ナス型／
2～3号
エギ
マダコ用／
3.5～4号

Madako **77**

釣り時期

6月～7月
9月～11月
12月～5月
8月

マダコ【真蛸】

身近な堤防や岸壁で通年楽しめる、初心者にもおすすめのおいしいターゲット

ウキ
投げ
サビキ
カゴ
ウキフカセ
ルアー
その他

DATA

分　類	タコ（八腕形）目、マダコ科、マダコ属
分　布	東北以南の各地
生　態	沿岸部の岩礁帯に生息し、甲殻類や貝類を好んで捕食する。夜行性の傾向が強い。
サイズ	30～60㎝

調理法

刺身	焼く	煮る
蒸す	天ぷら	フライ・唐揚げ
寿司	汁物・鍋物	干物

Watarigani 78

釣り時期

7月～10月
5月～6月
11月

ウキ
投げ
サビキ
カゴ
ウキフカ
ルアー
その他

ワタリガニ【渡蟹】

ヒレのような後脚を持つワタリガニ
茹でガニや汁物などが美味

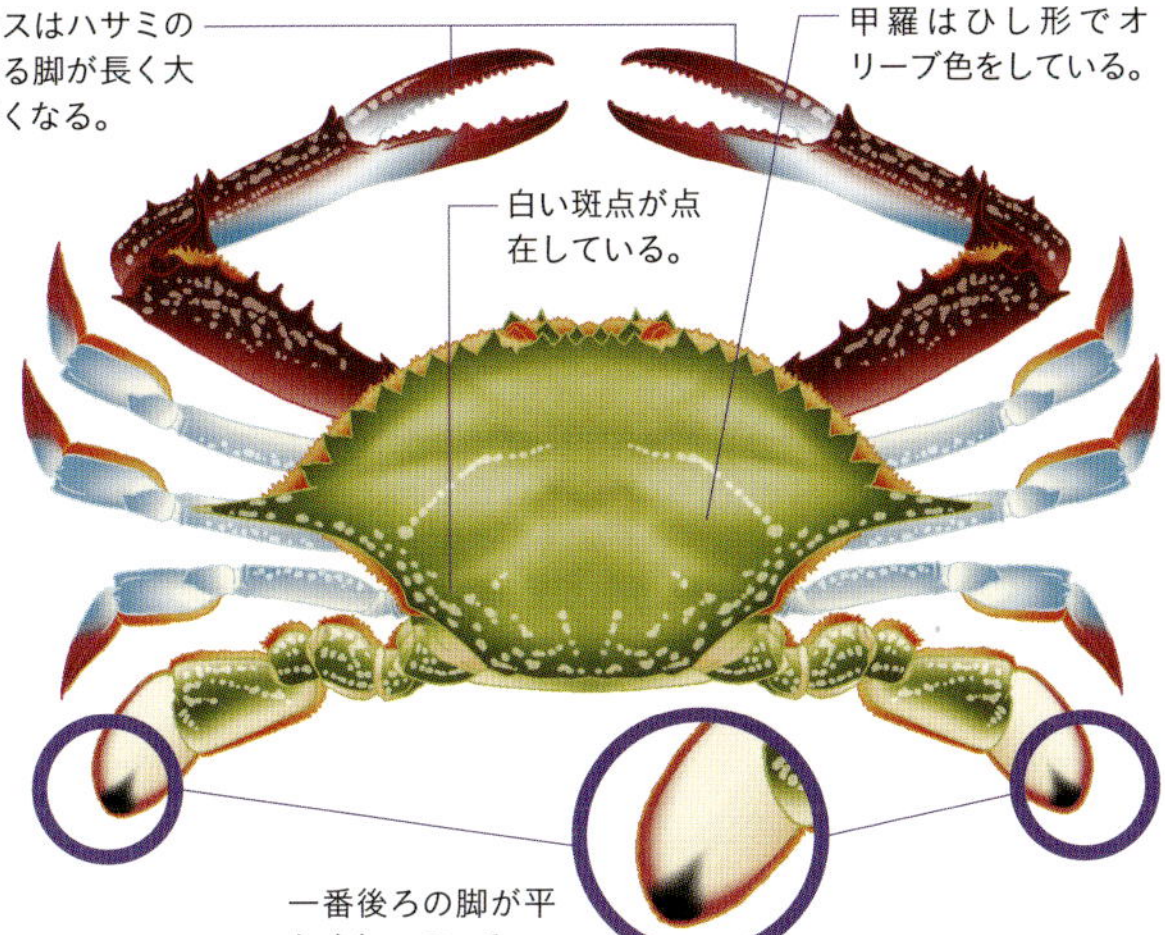
オスはハサミのある脚が長く大きくなる。
甲羅はひし形でオリーブ色をしている。
白い斑点が点在している。
一番後ろの脚が平たくなっている。

簡単&痛快な「カニ網」を使った投げ釣り

「ワタリガニ」というのは、ガザミやタイワンガザミ、イシガニ、ヒラツメガニなどの総称で、一番後ろ側の脚がヒレのように平たく変形しているのが共通の特徴だ。

釣り方は、カニ網を使った投げ釣り。**網の中に魚のアラ（エサ）をセットして、ポイントに投入**する。カニがエサを食べにくるとカニ網に脚が絡んで捕獲できる仕組みだ。

DATA（ガザミ）

分　類	エビ目、ワタリガニ科、ガザミ属
分　布	北海道南部以南の各地
生　態	水深30mまでの内湾の砂泥底に生息。肉食性で小魚や貝類などを捕食。産卵期は初夏～夏。
サイズ	10～20cm（甲幅）

調理法

刺身	焼く	煮る
蒸す	天ぷら	フライ・唐揚げ
寿司	汁物・鍋物	干物

投げ釣り

難易度 ★☆☆

主な他の対象魚
なし

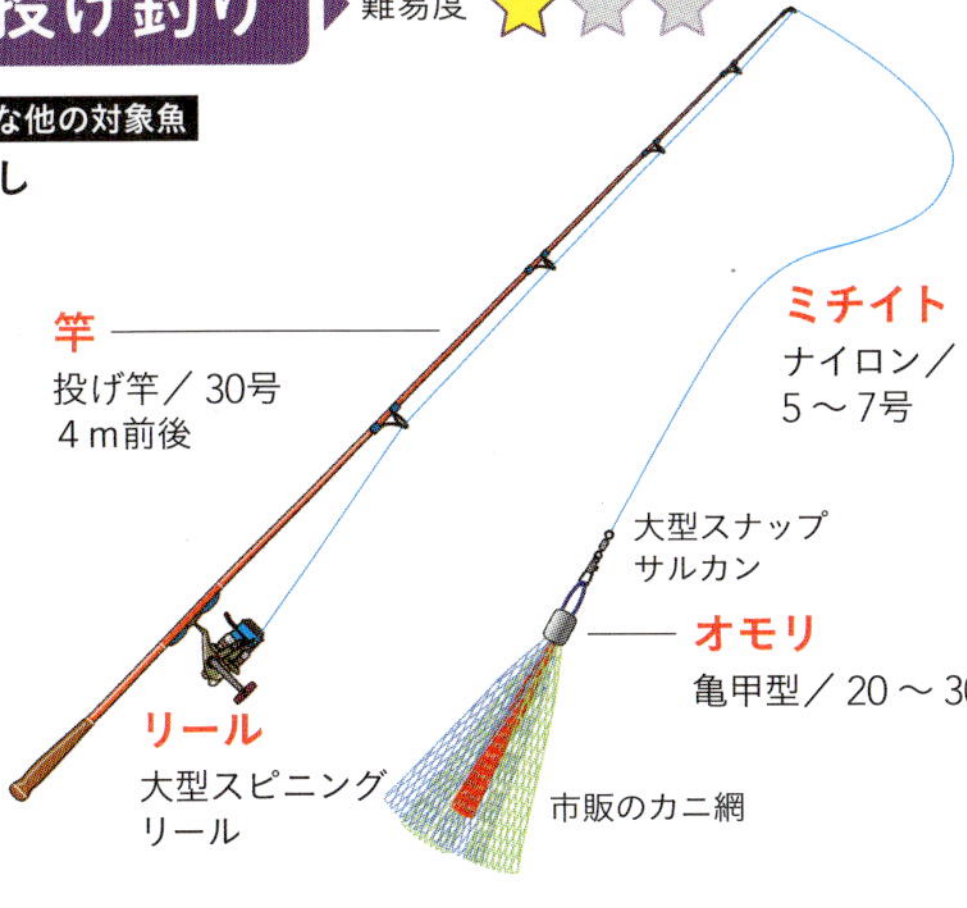
竿
投げ竿／30号
4m前後
ミチイト
ナイロン／
5～7号
大型スナップ
サルカン
オモリ
亀甲型／20～30号
リール
大型スピニング
リール
市販のカニ網

7章

代表的な道具と結び方

仕掛けづくりの前に、まず、仕掛けに必要な各アイテムとエサの種類を把握し、さらにイトの結び方などの技法を習得しよう。また、釣り用語を覚え、釣った魚の見極め方のポイントもチェック。

道具

竿（ロッド）
リール
ライン
ウキ
オモリ
ハリ
小物
ルアー
擬《ぎ》餌《じ》バリ
ツール
エサの種類
イトの結び方

仕掛け用語集
魚の見極め方ガイド

魚へのアプローチは仕掛けや道具の準備から始まっている

釣りに出かける前は誰もが大漁や大型魚を釣り上げることを期待するだろう。本書で紹介している仕掛けを参考にすることによって、その可能性は高くなる。しかし、相手は自然。ちょっとした環境の変化で、魚の反応がまったくなくなることもある。こうした状況を打破するのは知識や経験が必要だが、初心者でも事前に対策をとれる。それが用意周到な計画と準備である。

まず、どこで、いつ、どんな魚を釣りたいかを決める。初心者は、施設が整備され、安全性も確保された海釣り公園を選ぶのも選択肢のひとつだ。また、どの場所を選ぶにせよ、魚が反応する時間帯を確認しておかなければならない。具体的には満潮前後の潮が動いている時間帯がチャンスなので、その前に到着して準備を終えておきたい。場所、日時、対象魚が決まると、必然と仕掛けの準備が開始できる。

仕掛けの道具をそろえることも釣りの楽しみのひとつだ。

釣行の計画を立てる

堤防では一年中釣りができる。
その時期や対象魚にあった計画を立て、快適な釣行を実現させよう。

❶ 場所・日時・対象魚を決める

場所

時期や対象魚との兼ね合いもあるが、初心者には広くて足場のよい堤防をおすすめする。また、近くに地元の釣具店があり、トイレや駐車場があると便利だ。こうした環境面を踏まえて釣り場をリストアップし、対象魚や時期に合った場所を絞り込もう。

日時

対象魚のベストシーズンを選ぶことも有意義だが、堤防では一年を通して魚が釣れるので、自身の都合で決めてもよいだろう。日時が決まったら、潮見表（潮位や満ち引きの時間帯を表したもの）で釣れる時間帯を確認し、出発時間を決める。

※潮見表は気象庁のウエブサイトや釣具店で確認できる。

対象魚

時期だけでなく、地域によって釣れる魚は違ってくる。釣りたい魚を選ぶのもひとつの選択だが、釣り場や釣行日時からもっとも釣れる可能性がある魚を決めるとよい。本書で紹介する「1章 定番の10魚種」は、基本の釣り方がメインなので参考にしよう。

❷ 仕掛けと道具を準備する

釣具店の選び方

インターネットの通販サイトでは、さまざまな仕掛けの道具が販売されているが、初心者は専門スタッフのいる釣り具の量販店で、説明を受けながら購入するとよいだろう。また、釣り場の近くにある地元の釣具店を活用するのも有効で、道具の購入だけでなく、釣り場のポイントや時間帯などの情報を得られる。

ケガへの対策

堤防は比較的安全な釣り場だが、ハリが皮膚に刺さる、魚のトゲでケガをするなどのトラブルがありえる。消毒液、絆創膏、医薬品など応急処置のアイテムをそろえておこう。またこれらは防水性の高いケースに入れておくと安心だ。夏場は日焼け対策のアイテムも準備しておくことを忘れないように。

❸ 服装や食事の準備

安全な服装

足場が安定している堤防では落水の危険性が低いかもしれないが、落水すると堤防をよじ上るのは困難。釣り用ライフベストは必須で、ポケットが付いているものは小物を入れられて便利。スニーカーまたは長靴、雨具、帽子、偏光グラスも必須だ。寒い時期は防寒、防風性の高い服装にすること。

食事と釣った魚の対応

釣り場によっては近くに飲食店や商店がないところもある。その場合、弁当や飲料を準備しておくこと。ゴミは必ず持ち帰ろう。釣った魚はぜひ家に帰って調理することをおすすめする。トゲなどに毒のある魚は、その場でトゲを切り落としてから持ち帰ろう。食べない魚は海へ再放流すること。

Shikake Item

01 竿（ロッド）

対象魚、釣り方によって、「ノベ竿」と「リール竿」を使い分ける。重量、長さ、柔軟性、他魚種や釣り方への対応力など、総合的に見て判断したい。

リール竿

グリップ（持ち手）にリールを取り付けて使う。ミチイトはリールから竿のガイド（P193）に通す仕組みになっている。対象魚、釣り方の幅が広い。

リール竿の種類

- 磯竿
- 万能竿
- ルアーロッド
- 投げ竿
- ヘチ竿
- エギングロッド

など

ノベ竿

リールやガイドが付いておらず、竿の先端にあるリリアン（P197）にミチイトを結んで使う。魚の引きがよく伝わり、やりとりを楽しめるのが魅力。

ノベ竿の種類

- 渓流竿
- 清流竿
- 万能竿
- 小物竿
- ヘラ竿
- コイ竿

など

初心者

仕掛けに合った竿を選ぶ。

仕掛けごとに使い分ける最初は汎用性のある竿が◎

本書では、ノベ竿なら渓流竿、清流竿、リール竿なら磯竿、万能竿、ルアーロッド、投げ竿、ヘチ竿、エギングロッドというように、仕掛けごとに竿を使い分けている。また、対象魚専用の竿を使用していることもある。この使い分けこそが扱いやすく、トラブルが少なくなることにつながる。そして、釣りが楽しくなり、釣果も伴ってくる。

ただし、いきなりいろいろな種類の竿をそろえるのは現実的ではないため、最初は汎用性のある万能竿、ルアーロッドなどを用意すれば、ウキ釣り、サビキ釣り、投げ釣り、探り釣りに使えて便利だ。対象魚が決まっているなら、本書で紹介している仕掛けの竿を選ぶとよいだろう。

Shikake Item

02 リール

堤防ではスピニングリールが中心となる。また堤防直下の深釣りなどで使用することがあるベイトリールも合わせて、それぞれの特徴をつかもう。

スピニングリール

投げ釣りやウキフカセ釣り、ルアーフィッシングなどで小型・中型が中心に使われる。扱いが簡単なことが特徴。投げ釣り専用リールもこの一種だ。

ベイル
ラインをローラーへ導くためのパーツ
ドラグノブ
ラインを送り出す具合を調整する
スプール
ラインを巻き込む部分
ラインローラー
巻き取るラインの方向を直角に変えるパーツ
ローター
回転することでラインがスプールに巻き込まれる

初心者

小型と中型のスピニングリールがあれば、ある程度の種類の釣り方を楽しめる。

ベイトリール

両軸リールのことで、大きな負荷がかかる釣りなどで使う。イトフケ（P192）ができにくい構造で、巻き取り能力が高く、**トルク**のあるドラグ力が特徴。

クラッチ
ラインを送り出したり止めたりするストッパー
ハンドル
これを回してラインを巻き取る

トルク ｜ 回転運動における能率のこと。

初心者に扱いやすいのは小型のスピニングリール

リールは、大きく分けてスピニングリール、ベイトリールの2種。竿との相性も考えながら使い分けるが、堤防釣りでまず入手したいのは小型のスピニングリールだ。ライン絡みなどのトラブルも少ないことがメリットで、本書の仕掛けでも最も多く使っている。簡単に使い方を覚えられ、キャスト（P193）しやすく、巻き取りスピードが速くて扱いやすい。

ベイトリールはキャストをコントロールでき、イトの出し入れがしやすいのが特徴。そのため、堤防直下の探り釣りや穴釣りでも多様される。

また、スピニングリールには投げ釣り専用仕様もあり、本格的に投げ釣りをするようになったときにそろえたい。

Shikake Item

03 ライン

ナイロン、フロロカーボン、PE（ポリエチレン）と、主に3種類の素材で分類される。選定のポイントは〝伸び〟と〝強度〟だ。

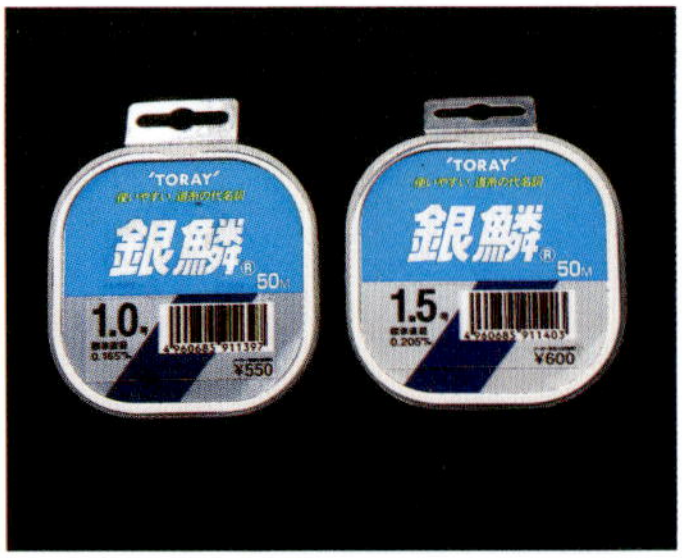

ナイロン

しなやかさと適度な伸びがあり、扱いやすさもあって広く普及している。太さ、色の種類が豊富で、価格が安いこともメリット。クセがなく、ミチイトやハリスに多用される。

フロロカーボン

水中で見えにくく、沈みが速い。スレ（障害物などにラインが擦れること）に強いため投げ釣りやフカセ釣りのハリスに使われることが多い。吸水性がないため水を含んでも劣化せず、伸張性が低いため感度が高い。

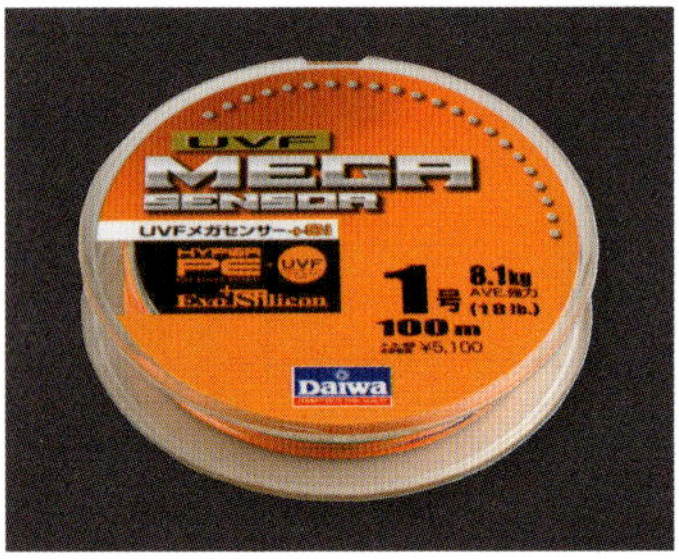

PE（ポリエチレン）

伸びがないに等しく、感度が高いことが最大の特徴。強度が高く、同じ太さで比べた場合、ナイロンやフロロカーボンより圧倒的に強い。堤防釣りでは投げ釣りやルアーフィッシングに使われることが多い。

ミチイトやハリスの役割から ラインの種類と太さを選ぶ

素材により伸びと強度が異なる。それによって感度も変わる。本書の仕掛けで紹介しているのは、ナイロンライン、フロロカーボンライン、PEラインの3種。ナイロンは**クセがなくオールマイティ**に使える。フロロカーボンは**根ズレ（障害物などにラインが擦れること）に強く、水中で目立たない**ためハリスに向いている。PEは**感度が高い**ため、ルアーフィッシングや投げ釣りのミチイトに最適だ。

このように**ミチイトとハリスで求められることの違いも理解しておこう。**ミチイトは**感度や耐久性**、ハリスは**根ズレの強さや透明度**が求められる。また、釣り方や対象魚によってラインの太さも変わるので、本書で紹介している仕掛けイラストで確認しよう。

Shikake Item

04 ウキ

アタリを取るだけでなく、潮の流れや方向、速さをつかむ役割があるウキ。見やすさと、アタリの感度の両面で、それぞれの特徴を把握しよう。

棒ウキ

下に引っ張られたときに抵抗なく沈むので、小さなアタリでも捉えやすい。自立ウキや非自立ウキがある。

初心者　視認性が高く、アタリをとらえやすい。

電気ウキ

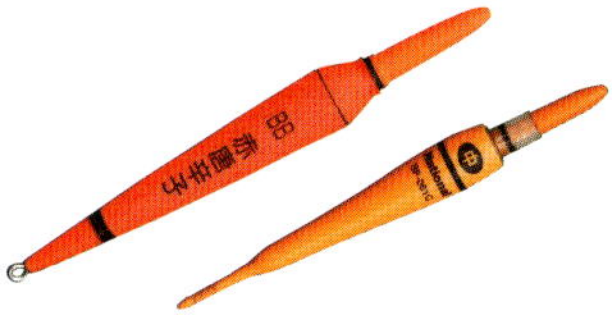

発光ダイオードと小型リチウム電池を内蔵したウキ。夜のウキ釣りの必需品である。

玉ウキ

小さいサイズでさまざまな大きさがあり、浮力を調整しやすい。シモリウキ（P18）としても使われる。

遠投ウキ

硬質発泡材などでつくったウキで重さがあるため遠投しやすい。

円錐ウキ

ドングリのような形をしていて、中通し式と環付きがある。

最初のうちは視認性や操作性を重視したい

アタリを目で確認するだけでなく、**ウキには仕掛けを投げやすくする、仕掛けを潮の流れに乗せる、狙いのタナ（P12）をキープして探れる**などのメリットがある。

感度がよいウキとして、オモリ負荷（P14）が明記されている円錐《えんすい》ウキと、スリムな形状の棒ウキがある。棒ウキには自立タイプと非自立タイプがあり、前者はオモリが内蔵されているためうねりに強く、後者は感度はいいが、自重が軽いため風に流されやすい。投げ釣りで遠くへ投げるときは遠投ウキが適し、小物の魚を狙うなら玉ウキが使いやすい。また、夜釣りには電気ウキが必需品だ。

それぞれ扱いやすさの違いはあるが、仕掛けに適したものを選ぶことを優先しよう。

Shikake Item

05 オモリ

仕掛けを沈めたり、ウキの浮力を調整したり、また遠投するために欠かせないアイテム。どの役割を重視するかによって、種類や重さが変わってくる。

中通しオモリ

中にミチイトを通して使う。ナツメ型や球型《たまがた》など。ゴム管が通っているものはミチイトが傷みにくい。

ナス型オモリ

なすびの形状に似ていることが名前の由来。サビキ釣りやチョイ投げ釣りなどの軽量仕掛けに使われる。

小田原型オモリ

投げ釣りやぶっ込み釣りなどの重量仕掛けに使用し、スナップサルカンを利用して装着する。

板オモリ

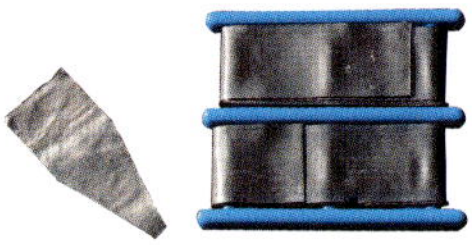

ミチイトに巻くことで重さを細かく刻めるので、ウキの微調整ができる。薄いものほど調整しやすい。

テンビンオモリ

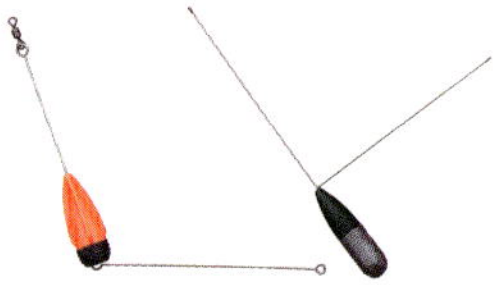

横に伸びたアームに仕掛けを付けて遠投でき、ミチイトに仕掛けが絡まるのを防ぐことができる。

ガン玉

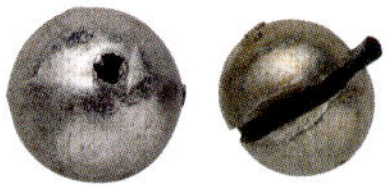

円形のため潮の影響を受けにくいことが特徴で、ミチイトの接続具の上に取り付けるのが基本。

仕掛けの操作性を調整できる種類や重さを選ぶ

ウキと同様にオモリの重さを調整することで、仕掛けの操作性が大きく左右する。釣り方、仕掛けの種類などに合わせて選ぶが、堤防釣りで多用されるのはナス型オモリやガン玉、テンビンオモリだ。

サビキ釣りやチョイ投げなどの軽量な仕掛けに使うことが多いのがナス型オモリで、サビキ用は1〜8号、チョイ投げは3〜10号のサイズを用意しておくと安心だ。ガン玉は、ウキ釣りやフカセ釣りで使用し、数の増減でも調整できるので初心者にもおすすめだ。

投げ釣りでは仕掛けが絡まないようにテンビン付きのオモリを使用。ジェットテンビンは、フロート材（浮き具）が付いているため、仕掛けを回収するときにオモリが浮いて根掛《ねが》かり（P27）を防ぐ。

Shikake Item

06 ハリ

仕掛けの中で唯一魚と接するハリ。重要なタックルであることはいうまでもなく、魚へハリを掛けることが釣果を左右するので最適なものを見極めたい。

丸型 ハリの曲線部分が丸みを帯び、ハリ軸がやや短い。

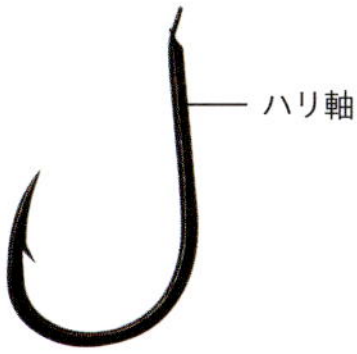

チヌバリ

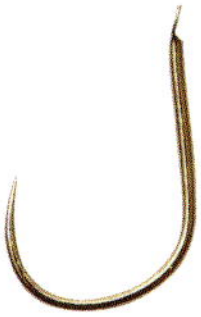

ヘラバリ

グレバリ

袖型 ハリの曲線部分が「U」の字で、ハリ軸が細い。

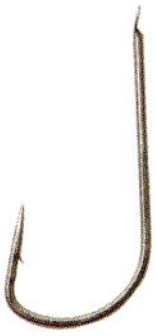

袖バリ

流線バリ

キスバリ

その他 丸セイゴバリは多くの釣り方で用いられる。スレバリはカエシ（P193）がなくハリがかかりやすい。

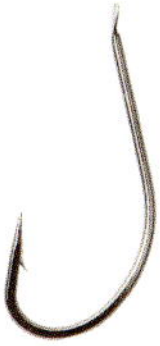

丸セイゴバリ

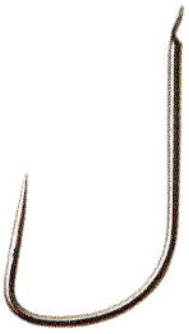

スレバリ

ハリの掛かり方を覚え アワセやすいものを選ぶ

釣りバリには多種多様のタイプがあり、その中から魚種や釣り方に最適のハリを使いたい。まずは堤防釣りで主流となるハリの特徴を覚えておこう。

ウキ釣りやフカセ釣りでは、吸い込みがよくアワセを入れたときに掛かりがよい丸型のハリや袖《そで》バリが適している。袖《そで》バリは細軸のハリのため、小さなエサが付けやすい。

投げ釣りでは、ハリが掛かりやすいキスバリや流線バリ、万能型の丸セイゴバリが向いている。大物を狙うときは丸セイゴバリのような太軸のハリが向き、身エサも外れにくい。そして、原則として細ハリス（P196）には細軸バリ、太ハリスには太軸バリを結ぶとバランスが取りやすい。

Shikake Item

07 小物

釣りの仕掛けをつくるにはさまざまなパーツが必要になる。それぞれの役割をしっかり理解しておくことで精度の高い仕掛けが完成する。

接続具各種

ミチイトとハリス、あるいはオモリなどをセットするサルカンなどの金具で、仕掛け（ライン）のヨレを戻す役割もある。

初心者　リーダーとルアーの連結はスナップ式（写真左）が便利。

コマセカゴ各種

ナイロン製、プラスチック製、ステンレス製などがある。堤防でのサビキ釣りはナイロン製のコマセ袋（写真左）がよく使われる。プラスチック製のコマセカゴ（写真右）は、アミエビが出る穴の開き具合を調整できる。

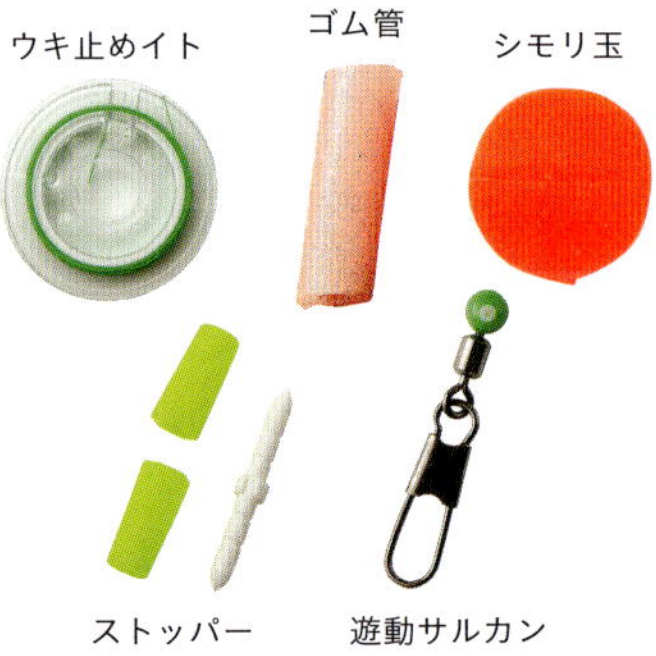

ウキ用のパーツ各種

ウキ釣りの仕掛けづくりでは、ゴム管、ウキ止めイト、シモリ玉、遊動サルカン、ストッパーを使用する。固定ウキ式は単にゴム管で玉ウキの長く突き出た部分を装着する。またウキ止めイトは、ミチイトの切れ端でも代用できる。

対象魚と釣り方に合ったパーツで操作性を高める

サルカンはヨリモドシとも呼ばれ、ライン同士を結節するためのパーツ。このパーツにフックを付けたものがスナップサルカンで、テンビンやオモリなどをセットするときに便利だ。また、2本のハリスが絡み合わないようにするための三叉サルカン（P80）もある。

カゴ釣りやサビキ釣りでコマセを使うときにセットするパーツが、コマセカゴ。タイプによって海中での拡散の仕方や落下スピードが違うため、潮の流れや狙う魚種のタナ（P12）によって選びたい。

クロダイなどを狙うウキフカセ仕掛けには、ウキを遊動させるためにウキ止めやシモリ玉、ストッパー、遊動サルカンなどが必要。それぞれ、ミチイトの太さに応じたサイズを使うことが大切だ。

Shikake Item

08 ルアー

多魚種を狙えるルアーフィッシング。色・大きさ・形状によって魚の反応が大きく変わるため、ルアーの特性を熟知しておきたい。

メタルジグ

金属（主に鉛）でできていて、重いため遠投しやすく速く沈む。

プラグ

小魚の形で、種類により動き方が違う。ミノーもプラグの一種。

ソフトルアー

合成樹脂やラバーなどの柔らかい素材でつくられている。ワームともいう。

スプーン

平べったいボディは曲面になっているため、引っ張ると水中でさまざまな動きをする。

ジグヘッド

ソフトルアーにジグヘッドというオモリとハリが一緒になったものを装着して使用することが多い。ルアーに合ったサイズを選び、ハリ軸にまっすぐになるように刺して装着することが重要。

堤防で万能なのはメタルジグとソフトルアー

メタルジグは金属片にフックを付けただけのシンプルなものだが、サイズと形状で違った動きを演出し、回遊魚のイナダやソウダガツオをはじめ、小型のメタルジグならメバルやアジも狙える。

魚の形により近いプラグは最も釣れそうだが、日中の堤防釣りでの出番は少ない。バイブレーション（P92）は深場を効率よく探れるのがメリットだ。

根魚《ねざかな》（P21）やカマス、メッキ、回遊魚まで狙える万能なものがソフトルアー。サイズは2インチ程度（約5㎝）を多用し、カラーはホワイト系が万能だ。ハリ（フック）が付いていないので、主にジグヘッドにセットして使用し、沈める時間を変えてタナ（P12）を調整しながら泳がせる。

Shikake Item

09

擬《ぎ》餌《じ》バリ

名前の通りエサを擬《なぞら》えたハリのこと。コマセの中に同調させるなどして本物に近い動きをさせることが重要だ。各擬餌バリの特性を把握しておこう。

エギ

日本で昔から使われていた伝統的なルアー。これでイカを釣ることをエギングという。

サビキバリ

ハリの種類は魚皮《ぎょひ》、スキン、フラッシャーとさまざま。状況で使い分けられるようになろう。

フライ

海で使う場合、エビやカニ、甲殻類《こうかくるい》、小魚などを模したパターンがメインになる。

弓ヅノ

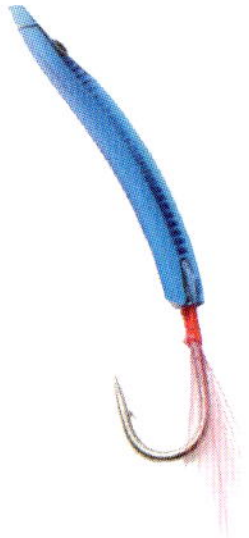

元は貝殻や角でつくられていた和製ルアーで、現在はプラスチック製がメインだ。

いかにエサに似せられるかがアタリを得るポイント

小エビやプランクトンを模しているサビキバリは種類が豊富で、大きく分けると、スキンサビキ、フラッシャーサビキ、魚皮《ぎょひ》があり、堤防釣りでは、アジやイワシ、サッパなど狙いで、スキンや魚皮《ぎょひ》を使用する。スキンの場合、日中はピンク、朝夕はホワイトがアタリサビキになることが多く、釣り場によってはグリーンでよく釣れることもある。

フライはハリに獣毛や羽毛、化学繊維などをあしらって小魚やエビなどを模した擬餌《ぎじ》バリ。渓流などの淡水で使うものとはまったくの別物だ。弓ヅノは小魚、エギはエビを模したものであるため、竿を引いてアクションを出し、本物に近い動きを与えられるかが重要で、擬餌《ぎじ》バリそれぞれで扱いが違う。

Shikake Item

10 ツール

仕掛けづくりをスムーズかつ快適に行うためのツール。金属製のものはサビることもあるので、海というフィールドも考慮して選びたい。

ラインクリッパー

現場でも便利な小型タイプで、細かな仕掛けづくりの際にラインを切るために使われる。

ハサミ

小型が便利。PEラインは一般のハサミでは切りにくいので、PEライン対応のものがよい。

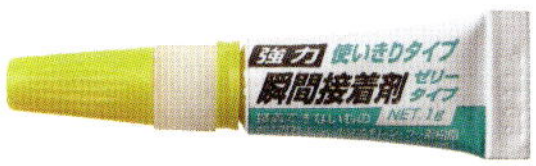

瞬間接着剤

結び目の補強や擬餌《ぎじ》バリづくりなど、用途はかなり多い。接着部分が柔らかいものがおすすめ。

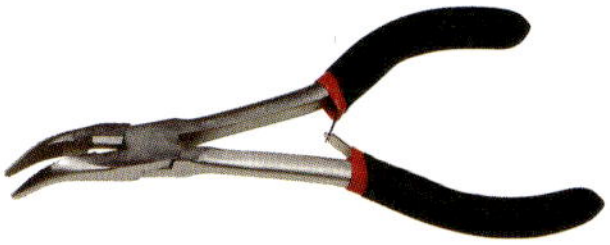

プライヤー

魚に掛かったハリを外すのに便利。ラインカットなど仕掛けをつくる際にも使う。

ライター

PEラインの末端を焼き固めるために用意しておきたい。

仕掛け巻き

でき上がった仕掛けをラインが絡まないように収納しておくためのアイテム。

仕掛けづくりの効率を上げ快適な釣りを実現する

予算の許す範囲でグレードの高いものを選ぶのが基本。頻繁に使うハサミやラインクリッパーは、ラインのカットに欠かせないので、良質なものをそろえたい。

リーダーのような太いラインやワイヤーのカットにはプライヤーが必需品。ラインの結び目をしっかりと締め付けたり、ステンレス線を折り曲げたりするときにも重宝する。ルアーのフックを交換する場合は、接続するリングを広げられる先端がカギ状になったプライヤーが便利だ。

ラインをつないだり、擬餌《ぎじ》バリをつくったりするときに使用する瞬間接着剤や、PEラインの末端を焼き固めるためのライター、また収納に便利な仕掛け巻きなども用意しておきたい。

エサの種類

どんなに完璧な仕掛けでも、エサに魚が興味を示さなければ釣りは成り立たない。ハリ付けの方法と合わせてエサの特徴を学ぼう。

堤防釣りで使われるエサ

オキアミ

ほとんどの魚種を釣ることができる、イソメと並ぶ万能エサ。集魚《しゅうぎょ》（P104）効果を高めたタイプのものもある。

虫エサ

アオイソメ、イワイソメ、ジャリメなどのイソメの仲間。堤防釣りでポピュラーなのはアオイソメ。

人工エサ

「人工ワーム」とも呼ばれ、虫エサを模してつくられる。虫エサが苦手な人や初心者にはおすすめ。

アミエビ

オキアミより小振り。ウキ釣りでよく使われ、寄せエサ用のものとして撒《ま》くこともある。

身エサ

サバやサンマの切り身。エサ用として売られているものではなくても、自分でつくれる。探り釣りで多用する。

活きエビ

メバル狙いのフカセ釣りなどで多用される。寄せエサとして周囲に撒《ま》く方法もある。

ハリの付け方

縫い刺し

まず虫エサの頭の先にハリを通す。ハリのまっすぐな部分まで刺したら、さらに縫っていくイメージで、数回繰り返す。

まとまった形になるまで縫い刺しする。手間はかかるがにおいとボリュームのあるエサが、魚の食い気を上げる。

チョン掛け

ハリのまっすぐな部分を持って虫エサの頭の横からハリ先を通す。ハリが中心を通るようにすることが大切。

頭の先だけをハリに通す。エサの動きを損なわない方法で、海中でヒラヒラと漂う動きを表現するのに最適。

腹掛け

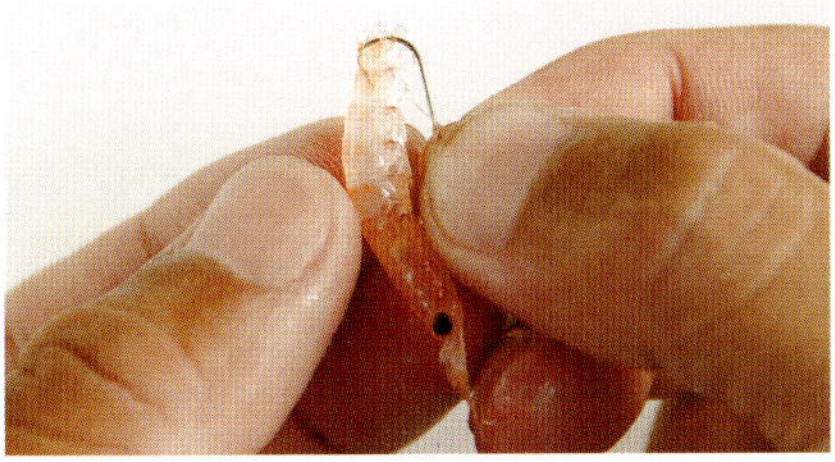

スタンダードなオキアミのハリの掛け方で、尾を取り除き、切り口からハリを刺して腹側まで通し、ハリ先を貫通させる。

オキアミの背中の丸みに合うようにハリのカーブをそろえる。ハリのサイズをエサの大きさに合わせるのも大切。

通し刺し

虫エサの頭の横からハリ先を刺し込む。勢いを止めずに虫エサの体の中を通すように刺し入れていく。

チモト（ハリの根元部分の軸）まで刺し込んだら完成。エサが外れにくいのがメリット。

Line Knot

イトの結び方

強固な仕掛けをセットするには、イトの結び目が肝心となる。結び方はさまざまな種類があるが、まずはよく使う結び方を習得しよう。

クリンチノット

接続具やルアーといった金具の輪にイトを結ぶ際に用いる。

❶

金具にラインを通す。ラインを折り返し、10cm程度の長さをとる。

❷

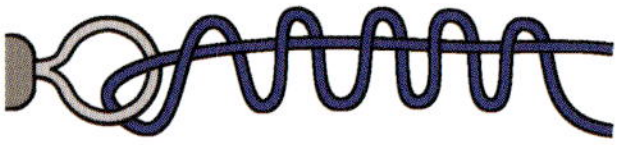

端イトを本線に5回程度絡める。

❸

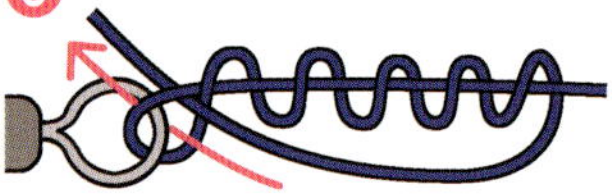

端イトを❶のときにつくった輪にくぐらせる。

❹

端イトを❸のときにつくった輪にくぐらせる。

❺

端イトを軽く引き締め、次に本線を引き締める。最後に端イトを強く引き締めたら、余分な部分をカットする。

チチワ結び

ノベ竿の先（リリアン）とミチイトをつなぐための結び方。

❶

ミチイトの先端10cm程度を取って二重にする。二重になっている部分で輪をつくる。

❷

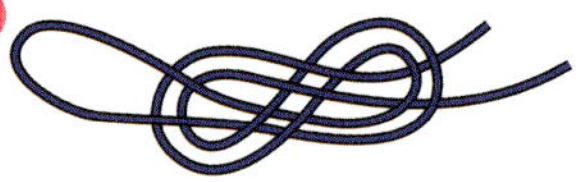

❶でつくった輪に人差し指を入れ、1～2回ねじる。再び戻らないように交差部分を指で押さえながら折り返し部分を通し、しっかり結ぶ。

❸

❶～❷と同様に、先端に1cm程度の結び目をつくる。❷でつくった結び目から3～4cm程度間をあけるとよい。

❹

大きい輪を二つ折りにしてイラストの状態にしたら、その中にノベ竿の先端にあるリリアンを通す。

❺

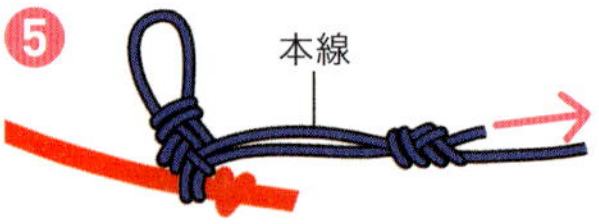

最後に本線を引っ張れば完成。ミチイトを外すときは、小さな輪を引っ張る。

内掛け結び

対摩擦性が高く、力が分散されやすいので、強度が安定している。

1

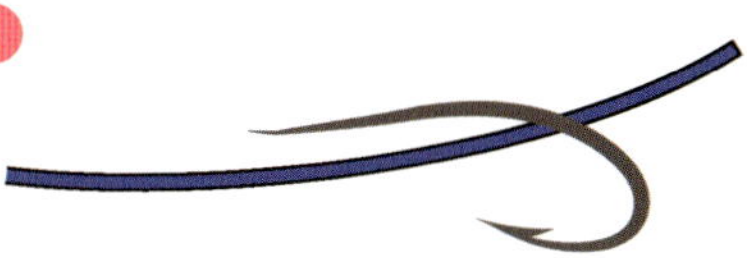

ハリ軸の下側にハリスを添える。

2

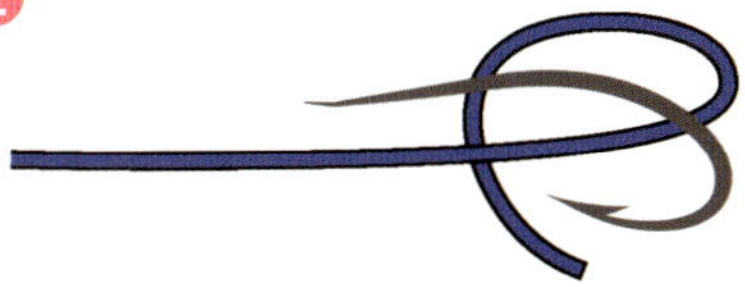

ハリのチモト付近にラインの先端で直径3～5cmほどのループをつくる。

3

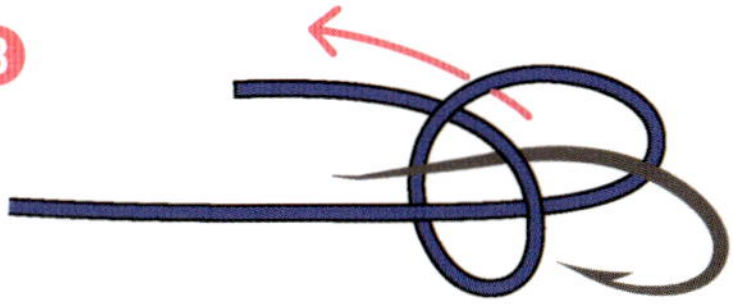

ラインの先端をループに通し、ハリ軸とハリスを一緒に巻き込んでいく。

4

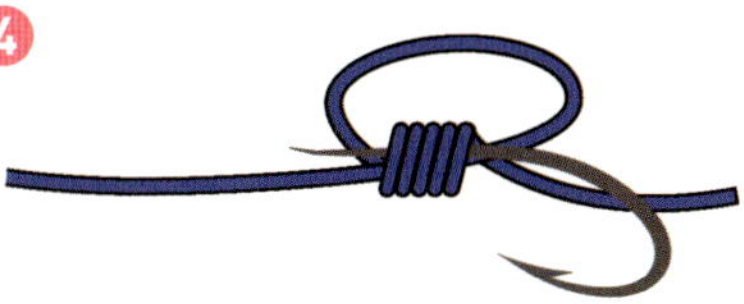

ループの中にくぐらせる回数は5～6回。ラインがヨレないように指先で押さえながら巻く。

5

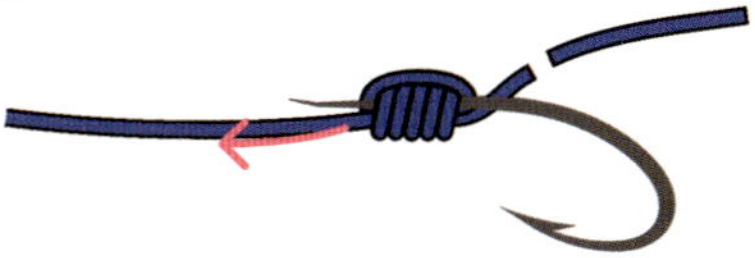

ラインを濡らして結び目をゆっくり締め付けていく。最後に端イトをカットして完成。

ユニノット

結び方の基本となり、応用範囲が広い。端イトを絡める回数は4～5回が目安。

1

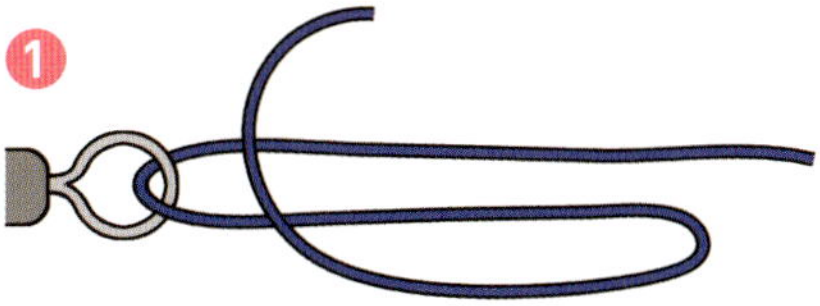

接続具などの環の中にミチイトの先端を通し、10cm程度折り返す。さらにミチイトの先端を折り返し、輪をつくりながら環の近くで2本のミチイトを束ねるように交差させる。

2

ミチイトの先端を、輪にくぐらせる。ミチイトが絡まないように注意。

3

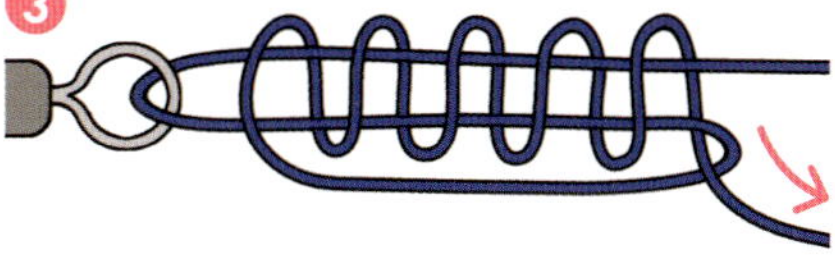

4～5回くぐらせたら、ミチイトの先端を軽く引く。

4

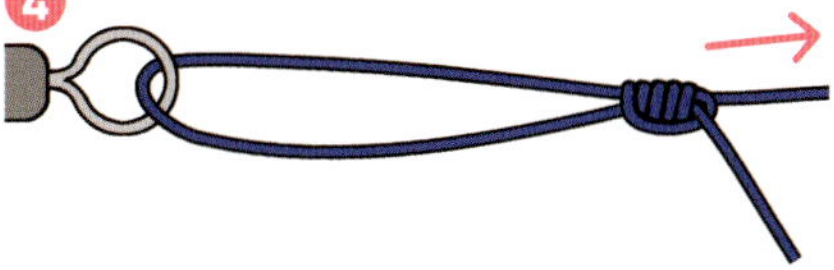

結び目ができたら本線側を引いて、環のそばまで結び目を移動させる。ゆっくり行うとミチイトがよれにくい。

5

再度、本線と端イトをしっかりと引いて締め込み、余分をカットする。

サージャンノット

細いイト同士をつなぐときに用いる結び方。簡単で強く結べる。

❶

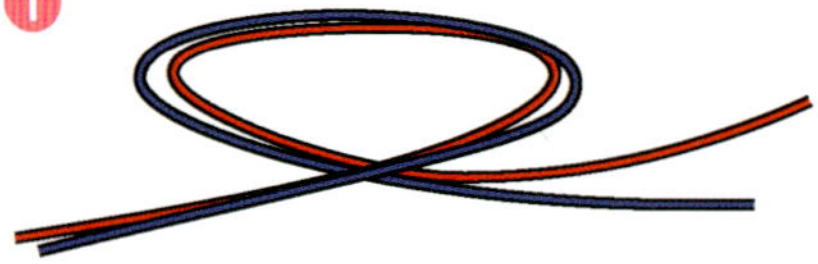

結ぶラインを重ね合わせて束ねたもので直径5cmほどの輪をつくる。

❷

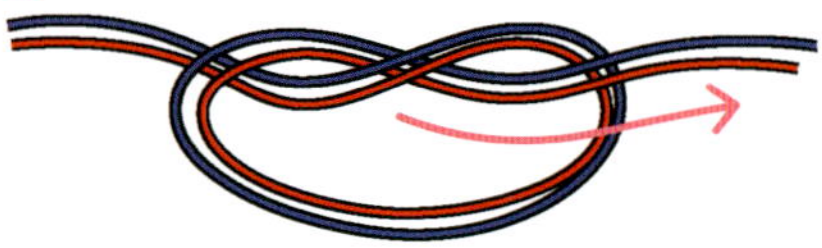

重ね合わせたラインの先端を輪にくぐらせて、一重結びのように巻き付ける。

❸

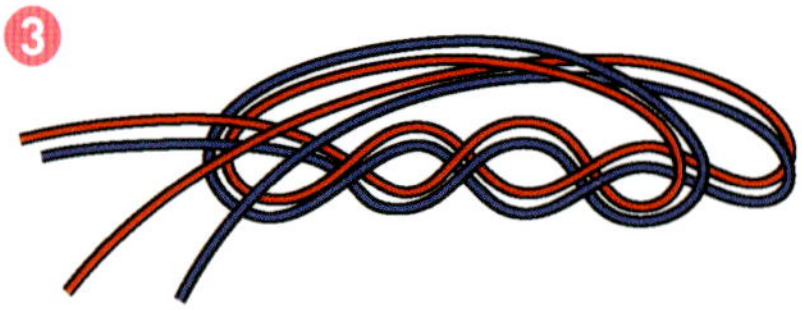

❷と同じ手順で3～4回くぐらせ、両端を左右に持ってくる。

❹

両側のラインを2本ずつしっかり持ち、左右均等に締め込んでいく。

❺

ゆっくり締め込んでいき、イラストのようになったらさらにきつく締め込み、余分なイトを切り落として完成。

電車結び

ミチイトと先イトなど、ラインをつなぐベーシックな結び方。

❶

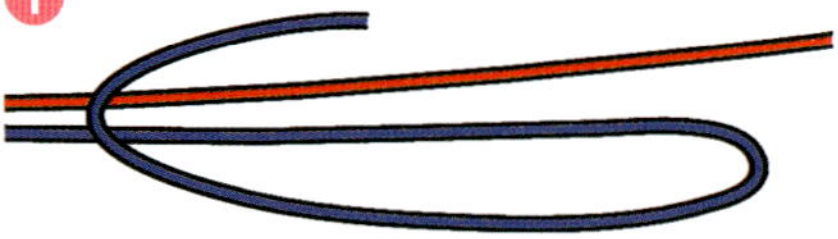

結び合わせる2本のラインを15cmほど束ね、片方のイトの端で輪をつくる。

❷

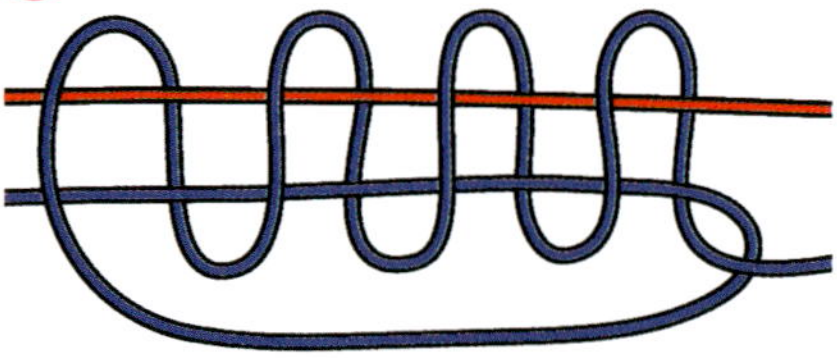

片方のイトで、もう片方のイトを取り込むように5～6回ほど絡め、端イトを引っ張る。

❸

もう片方のイトでも❶、❷を繰り返し、左右対称になるように結び目をつくる。

❹

本線同士を引っ張り、ふたつの結び目を接続する。最後に端イトを引き締めて完成。

FGノット

ルアーフィッシングの仕掛けで使う定番の結び方。ライン同士の摩擦抵抗を利用してPEラインとリーダー（先イト）を結ぶ。

❶

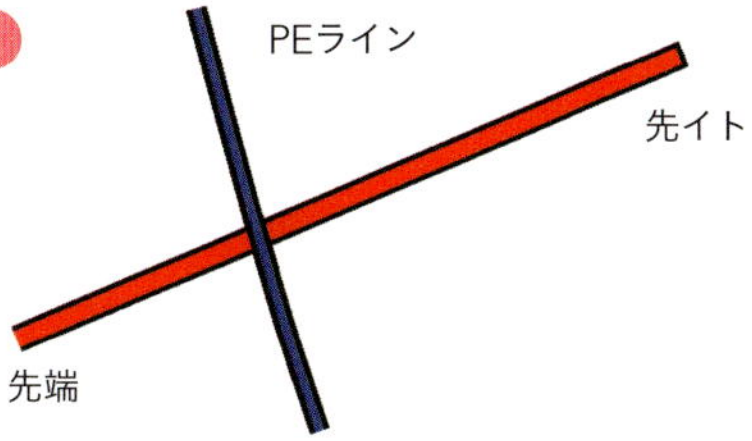

PEラインを軽く張った状態にし、先イトと交差する。

❷

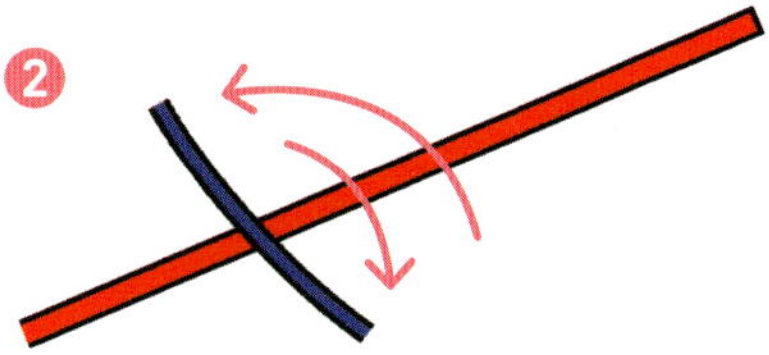

PEラインの両端を、最初は上から、次に下から巻き付ける。

❸

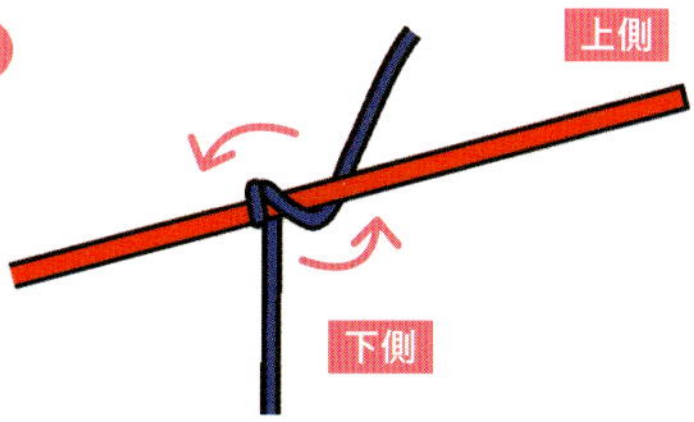

PEラインの下側を先イトの下を通して上に、PEラインの上側を先イトの裏を通して下に移動して巻き付ける。

❹

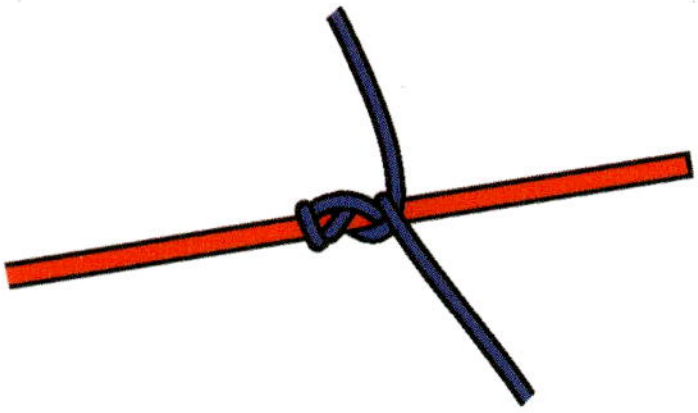

❷〜❸を繰り返す。最初は巻き付け部分が緩みやすいので、ずれないように注意する。

❺

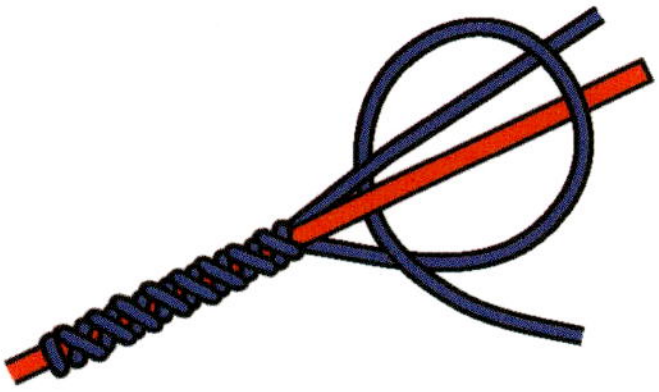

10〜15回巻き付けたら、先イトの先端とPEラインの本線を束ね、PEラインの端イトで結び止め、強く引っ張って結び目を締め付ける。

❻

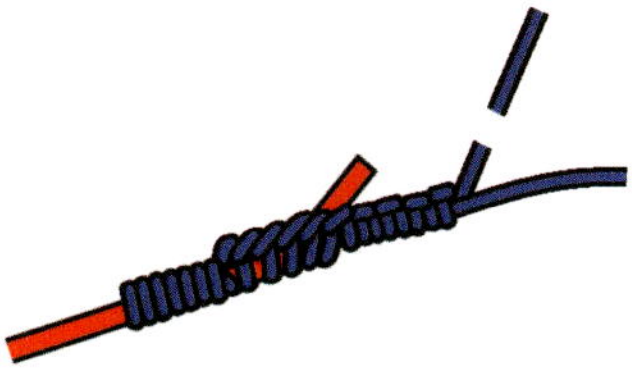

1回束ねたものの上に❺の結びを3〜4回ほど行い、先イトの余りをカット。最後にPEラインの本線に対して❺の結びを3〜5回ほど行ってから余分にカットする。

初心者 ルアーフィッシングだけでなく、さまざまな仕掛けづくりで登場する結び方。ラインをしっかり引き絞ることがポイントだ。

仕掛け用語集

●アイ

ルアーの先端や鼻先に付いたラインを結ぶための金属ループ部分のこと。ルアーの目玉の部分をさすこともある。

●アタリ

「魚信《ぎょしん》」と呼ぶこともある。魚がエサやルアーに食い付いたときに、竿先やライン、ウキ、手元などに見える変化のことをさす。

●アタリウキ

繊細なアタリをとるためのウキ。単体では軽量なので、主に飛ばしウキとセットで使用する。

●アワセ

アタリに合わせて釣り竿を立てたり、リールを巻いたりすることで、魚にハリ掛かりさせること。

●イトフケ

ラインがたるんだ状態のこと。仕掛けが潮や風に流される、オモリが着底するなどでイトフケが出る。

●ウキ

アタリを視認しやすくする、仕掛けを一定の水深にとどめる、エサを流しやすくする、仕掛けを投げやすくするといった、さまざまな役割を果たす。玉ウキ、棒ウキ、シモリウキなどの種類がある。

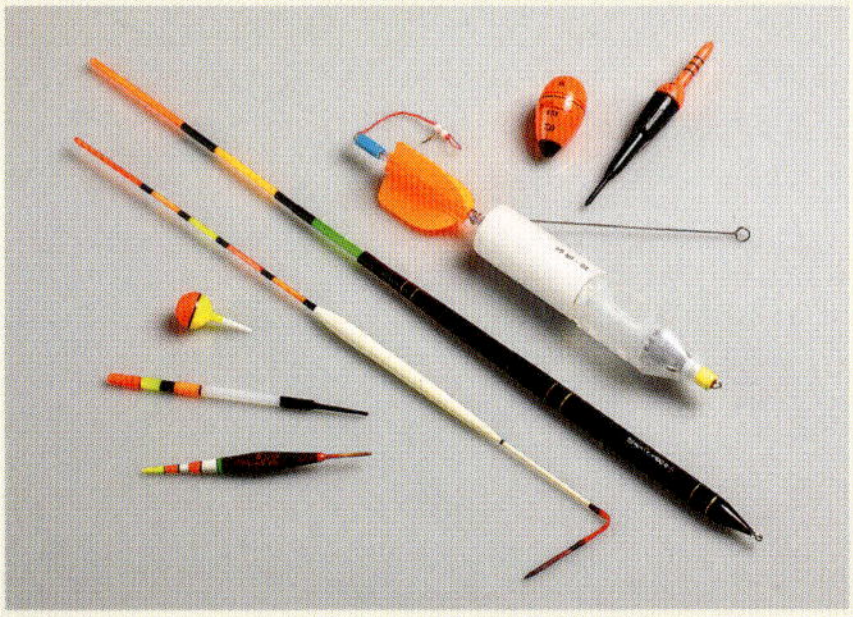

●ウキゴム

ミチイトにウキをセットするためのゴム管。

●ウキ下《した》

ウキから付けエサまでの長さなどをさす。ウキ下は魚がいると思われるタナに設定する。アタリがない場合は、ウキ下を調整しながら魚のいるタナを探るとよい。

●エギング

エギ（餌《え》木《ぎ》）（P184）を使ってイカを釣ることをさす造語。

●枝《えだ》バリ

枝ハリスに付けるハリ。枝ハリスとは、幹《みき》イトに枝のように付けるハリスのことで、「枝《えだ》ス」ともいう。

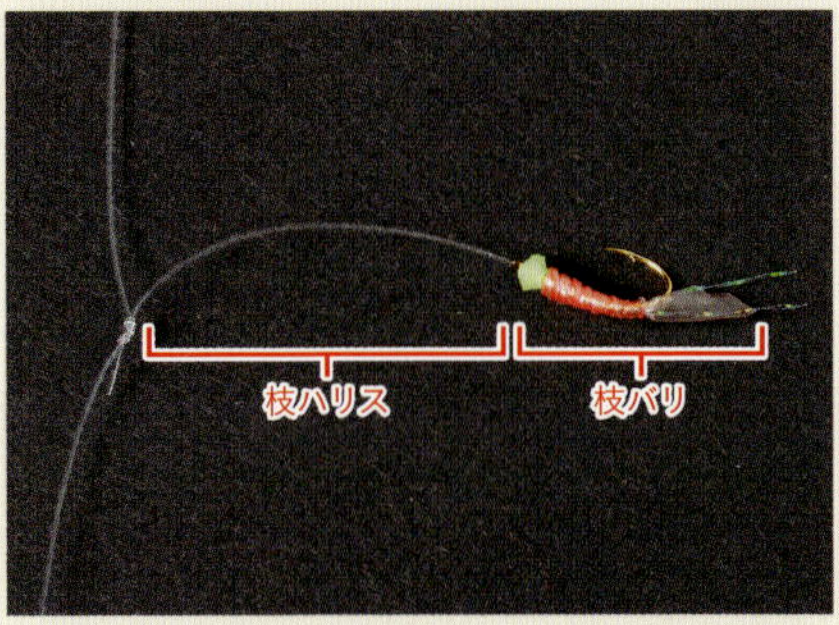

●エラ蓋《ぶた》（鰓蓋《さいがい》）

エラの保護やエラ蓋を動かすことによってエラ内の水の出し入れを行う働きがある骨質の薄い板。

●置《お》き竿《ざお》

仕掛けを、竿を持たずに置いたままアタリを待つ釣り方。根掛《ねが》かりの多い場所で有効とされる。

●送《おく》り込《こ》み

アタリがあってもすぐアワセ（P192）ず、竿先を下げるなどしてミチイトを緩め、魚にエサを食い込ませること。

●オマツリ

自分の仕掛けが、ほかの人の仕掛けに絡まってしまうこと。自分の仕掛けが絡まってしまうことを「手前《てまえ》マツリ」という。

表1 ガン玉・オモリの重量

ガン玉の場合		オモリの場合	
4	0.2g	1号	3.75g
3	0.25g	2号	7.5g
2	0.31g	3号	11.5g
1	0.4g	5号	18.75g
B	0.55g	8号	30g
2B	0.75g	10号	37.5g
3B	0.95g	12号	45g
4B	1.2g	15号	56.25g
5B	1.85g	18号	67.5g
6B	2.65g	20号	75g

●オモリ

仕掛けを沈めるためのパーツ。重さを変えることで、ウキの浮力や仕掛けが沈むスピードを調整する役割もある。形状はガン玉や板オモリ、ナス型などさまざま。ガン玉は数字と数字＋B、オモリは号数でサイズ表記する（**表1**）。

●ガイド

リール竿に付いている、ミチイトを通すための環状のパーツ。リングとガイドフット（脚）からなり、リングには抵抗の少ない素材が使われている。

●カエシ

ハリ先とは逆方向にあるとがった部分で、ハリに付けたエサが外れにくく、ハリ掛かりした魚も外れにくい傾向がある。「アゴ」ともいう。また、カエシの付いていないハリのことを「スレバリ」と呼ぶ。

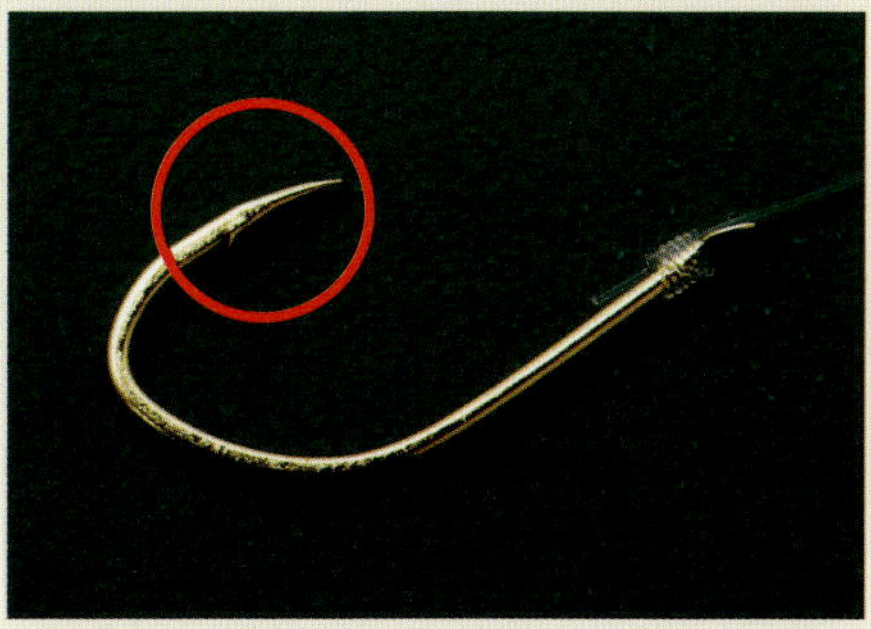

●擬餌《ぎじ》バリ

サビキバリ（P194）やルアー（P183）、エギ（P184）など、エサに似せてつくられた釣りバリの総称。

●キャスト

仕掛けやルアーを水中へ投入すること。キャスティングともいう。

●棘《きょく》
ヒレにあるトゲのような骨のこと。

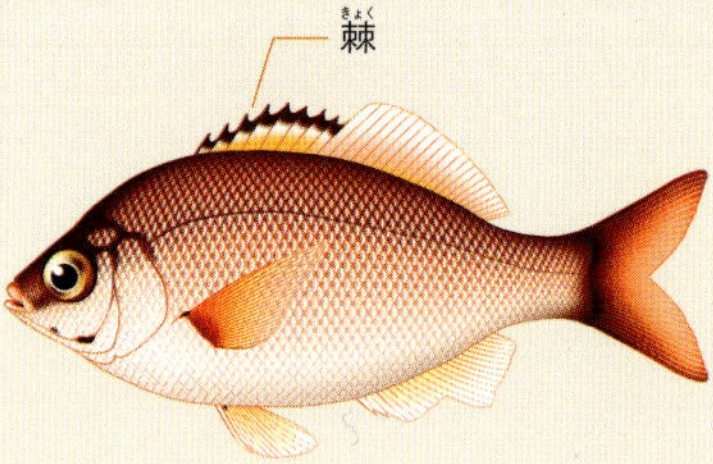

●外道《げどう》
ターゲットにしている魚以外の魚のこと。シロギスを狙っていたときにマダイが釣れたとしたら、マダイは外道になる。

●ゴボウ抜《ぬ》き
足元まで寄せてきた魚を玉網《たまあみ》（P195）を使わずに抜き上げること。

●コマセ（エサ）
水面にまいたり、コマセカゴに入れたりして魚を集める寄せエサのこと。

●竿尻《さおじり》
竿のグリップ（持ち手）の末端部分をさす。

●先《さき》イト
メインライン（ミチイト）に結ぶイト。ショックを吸収したり、擦れて切れるのを防いだりするために、ミチイトよりも太いイトが使われる。ルアーフィッシングでは「ショックリーダー」ともいう。

●サビキ
魚皮《ぎょひ》やスキンなどでつくられた擬餌《ぎじ》バリ。小型のものは虫やアミエビ、大型のものは小魚を模している。この仕掛けを「サビキ仕掛け」、その釣りを「サビキ釣り」といい、アジやイワシ釣りの定番。

●サルカン
ミチイトと仕掛けの間に取り付ける接続具。イトや仕掛けがもつれるのを防いでくれる。「ヨリモドシ」「スイベル」ともいう。

●仕掛《しか》け
狙った魚を釣るためにラインやオモリ、ハリなどを組み合わせてつくった道具。また、釣り方をさす場合もある。

●ジグヘッド
フック付きのオモリで、ワームなどのソフトルアーをセットするためのもの。

●尻手《しって》
竿が水中に落下しないように、竿尻《さおじり》に結ぶロープ類のこと。

●ショックリーダー
ルアーフィッシングでメインラインに結ぶ先イト。アワセ（P192）を入れたときにショックを吸収する。リーダーともいう。

●シンカー
オモリのこと。ルアーフィッシングで呼ばれることが多い。

●スッテ
イカ釣り用の擬餌《ぎじ》バリ。

●スナップ
ミチイトと仕掛けなどを接続するパーツ。写真のようなサルカンと一体になっているものをスナップサルカンという。

●スプール
リールのラインを巻く部分のこと。

●ゼイゴ
アジ科の魚などに見られ、側線部に発達する硬いトゲ。魚種の見極めの際、ゼイゴのあるなし、入り方に注目するとよい。

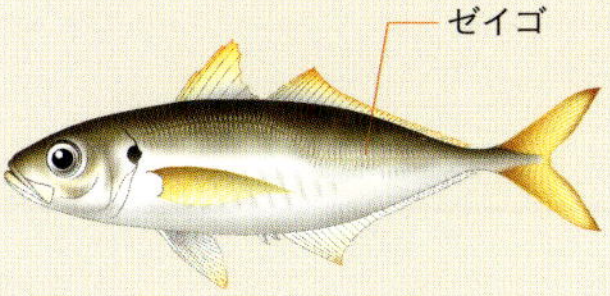

●層《そう》
タナともいい、魚が遊泳している水深（表層《ひょうそう》、中層《ちゅうそう》、低層《ていそう》）をさす。水面直下は「トップ」ともいう。狙う魚種や時間帯によって、魚が滞在している層が異なる。

●底《そこ》
海底のことをいい、底に生息する魚種を狙うときは底まで仕掛けを沈めたり、少しだけ浮かせた状態にしたりすることもある。「ボトム」ともいう。

●タックル
釣り竿、リール、竿立て、クーラーボックスなど、釣りをするために必要な道具すべて。

●玉網《たまあみ》
魚を取り込むための網。「タモアミ」「タモ」ともいう。

●タラシ
エサをハリ掛けしたときにハリのフトコロから下に垂れ下がっている部分。竿先から仕掛けまでのミチイトの長さのこともさす。

●チカライト
細いミチイトで重いオモリを投げるとき、ライン切れを防ぐためにミチイト先端に結ぶ太いラインのこと。先イト（P194）の一種。

●チチワ
イトの先端につくる輪のこと。ノベ竿のリリアン（P197）にミチイトをセットするときや、サルカン（P194）にイトを結ぶときに使う。

●釣果《ちょうか》
釣りの成果のことで、釣れた魚の大きさや数をさす。

●継《つ》ぎ竿《ざお》
継ぎ合わせ式の竿をさす。継ぎ口の形状には、印籠継《いんろうつ》ぎや並継《なみつ》ぎなど、さまざまな種類がある。

●手《て》返《がえ》し
エサ付けから仕掛けの投入、魚を釣って取り込んで、次のエサを付けて仕掛けを再度投入するまでのローテーションのこと。

●テーパーライン
両端の太さが異なっているイト。投げ釣りに使用するチカライトはこの形状になっている。

●テンヤ
オモリとハリを一体にした仕掛けのこと。タチウオやタコなどの釣りで使われる。

●ドラグ
リールの機能のひとつ。一定以上の負荷がかかった場合、スプールが逆回転（ラインを送り出す）してラインが切れるのを防ぐ。

表2 ミチイトの太さと強度

※号数大きくなると強度が増す。

ナイロン・フロロカーボン						PE		
号数	直径	強度	号数	直径	強度	号数	直径	強度
0.8号	0.148mm	3lb（ポンド）	10号	0.520mm	35lb	0.8号	0.153mm	16lb
1号	0.165mm	4lb	12号	0.570mm	40lb	1号	0.171mm	20lb
1.5号	0.205mm	6lb	14号	0.620mm	45lb	1.5号	0.209mm	30lb
2号	0.235mm	8lb	16号	0.660mm	50lb	2号	0.242mm	40lb
3号	0.285mm	12lb	18号	0.700mm	55lb	3号	0.296mm	55lb
4号	0.330mm	16lb	20号	0.740mm	60lb	4号	0.342mm	60lb
5号	0.370mm	20lb	22号	0.780mm	65lb	5号	0.382mm	80lb
6号	0.405mm	24lb	24号	0.810mm	70lb	6号	0.418mm	90lb
8号	0.470mm	30lb	26号	0.840mm	80lb	8号	0.483mm	100lb

●流《なが》れ込《こ》み
排水や河川からの水などが海へ流れ込むエリア。

●投《な》げ竿《ざお》
仕掛けを遠投するときに使う竿。キャスト（P193）時のライン抵抗を少なくするために口径の大きいガイドが少なめに取り付けられている。

●根《ね》
海底にある岩礁《がんしょう》や海藻《かいそう》、障害物のこと。魚が集まりやすく、大きな根には回遊魚も生息しやすい。

●ノット
ラインの結び方、結び目のこと。

●ハリス
ハリを結ぶイトのこと。ハリスが結ばれた状態で売られているものもある。

●引《ひ》き
魚がハリに掛かって抵抗すること。

●ヒット
魚がハリ掛かりすること。

●標準《ひょうじゅん》和名《わめい》
日本で学名の代わりに用いられる生物の名称であり、世間ではなじみがない学名を補うものでもある。

●房掛《ふさが》け
何匹ものエサをひとつのハリに付ける方法。

●フトコロ
ハリの曲がった部分の内側をさす。

●吻《ふん》
魚の体において、口の付近から先へ突き出していたり伸縮できたりする部分の総称。

●穂先《ほさき》

竿の先端部分のこと。ティップともいう。

●ポンド

重さを表す単位。釣りにおいては、主にルアーフィッシングのラインの強度を表す単位に使われる。1ポンド＝約453・6g（**表2**）。

●幹《みき》イト

胴《どう》付《づ》き仕掛けやサビキ仕掛けなどで、枝ハリス（P192）を付けるための幹となるイト。

●ミチイト

竿先、もしくはリールから仕掛けまでの間のイト。ルアーフィッシングでは「ライン」と呼ぶのが一般的。エサ釣り用のミチイトは号数（太さ）で、ルアー用は強度（ポンド数）で表すことが多い（**表2**）。

●ミャク釣《づ》り

ウキを付けずに竿先の変化や手に伝わる感触だけでアタリをキャッチする釣り方。

●向《む》こうアワセ

自らアワセ（P192）の動作をしなくても、魚が勝手にハリに掛かってくれること。

●弓《ゆみ》ヅノ

日本伝統の擬《ぎ》餌《じ》バリ。水中をクルクル回りながら魚にアピールするボディが湾曲した形状の擬《ぎ》餌《じ》バリ。サバやソウダガツオ釣りなどで使用する。

●ヨリモドシ

サルカン（P194）の別名。両側に付いた環が自由に回転し、イトのヨリを戻す接続金具。「スイベル」ともいう。

●ライトタックル

一般的なものよりも細いミチイトを扱える竿やリールのこと。軽量な仕掛けやルアーが投げやすい、小さなアタリも察知しやすいといった利点がある。扱いやすく、魚の引きを味わいやすい。

●ライン

釣りイト。ミチイト、ハリス、リーダーなど全般をさす。

●ラインアイ

ルアー先端にあるラインを結ぶ部分。

●リーダー

メインラインの先端に取り付ける太めのラインのこと。先イトとショックリーダーとがあり、根ズレを防いだりするために使用する。メインラインに対して2〜4倍の強度のラインにすることが多い。

●リリアン

ミチイトをセットするためにノベ竿の穂先に取り付けられたパーツ。

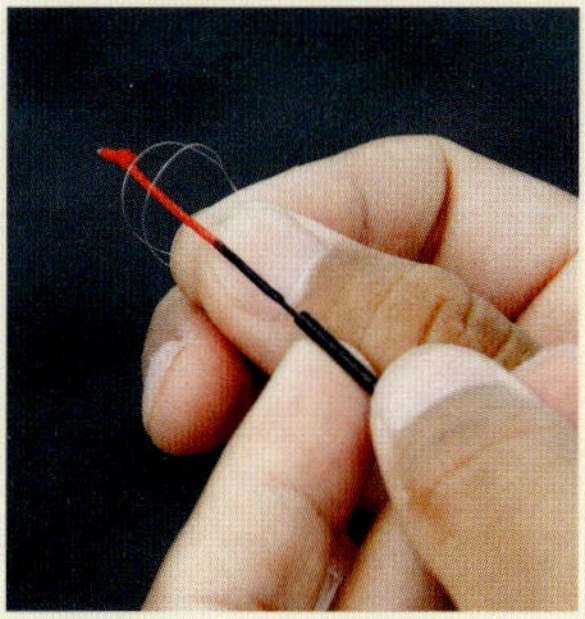

●ルアーフィッシング

プラグやメタルジグ、ワームなどの擬《ぎ》餌《じ》バリを使った釣りのこと。

●ロッド

竿のこと。

何が釣れたかすぐわかる

魚の見極めガイド

アジがつく5魚種の違い

釣りでも食卓でもおなじみのアジ。多くは平たい体型だが、魚の生育度合いによってそれだけでは区別しにくい。ポイントとなるのは、ゼイゴの入り方だ。

マアジ

側線の全長にわたり硬いゼイゴ（P195）が並び、中央で大きく湾曲している。
小離鱗《しょうりき》（P10）がない。

シマアジ

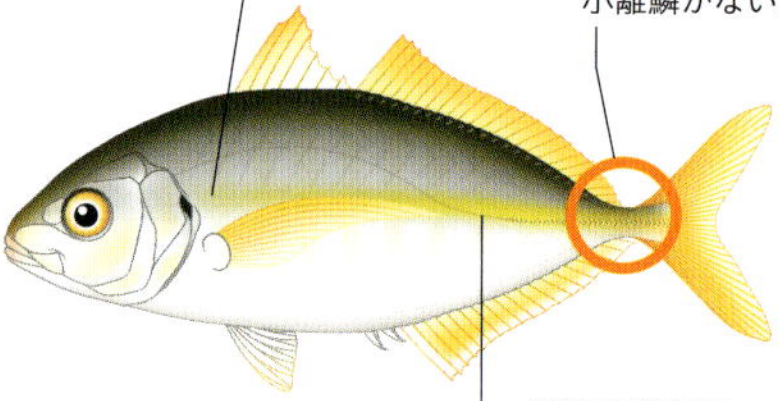
体側中央に黄色い縦帯がある。
小離鱗《しょうりき》がない。
側線の後3/4にゼイゴが並ぶ。

メッキ（ギンガメアジ）

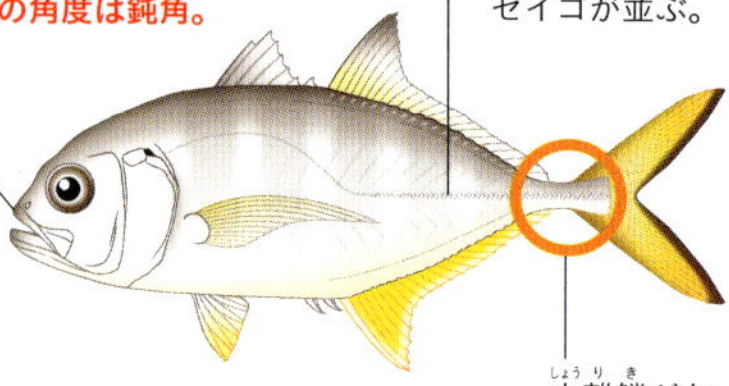
吻《ふん》（P196）の背縁部の角度は鈍角。
側線の後3/4にゼイゴが並ぶ。
小離鱗《しょうりき》がない。

マルアジ

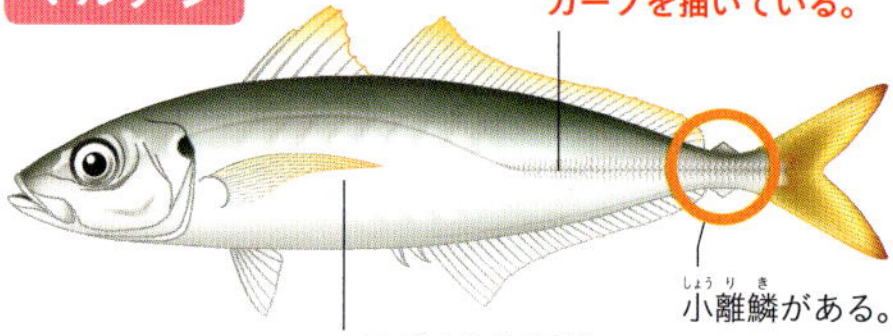
側線の全長にわたり硬いゼイゴが並び、ゆるいカーブを描いている。
小離鱗《しょうりき》がある。
マアジより体高がやや低い。

ムロアジ

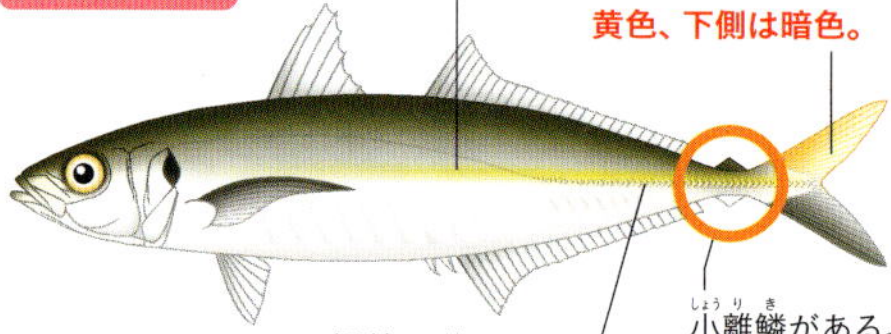
体側中央に黄色い縦帯がある。
尾ビレの上側は淡黄色、下側は暗色。
側線の後3/4にゼイゴが並ぶ。
小離鱗《しょうりき》がある。

見極めPOINT

マアジ	ゼイゴ（P195）が大きく湾曲、小離鱗《しょうりき》（P10）がない
マルアジ	小離鱗《しょうりき》がある
シマアジ	黄色い縦帯がある
ムロアジ	尾ビレの上側が黄色い
メッキ	吻《ふん》（P196）の背縁部の角度は鈍角

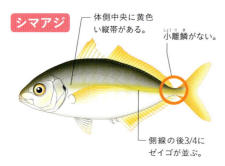

タイがつく8魚種の違い

「タイ」のつく魚は200種以上もあるといわれている。その中には区別しにくいものもあるが、体型や体色、またそれぞれの大きな特徴をつかんでいれば見極められる。

クロダイ

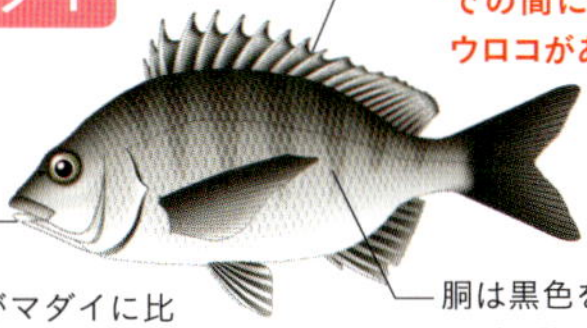
背ビレの基底(ヒレのもとの部分)と側線までの間に5.5枚以上のウロコがある。
上アゴがマダイに比べてとがっている。
胴は黒色を帯びているが、腹は銀白。

ニザダイ

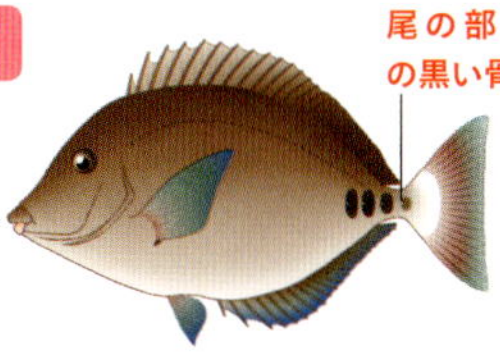
尾の部分に4～5個の黒い骨質板がある。
口は前に突き出している。

マダイ

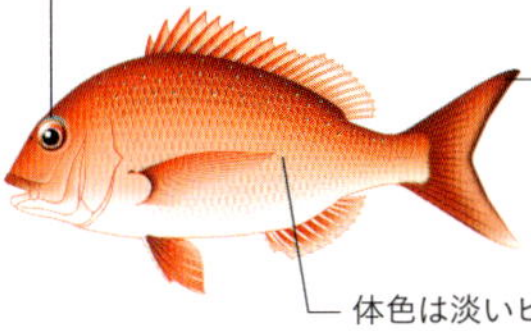
目の上に青色班がある。
尾ビレの後縁《こうえん》が黒い。似た魚のチダイは黒くない。
体色は淡いピンクで、背に青い小斑点がちらばっている。

イシダイ

歯がとても強力。
黒い横帯が入っているが、成長すると不明瞭になる。

カンダイ

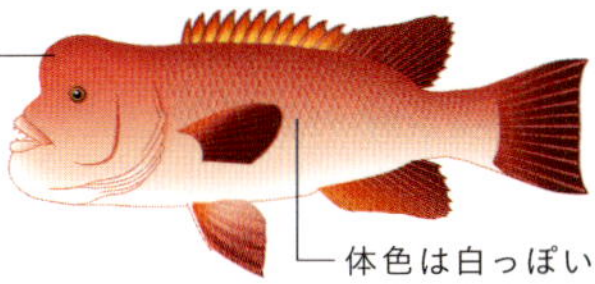
成長につれ前頭部が張り出てくる(オスのみ)。コブダイとも呼ばれる。
体色は白っぽいピンク～赤色が多い。

ヘダイ

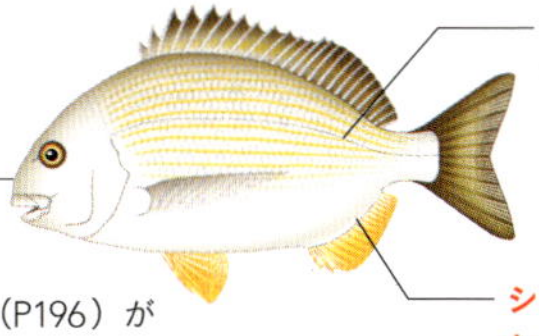
体側に青色の細い縦帯がある。
吻《ふん》(P196) が丸い。
シリビレの基底(ひれのもとの部分)が長い。

イシガキダイ

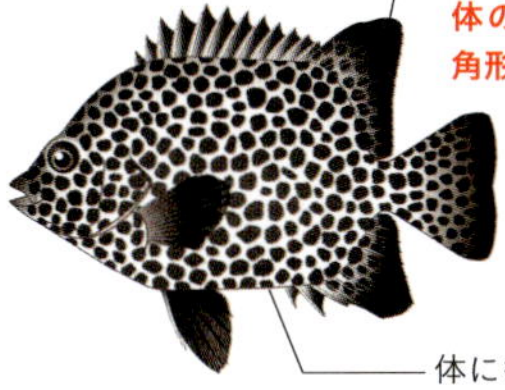
背ビレとシリビレの軟条《なんじょう》(P138)部が高く、**体のシルエットが三角形に見える。**
体に多数の斑紋《はんもん》がある。

ブダイ

尾ビレの縁が丸い。
ウロコが大きく、体色は、オスは緑っぽいが、メスや幼魚は赤っぽいものが多い。

見極め POINT

クロダイ	上アゴがマダイやヘダイに比べてとがっている
ニザダイ	尾の部分に黒い骨質板がある
ヘダイ	体側に暗色の細い縦帯がある
マダイ	目の上に青色班がある
イシガキダイ	体のシルエットが三角形に見える
イシダイ	若いころは黒い横帯が明瞭
ブダイ	ウロコが大きい
カンダイ	前頭部が張り出ている

ブリとヒラマサとカンパチの違い

体側に黄色い縦帯が入った3魚種。ブリの体型は丸みがあるがヒラマサとカンパチは平べったい、ヒラマサはほかの2魚種より頭が小さいといった違いは微妙。ヒレに注目してみよう。

見極めPOINT

胸ビレ	ブリのみ黄色い縦帯の下に付いている
腹ビレ	ヒラマサは胸ビレより長い
顔	カンパチには目の後方に帯がある

ブリ

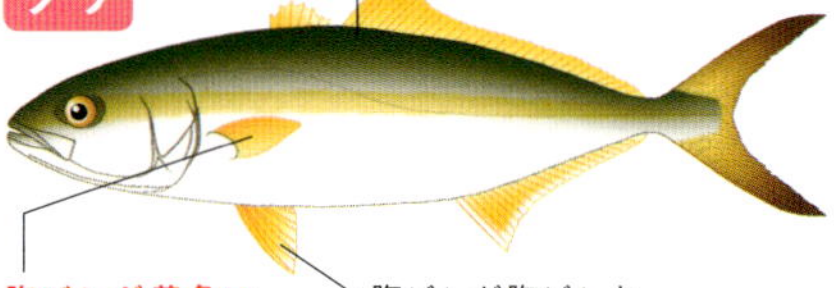
ヒラマサやカンパチより丸みがある。
胸ビレが黄色い縦帯の下にある。
腹ビレが胸ビレと同じくらいの長さ。

ヒラマサ

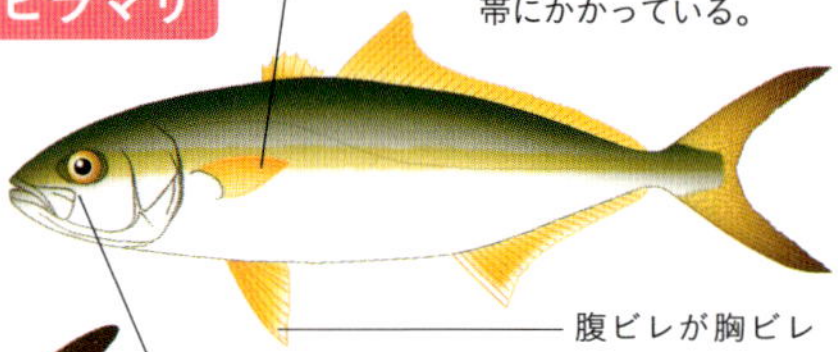
胸ビレが黄色い縦帯にかかっている。
腹ビレが胸ビレより長い。
上アゴ骨上の後角が、ブリに比べて丸い。

カンパチ

目の後方に暗色の帯があり、正面から見ると「八」に見えることから「間八」となった。
尾ビレの下側の先端が白い。

クロソイとムラソイとカサゴの違い

体色での違いが一番の見極めポイント。ただし、根魚《ねざかな》は棲《す》む環境によって体色を変化させるため注意を。頭部や顔、また体の模様の微妙な違いを複合的に見て見極めたい。

見極めPOINT

目	ムラソイは目が大きく突き出ている
	カサゴは目の上や額にトゲがある
	クロソイは目から3本の黒帯が走っている

クロソイ

全体的に黒いものが多く、不定形の斑紋《はんもん》が出ている。
目から3本の黒帯が走っている。

ムラソイ

目が大きく突出している。
不定形の暗色の横帯がある。
尾ビレの縁が丸みを帯びている。

カサゴ

目の上や額などにトゲがある。
体背部と背ビレの基部に暗色斑が並んでいる。
体色は赤みを帯びているものが多い。

カサゴとメバルの違い

クロソイやムラソイと似ているカサゴだが、メバルとも体型や大きさが似ている。体表の違いが一番わかりやすいが、目や口の大きさや形の微妙な違いも把握しておこう。

見極めPOINT

下アゴ	メバルのほうが下アゴが出ている
体表	カサゴは暗色斑、メバルは横帯がある
目	メバルのほうが頭に対して大きい

カサゴ

頭の大きさに対して、メバルより目が小さい。

体背部と背ビレの基部に暗色斑が並んでいる。

メバルほど上アゴに対して下アゴが出ていない。

頭のまわりにカサゴにあるようなトゲがない。

メバル

カサゴより下アゴが上アゴより出ている。

不明瞭な横帯がある。

見極めPOINT

目の位置	左ヒラメ、右カレイと覚える
口	カレイは小さく、ヒラメは大きい

カレイとヒラメの違い

目を上側にして見たとき、右に向くのがカレイ、左に向くのがヒラメ。明確な違いではあるが、左右のどちらかを忘れてしまった場合にほかの違いも知っておきたい。

カレイ

口が小さくとがっており、歯も小さい。

イシガレイの場合は石のような骨板がある（イラストはマコガレイ）。

不規則に丸い斑がある。

ヒラメ

口が大きく、歯は鋭い。

見極め+α　マガレイとマコガレイの違い

マガレイは両目の間にウロコがないのに対し、マコガレイはウロコがある。

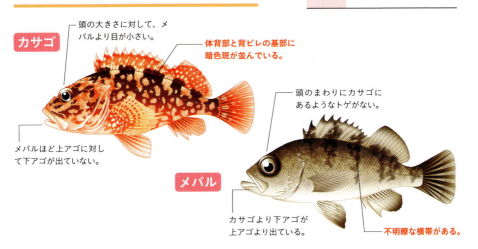

アイナメとクジメの違い

釣り人だけでなく、漁師でも見間違えるほど近縁の2魚種。見極めのポイントは、ウロコ　、側線、尾ビレの形。体色は棲《す》んでいるところによって個体差があるので目安にしかならない。

見極めPOINT

ウロコ	アイナメよりクジメのほうが大きい
尾ビレ	アイナメは湾曲し、クジメは丸みを帯びている
側線	アイナメは複数、クジメは1本のみ

アイナメ
側線が複数ある。
尾ビレの後ろの線はまっすぐ。
ウロコがクジメより小さい。

クジメ
尾ビレの後ろの線が丸みを帯びている。
ウロコがアイナメより大きい。
側線は1本のみ。

マゴチとメゴチの違い

マゴチの体長が30～60cmに対して、メゴチは10～25cmと小振り。ただ、小型のマゴチと大型のメゴチを比べたときに、見分けが難しくなる。見極めのポイントは尾ビレの違い。

見極めPOINT

目	マゴチよりメゴチのほうが大きい
尾ビレ	マゴチは白地に黒色の斑、メゴチは下半分が黒い
背ビレ	メゴチの第一背ビレの縁は暗色

マゴチ
体色は黒っぽく。背面の斑点は目立たない。
尾ビレは白地に黒色の斑が並んでいる。
目が小さい。

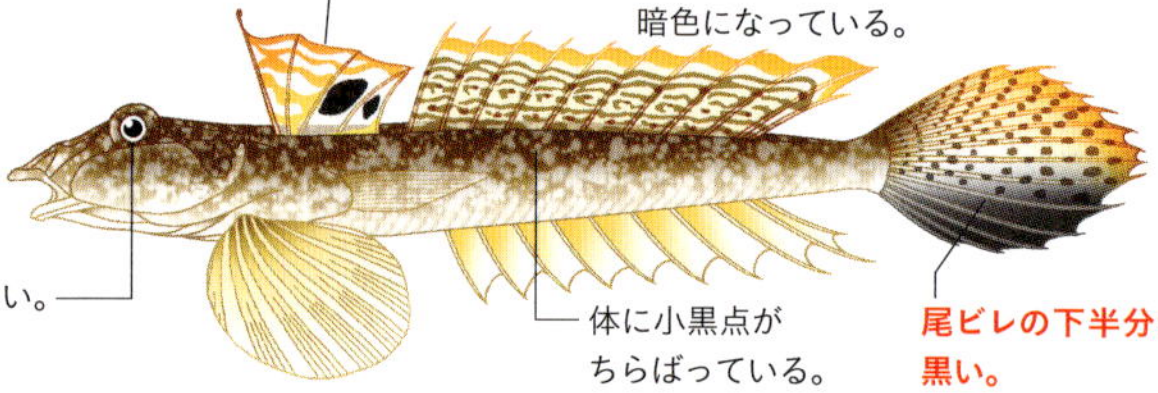
メゴチ（ネズミゴチ）
第一背ビレの縁が暗色になっている。
目が大きい。
体に小黒点がちらばっている。
尾ビレの下半分が黒い。

見極めPOINT

背ビレ	コノシロは1本だけ長く伸びている
体表	コノシロは肩の部分の黒い斑が目立つ
体高	コノシロは体高が高い

コノシロとサッパの違い

鮨ネタのコハダとして、岡山県の郷土食ままかりとして、食の違いはわかりやすいが、体型や体色は瓜二つ。アゴの形状や背ビレの形が見極めポイントだ。

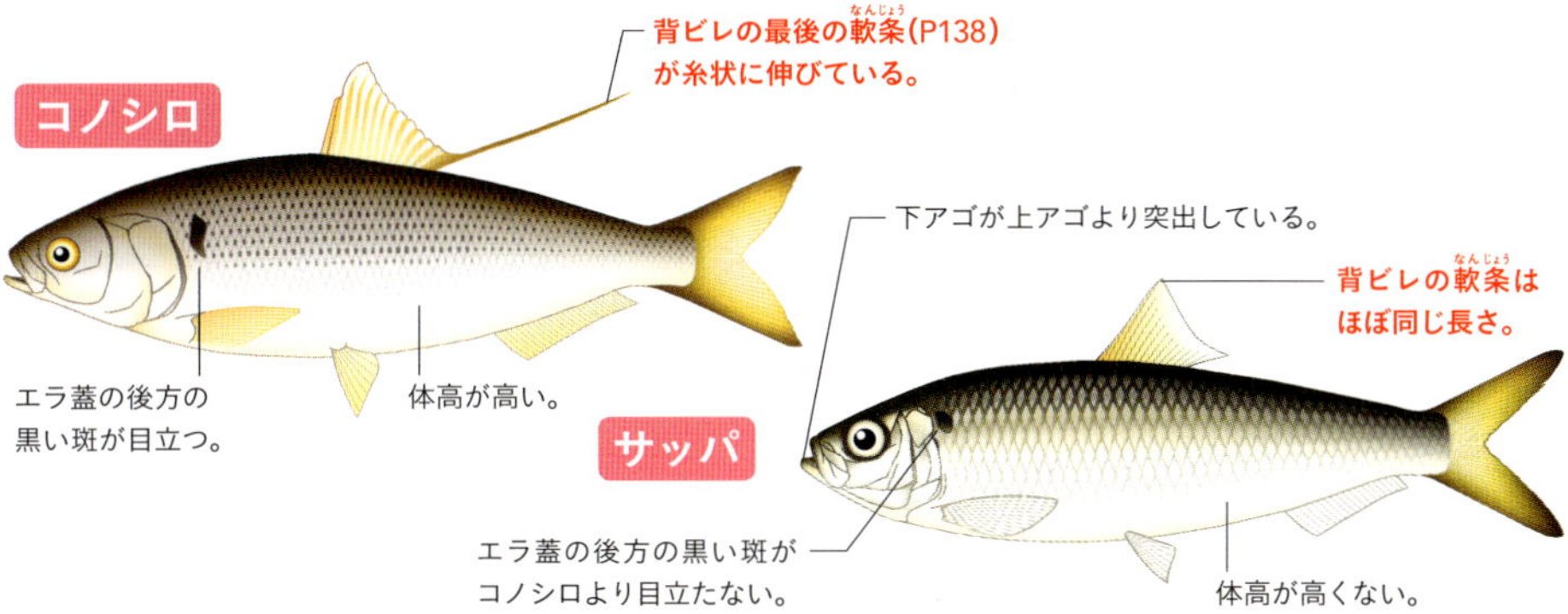

見極めPOINT

体表	サバは虫食い模様がある。ゴマサバは体側下部に小黒点がある
目	サワラよりサバのほうが大きい
背ビレ	第一背ビレの形が違い、サワラは後方が少し低い。

サバとサワラの違い

食卓でもおなじみのサバとサワラは背ビレの形、同じサバのマサバとゴマサバは体側下部に注目してみよう。ひと目でまったく違う魚種であることがわかるはずだ。

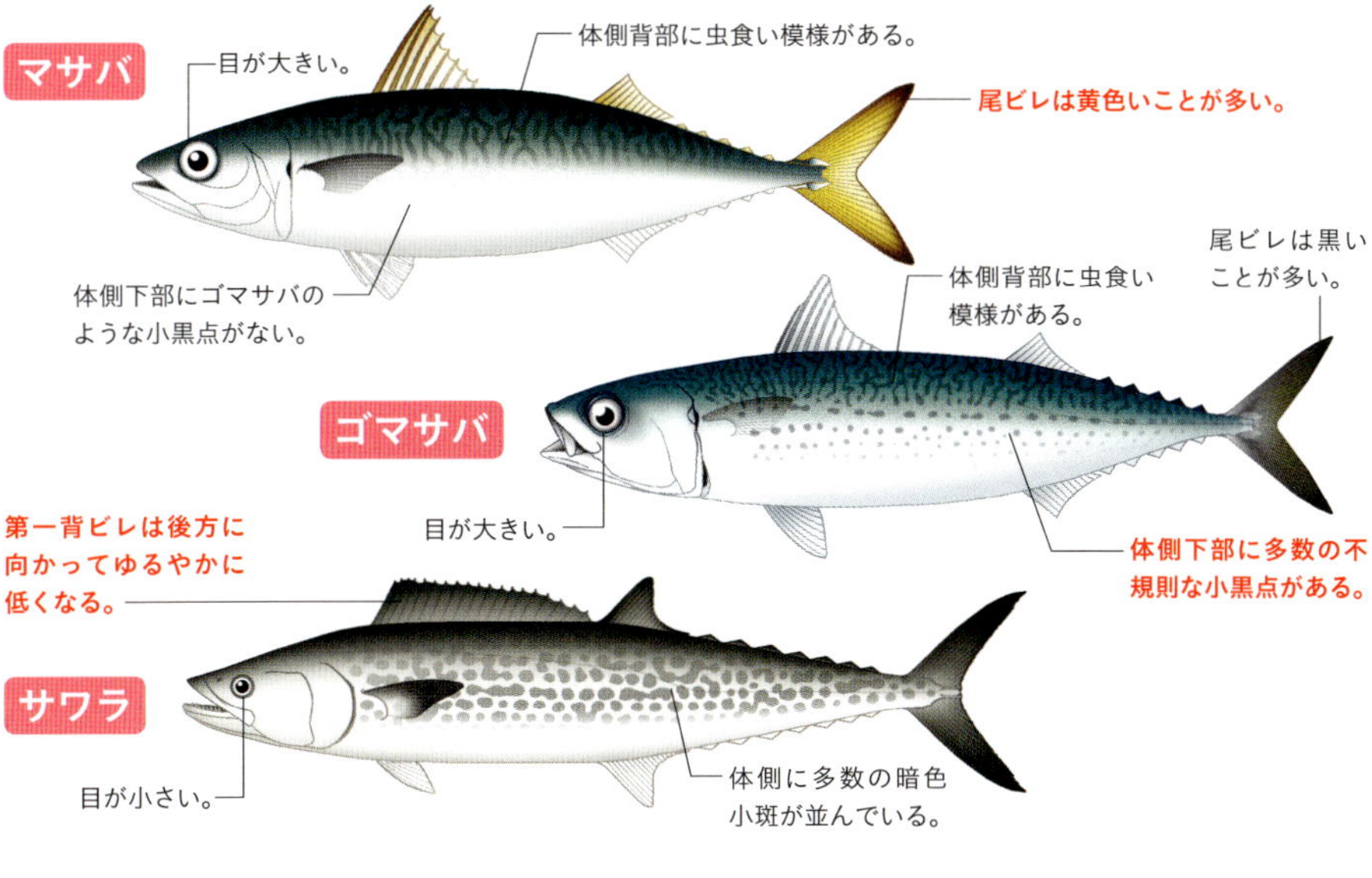

釣り方別検索

見方

アジ (P10)…… **P12** (P17、P43、P57)

魚種　紹介ページ　仕掛けページ　共通する他魚種の仕掛けページ

ウキ釣り　ukizuri

投げ釣り　nagezuri

サビキ釣り　sabikizuri

カゴ釣り　kagotsuri

ウキサビキ釣り ukisabikizuri

シモリウキ釣り shimoriukizuri

高感度ウキ釣り koukandoukizuri

ブラクリ burakuri

ウキフカセ釣り ukifukasezuri

ルアー釣り lure zuri

フライ　fly

飛ばしウキ　tobashiuki

多点仕掛け　tatenshikake

チョイ投げ　choinage

ミャク釣り　myakuzuri

フカセ釣り　fukasezuri

穴釣り　anazuri

段差バリ　dansabari

胴付き仕掛け　douzukishikake

ダンゴ釣り　dangozuri

カカリ釣り　kakarizuri

ヘチ釣り　hechizuri

参考文献

『いますぐ使える 堤防釣り 図解手引』（大泉書店）

『いますぐ使える 海釣り 図解手引』（大泉書店）

『新装版 防波堤釣り超入門』（つり人社）

『新装版 海釣り仕掛け大全』（つり人社）

『世界一やさしい 海釣り入門』（山と渓谷社）

『入門百科＋1 ゼロからのつり入門』（小学館）

『釣りの仕掛け大百科 上巻 海水魚編』（地球丸）

『新装版 詳細図鑑さかなの見分け方』（講談社）

『新ポケット版 学研の図鑑⑨ 魚』（学研教育出版）

『釣った魚が必ずわかる カラー版』（永岡書店）

「釣り魚カラー図鑑」（西東社）

『写真検索 釣魚 1400 種図鑑』（KADOKAWA）

STAFF

編集協力	若狭和明
	柏倉友弥（以上スタジオポルト）
協力	西野弘章
イラスト	斉藤ヨーコ
	みやもとかずみ
写真	スタジオダンク
デザイン	山田素子（スタジオダンク）
DTP	鎌田優樹
	鄭 在仁
	北川陽子（以上スタジオダンク）

堤防釣り
釣魚と仕掛けのすべてがわかる本

2020 年 2 月 22 日　発行

編　者　大泉書店編集部
発行者　鈴木伸也
発　行　株式会社大泉書店
〒 101-0048 東京都千代田区神田司町 2-9
セントラル千代田 4F
TEL：03-5577-4290（代）　FAX：03-5577-4296
振　替　00140-7-1742
印　刷　半七写真印刷工業株式会社
製　本　株式会社明光社

URL http://www.oizumishoten.co.jp/
ISBN 978-4-278-04785-1 C0076